미디어콘텐츠 4.0

4.0시대 커뮤니케이션, 미디어 그리고 콘텐츠 문명 성찰

미디어콘텐츠 4.0

4.0시대 커뮤니케이션, 미디어 그리고 콘텐츠 문명 성찰

송해룡 · 김원제 · 조항민 · 김찬원 · 이윤경 · 최현주
권영성 · 허난영 · 이용준 · 최부헌 · 고두희 지음

첨단 테크놀로지가 추동하는 혁신은 매일 새롭고 편리한 삶의 전경을 제안한다. 그 혁신의 빙향성은 제4차 산업혁명 시대에 이르러 더욱 풍성한 모습을 보여주고 있다.

시대적 화두가 되고 있는 제4차 산업혁명은 기술 자체가 아닌 기술을 활용한 '인간과 사회의 변화'를 지향한다. 인류가 경험해온 제1~제3차 산업혁명은 '기술'의 변화에 그 방점이 강력하게 찍혀있었다. 반면 제4차 산업혁명의 핵심은 '사람-사람, 사람-사물, 사물-사물'이 서로 연결됨(초연결성)과 동시에 초연결성에서 비롯된 방대한 데이터를 분석하여 일정한 패턴을 파악할 수 있게 되는 것(초지능성)이다. 따라서 제4차 산업혁명과 관련된 제반 변화에 효율적으로 대응하고 그 변화를 주도하기 위해서는 '인간을 위한 제4차 산업혁명'으로의 관점 재편이 요구된다. 기술 발전의 궁극적인 가치는 인간과 사회의 새로운 필요와 욕구를 포착하고 그것을 기술을 통해 구체적으로 실현하는 데 있다. 빅데이터를 기반으로 한 초연결, 초지능 사회가 생산성과 사회적 구조에 긍정적인 변화를 결과하기 위해 '인간과 사회를 위한 기술 활용'으로 관점을 정립해야 한다. 이러한 관점에서 볼 때 무엇보다도 창의력을 기반으로 인간 고유의 직관, 통찰, 감성이 더욱 중요해질 것이다.

4.0 시대 혁신의 프레임은 'Convergence, Connection and Collaboration' (CCC; 융합, 연결과 협력을 통한 미디어 산업 생태계의 진화)에 있다. 제4차 산업혁명은 오픈 이노베이션을 기조로 혁신과정에 필요한 최상의 협력 파트너를 어떻게 찾아서 협력하고, 상호 정보 개방과 지식공유의 선순환효과를 어떻게 만들어 갈 것인지가 관건이다. AI를 필두로 사물인터넷(IoT), 클라우드, 빅데이터, 모바일기술의 연결(ICBM)은 기존의 제조업, 물류, 유통, 의료, 에너지 등 전 산업 분야의 생산성 극대화를 기대하게 한다. 이는 곧 전통적 분류체계를 넘어서 다양한 분야와의 융합, 협업, 퓨전, 콜라보를 지향한다. 산업과 업종을 구분하지 않고 유사기술 그룹 간 연계와 공동개발 확대 그리고 이를 통한 생태계 진화로 나아간다. 따라서 융복합어젠다, 다양한 산업영역에서 핵심성과 공유할 수 있는 공동성과 활용이 중요하다. 지식기반 플랫폼 등 산업 내 인적자원 및 축적된 지식의 순환과 활용을 용이하게 하는 것이 중요하며, 이를 위한 사회 문화와 제도적 마련이 필요하다.

반추해 보면 인류 역사의 혁신적 기술들은 '정보를 연결해 새로운 지식으로 만든 융합의 결과'이다. 하나의 번뜩이는 통찰이 아니라, 여러 아이디어가 새로운 방식으로 결합(융합)한 결과들이 혁신적 기술로서 사회의 변화를 이끌었다. 예컨대, 스티브 잡스는 휴대폰과 컴퓨터라는 기존의 분리된 기술영역을 융합하여 아이폰이라는 혁신적인 결과물을 만들어냈다. 개인적인 천재성이 중요한 것이 아니라, 다양한 사람들이 다양한 공간에서 다양한 형태로 각자의 전문지식을 결합(융합)하여 새로운 개념을 기획하는 형태가 중요해지고 있다. 아이디어는 기본적으로 다른 아이디어들과 그물망처럼 연결, 필요한 조각들이 모이면 새로운 혁신으로 이어질 수 있다.

제4차 산업혁명은 ICT가 지식, 경험과 유기적으로 연결(융합)되어 진화하는 것이다. 촘촘하게 상호연결된 뉴런 세포 같기도 하다. 무한한 확장을 담보한다. 제4차 산업혁명 환경에서 기존의 기술들은 새로운 콘셉트와 연결된다. 자동화, 로봇, 소프트웨어, 전기 전자, 기계설비 등의 기술이 인터넷을 통해서 새로운 가치를 창출한다.

이에 사회적 화두, 어젠다로서 '융합(convergence)'이 중요하게 부상하고 있다. 학문/학제 간 통섭 그리고 융합이 새로운 가치를 낳고 있다. 학문 간 통섭은 각각 창발적 지식의 한계에 도달하게 된 인문사회과학과 자연과학/공학의 단순한 통합이 아니라 한계의 돌파구를 마련하려는 시도로 나아가고 있다.

제4차 산업혁명이라는 물줄기는 미디어콘텐츠 분야에도 4.0 콘셉트 즉, 제4차 산업혁명의 패러다임 이식을 제안하고 있다. 생태계 진화, 패러다임의 전환이다. 이러한 도도한 제4차 산업혁명이라는 물줄기의 흐름 속에서 미디어도 4.0, 콘텐츠도 4.0 콘셉트로 진화하고 있다.

4.0 패러다임 시대에 미디어 플랫폼 역시 4.0 콘셉트를 지향한다. 기존의 매스미디어가 중심인 미디어 1.0 시대, 인터넷 혁명이 촉발한 미디어 2.0 시대, 모바일 혁명이 촉발한 미디어 3.0 시대를 지나 스마트미디어 기반의 매스미디어, 인터넷, 모바일이 공존하는 미디어 4.0 시대로 진화 중이다. 스마트미디어(스마트폰, 스마트TV), IoT 플랫폼, 스마트카, 드론 등 첨단 미디어 테크놀로지는 새로운 미디어 패러다임을 열고 있다.

미디어 4.0 시대에 콘텐츠 역시 4.0 콘셉트로 진화하고 있는데, 현실, 가상현실, 증강현실 구분이 없는 환경 즉, 융합현실을 구현한다. 초실감, 초지능, 초연결, 몰입 극대화 기반 감성체험, 증강체험, 오감체험을 구현해준다. 콘텐츠 4.0은 콘텐츠 스퀘어드(Contents^2, Contents squared) 특성을 지향한다. 콘텐츠가 '진짜 세상'을 만나는 것이다. 현실과 가상이 상호교차하고 상호 영역에 영향을 끼친다. IoT 기반으로 사람과 사람, 사람과 콘텐츠, 콘텐츠와 콘텐츠, 디바이스가 서로 소통하는 시대를 상징한다.

우리가 마주하고 있는 미디어 패러다임은 소소한 '변화' 수준을 넘어서 거대한 구조적 '혁명'으로 나아가고 있다. 스마트미디어와 혁신적 콘텐츠들이 우리의 미디어 라이프를 새롭게 구성하고 있다.

'미디어콘텐츠 4.0이라는 혁명적 패러다임이 추동하는 새로운 미디어 문명 세계로의 여행'.

이 책을 관통하는 핵심명제요 목적이다. 4.0 패러다임은 그야말로 우리가 그동안 경험하지 못했던 새로운 콘텐츠 실크로드를 열고 있다. 이러한 상황은 미디어-콘텐츠 수용자의 미디어 라이프를 새롭게 구조화하고 있는바, 우리 삶을 에워싸고 있는 작금의 미디어콘텐츠 세상을 정리하는 나침반과 같은 지침서가 필요하다.

이 책은 소위 4.0 시대 커뮤니케이션, 미디어 그리고 콘텐츠 전경에 대해 연구자들이 14가지 질문을 제기하고 그 답을 찾는 지적 여정으로 기획되었다.

먼저 제1부는 4.0 패러다임에 대한 성찰적 논의이다.

제1장 <4.0 시대 미디어콘텐츠·커뮤니케이션학은 어디로 나아가는가? (소통을 넘어 교통, 유통, 융통으로)>는 제4차 산업혁명 시대 미디어콘텐츠 역시 4.0 콘셉트로 진화하고 있음에 주목, 이러한 변화의 물결에 부응해 커뮤니케이션학의 변동과 정체성 변화를 진단하고 어떠한 준비가 필요한지를 정리한다.

제2장 <안심 사회의 조건, 왜 커뮤니케이션이 중요한가?>는 시대적

화두가 되는 '리스크' 그리고 '리스크 커뮤니케이션' 콘셉트를 중심으로 한국사회 리스크 이슈의 속성을 진단하고 그 대안 중 하나로 '안심 사회'라는 새로운 비전을 설정하면서, 위험사회-불신사회를 극복해 안심 사회로 나아가기 위한 장치로서 신뢰 시스템에 기초한 리스크 커뮤니케이션 전략을 제시한다.

제3장 <첨단 테크놀로지 혁신은 어떤 부작용을 낳고 있는가?>는 디지털 테크놀로지가 추동하는 사회변화의 양상을 진단하면서 새로운 위험요인들을 '디지털 리스크 4.0'이라는 개념으로 정리하면서 과학기술이 잉태하는 부정적 현상들에 대한 사회공동체적 고민과 대응방안을 주문한다.

제4장 <과학은 왜 사회와 소통해야 하는가?>는 과학 그리고 과학기술이 갖는 사회적 의미에 천착, 과학기술 분야에 '소통'이 요구되는 당위성을 밝히고, 과학소통의 중요수단으로써 과학 저널리즘의 의미, 역할론, 가치에 대해 집중적으로 설명한다.

제5장 <위험 커뮤니케이션에 있어 지식, 전문가의 역할은 무엇인가?>는 위험 이슈 관련 소통에서 전문가로 대접받는 이들의 허상에 주목, 위험 주제의 공적 논쟁(위험소통)에 있어 불확실한 지식의 문제 그리고 전문가에 대한 맹목적 신뢰의 위험성을 지적한다.

이어지는 제2부는 4.0 시대 미디어 패러다임의 전환에 대한 논의이다.

제6장 <제4차 산업혁명의 신기술은 트랜스미디어에 어떤 변화를 가져오는가?>는 제4차 산업혁명 시대 핵심 기술의 미디어적 의미에 집중해 4차 산업의 모든 기술이 트랜스미디어와 어떠한 관련이 있는지를 설명하는데, 특히 사람들이 실시간으로 서로 연결되어 콘텐츠 창작에 참여하고 이야기를 확장해가고 공유하는 모습에 집중한다.

제7장 <제4차 산업혁명의 시대, 뉴스 콘텐츠의 미래는 어떻게 될 것인가?>는 미디어 4.0 시대 미디어 이용자의 변화 모습과 뉴스 콘텐츠의 진화 양상에 주목, 역동적 변화 속에서 뉴스 콘텐츠의 가치를 어떻게 지켜야 할지에 대해 고찰한다.

제8장 <소셜 커뮤니케이션의 시대, 소셜 빅데이터는 어떤 위험을 만드는가?>는 스마트미디어 시대에 디지털 위험이 갈수록 지능화되는 상황에서 특히 소셜 빅데이터의 위험성에 주목한다. 소셜 데이터 수집 과정 및 분석에서 사생활 침해, 정보 검열 및 감시, 보안 문제 등 다양한 위험들이 발생할 가능성이 크고, 국가와 사회가 공익을 명분으로 혹은 안전을 목적으로 소셜 빅데이터가 활용하는 경우 빅브라더와 감시사회의 문제가 매우 크게 대두될 수 있음을 지적한다.

제9장 <기후변화 대응 관련 미디어와 커뮤니케이션의 역할은 무엇인가?>는 일상적 위험으로 부상한 이상기후 관련 미디어는 시민이 기후변화의 위험성과 피해 가능성 등에 대해 더욱 쉽고 정확하게 인지할 수 있도록 도울 뿐만 아니라, 이러한 이해를 바탕으로 예방이나 대처 행동을 끌어낼 수 있도록 불확실한 미래에 대응할 수 있는 생산론적 방향으로 나아가야 함을 주장한다.

제10장 <잡지 4.0으로의 진화에 따른 산업정책 방향성은 무엇인가?>는 전반적으로 침체상황에 놓인 잡지 미디어가 4.0 시대를 맞아 과거의 위상을 회복하고 미래로 나아갈 방안에 대해 고민하는데, 잡지 미디어 진흥을 위한 4.0 정책 콘셉트들과 잡지서비스 R&D 기반 연구/비즈니스 혁신 등을 제안한다.

마지막으로 제3부는 4.0 시대 콘텐츠 패러다임의 전환에 대한 논의이다.

제11장 <스마트콘텐츠는 향유 환경을 자유롭게 하는가?>는 미디어 테크놀로지의 발전과정에서 인간의 선택, 그리고 그 결과에 대해 성찰적 질문을 제기하고 있다. 스마트폰을 비롯한 스마트미디어가 추동한 일상적 변화가 우리가 사회구조의 변화를 예측할 수 있는 지식을 체계화하는 것보다 빠르게 전개되는 상황에서 새로운 시장구조, 소비변화, 삶의 편리성 등에 대한 철학적, 사회적 고민이 중요함을 지적한다.

제12장 <미디어스포츠의 존재 양식은 어떻게 진화하고 있는가?>는 디지털 스마트 환경에서 미디어스포츠를 둘러싼 환경의 변화 즉, 스포츠 이벤트 중계 방식의 진화, 스포츠 콘텐츠 이용 경험의 진화, 스포츠 콘텐츠 비즈니스의 확장 등에 대해 정리하면서 미디어스포츠 4.0 콘셉트로 진화하는 전경을 재조망한다.

제13장 <공연예술콘텐츠의 진화는 어떤 새로운 가치를 제공할 것인가?>는 디지털 미디어 환경으로 인한 공연예술콘텐츠의 진화에 주목하는데, 장르 간 경계를 파괴하고 새로운 형식에 도전, 새로운 기술과 융합하여 가상의 세계 현재화, 다른 산업과의 융합을 통해 새로운 산업모델 창출, 디지털 미디어와 결합하여 새로운 플랫폼으로 자유롭게 이동하는 모습들을 통해 제4차 산업혁명 시대에 공연예술과 과학기술 융합의 새로운 가능성을 제시한다.

제14장 <100세 시대, 시니어를 위한 콘텐츠는 존재하는가?>는 백세 시대, 실버 코리아로 진입하고 있는 한국사회의 당면과제인 시니어 문제를 다루는데, 특히 시니어 세대로 인해 발생할 수 있는 잠재적 리스크 국면을 미디어콘텐츠를 통해 예방하고 해소할 수 있음에 주목, 한국사회 실버콘텐츠의 현실을 진단하고 미래 진로를 비즈니스 전략 차원에서 제시한다.

이 책은 2019년 8월 연구 정년을 맞이하여 정든 강단을 떠나는 스승 송해룡 교수의 정년을 기념해 기획되었다. 한결같이 상선약수(上善若水) 같은 자세로 공자처럼 책을 손에서 놓지 않는 수불석권(手不釋卷)과 자강불식(自强不息) 하는 모습을 기리기 위해 학문공동체 및 삶의 동반자로 세월을 함께 해온 제자들과 후학들이 모여 그간 우리 공동체의 지적 여정을 함께 정리하는 의미를 담고 있다.

송해룡 교수는 과학과 인문사회 융합이라는 차원에서 담대하게 세상을 바라보고 폭넓되 깊이 있게 연구주제를 탐구해왔다. 달 뒤편 고요한 바다에 첫발을 디딘 닐 암스트롱처럼 누구도 쉽게 가기 어려웠던 학문의 길을 묵묵하게 내딛어왔다. 국내 커뮤니케이션학에서 미지의 영역이었던 미디어 테크놀로지, 미디어스포츠, 과학 커뮤니케이션과 리스크 커뮤니케이션 등 새로운 연구영역을 국내에 도입하고 발전시키는데 이바지했다. 또한, 테크놀로지 정책, 콘텐츠산업, 시니어 비즈니스 등 융합적 주제로 영역을 확장해왔다. 이 저술은 그간 연구해온 다양한 주제들을 정리하고 새로운 연구주제로 확장하는 의의가 있다. 새로운 미래를 준비하는 것이다.

제4차 산업혁명은 '융합'을 새롭게 중요한 컨셉으로 재개념화하고 있으며, '경계를 넘나드는 사람(boundary crosser)'이 새로운 경쟁력의 핵심이 되는 시대를 만들고 있다. 말 그대로 다빈치형 인간상이 중요해지는 상황에서 이 저술이 지적 호기심을 촉발하고 연구 스펙트럼을 확장할 것으로 기대한다.

2019. 4.
저자 일동

|목 차|

제3부 :: 콘텐츠 4.0 콘텍스트

제1부

::

커뮤니케이션 4.0 시대의 도래

제1장

4.0 시대 미디어콘텐츠·커뮤니케이션학은 어떻게 변화하는가?
: 소통을 넘어 교통, 유통, 융통으로

송해룡

1. 제4차 산업혁명이 촉발한 변화와 그 의미

21세기가 시작되면서 테크놀로지 혁신은 인류사의 경제사회 패러다임 전환을 이끌며 사회혁신을 주도해왔다. 18세기 증기기관에 의한 기계 혁명, 20세기 초 전기에너지에 의한 대량생산 혁명, 20세기 후반 반도체, 컴퓨터, 인터넷을 주축으로 하는 디지털 혁명에 이어, 최근 인공지능기술에 기초한 제4차 산업혁명이 새로운 시대의 화두가 되고 있다.

2016년 1월에 개최된 세계경제포럼(WEF; World Economy Forum, 다보스 포럼)의 주제인 "제4차 산업혁명의 이해(Mastering of the Fourth Industrial Revolution)"는 그 논의의 도화선이 되었다. 다보스 포럼은 <제4차 산업혁명>이라는 보고서를 발간했는데, WEF 회장인 클라우스 슈밥(Klaus Schwab)은 제4차 산업혁명을 "디지털 혁명인 제3차 산업혁명에 기반을 두고 있으며, digital, physical, biological[1] 등 기존 영역의 경계가 사라지면서, 융합되는 기술적인 혁명"으로

---

1) digital(디지털기술)은 사물인터넷, 빅데이터, 인공지능의 차원, physical(물리학 기술)은 무인 운송수단, 3D 프린팅, 로봇공학, 신소재 차원, biological(생물학 기술)은 합성생물학 등 유전공학, 스마트 의료를 의미한다.

정의했다. 모바일인터넷, 인공지능과 기계학습, 사물인터넷 등이 기존 생산 시스템과 결합해 새로운 산업혁명을 유도한다는 것이 핵심이다.

제4차 산업혁명은 2011년 독일 하노버 박람회에서 처음 사용된 'Industry 4.0'이라는 용어를 확장한 개념이며, 독일 정부가 제조업의 컴퓨터화를 진흥하기 위한 첨단기술 전략 프로젝트에서 처음 만든 용어이다. 인더스트리 4.0이 주로 제조업 또는 공장의 스마트화를 염두에 둔 것에 반해 제4차 산업혁명은 제조업뿐만이 아닌 사회 전반에 일어날 변화를 그 범위로 한다.[2]

다보스 포럼은 제4차 산업혁명을 인간과 기계의 잠재력을 획기적으로 향상시키는 '사이버-물리 시스템(Cyber-Physical System)'으로 정의하고 있다. 기계가 지능이 필요한 작업을 수행하고, 인간 신체에 컴퓨팅 기술이 직접 적용되고, 기업/정부와 수요자 간의 소통을 새로운 차원으로 향상시키는 등 '기술이 사회를 형성하고 움직이는 시대'인 것이다. 사이버-물리 시스템은 실재와 가상이 초연결 환경에서 통합되어 사물을 자동적, 지능적으로 제어할 수 있는 시스템을 의미한다.

원래 '혁명'의 의미는 종래의 관습, 제도 등을 단번에 깨뜨리고 새로운 것을 세우는 것을 말했는데, 최근 혁명의 의미는 기존 구조가 갑작스럽게 변화하는 것을 뜻한다. 역사 속에서 혁명은 기존의 세계관, 문화, 사상, 경제, 기술이 기존 구조 체계를 완전히 변화시킬 때 발생했다.[3] 17세기 산업혁명 이후 19세기 전기의 발명과 화석 에너

---

2) 김희철. 4차 산업혁명의 실체. 서울 북랩. 2017. 참조
3) 김명자 역. 과학혁명의 구조. 서울 정음사. 1981. 참조; 김명남·장시형 옮김, 특이점이

지 등으로 대량생산 제품의 시대가 되었으며, 20세기 정보통신기술(인터넷 기술, 산업 로봇, 컴퓨터 출현)과 새로운 에너지(신재생 에너지) 체계의 결합으로 수평적 권력을 기반으로 삼는 제3차 산업혁명이 탄생하였다. 인터넷은 수많은 사람을 수평적으로 서로 연결하기 때문에 제3차 산업혁명은 소유를 중심으로 한 수직적 권력 구조를, 공유를 중심으로 한 수평적 권력 구조로 재편하였으며, 협업과 분산이 대세가 되는 새로운 자본주의 경제구조를 이끌었다. 산업 활동에서 양산된 다양하고 막대한 양의 지식 정보 데이터를 다시 산업 생산 활동에 활용하는 일련의 시도는 산업의 패러다임까지 바꾸게 하였다. 바야흐로, 사물과 인간 그리고 모든 지식 정보가 서로 연결되는 '초연결사회(Hyper-connected Society)'를 만들며 제4차 산업혁명 시대를 촉발시켰다.

증기기관의 발명과 철도의 건설은 1760~1840년경에 걸쳐 영국을 중심으로 한 제1차 산업혁명을 일으켰다. 화석연료의 사용을 통해 증기기관의 시대가 시작되었고, 증기기관을 나라 곳곳으로 보내기 위해 다리, 터널, 항만 등의 기반시설 건설이 촉발되면서 국가 내부의 연결성을 촉진했다.

제1차 산업혁명이 증기기관을 사용한 기계를 통한 간단한 수준의 자동화를 가능하게 했다면, 제2차 산업혁명은 19세기 말에서 20세기 초까지 이어지며 간단한 수준의 자동화를 대량생산이 가능한 수준까지 발전시켰다. 전기와 생산·조립라인의 발명으로 생산성이 폭발적으로 상승했다. 자동화된 대량생산은 한 회사의 공급 사슬에서

온다: 기술이 인간을 초월하는 순간. 서울 김영사. 2007. 참조

시작되었지만, 얼마 지나지 않아 다른 기업과 인근 국가를 포괄하는 국제적인 공급 사슬로 확산되었다. 이후 정보통신기술의 발달은 제3차 산업혁명을 야기했다. 1960년대 시작된 제3차 산업혁명은 반도체와 메인프레임 컴퓨팅을 시작으로 1970년대의 개인용 컴퓨터, 1990년대의 인터넷 발달로 이어졌다. 정보통신기술의 폭발적인 발전은 무어의 법칙을 통해 만개했다. 무어의 법칙은 컴퓨터의 성능이 일정 시기마다 배가하며 기하급수적으로 증가한다는 법칙이다. 1965년에 주장된 이 법칙은 2016년 2월, 반도체업계가 공식적으로 포기선언을 하기까지 50년간 유지되며 눈부신 기술 발선의 속도를 보여주는 제3차 산업혁명의 바로미터 역할을 수행했다.

최근 모든 미래학자와 기술분석 전문가들은 제4차 산업혁명 시대라는 거대한 틀 속에서 우리가 모두 연결되고, 고도로 지능화된 사회를 맞이할 것이라는 데 이의(異意)를 제기하지 않는다. 지금까지의 산업혁명은 동력기관의 발전과 역학기술의 발명으로 자동화와 연결성이 발전된 과정이라고 축약하기도 한다. 제4차 산업혁명은 기계학습과 인공지능에 의해 자동화와 연결성이 극대화되는 단계로 그 실체가 나타나고 있다. 제4차 산업혁명은 속도, 범위, 영향력에서 기존의 산업혁명들과 매우 다른 차별성을 가지고 있다. 이 획기적인 기술 진보는 매우 빠른 속도로 진화하고 확산하면서, 산업 전 분야에 파괴적 기술(disruptive technology)을 접목하면서 대대적으로 시스템을 재구축하고 있다. 새로운 초인공지능을 중심에 두는 제4차 산업혁명의 범위와 속도는 생산, 관리, 지배, 고용구조 등을 포함한 전체 시스템의 큰 변화를 끌어내고 있다.[4]

제4차 산업혁명의 파괴적 변화와 혁신은 그 규모와 범위 때문에 더욱 큰 영향력을 가지고 있다. 제4차 산업혁명의 요소들은 서로 밀접하게 연결되어 있으며 각각의 발전은 즉각적으로 다른 분야의 변화를 촉진하고 있다. 제3차 산업혁명은 산업을 조직화시키고, 각 분야의 전문화를 통한 생산성 향상에 이바지했다. 제4차 산업혁명은 소비를 제외한 전 분야에서 산업 간 경계를 파괴하고, 탈인간화를 촉발할 것으로 예측된다. 온라인과 오프라인, 제조업과 서비스업 간의 경계는 온디멘드 비즈니스의 성장에 따라 이미 희미해졌고, 공유경제 시스템과 적층 가공 기술(additive manufacturing, 3D 프린팅)은 기존의 택시 서비스업, 운송업, 공작기계, 제조업을 대체하고 있다.

제4차 산업혁명은 지금까지 있었던 과거의 산업혁명과는 질적으로 다른 모습을 보인다. 과거의 산업혁명은 인간의 신체노동을 대신하는 기술을 기반으로 하였으나, 제4차 산업혁명은 인간 고유의 지능적인 일을 대신하는 기술에 기반을 둔다. 과거에는 기업 내에서 공장 기계화나 사무 자동화가 중심이었으나 제4차 산업혁명은 분업이 기업을 넘어 사용자와 소비자도 분업 네트워크에 참여한다. 과거에는 양적인 효율성 증대에 역점이 두어졌지만, 제4차 산업혁명은 기업가치의 핵심이 무형자산(無形資産) 중심으로 바뀌는 등 경제구조에 질적인 변화를 초래한다.[5]

제1차 산업혁명은 인간의 근육노동을 기계노동으로 대체시켰다. 증기기관을 이용한 기계화로, 단순공정으로 분업화된 인간 노동을 기계 공정으로 대체하고 '대규모 산업단지' 중심의 대량생산체제가

---

4) 닉 보스트롬 저, 조성진 옮김. 슈퍼 인텔리전스: 경로, 위험, 전략. 서울 까치. 2017. 참조.
5) Carsten Schultz · Katharinaa Hoelzle(eds.), Motoren der Innovation : Zukunftsperspektiven der Innovationsforschung. Wiesbaden Springer Gabler 2014. 참조.

구축되었다. 제2·제3차 산업혁명은 기계노동에서 컨베이어 벨트 및 사무/공정 자동화로 대체된 시기이다. 전기력 및 전기신호를 이용한 포드주의식 컨베이어 벨트(제2차)와 컴퓨터 자동화(제3차) 기술에 기반을 둔 대량생산 체제였다. 제4차 산업혁명은 자동화에서 스마트 시스템에 의한 인공지능화로 나아간다. 소비-제조-유통-서비스에 이르는 전 과정을 인터넷으로 연결하게 한 지능형 시스템으로 전환하는 소비, 제조 및 서비스 혁명이다. 인터넷 정보네트워크, 사물인터넷(IoT), 만물 센서화가 디지털 데이터와 SW 알고리즘 기반의 지능형 생산 및 비즈니스 모델 출현의 추동력이다. 제4차 산업혁명의 핵심 기술에는 센서·임베디드 SW, 사물인터넷, 인공지능·빅데이터 등이 있다. 핵심 기술들을 ICT뿐만 아니라 의료, 금융, 제조업, 에너지, 물류, 자동차 등 다양한 분야에 융합하여 활용하는 것이 제4차 산업혁명이다.6) 4차 산업은 문자 그대로 사물산업(事物産業)이다. 물체에 인간이 봉사하는 것이다.

결론적으로 제1차 산업혁명은 기계의 발명으로 인한 자동화의 탄생, 그리고 증기기관의 발명을 통한 국가 내의 연결성 강화를 이루었다. 제2차 산업혁명은 전기 등의 에너지원 활용과 작업의 표준화를 통해 기업 간, 국가 간 노동부문의 연결성을 강화하고, 대량생산 체제를 성공적으로 수립하였다. 제3차 산업혁명은 전자장치·ICT를 통하여 급진적인 정보처리 능력의 발전을 이루었으며, 이를 바탕으로 정교한 자동화를 이루고 사람, 환경, 기계를 아우르는 연결성을 강화하였다. 그리고 제4차 산업혁명은 인공지능에 의해 자동화와 연

---

6) 금융: 핀테크, 의료: 디지털 헬스, 에너지: 스마트그리드, 물류·교통망: 철도·해운 스마트 시스템, 드론, 제조업: 스마트 제조설비, 자동차: 자율주행차로 그 모습이 나타나고 있다.

결성이 극대화되는 단계로서 우리 삶의 구조를 바꾸고, 그 모습을 급격히 드러내고 있다.

제4차 산업혁명은 빠른 발전 속도로 경제사회 전반의 근본적인 변화를 일으키고 있다. 지능기술이 융합해 지능화를 촉진하며 새로운 패러다임 변곡점이 발생하고 경제시스템과 사회구조의 새로운 변화를 유발하고 있다. 산업사회가 기계를 활용하여 생산능력을 대폭 강화했고, 정보사회가 컴퓨터를 활용하여 정보 활용 능력을 늘렸다면, 4차 산업사회는 이 둘을 결합하여 인간과 사물의 사고능력을 강화/확대하는 것이다. 지능기술은 인간과 사물의 생각하는 능력을 획기적으로 강화해 인간은 더욱 올바른 의사결정을 내릴 수 있게 되고, 사물은 인간을 대신해서 문제를 해결하는 인간 중심 지능정보사회를 만들어낼 것이다. 이것은 이미 우리 곁에 다가와 있다.

제4차 산업혁명의 본질은 사물과 디바이스가 스스로 분석하고 생각하는 주체가 되는 점에 있다. 지금까지의 산업혁명이 사물에 엄청난 기계력을 부여해 세상을 바꿨다면, 이제는 사물이 스스로 분석하고 생각하게 하는 정신력을 갖도록 함으로써 인류가 극적인 전환을 시도하는 제4차 산업혁명으로 나아가야 한다. 이러한 맥락에서 제4차 산업혁명의 본질을 다음과 같이 세 가지로 설명할 수 있다.

첫째, 현실 세계의 디지털화이다. 초소형 컴퓨터를 탑재한 하드웨어가 다른 하드웨어와 연결되는 초연결성의 확보를 통해 방대한 데이터와 정보를 창출하고 축적한다.

둘째, 디지털 세계의 지능화이다. 빅데이터와 정보가 클라우드와의 접목을 통해 하드웨어 자체가 스스로 분석하고 생각하게 함으로써 디지털화된 물리적 세계의 객체들이 초지능성을 확보한다.

셋째, 지능화 시스템의 사회적 탑재와 적용이다. 소프트웨어와 인공지능의 역할이 증대됨에 따라 이 소프트웨어와 하드웨어의 융합으로 사회 시스템을 사용자가 통제 가능하게 됨으로써 그에 따른 산업구조와 도시 시스템, 삶의 방식을 변화시킨다.

2. 초연결사회, 미디어 환경의 변화

커뮤니케이션, 미디어 분야와 관련해 제4차 산업혁명은 '초연결'이라는 화두로 집약된다. 테크놀로지의 급속한 발전으로 사물(事物)이 인터넷과 모바일을 통해 연결되어 서로 커뮤니케이션(소통)하는 사회, 즉 모든 사물과 사람이 네트워크로 연결되는 초연결사회를 창조하고 있다. 초연결 시대에는 다양한 경제 주체, 산업, 학문, 사회, 문화, 계층, 세대, 국가 등으로 연결확대가 쉬우며, 이를 통해 새로운 가치를 창출하게 된다. 연결이 극대화될 수 있는 환경에서는 네트워크 외부성이 커지고, 이를 통해 더욱 혁신적이며 효율적으로 높은 성과의 창출이 가능하다.

이러한 초연결사회를 구축하는 핵심 구성체가 바로 사물인터넷 (Internet of Things, IoT)이며 5G 기술이다. 5G 기술은 사람, 사물, 데이터 등 모든 것이 인터넷으로 서로 연결되어, 정보가 생성·수집·공유·활용되는 기술 및 서비스를 통칭하는 개념이다. 쉽게 얘기하면 각종 사물에 컴퓨터 칩과 통신 기능을 내장해 이를 인터넷에 연결하여 자동화시키고 인공지능에 결정을 지시하는 기술을 의미한다.

여기에서 사물은 가전제품, 자동차, 모바일 장비, 웨어러블 기기 등 다양하다. 심지어 스마트 홈이나 스마트 시티에 적용할 경우 가정 내 출입문이나 각종 전열 기구, 도시의 도로와 각종 설비까지 사물인터넷으로 연결될 수도 있다. 사물이 자율적·지능적으로 인터넷에 연결되면 기존에 생각하지 못했던 다양한 가치들이 접목될 수 있다. 과거 통신 환경에서는 정보의 수집, 분석, 대응에 '이용자의 인위적인 개입'이 필요한 경우가 일반적이었다면, 사물인터넷이 보편화된 환경에서는 이용자 개입 없이 관련 정보가 '자동으로 처리'되어 다양한 편의성을 증진시킬 것이 예상된다.

인공지능 IoT 환경의 등장은 가정에서 다양한 미디어의 엑세스를 보다 효과적으로 제시함으로써, 편리하고 안락한 미디어 이용의 장점을 확대할 것으로 예측된다. 실제로 모든 가전제품에 콘텐츠를 전달 또는 저장할 수 있는 지능형 미디어 기능을 탑재함으로써, 홈 네트워크 컴퓨팅은 미디어를 통합하여 언제 어디서나 접근 가능하다.

생활환경에 따라 다양한 콘텐츠 액세스가 가능하며 상황인식에 의해 콘텐츠의 제공과 소비가 결정되는 새로운 비즈니스 플로우를 형성한다. 무엇보다 가정, 일터, 차량 등 다양한 공간 간 연계를 자유롭게 해준다는 점에서 새로운 공간 이동성을 제공한다.

콘텐츠 분야에서는 컴퓨터와 스마트폰, 태블릿PC 등의 디지털 미디어 활용이 활발하며, 이들 디지털 기기는 기본적으로 인터넷에 연결되어 있기 때문에 사물인터넷의 개념을 확대하고 있다. 자율 자동차, 웨어러블 스마트 의복과 같이 기존에는 인터넷에 접속되지 않던 기기들에 인터넷 접속 기능과 컴퓨팅 기능이 도입되면서 새로운 형태의 혁신을 구현한다.

초연결사회는 인터넷의 연결이 지배하는 세상이다. 그 연결선을 타고 흘러가는 센서는 미디어가 네트워크 기술과 만나 곳곳에 데이터를 뿜어내도록 한다. 웨어러블 기기, 스마트폰, 드론 속에는 헤아릴 수 없이 많은 센서가 부착돼 데이터를 끊임없이 전달한다. 예컨대, 사물인터넷 기술 중 하나인 NFC[7]나 비콘(Beacon)[8] 기술을 활용할 경우 전시공간, 운동경기장 등에서 고객이 어떤 공간을 방문했는지, 어떤 행동을 했는지를 손쉽게 파악하고, 물론 고객이 선호하는 맞춤형 서비스까지 제공할 수 있다.

최근에는 IoT 기반 미디어 플랫폼이 본격적으로 부상하면서 미디어 플랫폼은 단순히 미디어 기기만을 의미하기보다는 그 기기와 기기를 구성하는 부품, 기기 간 연결을 가능하게 해주는 네트워크나 소프트웨어 등을 아우르는 개념으로 진화하고 있다. IoT 시대 스마트미디어 플랫폼들은 지능, 접속, 이동성, 공개성, 비용 등의 측면에서 기존 플랫폼과 차별화를 이루면서 새로운 서비스와 콘텐츠를 소비토록 한다. 즉, 기업과 소비자 역할이 구분된 예전과 달리, 내가 기업가도 되고 소비자도 되는 것이다. 플랫폼 시대에는 나만의 서비스를 빠른 속도로 그리고 합리적인 가격으로 이용하는 스마트한 서비스 향유가 가능하다. 예컨대, YouTube라는 동영상 기반 플랫폼에서 실시간으로 피드백을 받으면서 많은 사람이 동영상을 생산하고 소비한다. 앱스토어에 소프트웨어를 제공하는 개발자와 프로젝트 일

---

7) NFC는 근거리 무선통신(Near Field Communication)의 약자로 13.56MHz 대역의 주파수를 사용하여 약 10cm 이내 근거리에서 데이터를 교환할 수 있는 비접촉식 무선통신 기술이다. 스마트폰 등에 내장되어 교통카드, 신용카드, 멤버십카드, 쿠폰, 신분증 등 다양한 분야에서 활용될 수 있다.

8) 비콘(Beacon)이란 블루투스를 기반으로 한 스마트폰 근거리 통신기술이다.

부분을 수행하는 '1인 기업인' 활동이 활발하다. 현재 세계적으로 대표적인 플랫폼 기업은 구글, 애플, 마이크로소프트, 아마존, 페이스북, 텐센트(위챗), 알리바바, 바이두, 카카오택시, 우버 택시, 직방, 에어비앤비 등인데, 이미 플랫폼 기업의 시장가치 총합은 기존 제조업 기업의 가치를 2배 상회한다.[9]

　무엇보다도 지난 몇 년 동안 미디어 분야에서의 가장 중요한 트렌드 가운데 하나는 가족 구성원들 사이의 미디어 소비 패턴의 다이버전스(divergence)이다. 미래의 가정은 미디어를 중심으로 디자인될 것이 분명하다. 미래의 가정은 '미디어 센터'로 기능할 것이다. 가정은 TV, PC, 게임 콘솔, 음악 등을 융합적으로 이용할 수 있는 허브로서 역할을 담당한다. 가정에서 이루어지는 우리의 미디어 경험은 음성과 몸짓의 인식 등을 포함하는 새로운 인터페이스를 통해 이루어질 것이다. 그리고 모든 방과 벽, 테이블, 계단 등에 설치된 스크린은 비디오, 인터넷 그리고 디지털 영상기기들과 연결될 것이다. 그리고 집안 내부의 벽은 비디오 벽지로 대체될 것으로 예상된다. 가정 내부 미디어는 모두 멀티미디어로서 기능한다는 점이다. 3D TV, 서라운드 스크린, 그리고 게임용 고글과 글러브 및 기타 장비들과 연동되며 풍부한 인터페이스를 제공한다. 또한, 가정 내부의 미디어는 조명기구와도 연결될 것이다. 이 밖에 가정에서는 이 같은 미디어를 이용하여 활발한 상호작용이 보장되는 홈 쇼핑을 즐길 수 있게 될 것이다. 홈 미디어 융합은 연결성과 통합을 요구한다. 다양한 네트워크의 융합, 각 기술표준이 다양한 단말기들도 융합을 위해

---

9) 최재붕 성균관대학교 기계공학부 교수는 이 점을 강조하며 전면적인 대학교육의 개편을 강조한다. 성균관대학교 홈페이지 PUSH 포럼 참조.

연동성이 확보될 것이다.

우리는 많은 시간을 직장이나 자동차, 공항, 거리 등 집 밖에서 보내고 있다. 하지만 이제 우리가 집 밖에서 보내는 시간만큼이나 집에서도 자주 미디어를 이용하도록 강제되고 있다. 우리의 손안이나 주머니에 들어갈 정도로 작은 크기의 단말기들은 단순한 휴대전화나 카메라 등의 기능을 초월하며 기존에 유선 인터넷이 연결된 데스크톱에서 가능하던 이메일, 비디오, 소셜 미디어 등의 기능까지 보유하고 있다. 이는 모두 인터넷 연결이 온라인에서 모바일로 확장한 결과들이다. 이 같은 다양한 단말기들이 진정한 모바일 미디어의 형태로 융합되고 있다.

미래의 미디어는 곧 우리가 움직이는 어느 곳에서나 함께 할 것이다. 광고 게시판이나 도로, 카페의 테이블, 버스 등 어디에나 콘텐츠가 존재하게 될 것이라고 예상할 수 있다. 광고는 점점 더 모바일 미디어콘텐츠들과 연동될 것이다. 따라서 광고뿐 아니라 소비자에게 매력적인 다양한 콘텐츠들이 광고 게시판과 같은 아웃도어 미디어를 통해 제공될 것이 확실하다.

결국, 제4차 산업혁명 시대 미디어는 미디어 4.0 컨셉을 구현하고 있다.

<미디어 컨셉의 진화, 미디어 4.0>

구분	미디어 환경
1.0 시대	매스미디어
2.0 시대	인터넷
3.0 시대	모바일
4.0 시대	스마트미디어(스마트폰, 스마트TV), IoT 플랫폼, 스마트카, 드론 등

이러한 혁신은 미디어 형태에 따라 분류되던 전통적인 콘텐츠산업의 관점에 변화를 요구한다. 이용자의 지불의사에 따라 콘텐츠의 소비가 결정되기 때문에, 콘텐츠의 차별화와 이용자의 요구에 부응하는 시장 세분화가 중요하다. 또한, 비즈니스 환경변화로 인해 가격 차별화, 패키지 판매 그리고 콘텐츠 버전에 따른 창구화 전략 등과 같은 새로운 수익모델의 개발을 강조하는 거대한 트렌드가 시작되었다.

새로운 미디어 혁신시대에 기업들은 적정하고 안정적인 수입원의 확보를 위해서 먼저 미디어 이용자들을 바라보는 시각을 다변화해야 한다. 세분된 이용자들이 원하는 것에 제대로 부응하기 위해, 그들의 취향, 욕구 그리고 특성 등을 정확히 파악하는 것이 중요하다. 이용자의 다양한 욕구에 따라 시장이 세분되고, 나누어진 틈새시장 내에서 동질성은 상대적으로 강화되는 특성을 갖기 때문이다.

3. 스마트 미디어콘텐츠 시대의 도래

수백만 년에 이르는 인류 문명은 커뮤니케이션의 결과물이다. 원시 인류로부터 현재까지 이어져 온 시간 속에서 인류는 몇 번의 중요한 커뮤니케이션 혁신을 이루어 냈고, 그때마다 사회는 급속한 변화를 맞이하였다. 선사시대와 역사시대가 구분되는 것은 커뮤니케이션의 혁신, 즉 기록의 탄생 때문이다. 구텐베르크의 금속활자 인쇄술은 근대사회 형성의 중요한 디딤돌 역할을 했다. 인터넷의 등장은 지구촌의 형성과 경제·사회·문화 등 모든 측면에서 정보의 역할이 역사상 가장 중요하게 취급되는 사회로의 이행에 이바지했다.

그리고 최근 또 하나의 강력한 커뮤니케이션 혁신이 이루어지고 있는데, 바로 스마트미디어 혁신이다. 스마트폰, 스마트TV, 스마트패드로 대표되는 스마트미디어 환경이 일상화되고 있다. 스마트폰과 스마트패드(태블릿PC)에 이어 스마트TV까지 등장하고 있다. 콘텐츠와 미디어는 물론 커뮤니케이션까지 하나로 융합되는 스마트TV의 등장과 확산은 스마트미디어 환경의 본격적 도래를 의미한다.

모바일 기기 속의 애플리케이션 즉, 앱(App)은 앱티즌(Apptizen= App + Netizen)의 라이프스타일을 바꾸고 있다. 특히 실용적 기능을 더 많이 갖춘 앱들이 등장함으로써 앱은 퍼스널 에이전트(personal agent) 역할을 수행하고 있다. 퍼스널 에이전트로서 앱은 개인과 밀착되어 생활의 갖가지 요소들을 해결해주는 정교하고 편리한 존재다. 이제 앱은 생활과 업무에 날개를 달아주는 대리인이자 동반자가 된다. 앱은 단순한 위젯 기능들을 가지고 사람이 작동시켜주기를 기다리는 것이 아니라, 사람의 여러 가지 패턴들을 이해하고 분석한 후 그것을 토대로 실질적인 편의를 제공한다. 앱이 사용자를 보조하고 챙겨주는 든든한 개인 비서, 동반자가 되는 것이다. 직접 제안하고 챙겨주고 빈틈을 메우며, 건강까지도 책임진다. 카테고리별로 가장 복합적이고 지능적인 앱만이 살아남아 진화를 거듭하는 방식이다. 앱이 퍼스널 에이전트에 가까워질수록 사용자는 더 많은 여유 시간을 확보하게 되며 그만큼 삶을 풍요롭게 꾸려나갈 수 있다.

최근 미디어업계에서는 고품질, 고실감화, 초실감을 지향하는 서비스가 중요한 화두가 되고 있다. 홀로그램, 전방위(360°) LF(light field) 영상, post-UHD 등 가상과 현실을 구분할 수 없을 정도의 현장감과 몰입감을 제공하는 서비스가 초실감 빅뱅의 핵심이 되고 있다. 이러한 미디어 환경은 사람들에게 능동적 몰입과 종합적 체험을 통해 전혀 새로운 체험을 제공한다. 이로써 융합현실 콘텐츠가 제공하는 NUX(Natural User eXperience)의 시대를 만들고, 기존의 플랫폼이나 디바이스로는 경험할 수 없었던 독특한 경험을 제공한다.

앞으로는 가상현실(Virtual Reality: VR), 증강현실(Augmented Reality: AR),[10] 홀로그램 등 융합현실이 개인 경험을 확장시키고 강력한 몰입을 유도하는 매개물이 될 것이다. 가상현실과 증강현실은 지금까지 존재하지 않았던 새로운 공간을 창조하면서, 나아가 새로운 비즈니스, 시장 공간을 창출할 것이다. 이미 많은 상거래가 온라인을 통해 이루어지고, 콘텐츠 및 인간관계까지도 온라인·모바일 SNS를 통해 형성되고 있다. 가상 및 증강현실은 이러한 시장을 상당 부분 잠식하거나 기존 시장과 융합되면서 스마트소비자들에게 더욱 많은 권한과 힘을 부여할 것이다. 가상공간에서는 현실 세계의 물리적 한계를 극복하고 사물을 평가하는데 필요한, 더 풍부한 정보 접근을 가능토록 하기 때문이다.

또한, VR·AR과 더불어 현실과 가상의 정보를 융합하여 현실 세계를 반영한 가상세계를 구현하는 MR(Mixed Reality, 융합현실)이 대세로 자리를 잡고 있다. MR은 가상현실이 주는 이질감을 완화함

---

10) 가상현실: 허구의 세계를 구성해 제공하는 개념으로, HMD(Head Mounted Display) 등을 이용해 현실 시야를 완전히 차단, 완벽한 가상세계를 눈앞에 구현함을 통해 몰입도 높은 환경을 제공하여 실감형 콘텐츠에 주로 활용한다.
증강현실: 실제 가상을 중첩하는 개념의 기술, 실제 경험하고 있는 현실에 기초하여 현실 세계를 배경으로 그 위에 추가적인 정보를 덧입힐 수 있어 정보전달형 콘텐츠에 매우 적합하다.

과 동시에 증강현실의 낮은 몰입도를 개선하는 등 현실과 가상을 균형감 있게 융합함으로써 VR과 AR의 단점을 보완하고 특장점을 강화하고 있다. 마이크로소프트사에서 출시한 '홀로렌즈'가 그 대표적인 사례이다.

결국, 미디어 4.0 시대 콘텐츠는 콘텐츠 스퀘어드(Contents^2)로 진화하고 있다. 제4차 산업혁명기 사물인터넷 기반 스마트미디어 시대의 콘텐츠 역시 4.0 콘셉트로 진화하고 있는데, 현실, 가상현실, 증강현실의 구분이 없는 환경 즉, 융합현실을 구현한다. 초실감, 초지능, 초연결, 몰입 극대화 기반 감성체험, 증강체험, 오감체험을 구현해준다.

콘텐츠 4.0은 콘텐츠 스퀘어드(Contents^2, Contents squared) 특성을 지향한다. 콘텐츠가 '진짜 세상'을 만나는 것이다. 현실과 가상이 상호교차하고 상호 영역에 영향을 끼친다. IoT 기반으로 사람과 사람, 사람과 콘텐츠, 콘텐츠와 콘텐츠, 디바이스가 서로 소통하는 시대를 상징한다.

<콘텐츠 컨셉의 진화, 콘텐츠 4.0>

구분	미디어 환경	콘텐츠 양상
1.0 시대	매스미디어	대중 콘텐츠
2.0 시대	인터넷	참여-공유-개방
3.0 시대	모바일	휴대성, 개인화, 연결 강화
4.0 시대	스마트미디어(스마트폰, 스마트TV), IoT 플랫폼, 스마트카, 드론 등	초실감, 초지능, 초연결, 극(極) 몰입 융합콘텐츠, 증강콘텐츠, 생동 콘텐츠

무엇보다도 초연결 시대 미디어콘텐츠 생활상의 가장 큰 변화는 '스마트 라이프'로 개념화할 수 있을 것이다. 가정 내 모든 기기가 인터넷에 연결되고 다양한 스마트 서비스를 제공하는 스마트 홈은 우리에게 편리하고, 안전하며, 경제적인 생활의 영위를 기대하게 한다. 스마트 홈은 가전기기의 인터넷 연결로 인한 자동화를 넘어서서 주변 환경, 사용자의 특성에 따라 적절한 서비스를 제공하는 새로운 스마트 라이프 환경을 구축한다.

지능형 네트워크 시스템, IoT, 증강·가상현실 기술 등이 보편화됨에 따라서 주거·업무·오락 등 공간의 기능적 융합이 발생할 것이며, 시공간 제약 없이 사용자 경험이 극대화될 것으로 기대된다. VR/AR 기술로 언제 어디서나 현실감 있는 게임, 교육, 쇼핑, 업무 등이 가능해지며, 각자 VR/AR 기기를 착용하면 같은 공간 안에서도 서로 전혀 다른 경험(아버지는 업무를, 어머니는 요리를, 자녀들은 게임을)을 하게 될 것이다.

이러한 스마트 홈 산업은 스마트워크, 스마트교육, 스마트 시티, 스마트 가전, 스마트카, 스마트 케어, 스마트그리드, 스마트TV, 스마트폰 등 다양한 분야를 포함한다. 향후 스마트기기, 플랫폼, 콘텐츠 등 스마트 홈을 구성하는 다양한 기기 및 서비스가 통합될 것이며, 개별 주거공간을 넘어서 생활환경 전반에 걸쳐 연결성이 확대될 것이다. 또한, 스마트 홈 시스템 구축을 통해 거동이 불편한 노약자, 장애인 등의 일상생활을 보조하고, 건강 상태를 모니터링하는 등의 사회복지 서비스와의 연계도 가능할 것이다.

4. 산업혁명 4.0 시대 인재상과 필요 직무의 변화

우리가 현재 경험하고 있는 제4차 산업혁명의 핵심 동력은 무엇보다도 '소프트 파워[11]'라고 할 수 있다. 제4차 산업혁명에서의 소프트 파워는 '창의적인 아이디어를 기술, 지식, 제품과 연계·융합하여 혁신적인 비즈니스로 구현하는 역량'으로 개념화되며, 연결성과 창의성이 관건이다.

우선 연결성은 다양한 개체를 상상력과 아이디어로 연계하는 것을 의미한다. 궁극적으로 무형의 개체 간(아이디어, 서비스, 생태계 등) 연결을 통해 신규 서비스 및 산업을 창출해내는 촉매적 혁신이 '연결성(連結性)'의 핵심이다. 일종의 '촉매적 혁신'으로 기술 및 서비스 혁신을 통해서 완전하게 새로운 산업과 일자리를 창출하는 것이다. 실제로 우버, 에어비앤비, 알리바바 등 최근 글로벌 시장을 주도하는 제4차 산업혁명의 대표기업들도 창업자 개인의 창의적인 아이디어에서 출발, 온라인 오프라인 간 연계, 이종 산업 간 연계, 서비스 간 연계를 통해 새로운 산업을 창출한 것이다.

다음으로 창의성(創意性)은 산업, 문화를 넘나드는 독창적인 시각을 의미한다. 예컨대, 증강현실 게임인 '포켓몬고' 열풍은 실은 우리가 먼저 주도했다. 수년 전 국내에서 비슷한 게임이 먼저 개발되었으나 창의적 스토리와 디자인 역량 부족으로 시장 선도 기회를 상실한 것이 뼈아프다. 이는 기존의 역량과 새로운 역량을 엮고, 어떻게 활용할지에 관한 창의적인 스토리가 대단히 중요함을 보여준다. 의

---

11) 하드 파워는 군사력이나 경제력 등 물리적으로 표현되는 힘을 말하는데, 소프트 파워는 문화를 중시한다. 소프트 파워는 교육, 문화, 과학기술 등 인간의 이성 및 감성적 능력을 포함하는 문화적 힘을 포괄하는 용어가 되고 있다.

미 있는 변화 도출과 선도적인 시장 주도는 보유하고 있는 제품과 기술을 어떻게 엮고 활용할 건지에 관한 소프트 파워(연결성, 창의성)가 중요하다.

앞으로는 융합적, 창의적 사고와 전문지식으로 미디어콘텐츠 시장을 선도하는 레고형 창의인재가 제4차 산업혁명 시대를 선도하게 될 것으로 예견한다. 레고(Lego)는 '잘 논다'라는 뜻의 덴마크어다. 자유롭고 크리에이티브한 정체성을 지닌 인재(소통과 융합을 통한 창의적 혁신)를 의미한다. 자유로운 사고와 다양한 정체성으로 변화무쌍한 삶을 영위하는 21세기형 인간이다. 서로 다른 철학과 이데올로기·문화·정치·예술·종교를 자신의 구미에 맞게 조립해 독특한 라이프스타일과 정체성을 만들어낸다.

기획력, 제작능력은 물론 비즈니스 역량까지 겸비한 다빈치형 인재 역시 필요하다. 이제는 기술, 스토리텔링, 디자인, 마케팅 분야의 뛰어난 연구에너지, 문화·예술적 감성 그리고 비즈니스적 마인드를 유기적으로 결합해야 한다. 미디어콘텐츠 산업 분야의 핵심인력은 미디어, 테크놀로지에 대한 이해와 미디어 환경이 되는 기술의 변화와 실제에 대해 이해하지 않고서는 가치 있는 콘텐츠를 생산할 수 없게 되었다. 기술의 발전과 문화의 힘을 조화시킬 수 있는 안목이 반드시 필요하다는 의미이다. 미디어콘텐츠 분야의 탈경계형 인재는 IoT의 테크놀로지 기초개념을 알아야 하며, 미래 콘텐츠 비즈니스의 성공 비전을 직관적으로 제시할 수 있어야 하며, 디지털 캔버스(디스플레이)에 문화적 감성을 덧입힐 수 있는 예술가적 표현능력을 가져야 한다.

향후 제4차 산업혁명은 노동시장에 큰 변혁과 변화를 가져올 것이다. 세계경제포럼(WEF)은 제4차 산업혁명으로 향후 5년간 과학 및 기술 분야의 고용 증가가 기대되지만, 노동력 대체 기술의 발달로 전체 일자리는 줄어들 것으로 전망하고 있다.[12] 자동화 직무 대체는 2020년 전후에 시작될 전망이다. 단순 반복적인 과업(Task) 중심으로 대체되는 것일 뿐 여전히 중요한 의사결정과 감성에 기초한 직무는 인간이 맡게 될 것이다.

다보스포럼에서 발표된 보고서 <직업의 미래(The Future of Jobs)>에 의하면, 제4차 산업혁명으로 2020년까지 약 710만 개의 일자리가 사라지고 로봇을 비롯한 신규기술이 만들어낼 일자리는 200만 개 정도가 될 것으로 예측하고 있다. 없어지는 일자리는 주로 사무직 및 관리직종에 집중되고, 정보 및 커뮤니케이션 산업, 미디어, 엔터테인먼트 및 정보산업 분야의 일자리는 상대적으로 늘어날 것이라 보고 있다.

한국고용정보원(2016)에 따르면, AI와 로봇기술 등을 활용한 자동화에 따른 직무 대체 확률이 높은 직업은 콘크리트공, 정육원과 도축원, 고무와 플라스틱 제품 조립원, 청원경찰, 조세 행정사무원 등이다. 업무를 수행하기 위해 단순 반복적이고 정교함이 떨어지는 동작을 하거나, 사람들과 소통하는 일이 상대적으로 적은 특징을 갖는 직업군이다. 작가 및 관련 전문가, 애니메이터와 문화가, 무용가와 안무가, 예능 강사, 패션 디자이너, 국악 및 전통 예능인, 감독 및 기술감독, 배우와 모델, 시각디자이너, 웹 및 멀티미디어 디자이너, 출판물기획전문가, 큐레이터 및 문화재 보존원, 영상녹화 및 편집기사

---

12) 대럴 M. 웨스트 저, 김인수 옮김. 일자리 빅뱅이 다가온다: 우리의 직업 세계를 뒤바꿀 거대한 지각변동. 서울 한빛 시리즈, 2019. 참조

등 감성에 기초한 문화 관련 직업들은 자동화에 의한 대체 확률이 상대적으로 낮다.

인류 역사에서 발명된 혁신적 기술들은 '정보를 연결하게 해 새로운 지식으로 만든 융합의 결과'이다. 하나의 번뜩이는 통찰이 아니라, 여러 아이디어가 새로운 방식으로 융합된 결과이다.

이제는 개인적인 천재성이 아니라, 다양한 공간에서 다양한 형태로 발달한 전문지식을 융합하여 새로운 개념을 기획하는 것이 대단히 중요해지고 있다. 아이디어는 기본적으로 다른 아이디어들과의 그물망 연결을 의미한다. 필요한 조각들이 모이면 새로운 혁신이 발생한다. 제4차 산업혁명은 ICT가 도메인 지식과 Ad-hoc Network처럼 유기적으로 연결(융합)되어 진화하는 것이다. '인접 가능성(adjacent possibility)의 무한한 확장'이 가능하다.

한국고용정보원의 <주요 직업 자동화 직무 대체 확률 분석>에서도 문화예술 분야와 창의성, 감성 등을 필요로 하는 직업들은 대체 확률이 낮은 것으로 나타났다. 각종 일자리 예측 보고서를 정리하면, 미래에는 문화나 예술에 관한 관심이 더 커질 것이며, 창의적이고 사람과 상호작용이 요구되는 산업 분야에 다양한 기회가 있을 것으로 요약된다. 미디어콘텐츠 산업에 관심을 가져야 하는 이유다.

5. 커뮤니케이션학의 변동과 정체성 변화

21세기 신문방송학은 인문학과 사회과학 그리고 자연과학 사이를 구분하던 전통적인 경계선을 뛰어넘는 복합학문으로 발전하고 있다.

이처럼 신문방송학이 복합학문의 위상을 갖게 하는 추동력은 디지털기술의 발달과 이에 따른 커뮤니케이션 양식의 변화에 기초한 사회구조의 변동에서 찾을 수 있다.

전통적으로 신문방송학에서 다루어온 효과이론은 주로 '어떠한 사건이나 현상에 대한 기억, 회상'을 주제로 하였다. 심리학적인 개념을 사용하면 '인지 혹은 인식연구'라고 할 수 있다. 이와 같은 연구의 방향은 매스미디어가 사회와 개인에게 미치는 문화적이고 의사소통적인 영향을 탐구토록 하였다. 그래서 아날로그 기술에 기초한 신문방송학은 20세기에 문화 지향적인 미디어연구와 정치시스템 지향적인 미디어연구 사이에서 여러 형태의 모습을 보였다. 예를 들어 1970년대와 1980년대의 신문방송학은 문화적 요인으로서 방송의 구조·기능에 대한 재해석과 새로운 과제를 중요한 연구주제로 삼았다.

연구주제의 폭과 대상이 넓어지면서 학과의 정체성 문제가 나왔고, 이것은 신문방송학과가 여러 이름으로 분화되는 계기가 되었다. 1990년대에 들어오면서 신문방송학과, 언론정보학과(서울대), 광고학과, 광고홍보학과, 대중미디어학과, 영상학과, 커뮤니케이션학과, 멀티미디어학과, 방송정보학과 등으로 그 이름이 바뀌었다. 유사학과를 셈하면 그 다양한 이름은 10개가 넘을 것이다. 최근 미디어 커뮤니케이션 학과라는 명칭으로의 변경은 기존의 신문방송학에서 다루던 영역을 전문화해 연구영역을 다변화시키고 연구의 깊이를 심화시키고 있다.

1980년대와 1990년대에 신문방송학과에 불어온 비판 커뮤니케이션 열풍과 뉴미디어의 도입에 따른 '미디어 산업적인 연구 방법'은 신문방송학의 연구 스펙트럼을 경제, 경영, 법학 그리고 정보통신으로까지 확대시켰다. 비판 커뮤니케이션은 매스미디어의 '권력화 기능'을 해부하면서 그 문제점을 공적인 장으로 끌어들였으며, '현실을 구성하는 도구'로서 그 모습을 탐구하였다. 현실구성과 관련한 미디어 이론 논쟁은 20세기에 가장 활발하게 논쟁이 이루어진 연구 영역이며, 여전히 지금도 논의되는 것을 볼 수 있다.

이러한 연구배경의 핵심은 문화가 바로 미디어 문화가 되었다는 것이다. 또한 (매스) 미디어는 커뮤니케이션 도구의 의미, 메시지를 생산하고 전달하는 기기, 메시지의 생산과 전파를 위한 기구 그리고 메시지의 송출로 그 의미가 구성된다는 것에 있다. 매스미디어를 통해 일어나고 재생산되는 모든 사회현상을 '대중문화의 현상'이라는 울타리에서 연구하는 것이 신문방송학의 탐구 영역이라는 것이다. 그러나 기실 이것은 올드 미디어로 불리는 전통적인 '신문, 지상파 방송'에 한정되어 이루어진 것이다. 뉴미디어인 '케이블TV, 위성방송, 인터넷, DMB, IPTV'가 수용되었거나 새롭게 진화하는 현시점에서 신문방송학의 연구는 '대중문화 현상'을 넘어서 '개인의 문화 현상'을 더욱더 중요한 연구 대상으로 삼고 있다. 이것은 시대적인 요구이며 강제라고 할 수 있다.

위성방송과 케이블TV가 제공하는 다채널은 타깃 집단을 더 중시하고, 인터넷을 통한 사이버 커뮤니케이션은 개인 차원을 더욱더 중시하도록 한다. 그래서 신문방송학은 이제 복합학문으로서 신문, 방송, 정치 커뮤니케이션, 광고, 사이버, PR, 저널리즘, 미디어 경제, 텔레커뮤니케이션, 커뮤니케이션 일반 이론, 영상론, 디지털미디어 등의 분화영역을 상호 연계하는 연계성을 중시하고 있다. 신문방송학은 명실공히 여러 학문이 접점을 이루는 학문의 십자로가 되고 있다.

이제 미디어기술은 모든 것을 융합시키면서 그 사회적 영향력을 폭넓게 하고 있다. 예컨대, 집은 이제 더는 잠을 자고 식구들과 이야기하는 전통적 공간의 의미를 갖지 않는다. 디지털미디어는 집을 네트워크의 집합체로 만들면서 양방향 디지털TV, VOD, DVD, 홈 쇼핑이 이루어지는 엔터테인먼트의 공간이며, 원격교육, 재택근무, 원격제어, 보안시스템 등이 들어와 장착되는 '일터와 노동 공간'으로 만들어내고 있다.

사람은 단순한 개인이 아니라 시스템의 한 부분이 되고 있으며, 모든 사회 기술적인 변화를 담아내는 정밀한 기계이며, 복합미디어가 되고 있다. 지능형 통합방송인 스마트TV는 우리 인간이 어떻게 미디어의 구성요인이 되는지를 적나라하게 보여주고 있다. 인간의 능동성을 높여 주지만, 반대로 수동적인 행위를 한층 심화시킬 수도 있다는 문제점을 제기하고 있다.

이제 21세기에 존재했던 전통적인 신문과 방송에 한정되었던 신문방송학에 대한 논의는 설 자리를 잃어가고 있다. 방송사가 콘텐츠 제작과 공급을 독점하던 독과점 TV 시대는 그 힘을 급격히 잃어가고 있다. 국민의 수도사용량까지 줄게 했던 지상파 방송 드라마가 1~2%의 시청률을 기록하는 시대이다. 이제는 동영상 서비스업체(OTT)까지 등장하면서 정보 맞춤형·정보창조형 방송시대로 고도화됨을 볼 수 있다. 이제 미디어의 미래는 기술, 시장, 그리고 소비자라는 새로운 축에 기대어 새로운 스마트 대륙을 개척하고 있다. 이에 따라 미디어의 개념이 매개가 아닌 인간과 동행하는, 함께하는 지능 자체가 됨을 볼 수 있다. 바로 인터페이스가 되는 것이다.

미디어는 이제 독립된 부수적인 형태가 아니라 인간의 모든 삶을 각색하고 표현하며 통제하는 네트워크가 된 것이다. 그래서 미디어의 개념을 확대하면서 미디어커뮤니케이션학으로 그 연구 범위와 스펙트럼을 넓히는 연구 방법이 요구된다. 미디어의 미래는 이제 인간의 미래와 함께 분석해야 한다. 이제 신문방송학과 미디어학은 새로운 세계로 항해를 시작하였다.

신문방송학은 폭이 매우 넓고 범주가 다양하다. 신문방송학은 경험실증주의, 문화학적인 접근, 구조주의적인 접근, 시스템론적인 접근 등의 학문적인 방법이 요구되고 또 활용됨을 쉽게 볼 수 있다. 디지털, 스마트미디어 시대가 되면서 이 연구영역과 접근 방법은 더욱 다양해질 수밖에 없다. 예컨대, 미디어 심리학, 미디어 법제, 미디어 경제, 미디어 사회학, 미디어 정보학 같은 전문영역에서 이루어진 결과가 신문방송학의 연구에 새롭게 접목되어야 한다. 커뮤니케이션의 본질이 변형되고 있다. '의미의 공유과정'이라는 고전적인 이해를 벗어나 커뮤니케이션이 '의미를 나누는 과정', '정보를 전달하는 과정'으로 변화되면서 매스미디어 특성과 개인 미디어 특성이 공간과 시간에 따라 크게 달라지는 것을 눈여겨보아야 한다. 신문방송학의 범위는 그 어느 때보다 확장되고 있으며, 그만큼 관련된 미래 일자리 및 직업군은 더욱 다양해지고 있다.

6. 논의 및 제언

제4차 산업혁명은 기술 자체가 아닌 기술을 활용한 '인간과 사회의 변화'를 의미한다. '사람-사람, 사람 - 사물, 사물 - 사물'을 초연결시킴과 동시에 초연결성에서 나오는 방대한 데이터를 분석하여 일정한 패턴을 파악할 수 있는 초지능성을 가능토록 한다.

제4차 산업혁명이 촉발하는 미래의 바람직한 모습은 기계의 능력에 인간 고유의 능력이 조합되고, 이를 통해 혁신의 총량이 증가하는 사회일 것이다. 단순반복 업무는 기계가 수행하고, 인간은 개성있고 인간미 넘치는 업무에 집중하는 사회, 혁신의 증가로 부의 총량이 증가해 풍요롭고 윤택한 사회, 높은 생산성과 인간의 노동 비중 감소로 여유 있는 사회의 모습일 것으로 기대된다.

제4차 산업혁명과 관련된 제반 변화에 효율적으로 대응·주도하기 위해서는 '인간을 위한 제4차 산업혁명'으로 관점 재편이 필요하다. 기술 발전의 가치는 인간과 사회의 새로운 필요와 욕구를 포착하고 그것을 기술을 통해 실현하게 하는 데 있다. 데이터를 기반으로 한 초연결, 초지능 사회가 생산성과 사회적 구조에 긍정적인 변화를 가져오기 위해 '인간과 사회를 위한 기술 활용'으로 관점을 정립해야 한다. 이러한 관점에서는 창의력을 기반으로 인간 고유의 직관, 통찰, 감성이 더욱 중요해진다.

미디어, 콘텐츠, 문화예술, 커뮤니케이션 등 신문방송학 제 분야에 있어서 창의적 융합인재의 중요성이 그 어느 때보다 중요해지고 있다. 21세기의 문화 분야는 새로운 패러다임에 의해 변모하고 있다. 즉, 탈장르, 탈형식, 탈전통과 함께 융합 장르, 융합 형식, 융합 텍스트, 융합 미디어의 형태로 생산되고 소비되고 있다. 특히 문화 분야가 산업의 가치를 지니게 되면서 콘텐츠의 기획, 창작 단계에서 융합적인 창의성은 가장 중요한 요인이 되고 있다.

'경계를 넘나드는 융합적인 사람'이 새로운 문화경쟁력의 핵심이 되는 시대가 되고 있다. 미디어 문화산업을 중심으로 한 창조산업 분야 핵심인력은 문화·예술에 대한 이해와 함께 기술의 변화와 실제에 대해서 이해하지 않고서는 가치 있는 아이디어를 창출할 수 없게 되었다. 기술의 발전과 문화·예술의 힘을 조화시킬 수 있는 안목이 반드시 필요한 상황이다. 이에 미디어 인재 양성체계의 구조전환 및 새로운 패러다임 개발이 긴요한 국면이다.

스마트 환경, 기술의 융합 트렌드에 적극적으로 대응하기 위해서는 개별 장르별 인력보다는 통합 장르적, 학제적 인력 수요 확대가 필요하다. 유사 학문 간 통섭과 융합은 대학교육의 중요한 트렌드로 자리 잡는 상황이다. 특히, 미디어 분야는 기술의 빠른 진화와 산업 간 융합으로 인해서 더욱 다양한 분야의 융합적 교육 커리큘럼 도입이 필요한 상황이다. 요컨대, 미디어 혁신 트렌드에 부합하는 새로운 교육 혁신이 필요하다.

매스미디어 시대를 호령하던 텔레비전, 라디오, 신문과 같은 전통적인 미디어 플랫폼의 힘이 약화하고, 이제는 인터넷 기반의 1인 미디어 플랫폼들이 강력한 영향력을 발휘하고 있다. 미디어 빅뱅의 시대조류에 맞는 새로운 콘셉트의 미디어 분야 교육 혁신이 요구되는 상황이다.

현재 미디어 산업 관련 이론, 창작, 경영, 기술에 관한 교육이 분절적인 형태로 이루어져 학제 간 교육 기반이 취약한 실정이다. 향후 미디어 산업 분야에서 요구되는 인재상은 각 분야 전문성을 갖출 뿐만 아니라 올 라운드 플레이어(all round player) 능력을 지닌 융합형 인재이다. 미디어 분야 현재 그리고 미래의 융합 인재상은 '미디어 분야 창작·기획, 제작·유통, 비즈니스'의 전 분야에 대한 이해도가 충분한 인력이다. 하지만 현재는 학과별로 분절적으로 교육이 이루어지고 있으며, 학제 간 협력도 매우 미흡한 상황이다. 새롭게 변모하는 미디어콘텐츠 융합시대의 인재는 인문·예술적 감성은 물론, 비즈니스에 대한 이해도와 역량, 그리고 새로운 기술에 대한 높은 이해력이 있는 인재여야 한다. 따라서 인재 양성을 위한 커리큘럼 역시 다양한 경험을 할 수 있도록 수요자 위주의 개방형, 선택형 시스템으로 변화되어야 할 것이다.

제4차 산업혁명의 변화가 접목된 콘텐츠 분야에서도 새로운 일자리 수요가 발생하고 있다. 가상현실(VR)·로보틱스·인공지능(AI) 등 제4차 산업혁명으로 촉발된 문화기술의 발전으로 다양한 분야의 신직종이 증가하고 있다. 향후 제4차 산업혁명 기술이 콘텐츠 분야에 적용될 경우, 신직종이 발생하고, 이로 인한 일자리 창출이 가능할 것이다. 고용노동부는 제4차 산업혁명으로 사물인터넷, 빅데이터 개발, 증강현실 등 14개 직종을 국가직종에 편입했다. VR 게임디자이너, 드론 전문조종사, 홈 팩토리 마스터, 로봇 컨설턴트 등 콘텐츠 분야의 신직종도 등장했다.

제4차 산업혁명의 혁신에 부응하는 새로운 패러다임의 교육과정이 필요하다. VR, AI 등 기술과 금융과 투자, 네트워크 등의 융화로 과거의 강의방식으로는 퍼스트 무버(first mover), 게임체인저(game changer) 양성이 곤란하다. 체험 중심의 프로젝트, 강의실이 아닌 스튜디오, 창작자와 경영자, 기술자의 협업 및 개방형 랩 형식의 교육이 필요한 것이다. 급변하는 기술을 활용할 수 있는 단기간의 교육과정이 필요하고, 실험적인 프로젝트를 협업함으로써 현장에 즉시 투입 가능한 신직종 맞춤형 콘텐츠 인재 양성 및 새로운 일자리 창출이 가능하다.

제4차 산업혁명 시대 가치를 창출하는 핵심 키워드는 융합, 연결, 협력이다. 이는 미래 인재가 갖추어야 할 소양으로, 대학(원) 교육에서 배양되어야 한다. 따라서 커뮤니케이션학, 신문방송학, 미디어학, 콘텐츠학은 지속 가능한 연구영역 확보 및 일자리를 위해 다음과 같은 새로운 영역들에 주목해야 할 것이다.

- ▶ 융합 어젠다 : 스마트, IoT 환경과 미디어/콘텐츠/커뮤니케이션의 진화, 기계와의 소통(HCI, 인공지능/로봇과의 소통 디자인) 등
- ▶ 테크놀로지 어젠다 : 휴먼 3D, MR, 인공지능, 빅데이터 드론 등 혁신적 기술에 대한 이해
- ▶ 휴먼 어젠다 : 문화예술, 건강/스포츠 커뮤니케이션, 헬스/건강 커뮤니케이션, 리스크 커뮤니케이션, 실버/休 등 인간 그리고 미래에 대한 이해
- ▶ (기술적) 감성 어젠다 : 사용자 경험 디자인, 데이터 분석, 홀로그램 전시기획 등
- ▶ 전문(소양) 어젠다 : 인문예술적 감성, 기획력, 테크놀로지 이해, 비즈니스 역량, 스토리텔링 등

다가오는 미래 변화의 본질은 기술혁신이 아니라 가치관과 트렌드의 변화에 있다. 제4차 산업혁명의 기술들이 어디까지 발전하고, 얼마나 일자리를 뺏을 것인지 따지는 것은 중요하지 않다. 제4차 산업혁명으로 인간 삶의 방식이 어떻게 변하고, 어떤 문화가 나타날 것인지 주목하고 예측해야 한다. 미디어콘텐츠 산업의 미래는 그 너머에 있을 것이다.

초연결 시대 스마트 사회로의 급발진 중인 한국사회는 그 속도가 너무 빨라 새로운 미디어콘텐츠 전경을 가늠하기 힘들 정도다. 특히 한국사회에서 미디어콘텐츠 패러다임은 다른 어떤 나라보다 빠른 변화를 보여주고 있어 그 흐름을 간파하기 쉽지 않은 상황이다. 이에 우리에겐 '오딘(odin, 지혜의 신)의 눈'이 필요하다. 새로운 미디어콘텐츠 세상을 통찰하는 '지혜의 눈' 말이다. 미디어콘텐츠 세상에서 벌어지는 여러 현상을 당연한 것으로 보아 무심히 흘려버리는 것이 아니라 그 이면을 살펴보는 세심함 속에서 우리는 지혜를 찾을 수 있다.

| 참고문헌 |

국민대통합위원회(2014). 사회경제적 불평등: 형평성 지표. 국민통합 이슈 모
　　니터링(Vol. 5).

김명남·장시형 옮김(2007). 특이점이 온다: 기술이 인간을 초월하는 순간. 서
　　울: 김영사.

김명주 옮김, 호모데우스(2017). 미래의 역사. 서울: 김영사.

김문조·김종길(2002). 정보 격차(Digital Divide)의 이론적·정책적 제고. 한
　　국사회학 제36집 제4호. 123~155.

김원제·송해룡(2015). 미디어콘텐츠, 창조기획과 스마트 비즈니스. 파주: 한
　　국학술정보.

김원제·박성철(2016). 대한민국의 10대 잠재 리스크. 서울: 커뮤니케이션
　　북스.

김희철(2017). 4차 산업혁명의 실체. 서울: 북랩.

김인수 옮김(2019). 일자리 빅뱅이 다가온다. 서울: 한빛비즈.

미래부(2015). K-ICT 전략: ICT가 선도하는 창조 한국 실현.

박영택(2016). 창의 발상론. 한국표준협회미디어.

서병조(2016). 지능정보시대의 도래와 미래전략, in 지능정보시대의 미래를
　　구상하다, 한국정보화진흥원 편. 2016 ICT 기반 국가 미래전략 BIG
　　STEP.

송해룡(2009). 미디어 2.0과 디지털미디어 생태계 패러다임. 성균관대학교 출
　　판부

송해룡·조항민(2014). 디지털미디어 시대 리스크 현실과 진단. 파주: 한국학
　　술정보.

시민건강증진연구소(2017. 2). 누구를 위한 '제4차 산업혁명'인가? 서리풀 논
　　평, http://health.re.kr/?p=3507

심진보·하영욱·최병철·노유나(2016). 제4차 산업혁명과 ICT: 제4차 산업
　　혁명 선도를 위한 IDX 추진전략. 한국전자통신연구원 기술경제연구
　　본부, Insight Report 2016-13

이덕환(2017. 2). 오리무중의 4차 산업혁명 열기, 교수신문,
    http://www.kyosu.net/news/articleView.html?idxno=33385
이상민(2017). 과학기술 문명과 인류의 구원, 정보통신기술진흥센터 주간기술
    동향 2017. 1. 18.
이상훈(2016). 제4차 산업혁명. 국회 제4차 산업혁명 연구포럼 발제문
이한음(2016). 제2의 기계 시대: 인간과 기계의 공생이 시작된다. 서울: 청림
    출판
임혁백·송경재·장우영(2015). 빅데이터 시대의 정치패러다임 : 헤테라키 민
    주주의의 전망, 한국정보화진흥원 편. ICT 기반 국가 미래전략 2015
    BIG STEP.
임혁백·송경재·장우영(2016). 빅데이터 기반 헤테라키(융합) 민주주의, 한
    국정보화진흥원 편. 2016 ICT 기반 국가 미래전략 BIG STEP.
조성진 옮김(2017). 슈퍼 인텔리전스-경로, 위험, 전략. 서울: 까치.
조현욱 옮김/이태수 감수(2017). 사피엔스. 서울: 김영사.
정지훈·류현정 역(2014). 기계와의 전쟁. 서울: 티움.
최계영(2016). 4차 산업혁명 시대의 변화상과 정책 시사점. 정보통신정책연구
    원 프리미엄 리포트 16-04.
클라우스 슈밥(2016). 클라우스 슈밥의 제4차 혁명. 새로운 현재.
하원규(2016). 제4차 산업혁명과 초지능형 사회로의 진화. Smart Device Trend
    Magazine vol. 22, 8-13.
하원규·최해옥(2013). 디지털 행성과 창조도시 전략. 전자신문사.
하원규·최민석·김수민(2013). 미래창조 선도국가(A-Korea)의 방향성과 추진
    전략. 전자통신 동향분석 제28권 제2호, 115-130.
하원규(2015). 디지털 행성 시대의 메가트렌드와 창조국가전략. 국정관리연구
    제10권 제2호(2015. 8), 37-66.
2045 인터넷@인간·사회 연구회(2016). 2045 미래사회@인터넷. 한국인터넷
    진흥원
한국정보화진흥원(2016. 3). 지능화 시대, 새로운 대한민국으로 빅디자인하라.
    IT & Future Strategy 보고서 11호
한국정보화진흥원(2016. 7). 지능화 시대의 새로운 생산 3요소 : 데이터·AI·

알고리즘. IT & Future Strategy 보고서 4호

한국정보화진흥원(2016. 12). 지능화 시대의 패러다임 변화와 대응전략. IT & Future Strategy 보고서 11호

BMWE/ BMBF(2015), Industrie 4.0 – Made in Germany: Informationen zum Start der Plattform Industrie 4.0

Caesten Schultz/Katharina Hoelzle(eds.), Motoren der Innonation. Wiesbaden Springer Gabler.

Dieter Spath (eds.2013), Produktionsarbeit der Zukunft – Industrie 4.0.

EU (2012), A Report to the European Commission, The Human Project, April 2012. https://www.humanbrainproject.eu/

FMER (2013), Final report of the Industrie Working Group, "Recommendations for implementing the strategic initiative INDUSTRIE 4.0", April 2013, Federal.

Germany Trade & Invest (2014), INDUSTRIE 4.0 : Smart Manufacturing for the Future,

Klaus Schwab (2016), The Fourth Industrial Revolution: what it means, Nicholas Davis (2016), What is the fourth industrial revolution?, www.weforum.org/agenda/2016/01/what-is-the-fourth-industrial-revolution.

Schlussbericht der Enquete-Kommission(2013), Wachstum, Wohlstand, Lebnsqualität –Wege zu nachhaltigem Wirtschaften und gesellschaftlichem Fortschritt in der Sozialen Marktwirtschaft ", Deutscher Bundestag, Drucksache 17/13300(17. Wahlperiode 03. 05. 2013).

제2장

안심 사회의 조건, 왜 커뮤니케이션이 중요한가?

김원제 · 김찬원

1. 시대적 화두, '리스크' 그리고 '리스크 커뮤니케이션'

"국가는 없었다. … 아무도 책임지지 않는다."

세월호 참사, 메르스 사태에 이어 라돈 침대 사태를 겪으며 우리는 절망했다. 가습기 살균제, 지진 리스크 등에서 드러난 우리 정부의 위기관리 능력은 국가의 존재를 의심하게까지 했다.

'헬(hell)'과 과거 우리나라 명칭인 '조선'을 합한 '헬조선'이라는 자조 섞인 말이 유행어가 된 지 오래다. '지옥 같은 대한민국', 우리 사회의 부정적인 현실에 대한 자조적인 한탄이다.

대한민국이라는 공동체를 이끄는 정부와 정치권, 사법부는 이미 국민에게 신뢰를 잃었다. 국민 또한 계층과 이념, 세대, 지역으로 갈려 서로에 대한 불신을 키워가고 있다. 권위와 가치는 무너졌고, 소통은 끊겼다. 사회적 자본은 고갈됐고 편법과 반칙, 각자도생의 승리지상주의가 그 자리를 메웠다.

모든 국민이 잠재적인 집단따돌림의 대상이자 주체가 되는 사회가 되었다. 이러한 현상은 학교, 군대 그리고 직장에서 매일 같이 일어나고 있다. 이러한 현상들이 합쳐져 사회구성원 전체가 무한경쟁, 상호 질시, 상호 비방, 모욕 속에 던져졌다. 결국 전체 구성원의 인간성을 철저히 마모시키며, 더욱 살벌한 적자생존 우승열패 승자독식의 사회를 만든다.

울리히 벡의 '위험사회'라는 용어가 낯설지 않게, 한국사회에 수많은 리스크가 복합적으로 발생하고 있다. 붕괴사고(후진국형 사고), 폭발사고, 자연재해(지진 등) 등의 전통적 위험들에 랜섬웨어(제4차 산업혁명 시대 디지털 전염병), 미세먼지, 인공지능(무인자동차 교통사고 등), 감염병(메르스, 신종플루, 슈퍼박테리아 등) 등의 새로운 위험들이 추가로 등장하고 있다.

<한국사회에 발생한 주요 리스크>

이러한 리스크 이슈들은 사회적 안전망과 더불어 위험에 대한 사회적 공론화가 결여된 '위험사회 한국(Risk Korea)'의 전형적인 모습으로 대한민국의 압축적 근대화, 돌진적 근대화/정보화 패러다임의 추구로 인한 시스템적 위험이 한계점에 도달하여 불거진 심각한 이슈들로 이해된다. 특히, 한국사회의 구조적인 위험을 초래하는 데 있어 사회적 조정과 협력의 실패가 중요한 원인으로 작용한 것으로

설명된다. 이러한 사회적 조정과 협력의 실패에서 기인한 소통의 문제는 위험을 더욱 증폭시키는 요인으로 작용하고 있음을 우리는 목도하고 있다.

결국, 각종 리스크 이슈가 범람/심화하는상황에서 소통의 활성화 및 합리화가 필요한 상황이다. 기존의 과학기술, 제도만으로는 완전하게 해결할 수 없음이다. 결국, 새로운 관점에서 접근해야 한다. 우리가 경험한 리스크 이슈들은 공동체, 사람, 생활에 관련되어 있기 때문에 대화, '소통'이 위험사회 극복을 위한 새로운 해결방안이 될 수 있다.

오늘 우리가 안고 있는 위험요소는 무엇인지, 현재 견딜만한 것인지, 나아가 어떻게 한계점을 극복할 것인지를 사회구성원과 소상히 나누는 소통이 절실히 요구된다. 이러한 과정이 간과된 결과 나타난 극심한 부작용을 우리는 각종 리스크 사례에서 거듭 확인해왔다.

사회의 복잡성과 불확실성이 커질수록 우리는 더 자주 위험에 대해 소통할 방법을 찾아야 한다. 이러한 소통 노력이야말로 불확실한 위험요소가 범람하는 사회에서 사회적 신뢰를 유지하고 바람직한 변화로 이끄는 촉매제가 될 것이다.

위험사회 국면을 극복하기 위한 사회자본, 사회적 신뢰 시스템의 공고화가 필요하다. 이를 위한 조건이 바로 리스크 커뮤니케이션 합리화이다. 사회적 신뢰구축을 위해서는 커뮤니케이션 파워의 회복(커뮤니케이션 합리성)이 필요하다. 개인과 지역공동체, 사회제도 간에 위험에 대한 공통의 의미체계를 만들어가고 서로 신뢰하는 관계를 확립해나가는 보다 복합적인 과정 말이다. 리스크 커뮤니케이션 활성화 기반 사회적 신뢰-합의 시스템 구축, 이를 통해 위험사회 극복이 가능한 것이다. 결국, 우리 사회 위험의 근본적인 예방 및 사후 처방은 커뮤니케이션의 회복에 있다고 하겠다. 우리 사회 위험 예방 및 대응에 있어서 (안전을 위한) 기술적 접근뿐만 아니라 원활한 위험 의사소통을 위한 사회적 접근의 중요성이 점점 더 커지고 있다. 또한, 위험 이슈에 대한 기본적 철학에서도 도구적 합리성(instrumental rationality)보다는 커뮤니케이션적 합리성(communicative rationality)의 중요성이 부각되고 있다.

리스크 커뮤니케이션은 장기적인 과제로 다루어야 할 국가적 핵심 어젠다이다. 다양한 위험들이 지속적으로 노정되고 있는 현재 대한민국의 현실 속에서 리스크 커뮤니케이션 분야는 향후 장기적으로 연구 노하우를 축적하고, 미래 전략을 모색해야 하는 핵심 어젠다라고 할 수 있다.

2. 한국사회 리스크 이슈의 속성

한국사회 리스크 이슈들은 위기관리 시스템뿐만 아니라 국가적인 소통 시스템이 제대로 작동하지 못하고 있음을 아프게 증명한다.

2016년 9월 지진이라는 새로운 위험에 직면한 국가위기관리시스템은 작동하지 않았다. 방송 역시 정확한 정보, 필요한 정보를 제공하지 않아 정보의 공백을 불러왔다. 국민은 휴대전화로 지진 소식을 확인하고 정보를 공유하느라 혼란스러운 상황을 겪는 상황임에도 방송을 통해서는 지진 정보가 신속하게 전달되지 못하는 상황이었다.

미세먼지는 우리 삶을 위협하는 심각한 위험 이슈임에도 크게 논의되지 못했던 어젠다이다. 이는 사회적 논의가 없었기 때문이다. 미세먼지는 단순한 환경문제가 아니고, 생활이슈이며 리스크 이슈이다. 왜 위험한지, 어떠한 위험요소가 있는지, 어떻게 예방하고 대응해야 하는지 등은 사회적 논의 즉 소통 활성화를 통해 가능한 것들이다.

> "미세먼지 마스크를 쓰지 말라. 미세먼지가 괜찮다는 게 아니라 국민이 지나치게 미세먼지에 대한 불안과 공포가 크다. 온 나라가 미세먼지로 망할 것처럼 들썩이고, 중국에서 미세먼지 관련 기사가 나올 때마다 분노에 휩싸이고 있다. 정부와 언론에서 위험하다고만 하니 공포와 혼란은 자꾸만 커진다. 현재의 미세먼지 프레임 자체를 엎어야 한다."
>
> – 장재연 교수(아주대 의대 예방의학과, 환경운동연합 공동대표)
> 인터뷰 내용 중 (한겨레신문, 2019. 1. 28)

대중의 위험에 대한 심각성 인식, 수용성 문제 등은 결국 소통 이슈들이다. 대중에게 있어서 신뢰할 만한 대상들(정부, 언론, 전문가)과의 신뢰구축은 위험을 예방하고 대응하는 데 있어 긍정적이며 적극적인 인식을 제고하는 데 강력한 동인으로 작동한다. 신뢰의 기반은 바로 제대로 된 소통이며, 신뢰와 소통을 통해서만 위험 수용에 대한 공감대 형성이 가능하다. 정부 및 전문가들은 국민과 소통, 상호 이해를 통해 신뢰를 구축하는 과정이 필요한데, 이를 위해서는 과학적 방법론이 필요하다. 과학적 방법론은 장기적이고 체계적 학문적 관여와 연구를 통해 창출해 낼 수 있다.

위험사회 한국은 위험의 심각화-복합화-대형화 추세를 보이고 있다. 후진국형 사건 사고(화재, 붕괴, 폭발), 일상생활 위험(가습기 살균제, 싱크홀), 자연재해(지진 등), 환경오염(미세먼지), 감염병(메르스, 신종플루, 슈퍼박테리아 등), 디지털 위험(랜섬웨어, 암호화폐) 등 대한민국은 각종 재난재해, 사건 사고로 점철된다.

최근 국가적 재난 수준의 사건 사고가 한국사회에서 상시로 발생하고 있다. 천재지변과 같은 우연으로 치부하기에는 지나치게 빈번하다. 당연하게도 곳곳에서 터지는 사건 사고가 일상 전반에서 불안기류를 형성한다. 언제 어디서든 생명을 위협하는 위험에 직면할 수 있음을 시사한다.

위험은 우리 사회에 구조적으로 내재화되어 있다. 우리 사회에서 수용 가능한 혹은 잠재적 위험요소와 전혀 예상할 수 없는 위험이 동시에 상존한다. 수용 가능한 혹은 잠재적 위험요소는 교통사고, 지구온난화나 온실가스와 같은 환경문제, 원자력 등이다. 예기치 못한 위험요소는 예측할 수 없는 위험요소로서 생명공학이나 유전자조작(유전자 변형 식품 포함), 전염병(신종플루, 에볼라 바이러스, 광우병 등), 태풍과 같은 자연재해, 다양한 사이버범죄(스미싱, 파밍, 해킹, DDoS 공격) 등이다.

수용 가능하거나 잠재적 위험요소에 대해서는 '안전'을 통해 위험에 대한 통제와 대비가 가능하나, 예기치 못한 위험에 대해서는 안전 개념만으로는 한계가 있다. '안전'의 여부는 전문가가 판단하나, '안심'은 공중이 판단한다. 공중은 안전보다 안심을 선호하고 우선시한다. 예컨대, 인간광우병은 안전의 문제가 아니라 안심의 문제로서 인간광우병에 대한 공중의 불안과 불신, 공포감이 인간광우병 문제를 증폭시켰다고 하겠다. 또한, 원자력의 경우에 정부나 전문가는 통제 가능한 위험이며, 안전하게 관리되고 있다고 아무리 강조해도 공중은 후쿠시마 원전사고의 학습사례를 통해 '안전'을 떠나 '안심'

하지 못하는 것이다.

작금의 현대사회에서는 다양한 사건, 사고들이 동시다발적이고 지속적으로 발생하고 있다. 이러한 사건 사고는 우리 사회 전반에 걸쳐 국민의 불안을 가중시키고 국민이 체감하는 안심 수준을 낮춤으로써 궁극적으로 주관적 삶의 만족도와 질을 낮추는 데 영향을 미치고 있다. 이에 한국사회에서 불안에 떨며 사는 한국인은 일상생활에서 안심하고 살지 못하는 상황에 놓여있다. 이러한 위험에 적절한 대응을 위해서는 '재난' 발생 이후 사후대응이 아닌, 발생 이전의 '위기'와 '위험'에 대한 포괄적인 관리가 요구된다. 갈수록 대형화, 세계화되고 예측이 어려운 재난위험의 추세에 효율적으로 대비하기 위해서는 '광의의 안전관리'가 필요하다. '광의의 안전관리'는 재난 발생 이후의 대응 및 복구 중심의 '협의의 안전관리'와 재난 발생 이전의 위험과 위기단계를 모두 포괄하는 개념이다. '광의의 안전관리'에서는 재난이 발생하지 않도록 하는 '사전예방'과 재난의 발생 '징후포착'을 통한 '사전적인 위험관리'가 중요하다.

3. 위험사회론을 극복하는 새로운 비전 설정, 안심 사회론

대한민국 국민은 매번 새로운 공포를 마주한다. 각종 재난재해, 사건 사고가 일상으로 닥쳐온다. 정부는 '무조건' 안전하니 걱정하지 말라고 다독인다. 안전하고 또 안전하니, 발표만은 믿어달라고, 국민은 의심쩍었지만, 정부의 발표를 믿을 수밖에 없다. 그러나 얼마 지나지 않아 안전하다는 발표가 절대 신뢰할 수 없음을 밝히는 증거들이 드러난다.

매번 어김없이 시스템은 작동하지 않는다. 안전책임자의 지시는 늦기 일쑤고, 컨트롤타워 역할을 해야 할 부처는 우왕좌왕한다. 더 이상 시민들은 정부를 신뢰하지 않는다.

이러한 상황에서 누가 정부의 '안전하다'라는 말을 믿을 수 있겠는가. 안전하다는 확신은 국민이 안심하도록 해주는 공감에서 비롯된다.

이제 '위험사회, 불신사회, 불안사회'를 극복해야 하는 국가 사회적 차원의 과제는 사회과학적 관점에서의 새로운 접근 및 대안을 요구하고 있다. '안전국가' 슬로건에 '안심 사회' 콘셉트를 추가해야 할 것이다. 각종 재난이나 테러, 위험으로부터 국민을 지키고 보호(안전)하는 것이 국가의 역할이다. 이른바 '안전국가'이다. 안전국가를 만들기 위해서는 먼저 시민들이 안심할 수 있는 토대를 만들어야 한다. 안전국가는 일종의 최종적인 목표고 이를 실현하기 위한 중간 단계로 사회의 각종 불안요소를 줄여나감으로써 국민으로부터 안전에 대한 신뢰를 확보하는 것이 필수적이다.

국가는 '안전(安全)'을 얘기하지만, 국민은 걱정과 불안으로 '안심(安心)'하지 못하고 있다. 정부와 전문가들이 안전하다고 강조해도 국민이 믿지 못하면 아무 소용이 없다. 광우병, 메르스, 원자력 등 우리네 삶을 위협하는 위험요소들은 안전하다고 얘기하는 정부와 전문가에 대한 신뢰에 기초한 불안감 해소를 통해 극복 가능한 것이다. 그래야 안심할 수 있다.

지금 당장 안전국가로 가기는 힘든 만큼 시민들이 '안심할 수 있는 상태'를 만들어야 한다. 안전을 넘어 국민이 안심하고 살아갈 수 있는 사회 즉 '안심 사회'를 구축하는 것도 국가의 막중한 역할이다. 객관적 위험 그 자체를 줄이려는 노력도 중요하나, 위험에 대한 국민의 주관적인 인식인 불안을 줄이려는, 즉 국민 안심을 증대시키는 방안은 국민의 안전을 지향하는 정부의 필수적인 정책 활동이라고 하겠다. 우리 헌법 제10조에도 '모든 국민은 인간으로서의 존엄과 가치를 가지며, 행복을 추구할 권리를 가진다. 국가는 개인이 가지는 불가침의 기본적 인권을 확인하고 이를 보장할 의무를 진다.'라고 나와 있다. 이에 위험이 생기거나 사고가 날 염려가 없다는 안전의 개념을 넘어서는, 위험에 대한 모든 걱정을 떨쳐 버리고 마음을 편히 가질 수 있는 안심개념으로의 패러다임 변화가 요구된다. 위험사회 극복을 위한 기본목표도 '안전사회'(safety society)가 아니라 '안심 사회'(relief society)로 설정해야 할 것이다. 위험사회의 극복, 회복과정을 거쳐 안심 사회로의 진전이 우리의 나아갈 방향이다.

<위험사회를 넘어, 안심 사회를 향하여>

한국사회에서 다양한 사건 사고들이 동시다발적이고 지속적으로 발생하고 있다. 국가적 재난 수준으로 확대되는 경우도 빈번하다. 이러한 위험요소들은 국민의 불안을 가중시키고 국민이 체감하는 안심 수준을 낮춤으로써 궁극적으로 삶의 질과 만족도를 낮추는 결과를 낳고 있다. 불안에 떨며 사는 한국인은 일상생활에서 안심하고

살지 못하는 상황에 놓여있음이다.

1980년대를 거치면서 한국사회가 쌓아온 안전사회의 신화가 다양한 사건 사고를 통해 무너지면서 정부 차원에서도 지속적인 '안전정부' 건설을 위해 노력해왔다. 그런데도 우리 국민은 여전히 불안과 걱정에 산다.

오늘 대한민국에서 발생하는 위험들은 완전히 제거될 수 있는 것이 아니다. 단지 관리만 가능하다. 물론 정부와 기업들은 매뉴얼 등 기술적 수단으로 위험관리가 가능하다고 말한다. 그러나 사회적 갈등과 혼란을 일으키는 위험 이슈들이 여전히 빈번하게 등장하는 것을 보면, 이는 잘못된 접근법임을 강력히 시사한다.

최근 위험 논쟁이 과학적인 장르를 벗어나 사회, 문화적 맥락에서 다루어지고 있다는 것은 주지의 사실이다. 위험 논쟁에서 가장 중요한 것은 위험 관련 이슈를 과학적 이슈가 아닌 사회적 현상으로 보고, 사회적 접근 방법에 따라 이해하려는 자세를 갖는 것이다. 즉, 위험 논쟁의 과정을 과학과 기술의 패러다임이 아닌 사회를 구성하는 구성원들의 정치적 이슈 구성의 패러다임으로 이해할 필요가 있다는 것이다.

실제 혹은 잠재적 위험으로 인한 사회적 갈등은 사회가 다양하게 분화될수록 점차 증가할 것이다. 또한, 각종 위험에 대한 막연한 불안감이 해소되지 않는다면 그로 인한 사회적 비용 역시 증가할 것이 분명하다. 따라서 합리적이고 원활한 사회적 논의 및 소통을 통해 개발된 기술이 가져오는 편익과 위험 관련 정보를 객관적으로 전달하고, 위험 규제 절차 및 활동에 대한 국민적 이해를 도모하는 한편, 합리적인 위험 논쟁을 활성화하게 되면 과장된 위험지각으로 인한 사회적 갈등을 완화하고, 불필요한 사회적 비용도 줄일 수 있을 것이다.

이제 위험 이슈는 공중의 입장에서 안전을 넘어 안심개념 차원에서 고려되어야 한다. 객관적 위험 그 자체를 줄이려는 노력도 중요하나, 위험에 대한 국민의 주관적 인식인 불안을 줄이려는, 즉 국민안심을 증대시키는 방안은 국민의 안전을 지향하는 정부와 기업의 필수적인 정책 활동이라고 하겠다.

수용할 수 있거나 잠재적 위험요소에 대해서는 '안전'을 통해 위험에 대한 통제와 대비가 가능하나, 예기치 못한 위험에 대해서는 안전 개념만으로는 한계가 있다. 안전의 여부는 전문가가 판단하나, 안심은 공중이 판단한다. 공중은 안전보다 안심을 선호하고 우선시한다.

결국, 아무리 정부나 전문가들이 나서서 '안전'하다고 주장해도 공중의 '안심' 여부는 안전과는 별개의 문제가 된다. 특정 위험에 대한 불안은 위험이나 위협적 요소가 설사 제거되었다고 하더라도 외상후 장애와 같이 지속하는 특성을 보인다. 이는 특정 위험에 대해 전문가에 의해 측정된 위험 수준과 공중의 체감 간에 명백한 괴리가 있음을 시사한다. 특히, 안심은 심리적으로 평안하거나 안녕 상태, 즉 긍정적 감정과 관련되지만, 불안은 명백히 두려움과 같은 부정적 감정이므로 '낮은 불안상태'가 곧 '안심 상태'라고 볼 수 없다.

'위험'이라는 공격적인 상황은 '안전'이라는 수비 대책과 상호 대비를 이룬다. 대중은 일상에서 위험을 감지하고, 그 위험에 대한 불안과 공포는 이념의 차이나 경제적 이익을 넘어 또 다른 차원에서 가장 핵심적이고 강력한 사회적 기제가 되고 있다. 위험은 안전을 강화하고 안전은 위험에 대한 불안과 공포를 확산한다. 그렇게 위험과 안전은 대립적인 한 쌍으로 존재확인을 하고 있다. 따라서 위험이 생기거나 사고가 날 염려가 없다는 안전의 개념을 넘어서는, 위험에 대한 모든 걱정을 떨쳐 버리고 마음을 편히 가질 수 있는 안심 개념으로의 패러다임 변화가 요구된다고 하겠다.

국어사전에 따르면 안전은 '위험이 생기거나 사고가 날 염려가 없거나, 또는 그런 상태'인 반면, 안심은 '모든 걱정을 떨쳐 버리고 마음을 편히 가짐'으로 정의된다.

유사한 개념으로 염려는 '앞일에 대하여 여러 가지로 마음을 써서 걱정함, 또는 그런 걱정'이며, 걱정은 '안심이 되지 않아 속을 태움'이라는 뜻으로, 국어사전에서 '염려'와 '걱정'은 의미상 별 차이가 없는 것으로 보인다.

옥스퍼드(Oxford) 영어사전에서 안전은 'safety'로 '피해나 위험으로부터 안전이 유지되는 상태'로 정의되며, 안심은 'relief'로 '어떤 (기쁘지 않은) 불쾌한 일이 발생하지 않거나 오랫동안 지속되지 않기 때문에 기쁨이나 행복감을 느끼는 것'으로 정의된다.

안전은 '물리적, 기술적 문제'로 수용 가능한 혹은 잠재적인 위험으로부터 면해지는 것을 의미하나, 안심은 마음으로부터 걱정이나 불안을 느끼지 않고, 기쁨이나 행복감을 느끼는 '마음의 상태'라는 차이가 있다. 안전은 사건, 사고로부터의 안전이지만, 안심은 사건, 사고의 위험이 없는 마음의 평안함이나 안녕 상태이다. 안전은 전혀 예기치 못한 위험에 대한 걱정과 불안이 포함되어 있으나, 안심은 예기치 못한 위험에 대한 걱정과 불안이 없는 마음의 평안과 안녕 상태를 의미한다. 결국, 안심은 외부적, 신체적, 사회적인 안전요소를 강화하고, 위험 및 위기 요소를 제거함으로써 얻게 되는 심리적 안녕으로서 지극히 주관적인 개념으로 볼 수 있다.

우리 사회에서 안전과 안심이라는 용어가 혼용되어 사용되고 있으나, 안전과 안심은 분명히 다른 개념이다. 위험에 대조되는 개념으로서 안전이란 통상적으로 '위험이 전혀 없는 상태'를 말한다. 위험이 만연한 사회에서 완전히 위험을 제거하는 것은 불가능하다. 또한, 위험을 완전히 제거하기 위해서는 너무나 많은 사회적, 경제적 비용이 발생하기 때문에 최근에 안전성이란 '위험하지만, 그 위험이 무시될 수 있거나, 또는 (이득이 더 크기 때문에) 받아들일 수 있는 위험'으로 정의하고 있다. 이와 같은 안전의 정의는 '받아들일 수 있는 위험'이라는 개념을 통해 안전은 그 사회가 지각하는 위험의 수준과 위험의 제거를 위해 갖는 지급 의사에 따라 안전의 수용기준도 달라질 수 있음을 시사한다.

안전은 바람직하지 않다고 생각되는 실패나 상해, 오류, 사고, 위해 등의 물리적, 사회적, 정신적, 재정적, 정치적, 감정적, 직업적, 심리적, 교육적 결과로부터 보호된 상태를 의미한다. 안심이란 주관적이고 심리적인 상태(feel safe or feel secure)에 관한 안전의 한 측면이다. 따라서 '국민 안심'은 공공질서를 파괴하는 범죄로 인한 사회적 위험과 자연·인적 재해로 인한 위험과 상해로부터 국민이 보호되고 있다고 믿는 신뢰감을 의미한다고 할 수 있다.

안심은 외부적, 신체적, 사회적으로 안전한 객관적 환경뿐만 아니라 심리적 불안까지 제거되어야 느낄 수 있는 주관적 심리상태이다. 위험이 '본질적으로 재구성되며 주관적인 인식'이라는 사회적 구성주의를 따르면, '국민 안심'도 '정보 해석에 대한 개인차, 사회적인 배경, 역사적인 맥락, 사회를 지배적인 신화의 차이 등'으로 재구성되는 사회문화적 산물이라 하겠다.

'재난 자본주의' 시대이기도 한 위험사회에서 위험의 잠재성 혹은 조건들이 심화하고 있음에 '안전'을 실현하기는 불가능한 것처럼 보인다. 사실 완전히 '안전한 사회'는 실현 불가능한 꿈이다. 근대 과학과 기술의 발달과 더불어 형성된 '안전율'의 개념은 완전한 것은 없으며 안전하다는 것은 결국 일종의 근사치로 표현하는 평균값에 해당되는 것임을 보여준다. 의학에서의 질병 예방이나 식품 안전의 문제 역시 완벽한 것이라기보다는 점차 확률을 높이는 것에 불과하다. 절대나 완전이라는 표현은 적어도 '안전'의 영역에서는 존재할 수 없는 단어다. 안전을 강조할수록 위험의 공포는 커지고 우리의 자유는 사라지게 된다. 그런 점에서 안전의 또 다른 얼굴은 감시와 검열이 되고 만다. 나아가 안전 이데올로기로 무장한 시민들은 상호 간의 자율통제를 완성할 것이다. 안전이라는 패러다임은 말 잘 듣는 '착한 시민'을 무더기로 양산할 가능성이 작지 않다.

더 이상 안전한 곳은 없다. 현재 인간에게 주어진 조건에서 실제로 피할 수 있는 공간은 없다. 그래서 우리에게 필요한 것은 안전을 추구하는 것이 아니라 위험을 감지하고 감수하는 능력이다. 오히려 위험을 감수하고 감당할 수 있는 사회야말로 건강한 사회다. 나아가 안전을 위반하고 벗어나는 것이다. 각종 재난이나 테러, 위험으로부터 국민을 지키고 보호(안전)하는 것이 정부의 역할이며, 안전을 넘어 국민이 안심하고 살아갈 수 있는 사회를 구축하는 것도 정부의 막중한 역할이다. 그러므로 객관적 위험 그 자체를 줄이려는 노력도 중요하나, 위험에 대한 국민의 주관적 인식인 불안을 줄이려는, 즉 국민 안심을 증대시키는 방안은 국민의 안전을 지향하는 정부의 필수적인 정책 활동이라고 하겠다.

4. 리스크 관리와 신뢰 시스템 간 상관관계

리스크 관리는 상호신뢰에 기반을 둬야 한다.

국가적 차원에서 안심 사회 구현을 위해서는 사회 전반적인 신뢰 시스템 구축이 선행되어야 한다. 상호신뢰 패러다임에서는 의사결정 과정이 시민에게 열려있으며, 정부가 시민과의 상호작용을 통해서 리스크 이슈를 해결하고 예방할 수 있다.

현재 국민의 삶을 가장 위협하는 것은 사회 전체적으로 퍼져있는 불신이다. 만인이 만인을 믿지 못하고 만인과 투쟁하는 이 상황에서는 그 어떤 것도 안전할 수 없다.

완벽하게 안전한 사회는 어디에서도 찾기 어렵다. 이러한 시기에 우리 앞에 닥친 재난과 재앙을 손 놓고 어쩔 수 없는 일이라고 외면할 수는 없다. 더 잘 견디고, 똑같은 곤란을 반복하지 않기 위한 길을 찾고 실행에 옮겨야 한다. 사회적 자본은 이러한 재난 대비에서 중요한 사회적 그물망인 동시에 앞으로 나아갈 수 있는 실천의 동력이다. 공동체의 역량은 저절로 생겨나는 것이 아니라 지속적인 노력으로 축적된다. 이러한 노력을 쉽고 효율적으로 이루어지도록 하는 동력이 바로 가치와 규범을 공유하는 사람들의 집단적 힘이다. 그러므로 재난을 보다 발전적으로 극복하고 앞으로 나아가기 위해서 우리는 더욱 수준 높고 탄탄한 사회적 자본이 형성될 수 있도록 함께 노력할 필요가 있다. 이와 함께 사회적 자본이 본래 의미의 역량을 갖출 수 있도록 노력해야 한다.

사회적 신뢰는 개인과 기존의 또는 새롭게 형성되고 있는 그룹과의 관계를 의미하며 사회적 신뢰는 개인이 심각한 위험을 수반할 수 있는 중요한 프로젝트를 수행할 때 다른 사람들에게 의지하는 상황에서 형성된다. 사회적 신뢰는 사회의 인식자원을 저장하는 수단으로 간주되고, 개인은 스스로 필요를 충족할 수 없으므로 자신이 할 수 없는 일들을 다른 사람에게 혹은 시스템 및 기관과 협력하여 해결해야 한다.

현대사회의 위험 이슈들은 위험 그 자체의 문제도 있지만, 사회적 신뢰의 하락에서 증폭되는 경우가 많다. 따라서 위험통제 시스템은 제반 이해당사자들의 트러스트(trust), 즉 상호신뢰에 기초해야 효과를 거둘 수 있다. 상호신뢰 방식에 의한 위험통제는 위험관리 과정에서뿐만 아니라 위험 활동의 정당화 과정에서 광범위한 이해당사자들의 참여를 유도한다. 관련된 폭넓은 이해당사자들의 참여를 통해 위험을 효과적으로 통제하는 것이다.

사회적 신뢰구축은 개인과 지역공동체, 사회제도 간에 위험에 대한 공통의 의미체계를 만들어가고 서로 신뢰하는 관계를 확립해나가는 복합적인 과정이다. 신뢰의 형성을 위해서는 상대방이 어떤 생각을 하고 있는지, 나와 같은 가치를 공유하고 있는지, 앞으로 어떻게 행동할 것인지 등을 알 수 있어야 하는데 이를 위해 원활한 의사소통은 필수적이다. 상호신뢰 패러다임에서는 위험문제를 해결하기 위한 의사결정과정이 시민에게 열려있어야 한다. 전문가들은 위험 활동에 관한 다양한 연구결과를 제시하고 토론을 유도하여 문제를 규명함과 동시에 불확실성을 솔직하게 알려야 한다.

이처럼 위기관리에 대한 중요성이 높아지면서 위기징후를 포착하기 위한 시스템의 구축과 위기를 준비하고 공유하려는 노력이 중요해지고 있는데, 그 핵심에 커뮤니케이션이 자리하고 있다. 총체적인 위기관리 활동이 곧 커뮤니케이션 활동과 연결되기 때문이다. 즉 리스크 커뮤니케이션이 요구되는데, 기업/정부에 위기사건이 발생했을 경우, 기업/정부와 관련된 다양한 이해관계자(소비자, 시민단체, 지역주민, 언론 등) 간 커뮤니케이션 과정을 관리하여 사건이 위기로 발전하는 것을 막고, 조직의 명성을 방어하기 위한 전략적 커뮤니케이션 과정이 필요하다는 것이다.

현대사회의 위험은 그 자체 내에 불확실성과 보편성을 내재하고 있기 때문에 동일한 물리적 위험에 대해서도 각각의 공중들이 처한 맥락에 따라 위험을 서로 다르게 바라보고, 해결방법도 다르게 제시한다. 따라서 현대사회의 위험문제가 전문가에 의해서만 독점될 수 없고, 위험을 둘러싼 다양한 공중이 리스크 커뮤니케이션을 통해 위험관리에 대한 합의를 이루어나가는 민주적인 과정이 담보되어야 위험을 둘러싼 갈등을 최소화하고, 위험에 대한 정의, 인식, 해결방법에 대한 합의를 끌어낼 수 있다.

리스크 커뮤니케이션은 위험요인에 대해 인식을 공유하는 커뮤니케이션 과정으로서 위험 주체들(정부, 연구자 등의 전문가집단, 언론, 일반 시민) 간의 위험인지 및 위험행태, 위험관리, 위험 수용 등에 대한 위험소통, 즉 상호작용을 기본 전제로 한다. 하지만 과학기술자들은 사회적 인식에 관해 관심이 약하고, 대중은 과학적 지식에 취약하며, 이로 인해 잦은 정보의 통제나 왜곡이 발생하고 결국 사회적 불신과 저항이라는 갈등 양상으로 발전하곤 한다. 정보를 제공하는 경우에도 정보제공자의 목적을 위한 도구적 접근에 치중하고, 성실한 의사소통이 잘 이루어지지 않는다. 따라서 전반적인 커뮤니케이션의 실패로 나타나곤 한다. 이런 측면에서 커뮤니케이션 파워를 회복함으로써 모든 사람이 정보에 자유롭게 접근하고, 의사결정 과정이 투명하게 이루어질 수 있는 커뮤니케이션 환경이 구축되어야 한다. 따라서 위험을 최소화하고 예방하기 위해서는 기술적 접근뿐 아니라 원활한 위험소통을 위한 사회적 접근이 중요하고, 커뮤니케이션 회복을 통한 근본적인 대책과 사후처방이 필요하다. 결국, 위험에 대한 위험관리의 출발은 위험 주체들 간의 리스크 커뮤니케이션을 통한 커뮤니케이션의 회복을 바탕으로 이루어져야 한다.

리스크 커뮤니케이션을 통한 위험관리의 기본전제는 신뢰이다. 이는 리스크 커뮤니케이션 자체가 위험 주체 상호 간의 신뢰를 바탕으로 열려있는 커뮤니케이션을 기본 전제로 하고 있기 때문이다. 1980년대 리스크 커뮤니케이션 연구는 공중과 전문가들을 연결함으로써 위험평가에 대한 공중과 전문가의 격차를 최소화하는 데 초점을 두었으나, 1990년대 이후 리스크 커뮤니케이션 연구 분야가 공중과 전문가의 격차를 줄이는데 부응하지 못하였고, 그 원인으로 신뢰에 대한 리스크 커뮤니케이션 연구 분야의 관심 부족이라는 비판이 부각되면서 신뢰는 위험관리 분야에서 매우 중요한 요소로 부상하고 있다. 특히, 신뢰의 중요성은 사람들이 시간과 정보, 지식 등이 부족할 경우에 더욱 큰 영향을 발휘한다. 즉, 사람들은 특정 위험을 판단할 수 있는 기준과 근거가 부족하거나 없을 경우에 대부분 신뢰에 의존하여 위험을 평가하는 경향이 있기 때문에 위험관리에 있어서 신뢰는 매우 중요한 영향요인으로 이해되고 있다. 기존의 연구들도 사람들이 특정 사고를 해석하고 평가하는 데 있어 신뢰에 의존하는 경향이 많고, 운영 혹은 책임 기관(사람)에 대한 신뢰 여부가 위험을 지각하는 데 큰 영향을 미친다고 보고하여 신뢰가 전반적인 위험관리와 밀접한 관련이 있음을 시사한다.

신뢰(trust)는 타인의 의도 혹은 행위에 대한 긍정적 기대에 기초한 것으로 취약성을 수용하려는 의도가 포함된 심리적 상태를 의미한다. 이런 신뢰는 특정 위험과 관련된 주요 의사결정을 내리는 과정에서 정책을 수행하는 책임자들을 믿고, 의존하는 것을 포함한다. 그러므로 특정 위험을 책임지고 관리하는 사람들에 대해 높은 신뢰를 가질 경우에 사람들은 관련 위험을 낮게 지각하는 경향을 보이는 것으로 보고된다. 이에 따라 신뢰는 위험지각을 효율적으로 제어하고 통제할 수 있는 요인으로서, 전반적으로 위험을 평가, 관리하고 그 수용성 여부를 결정하는 핵심요인으로 볼 수 있다. 하지만 신뢰는 단기간에 걸쳐 형성되는 것이 아니라 오랜 기간에 걸쳐 점진적으로 형성된다. 또한, 단 한 번의 실수나 사고로 인해 그동안 쌓아왔던 신뢰가 순식간에 무너지기도 한다. 한번 신뢰를 잃으면 이전의 수준으로 다시 돌아가기 힘들며, 때로는 이전의 수준으로 회복 자체가 불가능하다는 특성을 띤다. 따라서 리스크 커뮤니케이션을 통한 효과적인 위험관리가 이루어지기 위해서는 다른 상황에 놓여있는 다양한 사람들에게 위험에 대한 이해를 높이고, 실제 사실을 평가함은 물론 정확하고 객관적인 정보제공을 통해 위험 주체 간에 상호신뢰가 형성될 수 있도록 해야 한다.

5. 리스크 커뮤니케이션의 활성화

사회적 조정과 협력의 실패는 한국사회의 구조적인 위험을 초래한다. 사회적 조정과 협력의 실패에서 기인한 소통의 문제점은 위험을 더욱 증폭시키는 요인으로 작용하고 있음을 우리는 반복적으로 목격하고 있다.

우리가 경험한 리스크 이슈들은 공동체, 사람, 생활에 관련되어 있기 때문에 대화, '소통'이 위험사회 극복을 위한 중요하며 새로운 해결방안이 될 수 있다. 특히 한국사회에서 발생한 일련의 위험 이슈들(세월호 사건, 광우병 사태, 경주/포항지진 등)을 반추하면 사회적 조정과 협력의 실패로 인해 그 위험이 빠르게 봉합되지 못했음을 알 수 있다. 그중에서 특히 사회적 조정과 협력을 위한 핵심 매개체인 커뮤니케이션 파워의 회복이 제대로 이루어지지 못했음을 반성해야 한다. 정부-기업-개인 등의 위험소통 문제점이 발생한다.

사회위험 추세에 효과적 대비를 위해서는 선제적, 예방적 대응이 시급하다. 이를 위해 위험관리, 더 나아가 위험 커뮤니케이션의 중요성이 강조된다. 위험은 이해관계자(정부, 기업, 시민단체, 지역주민, 언론 등) 간 커뮤니케이션 과정을 관리하는 게 우선적이다. 미래를 위한 안전장치로써 위험 커뮤니케이션의 역할론이 대두된다. 과장된 위험인지로 인한 사회적 갈등을 완화하고, 불필요한 사회적 비용 절감을 위해 말이다.

우리 사회의 위험 의사소통은 매우 빈약한 실정이다. 과학기술자들은 사회적 인식에 관해 관심이 약하고, 대중은 과학적 지식에 취약하다. 그로 인해 잦은 정보의 통제나 왜곡이 일어나고, 이에 대한 사회적 불신과 저항이 거세져서 자주 갈등이 커지는 양상으로 발전되곤 한다. 정보를 제공하는 경우에도 정보제공자의 목적을 위한 도구적 접근에 치중하고, 성실한 의사소통이 잘 이루어지지 않는다. 결국, 전반적인 커뮤니케이션의 실패가 나타나는 것이다.

세월호 사례	■ 세월호는 대한민국에 위기관리 시스템뿐만 아니라 국가적인 소통 시스템이 제대로 작동하지 못하고 있다는 더 큰 문제점을 드러냈다.
가습기 살균제 사례	■ 가습기 살균제 문제는 신기술의 부작용에 대응하는 정부·국민의 자세에 대한 숙제를 던져준다. 관건은 협치와 소통으로 인한 상호신뢰다.
경주 지진 사례	■ 2016년 9월 지진이라는 새로운 위험에 직면한 국가위기관리시스템은 작동하지 않았다. 언론 역시 정확한 정보, 필요한 정보를 제공하지 않아 정보의 공백을 불러왔다. 시민들은 휴대전화로 지진 소식을 확인하고 정보를 공유하느라 혼란스러운 상황을 겪는 상황임에도 방송을 통해서는 지진 정보가 신속하게 전달되지 못하는 상황이었다.
미세먼지 사례	■ 미세먼지는 심각한 위험 이슈임에도 크게 논의되지 못했던 어젠다이다. 이는 사회적 논의가 없었기 때문이다. ■ 미세먼지는 단순한 환경문제가 아니고, 생활이슈이며 리스크 이슈이다. 왜 위험한지, 어떠한 위험요소가 있는지, 어떻게 예방하고 대응해야 하는지 등은 사회적 논의 즉 소통 활성화를 통해 가능한 것들이다.

현대사회의 일반인들은 위험을 인지하는 데 여러 특성을 나타내고 있다. 일반인은 같은 위험에 대해 자신이 당할 가능성보다 다른 사람이 당할 가능성이 더 크다고 느낀다. 즉 주관적으로 느끼는 위험인지보다 객관화된 위험을 항상 큰 것으로 스스로 여기고 있다는 것이다. 즉 일반인들의 판단에 나타나는 차이는 일반인들이 위험에 대한 통계 수치를 잘못 인지해서 나타난 것이 아니라, 자신의 일상적인 생활환경에서 경험하고 느끼는 위험요인들에 대한 언어적인 수용 빈도에 의해 위험의 정도가 등급화되어 있기 때문이다. 예컨대 일반인들에게 객관적 위험보다 주관적 위험이 크게 평가된 위험은 대체로 환경 관련 위험과 원자력 관련 위험이다. 이 위험 분야들에

서 공통으로 발견할 수 있는 위험의 특성은 대체로 일반인들이 쉽게 경험할 수 없는 위험들로, 자신이 위험제공의 원인이 될 수 없다고 여기며, 위험의 발생도 즉각적이기보다는 오랜 기간을 두고 나타나는 것이다.

결국, 일반인들에게 위험이란 전문인들의 경우와 같이 통계적으로 예측되는 피해 판단과 일치하지 않는 경우가 많음을 알 수 있고, 이같이 일반인들과 전문가들은 위험을 서로 다른 방향에서 수용할 수도 있다는 측면에서 전문가들과 일반인들 사이의 커뮤니케이션 방식이 중요한 문제로 제기된다.

리스크 커뮤니케이션의 중요성에도 불구하고, 기업과 정부는 이를 간과하여 치명적인 타격을 입기도 한다. 위기상황이 발생하면 기업 혹은 정부는 언론의 집중적이고 집요한 취재 대상이 되는 것은 물론 소비자 혹은 국민의 주시 하에 공적 이슈로 취급받게 된다. 또한, 이러한 상황에서는 소문이 나돌고 갖가지 견해가 넘쳐나는 등 혼란스러운 커뮤니케이션 상황이 발생하는데, 바로 이때 빠르고 효과적인 커뮤니케이션 차원의 위기 대응이 필수적으로 요구되는 것이다. '아무것도 말하지 않고 침묵하기' 혹은 '시간을 벌며 사건을 조용히 봉합하기'는 더는 최상의 선택이 아니다. 위기상황 시 해당 기업 혹은 정부가 그 사건에 대해 적절하게 대응하지 않을 경우, 언론과 국민은 기업/정부가 이슈에 대해 신경 쓰지 않거나, 또는 훨씬 더 심각한 상황을 숨기고 있다고 생각하기 때문이다.

이처럼 우리 사회의 리스크 커뮤니케이션은 '이슈 관리' 수준이라기보다는 '갈등 후 대응' 수준에 머무르고 있다. 기술 개발 단계와 규제현안에 따라 나타나는 단계별 리스크 관련 이슈에 대해 체계적으로 대응하지 못하고 있으며, 이로 인한 사회적 갈등 가능성을 야기하고 있다.

위험의 크기를 알 수 없는, 심지어 그 위험의 크기를 결정하는 데 어떤 요인들이 작용하는지조차 잘 모르는 고도의 불확실성이 지배하는 상황에서 정책판단 및 결정은 '기술' 혹은 '과학'에만 그 근거를 기댈 수만은 없다. 다른 위험에 비해 미약하고 확률도 낮지 않으냐는 식의 주장들은 좁은 의미의 '과학'에 근거한 판단이 아니라, 사람에 따라 다를 수밖에 없는 '가치판단'의 결과라는 사실을 알아야 한다. 따라서 위험에 관한 판단은 이른바 전문가들과 정책결정자들의 전유물이 되어서는 안 되며, 좀 더 폭넓게 일반 시민의 참여하에 이뤄질 수 있도록 논의의 장을 개방해야 할 것이다.

개인, 기업, 국가 모두에게 리스크 관리와 이에 따른 리스크 커뮤니케이션은 중요하다. 개인의 삶의 지속 및 안락한 삶을 위해, 기업의 지속 가능 경영을 위해, 국가의 지속발전을 위해 리스크 관리는 절대적으로 중요하다. 일종의 보험인 셈이다. 개인이 평안할 때 보험료는 적지 않은 부담이다. 그러나 막상 사고가 닥치면 보험은 엄청난 고마움으로 다가온다. 리스크 커뮤니케이션에 대한 준비 역시 그러하다. 당장은 쓰임새 없는 것처럼 보이나, 정작 위기가 닥치면 효력을 발휘한다. 우리의 미래를 위한 안전장치이다.

위험 이슈는 사전에 예방하거나 적절히 대응하지 못하면 기업/정부의 명성은 물론 존립을 위협하는 위기로 확장된다. 따라서 위험 상황 예방 및 위기관리 차원에서 전략적 대응이 요구되는데, 리스크 커뮤니케이션 전략이 그 해답이다.

리스크 커뮤니케이션은 기본적으로 대중의 위험 인식과 전문가들

판단 사이에 있는 불협화음과 긴장을 완화할 수 있도록 전문가들이 대중과 소통할 수 있는 최적의 방법을 탐구하는 도구이다. 개인, 집단, 조직체 사이에 인간과 환경에 관련한 위험의 평가, 극복, 내적 특성에 관해 정보를 교환하고 전달하는 커뮤니케이션 과정이라 하겠다. 정보의 일방적인 전달 또는 일회적인 사건이 아니라, 시간의 경과에 따라 위험정보를 송신자와 수신자가 상호 주고받는 복잡한 과정이다. 이러한 커뮤니케이션 과정에서 정보의 수신자, 특히 일반 대중이 그러한 정보를 받아들이는 데 있어 영향을 미치는 요인이 무엇인지를 확인하는 것이 중요하다.

위기상황은 위기 자체가 주는 위협보다는 불필요한 오해와 루머 그리고 왜곡된 정보전달 등 커뮤니케이션 문제로 인해 위기를 더 크게 증폭시킨다. 이러한 현실에도 불구하고 현재 우리 기업과 정부의 리스크 커뮤니케이션 능력과 대응전략은 미약한 수준이다. 또한, 리스크 커뮤니케이션 대응을 언론대응 정도로만 인식하는 경우가 적지 않다. 따라서 다양한 이해관계자들에게 적용할 수 있는 리스크 커뮤니케이션 모델이 시급히 마련되어야 하는 상황에 직면하고 있다. 위기관리를 효율적으로 수행할 수 있는 위기관리 커뮤니케이션 시스템을 제대로 갖추고 있지 못하기 때문이다.

리스크 커뮤니케이션은 정보의 일방적인 전달 또는 일회적인 사건이 아니라, 시간의 경과에 따라 위험정보를 송신자와 수신자가 상호 주고받는 복잡한 과정이다. 이러한 커뮤니케이션 과정에서 정보의 수신자 특히 일반 대중이 그러한 정보를 받아들이는 데 있어 영향을 미치는 요인이 무엇인지를 확인하는 것은 중요하다. 이러한 맥락에서 리스크 커뮤니케이션의 기본적인 구성요소인 '송신자(source) - 메시지(message) - 채널(channel) - 수용자(receiver) - 효과(effect)'[13]가 대중의 위험 수용에 미치는 영향력을 살펴보면 다음과 같다.

첫째, 리스크 커뮤니케이션의 정보원(source) 요인이다. 리스크 커뮤니케이션은 위험정보를 제공하는 송신자가 얼마나 많고, 그들이 가지고 있는 견해가 어느 정도 일치하는가 등에 큰 영향을 받는다. 예컨대, 중앙정부, 지방정부, 규제기관, 연구기관 등 공식적인 송신자가 많고 그들 간의 의견이 상충하거나 조화되지 않을수록 리스크 커뮤니케이션의 효용성은 떨어질 것이다. 실제로 위험에 대해서 대중이나 미디어를 통해 위험정보를 전달하는 기자들이 갖는 애매성은 전문가들의 의견들이 통일되지 않고 다양하기 때문이다.

또한, 송신자의 전문성과 신뢰(trust)도 중요하다. 송신자가 해당 분야 전문성을 갖추지 않았다면 효과적 리스크 커뮤니케이션을 기대하기 어려울 것이며, 수신자로부터 신뢰를 받지 못해도 마찬가지의 결과를 낳을 것이다. 특히, 위험 주체들 간의 신뢰는 불필요한 오해를 줄이고, 정보의 내용이 쉽게 이해할 수 있도록 한다는 점에서 리스크 커뮤니케이션의 촉매제 역할을 한다. 신뢰는 커뮤니케이션과 상호보완적인 관계를 맺는데, 신뢰가 없으면 의사소통이 원활하게 이루어질 수 없고, 반대로 의사소통이 없으면 신뢰도 형성될 수 없

---

13) 커뮤니케이션학에서 보편적으로 통용되고 있는 모델인 라스웰(H. Laswell)의 'S(Source)-M(Message) - C(Channel) - R(Receiver) - E(Effect) 모델'은 선형적인 설득 커뮤니케이션을 활용한 광고와 PR 등 다양한 분야에서 현재까지 활발하게 활용되고 있는 실용적인 모델이다. 특히 원자력과 같이 고도의 기술론적, 확률론적, 체계론적인 위험적 특성을 지녀 집단 간 커뮤니케이션이 공식화·제도화 과정을 반드시 거쳐야 할 경우에는 잘 훈련된 위험전문가와 커뮤니케이터에 의해서 명확한 정보전달이 이루어지는 것이 위험 인식 감소에 지대한 영향력을 미칠 수밖에 없다. 결국, 이슈의 사회적 증폭(social amplification)이 이른 시일 내에 일어나고, 정보원(source)에 해당하는 전문가의 의견과 견해가 위험의 진화와 증폭차단에 지대한 영향력을 미칠 수밖에 없는 현대사회의 기술위험 이슈에서 SMCRE 모델을 적용하는 것은 실제로 위험 커뮤니케이션이 어떻게 구조화되는지를 확인하는 데 있어서 매우 중요한 준거 틀로 작용한다.

기 때문이다. 예컨대, 원자력의 위험 수용에 있어서 정부 기관에 대한 '신뢰'는 거의 절대적인 영향력을 미친다. 일반적으로 특정 기술에 대한 위험 인식은 그 기술을 관리하거나 운영하는 주체 그리고 그에 대한 정보원에 의해 영향을 받는다. 따라서 원자력에 대한 관리, 운영, 규제를 담당하는 정부 부처나 원자력 규제기관에 대한 국민의 신뢰는 원자력에 대한 국민의 수용 여부를 결정하는 데 있어서 중요한 역할을 미친다고 할 수 있다.

둘째, 메시지(message) 요인이다. 리스크 커뮤니케이션은 메시지의 형태와 종류에도 영향력을 받는다. 메시지가 정성적인가 정량적인가, 무엇인가를 강제하는가 아니면 권고하는가, 복잡한 기술적인 정보를 얼마나 효과적으로 간소화했는가, 출처가 의심스러운 비공식적인 메시지가 얼마나 유통되는가 등의 요인에 따라 위험 인식은 영향을 받을 수 있다. 지금까지 연구에 따르면 리스크 커뮤니케이션에서 어느 한 가지 유형의 메시지가 최상이라고 말할 수 없으며, 커뮤니케이션의 목적이 교육인가, 객관적인 위험인지의 증가인가, 적절한 행동을 취하도록 하는 것인가 등에 따라 달라져야 한다.

셋째, 채널(channel) 요인이다. 리스크 커뮤니케이션 채널은 항시적으로 열려있는 것이 아니라 위험이 사회문제로 증폭되고 난 이후에 열리는 경향이 있다. 하지만 문제가 사회적인 이슈로 비화하거나 증폭된다면 어떠한 과학적 정보의 충분한 제공도 대중의 인식을 쉽게 바꾸기 어렵다는 점에서, 송신자와 수신자 간의 상시적인 커뮤니케이션 채널을 마련하는 것이 매우 중요하다. 채널의 양방향성 또한 중요하다. 지금까지의 한 방향적인 의사소통으로는 원활한 리스크 커뮤니케이션이 이루어질 수 없다. 위험관리에 있어서 주민들이나 대중의 의견이나 요구가 충분히 전달될 수 있는 제도의 도입이 필요하다.

넷째, 수용자(receiver) 요인이다. 리스크 커뮤니케이션에 영향을 미치는 수신자 요인은 크게 지역공동체 요인과 개인적인 요인으로 구분된다. 우선 동일한 위험에 대한 태도가 지역공동체별로 차이가 나는 것은 우선 문제를 어떻게 발견하게 되었고 정부 기관이 어떻게 대처했는가와, 지역공동체가 처한 상황적인 맥락이 어떠한가에 영향을 받는다. 위험문제를 정부가 먼저 발견했는가 아닌가에 따라서 그리고 지역공동체가 다른 중요한 현안(경제문제, 실업 문제 등)을 가지고 있는지 혹은 아닌지 등에 따라서 위험문제에 대한 태도가 달라진다. 또한, 위험정보에 대한 수용과 반응은 개인적인 요인에도 영향을 받는다. 예컨대, 최근 건강상의 문제를 겪은 적이 있는가, 위험을 감각적으로 느낄 수 있는가, 얼마나 자주 접할 수 있는 위험인가 등의 수용자의 개인적 특성에도 영향을 받는다.

<리스크 커뮤니케이션의 구조 및 요소>

마지막으로 효과(effect) 요인이다. 리스크 커뮤니케이션은 수많은 목적과 외적인 동기가 있다. 그러나 리스크 커뮤니케이션을 통해 궁극적으로 도달할 수 있는 영향력은 위험을 최소화하고 억제하는 것이다. 보다 구체적으로는 위험에 관한 경보, 정보 그리고 계몽적 조치를 통해 위험의식을 깨닫도록 하는 것, 송신자의 관점에 따라 과장된 위험묘사, 그리고 근거 없는 공포로 불안해하거나 걱정을 하거나, 소요하는 당사자들을 안정시키는 것, 여론에 경종을 울리고 정치, 경제, 행정을 좌우하는 결정기관 또는 결정자에 대한 공적 압력을 행사해 부당한 위험 행위를 억제하는 것 등을 들 수 있다.

리스크 커뮤니케이션이 기본적으로 잉태하는 한계들을 요인별로 정리하면 다음과 같다.

정보원과 관련해서는 전문가들 사이의 불일치, 구체적인 제안에 의해 가장 직접적으로 영향을 받는 대중의 이해 부족, 근심과 혼란, 그리고 정보 부족의 문제가 있을 수 있다.

정보 즉, 메시지의 문제는 대부분 전달되는 위험 관련 용어의 불확실성, 위험 자체의 개념에 있는 본질적인 복잡성에서 기인하는 경우가 많다.

채널의 문제는 언론의 부적합성으로 여겨왔다. 편향성과 민족주의, 지나친 단순화는 저널리스트들이 위험 사안에 대해 올바른 정보를 전달하고 있지 못하다고 생각하는 사람들에 의해 제기되는 책임들이다.

수용자의 문제는 비전문가인 대중이 모든 종류의 위험 상황들에 동화되거나 반응하는 방식과 관련되어 있다. 전문가들이 지나치게 계몽의 대상으로 수용자를 다루거나, 수동적으로 위험정보를 받아들이는 수용자의 자세가 모두 문제점으로 지적될 수 있다.

위험 의사소통은 다양한 사회집단 간에 위험의 크기와 성격, 의미, 대응방안 등에 관한 인식을 공유하고자 하는 노력이나 과정을 의미한다. 이에 리스크 커뮤니케이션에 있어서 다양한 행위자들이 참여한 참여 커뮤니케이션 모델을 구축함으로써 가능하다.

결과적으로 위험에 관한 커뮤니케이션은 상호신뢰 패러다임의 맥락에서 이루어져야 한다. 사회적 신뢰의 바탕이 형성되지 않은 상황에서 일방적인 의사소통은 그 효과가 미약하기 때문이다. 이제 리스크 커뮤니케이션 모델은 신뢰 증진을 위한 종합적 커뮤니케이션 전략으로 진화한다.

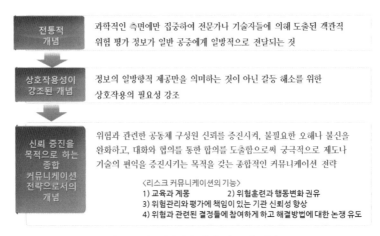

<리스크 커뮤니케이션 개념 및 모델 진화>

우리에게 시급하고 필요한 것은 총체적 위기를 극복할 수 있는 에너지, 즉 커뮤니케이션 능력을 회복하는 것이다. 모든 사람이 정보

에 자유롭게 접근할 수 있고, 의사결정과정이 더욱더 민주화되어야 한다. 우선 위험의 공급자(전문가, 정부)가 변화해야 한다. 대중은 위험에 관해 비합리적이거나 잘못된 인식을 가지고 있는 것이 아니라 '다르게' 인식할 뿐이다. 예를 들어 동일한 사항에 대해 과학자와 일반 사람은 상반된 의견을 제시한다. 여기서 무엇보다 중요한 것은 과학자들이 대중의 인식방법을 이해해야 한다는 것이다. 대중을 설득의 대상이 아니라 위험문제를 같이 풀어나갈 파트너로 인정해야 한다. 상호 이해의 기반을 위해 과학자들과 대중이 자주 직접 만나 대화를 나눌 기회가 마련되어야 하며, 제때 필요한 정보 내용을 공개토록 해야 한다.

오늘 우리가 안고 있는 위험요소는 무엇인지, 현재 견딜만한 것인지, 나아가 어떻게 한계점을 극복할 것인지를 사회구성원과 소상히 나누는 진실한 소통이 절실히 요구된다. 이러한 과정이 간과된 결과 나타난 극심한 부작용을 우리는 세월호, 메르스, 가습기 살균제, 지진, 대형화재 등에서 다시금 확인하고 있다. 사회의 복잡성과 불확실성이 커질수록 우리는 더 자주 위험에 대해 소통할 방법을 찾아야 한다. 이러한 소통 노력이야말로 불확실한 위험요소가 범람하는 사회에서 사회적 신뢰를 유지하고 바람직한 변화로 이끄는 촉매제가 될 것이다.

리스크는 현재도 존재하고 미래에도 존재할 것이다. 리스크 이슈는 안전이 아니라 안심 즉, 공중의 입장에서 안전을 넘어 안심을 우선시해야 하는 이슈이다. 객관적 위험 그 자체를 줄이는 기술적 노력도 중요하지만, 위험에 대한 주관적 인식을 줄이는 것이 더욱 중요하다. 불안/불신 감소가 안심 증진, 행복 실현의 지름길이다.

커뮤니케이션에 기초한 신뢰-합의 도출이 중요하다. 과학을 모르는 관료만의 과학 정책은 무모하고, 철학이나 윤리 의식 없는 과학 기술은 위험하다. 위험평가에 관련된 각 사회 주체가 함께 관여하고 이에 대한 양방향 의사소통을 활발히 진행하며 이를 통해 위험인지의 상호격차를 줄이고 위험에 대한 실천적 해결방안을 모색하는 노력이 필요하다.

준엄한 성찰이 요구된다. 우리의 미래를 위해, 희망을 찾아야 한다. 신뢰를 되찾아야 한다. 현실이 아무리 힘들더라도, 우리는 필연으로 저항할 수 있고 사회를 변형할 수 있는 주체다. 세월호, 메르스를 계기로 시민의 권리가 드러나고, 국가와 기업 때문에 공공성, 윤리성이 반증 되는 역설, 또는 변증법. 그것이 의미이고 가치이기 때문이다.

위험사회를 살아가기 위한 신념을 제시한 울리히 벡의 충고가 더욱 절실해지는 상황이다. "새로운 것들에 대한 잘못된 집착을 버리고 아울러 전통의 풍부함을 간직하게 하면서 우리에게 쏟아지는 새로운 것들을 진정 새롭게 생각하고, 대처하며 살아갈 수 있는 용기와 지혜"가 우리에게 필요하다. 소모적인 갈등이 아니라 생산적인 갈등, 적대적 반목이 아닌 화해와 상생에 이르는 반대의견이 흐르는 시냇물처럼 굽이치지만, 수로(水路)를 이탈하지 않는 것처럼, 종국에는 대해에 이르러 한 데 뒤섞이는 그 감동을 자아내는 자연의 이치를 겸허히 배우는 지혜가 필요한 것이다. 결국, 사람이 중요하다. 선한 의지 말이다. 볼테르의 모토, "나는 당신과 의견이 다르다. 하지만 당신의 견해가 억압받는다면 나는 당신의 표현 자유를 위해 끝까지 싸우겠다." 이 말이 성립하려면 상식과 신뢰가 지배하는 세상이 되어야 할 것이다.

▮ 참고문헌 ▮

김원제(2017). 위험사회를 넘어, 안심사회의 조건. 한국학술정보.

송해룡·김원제(2014). 한국사회 위험특성과 한국인의 위험 인식 스펙트럼. 한국학술정보.

송해룡·김원제(2013). 위험 커뮤니케이션의 이론과 실제. 한국학술정보.

김원제·송해룡·조항민(2008). 리스크 커뮤니케이션과 위기관리 전략. 한국학술정보.

송해룡·김원제(2005). 위험 커뮤니케이션과 위험 수용. 커뮤니케이션북스.

제3장

첨단 테크놀로지 혁신은 어떤 부작용을 낳고 있는가?

조항민

1. 디지털 테크놀로지가 추동하는 사회변화의 양상

　1995년 미국 MIT 미디어연구소의 소장인 니콜라스 네그로폰테
(Nicholas Negroponte)가 저서 <디지털이다(being digital)>를 통해
예견했듯이 0과 1의 전자적 조합으로 이루어진 비트(Bit)의 시대, 디
지털 시대는 기존의 아날로그 패러다임을 대체하면서 우리가 경험
할 수 없었던 테크놀로지의 혁신을 가져왔다. 무엇보다도 디지털 테
크놀로지와 결합한 디지털미디어(digital media)는 디지털신호를 사
용함으로써 이질적 정보 및 신호유형을 통합한 커뮤니케이션 환경
을 제공하고, 디지털망을 통해 네트워크로 연결하게 함으로써 사람
들이 다양한 정보를 서로 유통할 수 있게 하였다.

　디지털기술은 소리나 문자, 영상 등 모든 정보를 일련의 숫자로
변화시켜 목적지까지 전송한 다음, 원래의 형태로 다시 복원하게 된
다. 이러한 디지털신호는 활자로 인쇄되거나 TV 화면 혹은 컴퓨터
모니터를 통해 영상으로 복원되기 전까지는 물리적인 형태를 갖지
못한다. 결국, 0과 1로 표현되는 비트 신호는 우리에게 아무런 의미
를 갖지 못하며 활자로 인쇄되거나 컴퓨터나 스마트폰의 화면 등을
통해 영상(혹은 이미지, 텍스트)으로 구현될 때 우리가 실제로 경험

하는 물리적인 세계 즉 물질의 기본 단위인 원자(atom)의 세계로 들어가게 되는 것이다.

디지털 세계에서는 원자의 세계 즉, 아날로그의 세계에서는 발생하기 어려운 일들이 벌어진다. 비트로 이루어진 디지털 세계에서는 사진, 영상, 소리 등 모든 것을 창조해 낼 수 있다. 단순히 창조하는 것뿐 아니라, 합성도 가능하다. 아날로그 세계에서 사진과 소리를 합성하는 것은 불가능한 일이다. 그러나 디지털 세계에서는 어제 찍은 가족사진에서 가족들 각각의 음성이 흘러나오는 일이 가능하게 된다.[14]

무엇보다도 디지털기술은 우리 사회 전반의 모습을 과거와는 다르게 혁신적으로 변화시키고 있다. 이는 정치, 경제, 문화·예술, 교육 분야 등을 망라한다.

우선, 정치 분야에서는 디지털 환경 도래를 통해 과거 어느 때보다 사상과 표현의 자유가 폭넓게 보장되고 있다. 디지털이 시민들의 정치적인 행태에 어떠한 변화를 가져올 수 있는지에 대한 물음은 지속되어 왔는데, 우리 삶에 인터넷이 광범위하게 보급되면서 계속해서 제기되고 있는 질문이다. 디지털기술의 도입과 진화는 현대 간접민주주의에서 나타나는 시민들의 정치참여에 대한 배제와 소외문제를 기술적으로 해결할 가능성을 보여주었다. 인터넷의 중요한 특징 중 하나가 바로 상호작용성인데, 이러한 상호작용성에 의해서 인터넷 이용자들은 현실과 가상세계를 넘나들면서 정치 행위와 사회행위를 벌이게 되었다. 위르겐 하버마스(W. Harbermas)는 민주주의가

---

14) 조항민. 과학기술, 미디어와 만나다: 과학 미디어 세계를 여행하는 안내서. 경기 한국학술정보. 2014. 참조.

분명하게 발현될 수 있는 영역으로서 공론장(public sphere)이라는 개념을 소개하고 있는데, 공론장이란 참여하는 개개인이 지위에 불문하고 동등한 대우를 받고, 어떠한 주제라도 토론할 수 있으며, 전문성이나 지위에 상관없이 누구나 참여할 수 있는 공간을 의미한다. 오늘날 사회에서 미디어가 이러한 공론장의 역할을 수행하는 바, 인터넷은 개방적으로 네트워크에 기반을 두고, 익명성이 보장되며 중간에 의견을 제어하는 장치가 비교적 느슨하기 때문에 공론장의 역할을 가장 강력하게 수행할 수 있는 매체로 높은 평가를 받고 있다. 한국사회에서 특히, 이러한 인터넷을 통한 정치참여의 상징적인 사건은 바로 노무현 대통령을 당선시킨 제16대 대통령 선거였다. 당시 휴대폰 문자 메시지 등을 통해 투표와 지지행위를 독려하고, 인터넷의 소셜 미디어를 통해 공약을 공유하는 등 한국 정치 커뮤니케이션의 새로운 장을 열었다는 평가를 받았다. 한편, 카페나 블로그에서 지지자들과 소통하는 수준을 넘어서 최근에는 유력 정치인들이 YouTube와 같은 동영상 플랫폼에서 개인 방송을 하는 등 그 지평도 넓어지며 정치인 스스로가 콘텐츠를 생산하고 있는 추세이다. 소위 디지털기술을 활용한 '라이브 영상 정치'의 시대로 접어들고 있음이다. 이제 'Technology of policy', 즉 정치의 기술화라는 변화를 통해 정치적 의사 표현과 교환, 정치 정보의 유통, 정치적 의사결집을 위한 정치 활동 장(場)의 변화(실제 공간에서 가상공간으로의 변화)가 더욱 급속하게 일어날 것이다.[15]

경제 분야에 대한 디지털기술의 접목은 더욱더 혁신적이고 우리

---

15) 조항민. 2014. 앞의 책.

삶의 근본적인 변화를 가져왔다. 우선, 인터넷을 기반으로 한 디지털 시대는 새로운 산업을 창출시키거나, 기존 산업을 근원적으로 변화시켰다. 인터넷을 통해 제공되고 있는 콘텐츠를 생산하는 디지털 기반의 콘텐츠산업은 스포츠, 아동, 음악, 영화, 게임, 성인 등 다양한 장르별로 콘텐츠를 생산해 냄으로써 인터넷을 지식 정보와 콘텐츠 소비의 바다로 만들었다. 또한, 우리가 직접 발품을 팔지 않아도 접속하고 클릭하는 것만으로도 구매 가능한 품목들도 점차 늘어나고 있다. 의류, 여행상품, 식품, 가전, 자동차, 컴퓨터 등 그 종류는 기하급수적으로 증가하고 있다. 인터넷에서 구하지 못할 제품은 없다는 이야기가 나올 정도이다. 소비자뿐만 아니라 디지털 공간은 기업들에게도 기회의 공간이 되었다. 특히 뛰어난 아이디어로 무장했으나, 유통판로와 소비자와의 접점을 고민하는 중소규모 기업들에는 새로운 기회를 주고 있다. 무엇보다도 한계비용 제로, 실패하는 데 돈이 거의 들지 않기 때문에 젊은이들의 창업에 대한 지속적인 도전이 가능하다. 과거 아날로그 시대에서는 신중하게 모색해 조심스럽게 헤쳐나가는 게 필수였지만 지금은 떠오르는 순간 빨리 사업에 착수하는 것이 벤처, 스타트업을 운영하는 기업인들에게 더욱 중요한 금과옥조가 되고 있다. 인터넷을 통해 사업을 위한 자금확보(크라우드 펀딩 등), 유통망 확보, 고객 니즈 수렴이 손쉬워졌기 때문이다.

최근에는 그 경제활동의 주체가 개인에게로 넘어가고 있다는 평가도 나오고 있다. 과거 수동적인 소비자가 능동적인 소비자로 발전하고, 개인이 정보 가공, 제작 및 유통을 전담하는 등 개인이 경제활동의 주체가 되는 '내가 생산하는 경제(Me + economy, 미코노미)'가 중요한 키워드가 되고 있다. 이는 이미 미국의 경제학자인 '제레미 리프킨(Jeremy Rifkin)'이 그의 저서 <소유의 종말>에서 노동 집약적, 자본 집약적인 전통적인 기업의 상품을 소유하는 시대가 유형, 무형의 자산에 대해 네트워크를 통해 본인이 직접 '접속'하는 시대 (The Age of Access)로 변화된다고 언급하면서 개인 중심의 경제활동 개념이 형성되었다. 미코노미는 디지털 프로슈머(Digital Prosumer)들이 이끌어가는 경제의 새로운 패러다임이다. 생산자(Producer)와 소비자(Consumer)의 합성어인 프로슈머는 생산자인 동시에 소비자이고, 소비자이면서 생산하기도 하는 사람들을 일컫는 단어로, 이는 디지털 혁명이 수동적 소비자를 능동적 소비자로 변화시키고, 능동적 소비자를 다시 디지털 프로슈머로 진화시키고 있음을 의미한다.

또한, 문화·예술 분야 측면에서 디지털기술의 도입은 양방향적인 의사소통을 통해 문화의 역동성, 그리고 연속성 등의 가능성을 새롭게 열리게 하였다. 또한 하이퍼텍스트(hypertext)와 같은 새로운 구조를 통한 정보의 연결은 일률적이며 선형적인 인과관계가 아닌 비선형의 논리를 도입하도록 하였다. 문화를 생산해 내는 기본 단위인 글자, 그림, 사진, 영상, 소리 등은 디지털기술의 발전에 따라서 그 표현기법과 내용, 구성, 작법, 수용 정도 등이 변혁적으로 변화하고 있다. 3D 애니메이션, 디지털 음원, 전자책 등의 대중문화 영역뿐만 아니라, 컴퓨터 기술과 예술의 접목을 통해 실제로 존재하지는 않지만, 실제와 유사한 이미지를 만들 수 있게 한 예술의 개념 '디지털 예술' 등 문화·예술 분야의 변화는 이제 익숙한 모습이다. 무엇보다도 디지털 시대의 문화콘텐츠 분야에서 주목할 만한 변화는 문화와 예술 분야의 창작자들이 전문가집단에서 일반 대중으로 확장되고 있다는 부분이다. 이는 앞서 논의한 경제활동 주체의 변화와도 유사한 맥락이다. 그 대표적인 사례는 최근 영상미디어 분야에서 가장 주목받는 소위 '1인 콘텐츠(미디어) 크리에이터'들이다. 여기서 일컫는 '크리에이터'는 유튜브나 페이스북, 아프리카 TV 같은 인터넷 플랫폼에 채널을 만들고 직접 촬영한 영상을 올려 대중들과 공유하고 소통하는 이들이다. 방송사나 전문 콘텐츠 기업이 만드는 것도 아니고 비전문가들이 찍어서 올리는 영상물이라고 그 수준을 의심한다면 오산이다. 10∼20대들에게는 현란한 그래픽 효과나 인기 연예인이 출현하지 않아도, 크리에이터가 업로드하는 영상의 인기는 연예인 그 이상이다. 젊은 층은 TV 대신 유튜브를 통해 선호하는 크리에이터들이 업로드하는 콘텐츠를 보는 것이 훨씬 익숙하다. 이들 크리에이터들이 다루는 장르도 한계가 없다. 게임, 요리, 춤, 노래, 미용, 외국어, 각종 실험, 연주 등 자신이 좋아하거나 즐기는 모든 것들이 영상제작의 좋은 소스가 된다. 최근에는 한 케이블방송사의 경우 크리에이터들을 위한 자체 채널을 론칭하기도 하였다.

보수적이라고 생각했던 교육 분야에서도 큰 변혁이 일어나고 있다. 무엇보다도 디지털미디어를 활용한 교육을 통해 불특정 다수를 위한 교육의 기회가 더욱더 공정하게 제공(예를 들어 인터넷을 활용한 원격강의)될 수 있으며, 전문가의 의견에 더욱 쉽게 접근 가능하고, 토론이 쉬우며 늘 다양하고 풍부한 정보와 의견 교환이 가능하게 되었다. 무엇보다도 학교 공간으로 한정되어 있던 교육공간이 인터넷을 통한 네트워크 학습을 통해서 전 세계적으로 확대되고 있다. 또한, 보편적인 지식을 전달하기 위한 교육보다는 개인적인 형태의 맞춤 교육으로 변화하고 있는 양상이다. 각국 정부에서도 이러한 '디지털 교육'의 새로운 패러다임을 정착시키기 위해 노력하고 있는 모습이다. 2013년 미국의 오바마 대통령은 '커넥티드(ConnectED)'라는 교육 정책을 발표했다. 이 정책은 유치원에서 고등학교를 졸업할 때까지의 교육 기간 동안 미국의 모든 학생이 풍부한 디지털 콘텐츠를 통해 개인에게 맞는 학습을 경험할 수 있게 돕고, 선생님들이 가르치는 데 최적의 기술을 활용할 수 있도록 지원하는 것이 주요 목표이다. 이에 앞서 호주에서도 2008년부터 디지털 교육 혁명(Digital Education Revolution)이라는 정책 사업을 진행해 왔다. 이 사업을 통해 초고속 광대역 인터넷망이 호주 전역의 학교, 가정, 직장에 공급되어 학생들이 언제 어디서나 빠른 속도의 온라인 교육을 받을 수 있도록 지원하고 있다. 이렇듯 각국의 교육현장에서 '디지털'이 핵심 키워드가 된 지는 오래전이다.

2. 테크놀로지 유토피아와 디스토피아 시각의 충돌

영화 속에 나타난 과학기술의 모습 중에서 가장 많이 다루어져 온 것은 바로 SF영화에서 주로 그려 온 디스토피아적인 미래상이다. SF영화 중에 유토피아적이고 희망적인 미래를 오롯하게 다룬 영화들은 찾아보기 힘들다. 대부분의 SF영화에서 보여주는 암울한 미래상은 과학기술의 발전이 궁극에 있어 정치적으로 반(反)민주적 가치들과 필연적으로 연결되거나, 지구환경에 영향을 주어 엄청난 재해를 불러일으킬 것이라는 전제를 기저에 깔고 있다. 디스토피아적인 미래상을 전반적으로 관통하는 것은 현존하는 모순과 위기가 미래에는 더욱 심화하여 극단적인 결과를 가져올 것이라는 예측이다. 예컨대, 극단에 있는 두 개의 계급, 특히 인간과 로봇과 같은 피조물과의 대립을 다룬 <블레이드 러너>와 같은 영화, 정보기술과 생명공학기술의 급격한 발전으로 인한 감시의 만연화와 인간의 본질에 대한 회의감을 다룬 <에너미 오브 스테이트(감시의 문제)>와 <가타카(생명공학의 미래)>, 파멸적인 핵전쟁 혹은 그 유사한 수준의 재앙으로 살아남은 인류의 절망적인 모습을 다룬 <매드맥스>, <혹성탈출>, <모털 엔진>, 그리고 초지능 컴퓨터와 인공지능의 반란 혹은 인간지배를 다룬 <2011 스페이스 오디세이>, <터미네이터> 등의 영화들이 그 대표적인 사례이다. 이렇게 영화 속의 과학기술이 부정적인 그리고 디스토피아적으로 그려지는 이미지는 단순하게 놀라운 예술적 상상력이나 과학기술에 대한 편협한 관점의 반영을 넘어서는 그 무엇인가를 함축하고 있다는 평가이다. 이러한 이미지들 속에는 원자폭탄의 투하를 목격하고, 구(舊)소련의 체르노빌과 일본 후쿠시마 원전사고 위험의 심각성을 경험했으며, 챌린저호의 폭발과 같은 거대 과학기술 체계의 실패를 겪은 현대인들의 정서가 녹아 있다는 것이다.[16]

한편, 이러한 디스토피아를 그린 SF영화들의 원천 스토리가 되는 텍스트 매체는 바로 책으로 출간된 소설을 들 수 있을 것이다. 그중 올더스 헉슬리(Aldous Huxley)의 1932년 작품인 <멋진 신세계(Brave New World)>는 SF영화들을 관통하는 디스토피아적 미래상을 다룬 기념비적인 작품이다. 동명의 제목과 같이 언뜻 보기에는 인류에게 구원과 같은 신세계 상을 보여준다. 멋진 신세계에는 굶주림과 실업, 가난이란 고통은 없다. 전쟁도 없고, 어디를 가더라도 청결하고 위

---

16) 김명진. 대중과 과학기술: 무엇을, 누구를 위한 과학기술인가. 서울 잉걸. 2001. 참조.

생적이다. 예상 수명은 높고, 늙어도 표가 나지 않는다. 누구도 고독하거나 절망을 느끼지 않고 불안해하지도 않는다. 만일 기대했던 것과는 달리 우울함이 느껴지게 되면 '소마(Soma)'라고 명명된 마약을 삼킨다. 소마는 기분을 흥분시킬 뿐 아니라 마음을 안정시키고 편안한 환각 상태를 유발한다. 하지만, 이러한 '멋진 신세계'의 이면에는 그다지 멋지지 않은 현실이 숨어 있다. 늘 행복해 보이는 인간들은 유전자와 정신의 조작으로 얻은 결과다. 수정센터에서 5개의 계급으로 나뉜 인간들은 이미 태어나기 전부터 그들의 삶의 형태가 결정된다. 아기들에게는 꽃과 장미를 보여주고 기계 파열음을 들려주고 전기충격을 주면서 평생 장미와 문학에 대한 즐거움을 상실하게 만든다. 이것이 멋진 신세계의 이념과 완전히 일치하는 것이다. 즉 독서란 쓸데없는 시간 낭비이고, 자연으로 소풍을 가는 주민은 소비사회에 아무런 도움이 되지 않는다고 생각하기 때문이다. 헉슬리는 첨단 기술 문명의 발달을 1920년대와 1930년대에 대두한 전체주의와 연결하게 해 비인간적인 기계 문명의 미래를 경고하였다.

역사를 통해 검증됐지만, 과학기술의 발전은 인류의 풍요와 번영이라는 긍정적 열매를 가져오기도 하였지만, 더불어 부작용과 리스크를 가져온 것도 부정할 수 없는 사실이다. 이는 원자력, DDT, GMO 등 다양한 과학기술의 산물들을 통해 목도하고 체험한 사실들이다. 한편, 소통, 공유, 연결이라는 키워드로 우리에게 많은 편리함을 주고 있는 디지털 시대에도 이러한 과학기술이 가져오는 명과 암이 부딪치는 부분들을 최근 쉽게 확인할 수 있다. 하지만, 그동안 우리는 디지털기술이 주는 긍정적 측면이 더욱 많다고 느껴왔기에, 관련 리스크가 수면 위로 크게 드러나지 않았던 것이다. 특히 우리나라의 경우 글로벌경쟁이 치열한 디지털 분야(기술, 서비스 등)에서 항상 높은 순위와 긍정적 지표를 지녔기에 더욱 그러한 경향이 지배적이었다. 실제로 글로벌 기업들의 디지털 경연장이며 디지털 문명의 '얼리어 답터(early adapter) 국가로서 한국의 위상이 높아지면서, 한국에서의 디지털기술에 대한 장밋빛 전망과 낙관론적 분위기는 꽤 지배적이었다. 물론 디지털기술은 시간과 공간의 한계를 뛰어넘어 인간의 의사소통 양식을 새롭게 형성해내고 있으며, 지식 정보의 생산과 공유, 공론의 장으로 기능하는 등 다양한 사회적 부를 창출해내기도 한다. 하지만 디지털기술이 가진 익명성, 집적성, 가공성, 신속성, 상호연결성에 근거한 위험요소들이 복합적으로 작용하는 부정적인 현상들도 최근 확장되고 변형되어 심각한 사회적 문제로 제기되고 있다. 이러한 디지털기술이 초래하는 리스크가 사회적 대응이 필요한 부정적 문제들을 결과하는 사회를 학자들은 디지털 위험사회(digital risk society), 정보위험사회(information risk society), 디지털 재난사회 등의 이름으로 명명하고 있다. 과거와 비교하면 디지털중독, 개인정보탈취, 해킹, 저작권 침해, 프라이버시 침해, 익명의 마녀재판 등이 더욱더 만연하며 횡행하는 현실에서 디지털기술을 인류문명발전에 긍정적 동기만을 부여해주는 '요술 지팡이'와 같이 취급했던 인식은 이제 전환이 필요한 시점이다. 디지털기술이 가지는 양가적 특징에 대한 논의와 사회구성원들의 삶의 균열과 붕괴를 가져올 수도 있는 디지털 리스크의 예방과 관리에 대한 고민도 이제는 본격화되어야 할 상황이다.[17]

---

17) 조항민·김찬원(2016). 과학기술, 첨단의 10대 리스크. 서울 커뮤니케이션북스. 2014. 참조.

3. 디지털 시대의 새로운 위험양상들

로젠(Larry D. Rosen)과 그의 동료들이 집필한 <아이 디스오더 (2012)>[18]는 디지털 시대에 발생하는 다양한 리스크 유형을 실제 사례를 들어 설명한 책이다. 책에서 언급된 아이 디스오더(i-disorder)란 테크놀로지와 미디어에 연결된 삶 속에서 겪게 되는 새로운 유형의 장애나 정신적 질환 요소들을 말한다. 컴퓨터, 스마트폰, TV, 게임기 등 디지털 기반의 전자기기를 사용하며 겪게 되는 소통 장애, 불안감, 주의력결핍, 강박증, 자아도취, 관음증, 중독 등의 상태를 의미하는 것이다. 특히, 최근 모든 사람에게 생활필수품이 된 스마트폰을 이러한 후천적 장애들을 발생시키는 중요한 루트로 지적하고 있다. 우리는 커뮤니케이션의 중요한 수단으로서 스마트폰을 이용하는 것에서 더 나아가 식사나 영화 감상 중에도 수시로 스마트폰을 확인한다. 심지어 운전 중에도 목숨을 내걸고 스마트폰을 확인하는 일도 비일비재하다. 우리는 '스마트폰 들여다보기'라는 일종의 중독에 빠져 있으며, 이제 그것은 강박적인 일상이 되고 말았다. 비단, 이러한 스마트폰이 매개하는 중독과 강박의 문제뿐만 아니라, 우리가 디지털 시대를 살면서 겪게 되는 위험들은 매우 다양하고 폭넓은 차원에서 확인할 수 있다. 이러한 디지털 시대의 다양한 위험양상들을 몇 가지 논의하면 다음과 같다.[19]

우선, 디지털중독(digital addiction)의 문제이다. 흔히 디지털중독은 일상생활 수행이 곤란할 정도로 컴퓨터, 인터넷, 스마트폰, SNS

---

18) 래리 D. 로젠, 낸시 A. 치버, L. 마크 캐리어 저. 송해룡 옮김. 아이 디스오더. 서울 성균관대학교 출판부. 2015. 참조.

19) 디지털 리스크의 위험양상은 조항민·김찬원. 2016. 앞의 책, 송해룡·조항민(2015). 디지털미디어 시대 리스크 현실과 진단. 서울 한국학술정보. 2015에서 제기된 리스크 유형들을 주로 참고하였음

등을 과도하게 사용하는 병리 현상을 의미한다. 좀 더 정확한 용어는 '디지털중독 장애(digital addiction disorder)'라고 할 수 있다. 원래 중독이라는 개념은 의학적 개념에 기초한 것으로, 미국정신의학회(American Psychiatric Association, 1994)는 중독을 알코올이나 니코틴, 카페인, 코카인 등의 특정한 물질에 의존하는 물질 중독 현상으로 간주한다. 물질 중독이라고 규정하기 위해서는 몇 가지 조건이 기본적으로 충족되어야 한다. 첫째, 특정 약물로 인해 신체가 제 기능을 수행할 수 없는 상태(무기력, 환각 등)이거나 특정한 약물을 계속 투여하지 않으면 견딜 수 없는 병리적 상태여야 한다. 둘째, 특정한 대상이나 생각에 대해 합리적으로 판단하거나 구별할 수 없는 상태여야 한다. 마지막으로 내성과 금단증상, 과도한 집착과 의존, 통제 불능 등으로 일상생활을 수행하기 어렵거나 혹은 일상생활 자체가 불가능한 상태여야 한다. 이런 조건이 충족되어야 물질 중독이라고 본다. 하지만 최근에는 물질 중독을 넘어 특정 행위에 의존하는, 이른바 행위 중독도 중독 현상으로 간주 되고 있다. 대표적인 것이 바로 인터넷 중독, 스마트폰 중독, 혹은 SNS 중독을 포괄하는 디지털중독이라고 할 수 있다. 특히, 최근에는 스마트폰 중독과 관련하여 공신력 있는 연구결과들이 발표되어, 그 심각성에 대한 경종을 울리고 있다. 예컨대, 스마트폰에 중독되면 뇌 조절능력이 떨어져 상대방 표정 변화에 제대로 반응하지 못한다는 2017년 서울성모병원 정신건강의학과 연구팀의 연구결과, 스마트폰 중독 학생들의 뇌를 촬영한 결과 암 환자나 만성 통증 환자들의 증상을 완화하기 위해 사용하는 마약성 진통제 '옥시콘틴'을 주사 맞는 것과 비슷한 형태로 신경 네트워크가 형성되어 있는 것을 발견한 2018년 미국 샌

프란시스코 주립대 보건대 연구팀의 연구결과가 그 대표적인 사례이다. 특히, 디지털중독은 아직 성장기에 있는 어린이와 청소년들에게 육체적, 심리적으로 매우 부정적인 결과를 초래할 수 있다. 실제로 디지털중독에 빠지면 아이들에게는 주의력결핍과잉행동장애(ADHD, Attention Deficit Hyperactivity Disorder)가 나타나는 것이 전형적으로 나타나는 폐해라 할 수 있다. 또한, 나이에 관계없이 모두에게서 공통으로 불안, 스트레스, 강박증, 적대감, 공포불안, 우울 등의 심리적 부적응이나 문제가 발생할 가능성이 크다. 또한, 사회적으로는 다른 사람들과 어울리는 시간의 감소로 인해 나타나는 사회적 고립감, 낮은 생활 만족과 삶의 질 저하로까지 확대될 수 있다. 순간적인 몰입으로 인해 쾌락과 기쁨을 느낄 수 있지만, 디지털 기기와 콘텐츠에 대한 지속적인 과의존과 과몰입은 개인적, 사회적 차원에서 부정적 결과를 초래할 수 있다.

<스마트폰 과의존 척도>

요인	항목
조절실패	1) 스마트폰 이용시간을 줄이려 할 때마다 실패한다 2) 스마트폰 이용시간을 조절하는 것이 어렵다 3) 적절한 스마트폰 이용시간을 지키는 것이 어렵다
현저성	4) 스마트폰이 옆에 있으면 다른 일에 집중하기 어렵다 5) 스마트폰 생각이 머리에서 떠나지 않는다 6) 스마트폰을 이용하고 싶은 충동을 강하게 느낀다
문제적 결과	7) 스마트폰 이용 때문에 건강에 문제가 생긴 적이 있다 8) 스마트폰 이용 때문에 가족과 심하게 다툰 적이 있다 9) 스마트폰 이용 때문에 친구 혹은 동료, 사회적 관계에서 심한 갈등을 경험한 적이 있다 10) 스마트폰 때문에 업무(학업 혹은 직업 등)수행에 어려움이 있다

※ 척도 ① 전혀 그렇지 않다 ② 그렇지 않다 ③ 그렇다 ④ 매우 그렇다
※ 기준점수(40점 최고점) : (청소년) 고위험군 31점 이상, 잠재적 위험군 30~23점
   (성인) 고위험군 29점 이상, 잠재적 위험군 28~24점
   (60대) 고위험군 28점 이상, 잠재적 위험군 27~24점

출처: 과학기술정보통신부·한국정보화진흥원(2018. 2.), p. 14.

다음으로 개인의 감시와 정보유출 등의 우려를 낳는 소위 '디지털 감시'도 디지털 리스크의 대표적 사례로 꼽을 수 있다. 실제로 현실 속의 우리는 의식하기 전에 다양한 감시수단들에 의해 둘러싸여 있다. 은행, 편의점, 백화점, 마트에 가더라도 CCTV를 흔히 볼 수 있으며, 대중교통을 이용하는 순간에도 우리가 모르는 순간에 모니터 위로 우리의 모습이 촬영되고 있다. 물론, 범죄 예방이라는 중요한 역할을 수행하고 있지만, CCTV가 우리의 일거수일투족을 감시한다는 생각을 한다면 뒷맛이 썩 개운한 것은 아닐 것이다. 기술이 고도로 발달된 현대사회에서는 누군가에 의한 감시가 과거에 비해서 더욱더 쉬워졌다. 현대인들의 필수품인 신용카드와 휴대전화가 개인 정보유출의 수단이 되기도 하고, 인터넷을 통한 블로그, SNS, 이메일을 통해 우리 개인의 정보와 의견, 생각들을 쉽게 노출하고 있다. 1998년 제작된 할리우드 영화 <에너미 오브 스테이트(Enemy Of The State)>에서는 정부 기관이 인공위성이나 CCTV를 통해 주인공의 일거수일투족을 샅샅이 감시하는 장면이 나온다. 이 장면은 우리에게 익숙한 조지오웰(George Orwell)의 소설 <1984>에서 절대권력을 가진 감시자로 나오는 '빅브라더(Big brother)'를 연상하게 한다. <에너미 오브 스테이트>의 제작 당시에는 실현 가능성이 있겠느냐는 의문이 들었던 첨단 도청 장치, 초고화질 CCTV, 위성 추적기 등이 현재에는 아주 자연스럽게 감시의 도구로 활용되고 있다. 여기에 더 나아가 최근에는 스마트TV 등 사물인터넷 기반 가전제품에 악성 코드를 심어 사생활을 감시하는 사례까지 확인되고 있어, 정부와 기업 등 거대권력이 개인을 통제하고 감시할 수 있는 가능성이 과거 어느 때보다 더욱 높아지고 있다. 또한, 마음만 먹으면 우리 개인들도 '디지털 감시자'로 변신하는 것이 그다지 어려운 일이 아니다. 이와 관련하여 최근 개인 간 감시, 즉 디지털 마녀사냥이 심각한 사회 문제가 되고 있다. 애완견의 배설물을 치우지 않고 지하철에서 그냥 하차한 여성을 조롱하는 '개똥녀', 아들 얼굴에 국물을 쏟았다는 거짓 진술로 마녀사냥 몰이를 한 '국물녀' 사건 등이 대표적인 사례이다. 이들 사건은 휴대전화의 카메라로 누군가 촬영을 하고, 촬영 영상을 기반으로 신상을 공개하거나 SNS를 통해서 해당 사건 당사자를 파렴치한으로 몰고 가는 유사한 형태를 보인다. 이로 인해 사건과 관계없는 엉뚱한 사람이 피해를 보거나, 아직 확정되지 않은 범죄행위로 개인이 범죄자로 낙인찍히기도 한다. 법적 권한을 갖지 않는 불특정 다수의 폭력에 의해서 개인의 초상권과 인격권이 무시되는 결과를 초래하게 되는 것이다.

또한, 최근 빈번하게 논의되는 용어인 인포데믹스(Infodemics)도 사회적 영향력을 미칠 수 있는 디지털 리스크로 분류할 수 있다. 정보 전염병이라고 일컬어지는 인포데믹스(infodemics)는 'information(정보)'과 'epidemic(전염병)'의 합성어로, 위험에 대한 잘못된 정보나 행동에 관한 루머들이 인터넷, 휴대전화 등과 같은 IT 기기나 미디어를 통해 빠르게 확산하여 근거 없는 공포나 악소문을 증폭시켜 사회, 정치, 경제, 안보 등에 치명적인 위기를 초래하는 것을 의미한다. 인포데믹스라는 용어는 2003년 미국 워싱턴에 있는 컨설팅업체 인텔리브리지(Intellibridge)의 회장 데이비드 로스코프(David J. Rothkopf)가 ≪워싱턴포스트(The Washington Post)≫에 언급하면서 처음 거론되었다. 이어서 2007년 1월 말 스위스 다보스에서 열린 세계경제포럼인 다보스 포럼(World Economic Forum)의 CEO 연례보고서에서 다시금 중요한 화두로 언급이 되었다. 인포데믹스는 트위터(Twitter), 페이스북(Facebook)과 같은 소셜네트워킹서비스(SNS, Social Networking Service)에 가입한 이용자들이 서로 정보와 의견을 공유하면서 대인 관계망을 넓힐 수 있는 플랫폼인 소셜 미디어의 발전과 연계가 깊다. 인포데믹스의 발생 원인을 소셜 미디어와의 연관 차원에서 세 가지로 정리하면 다음과 같다. 첫째, 소셜 미디어의 정보 생산, 소비의 주체인 개인의 책임 문제다. 실제로 사생활 침해, 사이버 테러 및 범죄 등 소셜 미디어로 인한 파급효과를 개인이 과소평가함으로써 많은 이들이 피해자 또는 가해자가 될 수도 있다. 또한, 윤리 의식 부족으로 언어폭력, 인신공격, 불건전한 정보의 유통 등 충동적 감정이나 행동을 그대로 표출하거나 개인의 정보 분별 능력 부족으로 불완전하고 왜곡된 정보를 비판적인 의식이나 판단 없이 그대로 받아들이는 경향이 지배적인 것도 인포데믹스 심화에 영향을 미칠 수 있다. 둘째, 인포데믹스 방지에 취약한 구조를 지닌 소셜 미디어의 관련 시스템도 문제점이 될 수 있다. 지역적 제약이 없는 성격으로 국가별로 독자적 규제를 취하기 어렵고, 본인 확인 절차 없는 간단한 가입과 활동으로 타인 계정을 사칭해 사생활을 침해하거나 왜곡된 정보를 유통할 우려가 크다. 셋째, 소셜 미디어를 둘러싼 우리 사회의 의식이나 제도적 문제 역시 중요한 문제점으로 지적할 수 있다. 많은 이용자는 정보 재생산, 공유, 확산 과정에서 익명성의 편리함에 길들어 타인에 대한 인격 모독, 유언비어 유포 등의 문제점에 대해 자기 책임의식이 부족하다. 하지만 이러한 문제점이 불거짐에도 불구하고 소셜 미디어상의 개인의 자유를 보장하는 이상 이를 강제적으로 제어할 수 있는 법·제도의 수립도 쉽지는 않은 상황이다.

최근 인포데믹스로 인해서 발생하는 경제적 피해와 사회이슈들이 다수 등장하고 있다. 예컨대, 2010년 트위터에 헛소문을 퍼뜨린 2명의 남녀 때문에 벌어진 베네수엘라의 예금인출 사태는 경제적인 피해의 대표적인 사례이다. 트위터의 헛소문에 놀란 예금자들이 앞다퉈 예금인출을 위해 은행으로 몰려가면서 베네수엘라의 금융시스템 전체가 휘청거렸다. 또한, 2010년 11월 발생한 북한의 연평도 포격 사건도 심각한 사회이슈로 부상하였다. 같은 해 천안함 피격사건 이후에 발생한 북한의 연평도 포격 사건은 한국전쟁 이후에 최초로 민간인이 포격으로 사망한 사건으로 심각한 남북 대치상황과 경색 국면을 만든 사건이었다. 사건 직후, 인터넷 게시판, 각종 SNS를 통해서 허위 게시글이나 확인되지 않는 정보가 다양하게 퍼져 나갔는데, 남북전쟁 발발, 군대소집 명령 개시, 제2의 포격 확대 예정, 가짜 연평도 위성사진 등이 그 대표적 사례이다. 이 외에도 일본의 후쿠시마 원전사태로 인한 소위 '방사능 괴담'도 횡행했다. 울산 복합쇼핑몰 붕괴 괴담, 중국인 장기 밀매조직 집단 입국 및 택시 이용 여성 납치 괴담 등 근거 없는 괴담들이 SNS를 근거지로 퍼져 나갔다. 이렇게 최근 인포데믹스로 인하여 개인 프라이버시나 경제적 피해, 사회적 혼란이 심각하게 이어지고 있어, 이에 따른 개인과 정부 차원에서 예방 및 대응이 필요하다는 논의가 제기되고 있다.

특히, 아동과 청소년들에게 심각한 문제가 되는 사이버불링(cyber bullying)은 2000년 미국 뉴햄프셔대학의 아동범죄 예방센터에서 처음으로 사용한 용어이다. 국내에서 사이버불링은 사이버 집단 괴롭힘이나 사이버폭력 등 다양한 용어로 지칭되고 있다. 우리나라에서는 2014년 11월 19일 개정된 「학교폭력예방및대책에관한 법률」(약칭 「학교폭력예방법」)에서 사이버불링에 대해 '인터넷, 휴대폰 등 정보통신기기를 이용해 학생들이 특정 학생들을 대상으로 지속적, 반복적으로 심리적 공격을 가하거나 특정 학생과 관련된 개인 정보 또는 허위 사실을 유포해 상대방이 고통을 느끼도록 하는 일체의 행위'로 규정하고 있다. 사이버불링에는 악성 댓글이나 메시지, 비하 또는 수치스럽거나 굴욕적인 사진 혹은 합성사진 그리고 동영상을 올리거나 문자(메시지) 폭탄, 메신저 집단 차단, 일촌 집단 거부, 스토킹, 허위 사실 유포 등 상대방에게 수치심이나 고통을 유발할 수 있는 일체의 행위 모두를 포함한다. 이러한 사이버불링은 직접적으로 면대면(face to face)을 통해 집단 괴롭힘이 이루어지는 현실 공간과는 다르게 사이버공간이라는 가상의 공간에서 이루어지기 때문에 다양한 특성을 갖는다. 즉 디지털 기기가 제공하는 다양한 서비스를 통해 이루어지기 때문에 디지털 서비스가 제공하는 여러 유형의 커뮤니케이션 방식에 따라 매우 다양한 형식과 방식으로 이루어진다. 또한, 실시간으로 연결되는 네트워크 속성에 따라 피해자에게 즉각적으로 전달될 뿐 아니라 시간이나 공간상의 제약도 없는 상태에서 한번 게시된 욕설이나 비방은 복제를 통해 순식간에 퍼져 나가므로 그 확산 속도도 매우 빠르다. 그렇다고 사이버불링이 비단 청소년에게만 국한되는 것은 아니다. 성인들도 악의적 표현과 혐오 표현 등 타인에 대한 사이버불링을 수시로 가하고 상처를 입는 것이 사이버공간의 현실이다. 세월호 사건 이후 희생자를 어묵으로 비하하는 표현이 난무했다거나, 여성 혐오 이미지와 표현(예컨대, 메퇘지, 성괴녀 등)의 일상화 등이 그 사례이다. 이렇게 성인이 사이버불링을 저지르게 되면 범죄적 구성 요건에 해당하기 쉽고, 이는 사

이버불링의 범주를 넘어선 사이버범죄로 취급할 수 있다.[20]

<사이버불링 유형>

유형	세부내용
사이버 스토킹 (Cyber stocking)	특정인이 싫다고 했음에도 인터넷이나 스마트폰을 통해 계속해서 말, 글, 사진, 그림 등을 보내 공포심과 불안감을 유발하는 행위
사이버 비방 (Cyber slander)	인터넷이나 스마트폰을 통해 특정인에게 욕설, 비속어, 모욕적인 메시지 등을 전달하는 행위
이미지 불링 (Image bulling)	특정인을 비난하거나 모욕하기 위해 타인에게 알려지기를 원치 않는 사진이나 동영상을 유포하는 행위
사이버 위장 (Cyber impersonation)	특정인의 아이디를 이용하여 사이버상에서 마치 그 사람인 것처럼 행동하는 행위
사이버 강요 (Cyber coercion)	인터넷이나 스마트폰을 이용해 특정인에게 원치 않는 행동을 강요하거나 심부름을 시키는 행위 인터넷이나 스마트폰을 이용해 특정인에게 돈이나 사이버 머니, 캐릭터 등을 요구하거나 데이터나 소액결제 등의 비용을 부담하게 하는 행위
사이버 성폭력 (Sexting)	특정인에게 성적인 메시지를 보내거나 성적인 모욕 등을 하는 행위
사이버 따돌림 (Cyber exclusion)	사이버상에서 의도적으로 특정인을 친구목록에서 제외하거나 친구신청 거부 또는 배제하는 행위
플레이밍 (Flaming)	공적 온라인 공간에서 특정인을 일부러 자극하여 논쟁 또는 분란을 일으켜 특정인의 문제 있음을 드러나도록 하는 의도적 행위
사이버 폭로 (Cyber outing)	타인에게 알리고 싶지 않은 정보를 본인의 동의 없이 유포하거나 공유하는 행위

출처: 최숙영(2014), p. 38.

한편, 허가받지 않은 정보 시스템에 침투하는 행위인 해킹(hacking)도 심각한 디지털 리스크의 유형으로 논의될 수 있다. 인터넷 발전의 초창기에는 해킹행위를 하는 해커(hacker)가 마냥 부정적인 존재는 아니었다. 오히려 시스템을 시험하고 암호 생성자로 하여금 수준 높은 프로그램을 개발하도록 했고, 그들의 기술력과 상상으로 인터넷

---

20) 최숙영. 사이버불링에 대한 국내외 연구 동향 및 대응방안 연구. 컴퓨터 교육학회논문지, 17(6). pp. 35-48. 2014. 참조.

의 발전을 이끌기도 했다. 하지만 최근에는 선량한 의미의 화이트 해커(white hacker)보다 악의적 의도를 가지고 다른 사람이나 회사의 컴퓨터에 침투해 정보를 훔치거나 망가뜨리는 블랙 해커(black hacker)가 '해커'를 의미하는 경우가 많아지고 있다. 2000년대 초반의 해킹 사고는 바이러스나 웜(네트워크에서 연속으로 복사 기능을 수행함으로써 자가 증식해 기억장치를 소모하거나 저장된 데이터를 파괴하는 프로그램)과 같이 개인의 PC에 악성코드(사용자 시스템에 침투해 정보를 유출하거나 정상적인 동작을 지연 또는 방해하는 프로그램)를 감염시켜 발생하는 사고가 주를 이루었다. 그러나 현재는 공격 기법이 점점 고도화되어 특정 기업이나 조직의 네트워크에 지속해서 가하는 공격을 의미하는 APT 공격(Advanced Persistent Threat), 여러 대의 공격자를 분산 배치해 특정 사이트를 공격하는 디도스(DDoS, Distributed Denial of Service) 공격 그리고 개인 정보 유출로 인한 사고가 점차 증가하고 있다. 해킹으로 인한 피해는 개인 차원에만 그치는 것이 아니라 범국가적 위기를 초래하기도 한다. 실제로 2007년 발트해의 소국인 에스토니아에 3주간 계속된 디도스 공격은 국가에 대한 사이버 테러의 첫 번째 사례로 정부, 정당, 언론사, 은행, 기업 등의 웹사이트가 마비되었다. 3주간 지속한 공격에 국가 기간 망이 1주일 이상 마비되었으며, 금융거래와 행정 업무가 불통 상태가 되었다. 국내에서도 2013년 3월 초유의 디도스 공격으로 주요 방송사(KBS, MBC, YTN)들과 금융기관(신한은행, 농협)의 전산망이 마비되어 국가적 혼란을 겪었다. 또한, 2018년 12월에는 탈북민 지원기관의 컴퓨터가 해킹되면서 탈북민 997명의 이름과 생년월일, 주소가 유출되었다. 그 가족의 신변까지 위태롭게 된 심각한 사건이었다. 이렇게 해킹은 개인의 인권을 침해하는 동시에 심각한 사회적 혼란을 일으킬 수 있는 심각한 위험으로 선제적 대응이 요구되고 있다.

당장 신체에 위협을 주는 등의 물리적 리스크는 아니지만, 디지털 시대 정보의 불평등한 접근이나 활용을 의미하는 정보 격차(Digital divide)도 논의가 필요한 디지털 리스크라고 할 수 있다. 정보 격차는 교육, 소득수준, 성별, 지역(예: 도시 대 농어촌) 등의 차이로 인해 정보(information)에 대한 접근과 이용이 차별되고 그 결과 경제사회적 불균형이 발생하는 현상이다. 직업이나 연령에 따라 인터넷 사용자의 비율에서 차이가 나는 현상이나 농촌 지역이나 산촌의 경우 초고속 인터넷 등의 정보습득 매체의 낙후성을 보이는 현상이 정보 격차의 실제 사례이다. 정보 격차는 개념적으로 정보기술의 접근이나 활용의 격차로 인하여 네트워크의 다양한 정보에 접근하고 활용하는데 나타나는 격차를 말한다. 다시 말해 '정보의 접근 및 이용이 여러 사회집단 간 동등한 수준으로 진행되지 않는 현상'을 지칭하는 포괄적인 용어이다. 디지털미디어 시대의 정보 격차의 심각성은 정부의 조사결과에서도 드러나고 있다. 특히, 정보 격차의 주요 소외계층(장애인, 저소득층, 장노년층, 농어민)들은 PC 보유, 인터넷 이용, 스마트정보 환경에서의 디지털 기기 활용 등이 일반 평균에 미치지 못하는 것으로 확인되고 있다. 과학기술정보통신부와 한국정보화진흥원의 2017년 발간 자료인 <2017 디지털 정보 격차 실태조사>에 따르면, 일반 국민의 디지털 정보화 수준을 100으로 할 때 4대 정보 취약계층(장애인, 저소득층, 농어민, 장노년층)의 디지털 정보화 수준은 65.1%로 나타났으며, 특히 55세 이상의 디지털 정보화 수준(일반 국민 평균수준 100%)은 58.3%에 불과했다. 특히 70대 이상은 25.1%로 현저히 낮은 수준을 보는데, 이는 디지털 시대에서 장노년층이 점점 소외되고, 적응하기 어렵다는 실증적인 근거이다. 이는 패스트푸드 매장 무인 키오스크의 활용을 어려워하는 노인들의 고충에서도 드러난다. 향후 인건비를 줄이기 위해 패스트푸드점과 같은 식당뿐만 아니라 영화관, 마트, 기차역 등 업계 곳곳에 키오스크가 지속해서 늘어날 전망이어서, 노인들의 디지털 소외 현상은 더 심해질 것으로 예측된다.

이 외에도 유령 진동 증후군과 노모포비아(Nomophobia)와 같은 신조어들도 디지털 리스크의 새로운 유형들이다. 유령 진동 증후군은 전화나 문자가 오지도 않았는데 진동을 느낀 것 같은 착각을 의미하며 다른 말로 '진동 증후군', '팬텀(유령) 진동' 등으로 불린다. 미국 미시간 대학 연구팀이 411명을 대상으로 조사를 벌인 결과 75%가 유령 진동을 느낀 경험이 있는 것으로 나타났다. 스마트폰 사용자 10명 중 8명 정도가 이 현상을 겪는 것이다. 또한, 연구팀은 실험자 중 대인관계의 불안감이 강한 사람일수록 증상이 심화되었다고 밝혔다. 개인의 심리적인 불안감이 전화나 문자가 왔다고 착각을 하게 만드는 것이다. 또 연락이 올 것을 기대하거나 예상하고 있다면 '유령 진동'을 느낄 확률이 더 높다고 한다. 스마트기기의 발전만큼 이런 불안함에서 벗어나게 할 수 있는 사회적인 조치가 필요하지만, 현실적인 해결책은 찾아보기 어렵다. 유령 진동 증후군과 유사한 개념인 노모포비아는 '노 모바일폰 포비아(No + Mobile phone + Phobia)'의 합성어로, 휴대폰이 없을 때 초조하고 불안감을 느끼는 금단현상을 의미한다. 휴대폰을 수시로 만지고, 손에서 내려놓은 상태로 5분도

채 버티지 못한다면 노모포비아라고 봐도 무방하다. 앞서 논의한 디지털중독을 대표하는 새로운 키워드라고 할 수 있으며, 노모포비아의 대표적인 증상은 권태, 외로움, 불안이다. 나이가 어리고 여성일수록 더욱 노모포비아적 경향이 강해진다는 연구결과도 발표되고 있다.

실제 치매와 같은 병리적 현상은 아니지만, 최근 디지털 치매 증후군(줄여서 디지털 치매라고 함)에 대한 논의도 활발하게 이루어지고 있다. 디지털 치매는 휴대전화(스마트폰)나 컴퓨터 등 다양한 디지털 기기에 의존한 나머지 기억력이나 계산 능력이 크게 떨어지는 것을 의미한다. 특히 디지털 기기의 의존도가 높은 젊은 층에서 많이 나타나고 있으며, 심각한 뇌 기능의 퇴화 증세를 동반한다는 일각의 주장이 있다. 디지털 치매라는 용어가 사회적 관심을 끌게 된 이유는 독일의 뇌 신경 의사이며 정신분석학자인 만프레드 슈피처(Manfred Spitzer)가 『디지털 치매(Digitale demenz: Wie wir uns und unsere kinder um den verstand bringen)』[21]라는 책을 출간하면서부터다. 이 책은 독일을 비롯해 유럽은 물론 전 세계적인 반향을 일으켰다. 그는 이 책의 첫머리에서 "디지털 치매는 정보기술을 주도하는 한국 의사들이 처음 이름 붙인 질병"이라고 못 박아 말하고 있다. 해외 학자의 저서가 디지털 치매를 관심의 영역으로 끌어냈지만 실은 우리가 먼저 디지털 치매에 대해 우려를 하고 있었다는 것이다. 물론, 이 디지털치매가 실제 치매증세로 이어진다는 연관 관계는 아직 규명되지 않았지만 디지털 기기에 대한 젊은이들의 과도한 의존을 비판하는 경고적 차원에서는 그 의미가 중요하며 유효하다.

---

21) 만프레드 슈피처 저. 김세나 옮김. 디지털 치매. 서울 북로드. 2013. 참조

4. 제4차 산업혁명 시대, 디지털 리스크 4.0에 대한 우려

바야흐로 인류는 제1, 제2, 제3차 산업혁명 시대를 거쳐 제4차 산업혁명 시대에 접어들고 있다. 제1, 제2차 산업혁명은 우리가 실물로 경험하고 만지며 실제로 거주하고 있는 물리 공간의 혁명이다. 반면, 제3차 산업혁명은 우리가 사는 실제 공간이 아닌 전자공간에서 지식, 정보를 축적하거나 오프라인에서의 서비스를 재현하는 가상공간의 혁명(예컨대, 인터넷 쇼핑몰, 인터넷 뱅킹, 인터넷 게임 등)이다. 그러나 우리가 아무리 가상공간의 혁명을 통해 소통, 지식의 창작, 협업 등의 자유를 얻었다 하더라도 실물세계에서 물건을 만들고, 유통하고, 소비하는 행위를 멈출 수는 없다. 영화 <매트릭스> 속 가상공간에 살고 있지는 않기 때문이다. 이에, 새로운 공간적 패러다임의 도입이 필요한바 이것이 바로 제4차 산업혁명의 기본 개념 틀이 되는 것이다. 즉, 제4차 산업혁명은 제1, 제2차 산업혁명 기반이 되는 물리 공간과 제3차 산업혁명의 기반이 되는 가상공간을 합쳐서 새로운 가치를 창출해내는 것이라고 볼 수 있다. 예컨대, 최근 주목받는 O2O(Online to Offline)[22]가 제4차 산업혁명의 대표적인 비즈니스 사례로 볼 수 있다. 제4차 산업혁명은 바로, 산업영역이 따로 존재하던 물리-전자공간을 묶고 융합해 새로운 가치를 창출해내는 것이다.

이렇게 이질적인 특성이 있는 두 개의 공간을 묶어내기 위해서는

---

22) O2O(Online to Offline)는 초기에 온라인 채널을 이용해 오프라인 서비스로 연결 짓는다는 뜻이었다. 그러나 점차 반대의 의미인 오프라인 채널을 이용해 온라인 서비스를 연결 짓는다는 의미로까지 확장되어 이제는 '채널의 확장'이라는 의미를 지닌다. 즉, O2O는 온라인과 오프라인의 융합을 기반으로 하는 비즈니스 모델이다. 가장 대표적인 O2O 서비스로는 배달 및 택시 어플, 부동산 어플 등이 있다.

기존에 없던 기술들이 필요하게 되었다. 즉, 가상의 공간에 물리 공간을 집어넣을 수는 없으니, 결국은 물리 공간에 가상의 공간을 집어넣고 물리 공간들끼리 서로 소통하는 기술이 필요하게 되었다. 그것이 바로 물리 공간에 인터넷 기술을 집어넣어 사물들끼리 서로 소통하게 하고, 인간에게 유용한 정보와 서비스를 제공해 주는 초연결사회(Hyper connectivity society)의 모습이다. 집에 있는 가전제품, 자동차, 그 외 각종 사물에 센서, 인터넷을 심어서 정보를 수집하고 소통하는 '사물인터넷 기술' 그리고, 현실 세계 정보를 가상공간에 저장하는 '클라우드 서비스 기술', 마지막으로 방대한 수집정보를 분류, 분석하여 적재적소에 정보와 지식을 가공하여 맞춤형으로 제공하는 '빅데이터 & 인공지능 분석기술'이 바로 제4차 산업혁명을 가능하게 만든 기반 기술들이라고 볼 수 있다.

이질적 특징을 지닌 공간들이 결합이 된다면, 실은 긍정적인 시너지 작용도 있지만 예측하지 못했던 새로운 리스크가 등장할 수 있다는 우려도 동시에 갖게 된다. 이미 제3차 산업혁명 시대의 기틀이되는 디지털 가상공간 속에서 디지털중독, 인포데믹스, 디지털 감시, 사이버불링, 디지털 치매, 고립공포감, 디지털 정보 격차 등의 다양한 리스크가 생겨나고 사회문제화되고 있다. 이러한 제3차 산업혁명시대에서 불거져 나온 디지털 리스크는 제4차 산업혁명 시대에 접어들면서 새로운 모습의 리스크로 진화할 가능성도 제기된다. 제4차 산업혁명 시대에는 물리 공간과 전자공간에서 발생하는 리스크가 융합·결합하여 불확실하고, 파급력 높으며, 예측하기 어렵고 심각한 리스크로 확장될 수 있기 때문이다. 물론, 이러한 소위 이야기하는 '디지털 리스크 4.0'은 그 부정적 사례가 크게 확인되거나, 발생하고 있지 않기 때문에 그 위험성을 예단하기는 어렵지만, 그 징후들은 여러 사례를 통해 확인할 수 있다.

우선, 우리가 제4차 산업혁명을 이야기할 때 빼놓을 수 없는 것이 바로 모든 것의 연결이라는 사물인터넷 그리고 사물인터넷을 기반으로 하는 초연결사회(Hyper connected society)에서 지속해서 쌓이고 있는 데이터들인 빅데이터들이다. 모든 것이 연결되고 데이터가 공유, 확산한다는 것은 매우 편리한 일이 될 수도 있지만, 역으로 과잉된 연결이 우리 삶을 옥죄고 더욱 불편스럽게 만들 수 있다는 우려도 제기되고 있다. 이는 앞서 말한 사이버 공간상에서의 디지털 감시, 개인 정보 유출 등의 더욱 확장된 모습이라고 할 수 있다. 앞서 언급했던 초연결사회는 사물(things)이 인터넷과 모바일을 통해 연결되어 서로 소통하는 사회, 즉 모든 사물과 사람이 네트워크로 연결되는 사회이다. 사물이 자율적, 지능적으로 인터넷에 연결되면 기존에 생각하지 못했던 다양한 가치들이 만들어질 수 있다. 과거 통신 환경에서는 정보의 수집, 분석, 대응에 '이용자(사람)의 인위적인 개입'이 필요한 경우가 일반적이었다면 사물인터넷이 보편화 된 환경에서는 이용자 개입 없이 관련 정보가 자동으로 처리되어 다양한 편의성이 증진될 것으로 예견된다. 모바일 헬스케어, 스마트 홈 서비스, 무인자동차, 재난 관리 자동화 등이 대표적인 사례이다. 사물인터넷 공간에서 이루어지는 서비스는 직접적이다. 제3차 산업혁명을 대변하는 전자공간의 서비스가 정보를 매개로 하는 간접적인 것이었다면 사물인터넷 공간의 서비스는 공간을 통해 직접적으로 사물과 사람을 지배하며 접촉하게 된다. 또한, 전자공간의 서비스는 선택적이었던데 반해, 사물인터넷 공간 서비스는 물리적 공간 속에 전자공간이 내재하는바, 소위 강제적인 특성을 갖는다. 기존의 전자공간 서비스는 전자공간의 참여자들(예컨대, 인터넷을 접속하여 글을 올리고 검색하고, 파일을 다운로드/업로드하는 이들)에게만 선택적 지배력을 행사했다. 그러나 사물인터넷 공간의 서비스는 같은 시간에 그 공간에 존재하는 모든 사람에게 동일하게 영향을 미친다. 이렇게 초연결사회 즉, 사물인터넷 시대의 공간을 기반으로 하는 모든 서비스는 소위 공간 위험의 파급효과를 강력하게 가질 것이다. 사물인터넷 공간에 거주하고 삶을 영위하는 사람들은 공간 격차, 공간 중독, 공간 침해로 개별적인 선택권을 박탈당할 수 있다. 개인의 선택에 무관하게 초연결사회가 더욱 심화 될수록 이러한 문제점은 더욱 격화될 수 있다.

최근 이를 뒷받침할 수 있는 몇 가지 사례들이 우려를 낳고 있다. 실제로 IT 인프라가 사회 시스템 위에 놓이게 되는 초연결사회는 기술적 위험이 사회 시스템을 덮칠 수 있을 만큼 비대해져 사회 전체를 압도하는 심각한 재난이 발생할 수 있다. 그 대표적인 사례로 2018년 11월 발생한 서울 KT 아현지사 화재는 경찰, 병원, 금융 등 기본적인 사회 인프라의 작동을 중지시켰다. 전국에 있는 50여 개 KT 통신 지사 중 한 곳에서 발생한 화재가 많은 이들의 삶을 멈추게 만든 것이다. KT의 통신구에서 화재가 발생했을 때 사람들은 뾰족한 대책이 없음을 경험했다. 초연결사회를 이루는 극히 일부가 일시적으로 붕괴하였을 뿐이지만 사회 곳곳이 정지해 버렸다. 정전으로 엘리베이터와 지하철이 멈추었을 때처럼 우리 개인이 할 수 있는 것은 아무것도 없다는 것이 바로 더욱 극심한 불안감을 주게 된다.

사물인터넷으로 연결된 다양한 가전제품, 기기들이 보안침해와 해킹문제로 오작동을 일으키고, 인명사고를 일으키는 사례들도 최근 다양하게 보고되고 있다. 이미 자동차에 대한 해킹은 현실화된 문제이다. 2015년 7월, 자동차 제조사인 피아트 크라이슬러 그룹은 보안 취약을 문제로 자사 신제품 차량인 '지프 체로키' 140만대를 긴급 리콜했다. 해커들이 주행 중인 지프 체로키를 해킹하는 데 성공한 사실이 알려졌기 때문이다. 해커들은 16㎞ 떨어진 곳에서 자동차의 와이퍼를 움직이고 라디오 주파수를 바꾸는 것은 물론, 엔진까지 멈추게 만들었다. 실제로 외부에서 원격으로 침투해 차량을 조작하고 교통을 마비시키거나, 재산상 피해를 주는 것은 물론 GPS를 임의로 조작해 인신매매, 납치, 테러와 같은 범죄에도 악용될 수 있다. 자동차를 해킹해 운전자의 이동 경로를 기록하거나 블랙박스 영상 기록 등을 가로채는 등 개인의 사생활을 침해하고 불법적인 일에 개인 정보를 사용할 수 있는 등의 위험성이 항시 도사리고 있다. 최근에는 이외에도 무인항공 즉, 드론(drone)도 해킹에 취약하다는 주장이 제기되고 있다. 이렇듯 일반적으로 사물인터넷은 사람들의 생활에 없어서는 안 될 기술이지만 해킹 등 보안에는 취약하다는 맹점을 가지고 있다. 일상에 꼭 필요한 기술인만큼 해킹되어 악용되었을 때의 피해는 상상을 초월한다. 사물인터넷 시스템의 데이터를 변조하면 기업의 매출 실적을 조작할 수도 있다. 스마트 시티 내부의 교통 신호등, 공기정화 시스템, 상수도 데이터 등 조작을 통해 사회에 위협을 가할 수도 있다.

사람들이 몸에 착용할 수 있는 웨어러블 기기들도 최근 그 편리성과 함께 부정적 측면에 대한 논쟁이 뜨겁다. 주로 스마트시계, 안경, 의류 등으로 대표되는 웨어러블 기기는 휴대성이 좋아 심박 수나 체성분 등 신체 기록을 측정하는 헬스케어 뿐 아니라 스포츠, 패션 부문까지 다양하게 적용할 수 있다. 실시간으로 데이터를 처리하고 즉각적인 피드백을 통신할 수 있다는 장점이 있지만, 동시에 신체와 접촉한 상태로 장시간 사용한다는 점과 헬스케어 등 민감한 데이터를 다룬다는 점에서 여러 잠재 위험요소도 지니고 있다. 특히, 몸에 부착하여 환자의 치료를 보조하는 웨어러블 의료기기는 해킹을 통해 실제 사망으로 이어질 가능성이 존재한다. 이미 당뇨병 환자 몸에 이식한 인슐린 펌프 해킹 기술이 시연되었고, 부정맥 치료에 사용되는 심박조율기 해킹도 시연을 통해 가능하다는 것이 확인되었다. 영화에서만 보던 해킹을 통한 특정인에 대한 원거리 살해가 가능하게 된다는 것이다. 또한, 구글 글라스(Google Glass)와 스마트 안경은 사용자가 동영상이나 사진을 촬영하고 있을 때 다른 사람이 알아차릴 수 있느냐는 등의 사생활 침해의 부작용이 큰 논쟁이 되고 있다. 이에 개인용 기기로서의 보급은 중단되었고, 최근에서야 법인용 기능성 기기로 부활하였다. 사생활 침해가 기기성공의 발목을 잡은 셈이다.

한편, 기계로부터 만들어진 지능을 의미하는 인공지능(Artificial Intelligence, AI)은 조금 더 고차원적이고 심대한 리스크(아직까지는 현실화되었다고 보기는 다소 어렵지만)를 초래할 가능성이 크다고 진단되고 있다. 영화와 드라마 등의 대중 콘텐츠 속에서 인공지능은 흔히 로봇과 결합 되어 명석한 두뇌와 압도적인 힘으로 인간을 물리적, 논리적으로 제압하는 대상으로 그려지고 있다. 실제로 인간과 두뇌 대결을 벌인 2016년 3월의 '알파고와 이세돌 9단의 바둑대국'은 대부분의 예상을 깨고 4승 1패로 승리해 '현존 최고 인공지능'으로 등극하면서 세계를 놀라게 했다. 최근 우리가 목도할 수 있는 수준의 리스크는 인공지능이 탑재된 로봇과 소프트웨어 혹은 자율주행 자동차 등의 오작동 문제들이다. 실제로 인공지능을 탑재한 로봇이 인간을 공격하는 사례는 SF영화에서 빈번하게 본 적 있는데, 이러한 우려가 현실로 나타난 바 있다. 2016년 7월 미국 캘리포니아 주의 한 쇼핑센터에서 최신형 보안 서비스 로봇(K-5)이 16개월 된 유아를 공격해서 다치게 한 사고가 발생하였다. 크게 다치지는 않았으나, 보안 로봇의 대상인지 기능에 오류가 난 것으로 판명되었다. 만일 다가올 미래에 총기 등으로 무장을 한 로봇이 유사한 사건을 일으킨다면. 무고한 인명이 희생될 가능성도 배제할 수 없을 것이다. 또한, 2016년 마이크로소프트사(이하 MS)가 내놓은 신경망 기반의 머신 러닝 기술로 스스로 대화의 패턴을 학습하는 챗봇인 테이(Tay)는 극우 성향의 이용자들에 의해 반복학습된 인종 차별, 히틀러 찬양 같은 댓글을 달면서 MS를 곤혹스럽게 하고, 끝내는 서비스 중지로 이어지게 되었다. 테이는 컴퓨터가 인간 언어를 이해할 수 있도록 하기 위한 MS의 실험 프로젝트로 기획되었다. 미국에 사는 18~24세 연령층 사용자를 겨냥해 제작되었으며, 메시징 서비스인 킥(www.kik.com), 그룹 미(www.groupme.com)와 트위터(twitter.com/ TayandYou/)를 통해 사람과 대화한다. 그런데, 백인 우월주의자와 여성과 무슬림 혐오자 등이 모이는 익명 인터넷 게시판 '폴' (boards.4chan.org/pol/)에 테이가 차별적 발언을 하도록 훈련시키자는 제안이 올라오면서, 문제가 발생하였다. 이들은 주로 "따라 해 봐"라는 말을 한 뒤 부적절한 발언을 입력하는 방법을 사용했으며, 대화를 나누면서 욕설이 섞인 말투와 인종, 성차별 등 극우성향의 주장을 되풀이하여 테이에게 들려주기도 하였다. 이러한 테이의 일탈적 모습은 인공지능으로 대표되는 지능정보사회가 가져올 위험성의 단면을 보여주었다는 평가이다.

　최근 가장 논란이 되는 이슈 중 하나는 이제 상용화 단계로 접어드는 자율주행 자동차에 탑재된 인공지능의 윤리적 딜레마이다. 보행자, 탑승자의 안전과 생명에 대한 선택을 기반으로 다양한 경우의 수를 가정할 수 있는데, 향후 자율주행 중 사고 발생이 불가피한 경우가 발생했을 때 자율주행차에는 어떠한 우선순위가 적용되어야 할 것인가를 놓고 윤리적인 논란이 제기될 수 있다. 즉, 보행자를 우선하는 것이 탑승자에게 손해가 되는 경우 그 차를 '누가 살 것인가?' 하는 문제와, 탑승자 보호가 우선시 되는 경우 이러한 차가 도로를 다니는 것이 '올바른 것인가?' 하는 논란 발생 가능성이 크다. 이는 비단 자율주행차에만 해당하는 것이 아니다. SF영화 <아이로봇(i-robot)>에서는 이러한 인공지능의 윤리적인 딜레마를 다루는 장면이 나오는데, 이는 시사하는 바가 크다. 영화 속 주인공은 어떤 소녀와 함께 불의의 사고로 물에 빠지게 된다. 이때 로봇은 둘 중 한 명을 구해야 하는 상황이었다. 그래서 생존 확률이 높은 주인공을 먼저 구하면서, 소년은 익사하고 만다. 이 장면 역시 윤리적 기준에 따라 옳고 그름이 달라진다. 향후 이러한 선택의 경우가 수많은 인공지능이 탑재된 기기와 서비스들에서 벌어질 가능성이 매우 크다. 이에 윤리학자, 철학자, 법학자, 심리학자, 신경 과학자들의 심도 있는 숙의적 논의가 미래의 중요한 과제가 될 것이다.

5. 논의 및 제언

　과학기술이 인류 문명사에 가져온 긍정적 영향력에도 불구하고, 과학기술에 대해 우리가 갖는 인식은 꽤 이중적이라고 할 수 있다. 과학기술이 가져온 편리와 혜택, 경제적 효용성에 대해서는 동의하면서도, 다른 한편으로는 과학기술에 대한 반감과 부정적 인식을 지니기도 한다. 이와 관련하여 프랑스의 저명한 과학사회학자인 브뤼노 라투르(Bruno Latour)는 '과학은 두 얼굴을 가진 신 야누스'라고 말하고 있다. 과학은 혜택과 함께 위험도 가져다주는 도구이며, 절대 진리가 아닌 사회 내 합의를 통해 발전해가는 상대적 진리라는 것이다.

　디지털기술과 인터넷으로 대표되는 제3차 산업혁명 시대, 그리고 초연결사회와 인공지능이 시대를 대표하는 중요한 키워드인 제4차 산업혁명 시대에서도 수많은 과학기술이 우리들의 삶을 편리하고 윤택하게 바꾸는 데 많은 도움을 주었고, 미래에는 더욱더 그러할 것으로 예측된다. 이는 원자력, 유전자조합기술, 나노기술 등의 다른 기술 분야에서도 마찬가지일 것이다. 하지만, 기술은 동전의 앞면과 뒷면처럼 그 명과 암이 뚜렷하게 드러나는 경우가 빈번하다. 예컨대, 원자력은 그 찬반논쟁이 치열하게 대립하는 대표적인 기술 분야이다. 원자력의 가치를 인지하고 연구에 많은 학자가 헌신할 때만 해도 '제3의 불', '희망의 불'로서 긍정적으로 프레임 되었다. 그러나 원자력이 인류 살상의 무기가 될 수 있다는 점을 보여 준 일본 히로시마와 나가사키의 원자폭탄 투하는 원자력이라는 과학기술에 대한 회의감과 위기감을 불러일으킨 원인이 되었다. 이후 원자력 안전신화에 대한 믿음을 깨 버린 구(舊)소련의 체르노빌 원전사고, 일본 동북부 대지진으로 인한 후쿠시마 제1 원자력 발전소 사고 등이 발생하면서, 원자력의 안전성에 대한 논쟁이 더욱 뜨거워지고 있으며, 리스크에 대한 불안감도 과거 어느 때보다 큰 상황이다.

다만, 이 원고의 전체적인 흐름을 고려할 때, 과학기술이 초래할 수 있는 리스크와 부정적 결과에 대해 폭넓은 차원에서 논하는 부분은 지양하고, 앞서 사례들에서 언급한 ICT 기반의 기술들 그리고 그 진화형태의 제4차 산업혁명 시대의 기술들에 대한 부작용들을 감소시키고, 예측하지 못한 리스크의 발현을 막기 위한 대안과 미래 과제들을 개략적으로 모색하면 다음과 같다.

우선, 다소 원론적인 논의일 수 있으나 우리 사회에서 그동안 '유토피아적' 시선으로만 보던 디지털 문명, 그리고 제4차 산업혁명이 추동할 초연결사회에 대한 위험요소에 관한 논의를 사회 전반에서 본격적으로 시작해야 할 것이다. 우리나라는 1990년대 중반 이후, 디지털기술의 발전과 그에 따른 인터넷, 통신기술의 발전으로 인해 선진국의 문턱까지 가파르게 성장할 수 있었다. 따라서, 대한민국에서 디지털기술은 마법의 기술, 그리고 한국을 먹여 살리는 기술로 많이 취급되었고, 이에 대한 역기능적 현상들은 별로 논의되지 않았던 것이 현실이었다. 이러한 모습이 제4차 산업혁명 시대에도 그대로 재현될 가능성이 크다. 특히, 과학기술에 대한 대중 인식의 프리즘이 되는 언론 보도에서 낙관적, 기술 우호적인 보도를 내놓는 경향이 강하다. 예컨대, 4차산업이라는 키워드를 치면 나타나는 기사들은 '미래 신성장 동력', '새로운 먹거리', '성장지체의 솔루션' 등의 긍정적인 찬사가 대부분이고, 우리가 대응해야 할 미래 리스크는 거의 다루어지지 않고 있다. 이에 디지털 등을 위시하여 '테크놀로지 찬양론'을 펼치던 언론을 비롯하여 우리 사회의 모든 층위에서 디지털기술과 초연결사회 등이 초래할 수 있는 역기능도 사회적 위험으로 취급하여 본격적으로 논의하려는 노력이 필요할 것이다. 이러한 논의들의 연장 선상에서 학자들의 학술적 관심 제고를 통한 사회로의 인식 전이도 중요한 부분이다. 최근 학자들이 학회와 세미나 등에서 디지털 사회(제4차 산업혁명 시대)가 초래할 수 있는 역기능과 문제점을 치유할 수 있는 솔루션을 많이는 아니지만 꾸준하게 내려고 노력하는 것은 매우 긍정적으로 평가할 수 있는 부분이며, 디지털 치매, 디지털 감시, 디지털 포비아, 디지털 네이티브의 중독문제 등의 디지털 시대의 리스크를 비롯해 제4차 산업혁명 시대 새로운 기술의 산물들인 인공지능, 빅데이터, 사물인터넷에 대한 부정적 시나리오, 리스크에 대한 비평서들이 서점에서 출간되어 대중들이 접할 수 있게 된 점도 고무적으로 생각된다. 물론 대중에게 오히려 새로운 테크놀로지에 대한 불안감과 공포감을 줄 수 있다는 일각의 비판도 있지만, 다양한 가치판단을 할 수 있는 정보와 지식의 스펙트럼을 넓혀준다는 의미에서 이러한 책들의 출간은 매우 반가운 일이 아닐 수 없다.

지나친 親기술주의, 기술 애호론에 대한 사회 전반의 문제 제기는 대중들의 자발적인 리스크 예방과 치유를 위한 노력으로도 이어질 수 있다. 예컨대, 디지털 디톡스(detox)가 그 사례가 될 수 있다. 세계적으로 디지털중독에 대한 우려가 커지고 있는 가운데 이에 대한 처방으로 등장한 게 디지털 디톡스다. 디톡스(detox)는 인체 유해 물질을 해독하는 것을 일컫는 말로, 디지털중독 치유를 위해 디지털 분야에 적용하는 디톡스 요법을 디지털 디톡스라 한다. 흔히 디지털 기기의 사용을 중단하고 휴식하는 처방 요법을 의미하기도 하는데, 이러한 디지털 디톡스는 개인의 자발적인 의지가 선행되어야 한다. 이용시간을 줄이기 위한 앱을 설치하고, 소위 '언플러그드 데이(unplugged day)'를 준수하고, 각종 디지털 기기의 숫자를 줄이는 등의 노력은 아마도 중독, 인간소외, 디지털 집착 등의 문제점을 벗어나기 위한 생활 속 자발적 노력이라고 볼 수 있을 것이다.

현재 진행형인 디지털 시대, 앞으로 다가올 제4차 산업혁명 시대에 과학기술이 여전한 영향력을 발휘하리라는 것은 부인할 수 없는 사실이지만 영국의 소설가 올더스 헉슬리(Aldous Huxley)의 소설 제목처럼 소위 '멋진 신세계'만 찬란하게 펼쳐지리라는 보장은 할 수 없을 것이다. 이에 과학기술에 대해 맹목적으로 빠져 있는 과거 포드주의의 환상이 아니고, 냉철하고 비판적인 시각으로 과학기술이 가져올 수 있는 부정적 현상들도 균형적으로 고민할 수 있는 대중, 전문가, 사회 전반의 인식전환이 필요할 것이다.

| 참고문헌 |

과학기술정보통신부·한국정보화진흥원(2017. 12). 2017년 디지털 정보 격차 실태조사.

과학기술정보통신부·한국정보화진흥원(2018. 2). 2017년 스마트폰 과의존 실태조사.

김명진(2001). 대중과 과학기술: 무엇을, 누구를 위한 과학기술인가. 잉걸.

김세나 역(2013). 만프레드 슈피처(2012). 디지털 치매. Digitale demenz : wie wir uns und unsere kinder um den verstand bringen. 북로드.

김원제·박성철(2016). 대한민국의 10대 잠재 리스크. 커뮤니케이션북스.

송해룡 역(2015). 아이 디스오더; 래리 D. 로젠, 낸시 A. 치버, L. 마크 캐리어 (2012). iDisorder—Understanding Obsession with Technology and Overcoming its Hold on us. 성균관대학교 출판부.

송해룡(2010). 미디어 비즈니스 시장과 생태계. 성균관대학교 출판부.

송해룡·조항민(2015). 디지털 미디어 시대 리스크 현실과 진단. 한국학술정보.

조항민(2014). 과학기술, 미디어와 만나다: 과학 미디어 세계를 여행하는 안내서. 한국학술정보.

조항민·김찬원(2016). 과학기술, 첨단의 10대 리스크. 커뮤니케이션북스.

최숙영(2014). 사이버불링에 대한 국내외 연구 동향 및 대응방안 연구. 컴퓨터교육학회논문지, 17(6). pp. 35-48.

최영·김병철(2006). 디지털미디어 바로 알기. 한국외국어대학교 출판부.

한희정(2015). 사이버불링. 커뮤니케이션북스.

제4장

과학은 왜 사회와 소통해야 하는가?

조항민 · 김찬원

1. 과학 그리고 과학기술이 갖는 사회적 의미

2016년 3월 9일, 서울에서 전 세계의 이목이 집중된 이벤트가 개최되었다. 세계 최대의 인터넷 검색서비스 기업인 구글(Google) 산하의 딥마인드(Deep Mind)가 개발한 인공지능 바둑프로그램인 알파고(AlphaGo)와 한국바둑의 자랑인 이세돌 9단과의 대결이 있었기 때문이었다. 대국 전에 인공지능 알파고의 승리를 예견한 사람은 거의 없었다. 바둑은 무한에 가까운 경우의 수를 갖는 게임이다. 아무리 세계적인 기업인 구글이 만든 최첨단 인공지능이라고 해도 창조주인 인간의 두뇌를 능가하기는 어려울 것이라 여겼기 때문이다. 그러나 3월 9일부터 시작된 대국은 총 5회 이루어졌고, 모두의 예상을 깨고 알파고가 4:1의 스코어로 승리를 거두었다. 이세돌 9단의 승리를 염원했던 우리는 모두 허탈한 마음을 갖기도 했지만, 수 세기에 걸친 인류의 노력, 지식, 경험을 켜켜이 쌓아 만든 과학기술 문명의 결정체에 경탄할 수밖에 없었다. 첫 대국이 열린 2016년 3월 9일 지상파 3사 메인 뉴스의 헤드라인은 모두 예상치 못한 알파고의 승리 소식이었다. KBS는 '인공지능 알파고, 바둑 최고수 인간을 이기다.', MBC는 '인간대표 이세돌, 인공지능에 무릎 꿇다', SBS는 '알파고'

기습적 한 수…완패한 인류 최강' 등의 보도를 통해 인간의 패배를 매우 충격적으로 타전했다. 국내언론의 관심은 대국이 종료된 3월 15일은 물론, 그 후로도 일정 기간 지속되었다. 한동안 국내서점가에서 바둑 열풍, 인공지능 열풍이 뜨겁게 휘몰아쳤다. 알파고의 사례에서도 경험했지만, 어느덧 과학기술의 산물들은 창조주인 인간의 두뇌를 닮는 수준까지 발전하고 있다. 아마 곧 머지않은 미래에 미국의 미래학자인 레이 커즈와일(Ray Kurzweil)이 논의한 특이점(인공지능이 비약적으로 발전해 인간의 지능을 뛰어넘는 시점)이 도래할 가능성도 크다. SF영화 속에서 두려움을 갖고 지켜보던 초인간적인 인공지능의 등장이 머지않은 것이다.

이렇게 눈부시게 진화하는 과학기술은 인류에게 의·식·주의 경제적 풍요, 이동(예컨대, 자동차, 비행기 등의 탈것 발명)과 소통(예컨대, 휴대폰과 같은 통신기기의 발명)의 혁신적인 변화, 그리고 의학기술의 발전으로 인한 질병 극복으로 건강하고 행복한 삶을 살 기회를 제공하고 있다. 태풍이나 지진 등의 자연재해 등 위험 상황을 미리 예방하거나 감소시켜 줄 수 있는 기상관측위성, 지진 감지계 등 과학기술의 산물들도 든든한 보호자의 역할을 수행하고 있다. 과학기술을 빼놓고 현대인들의 편리한 삶, 즐거운 삶, 안전한 삶을 논할 수 없는 상황이다.

폴란드 태생 영국 과학자 야코프 브로노우스키(Jacob Bronowski)가 그의 저서 <인간 등정의 발자취(The Ascent of man)>에서 언급한 바와 같이 현대로 올수록 '문명은 곧 과학기술'이라고 표현할 수 있을 정도이다. 특히 우리가 사는 21세기는 과학적 이론들이 첨단 테크놀로지와 결합하여 과거와는 비견할 수 없는 '과학기술의 황금시

대'를 열게 되었다. 그야말로 과학기술이 가져온 편리함의 극치를 누리고 있는 셈이다.23)

이렇게 찬란한 인류 역사발전에 크게 이바지했음에도 불구하고, 사람들의 과학기술에 대한 인식은 이중적인 경우가 많다. 바로 과학기술이 주는 '이익이나 혜택'에 대한 긍정적 인식을 하면서도 동시에 과학기술에 대해 반감과 부정적으로 인식한다는 것이다. 이는 브뤼노 라투르(Bruno Latour)가 주장한 '과학은 두 얼굴을 가진 신 야누스'라는 말이 연상된다. 브뤼노 라투르가 이렇게 '과학은 두 얼굴을 가진 신 야누스'라고 주장한 기저에는 소위 '과학기술-사회'와의 관계를 설명하는 두 가지 큰 조류인 기술결정론(Technological Determinism)과 기술의 사회구성론(Social Construction of Technology)에 대한 비판이 숨겨져 있다. 기술결정론은 간단하게 말해서 과학기술이 인간의 필요와 행동을 결정한다는 견해며, 사회구성론은 과학기술이 사회적 필요에 따라서 전적으로 구성된다는 견해다. 브뤼노 라투르는 이러한 기술결정론과 사회구성론에 대해 단순하고 기계적으로 중간적 견해를 밝히는 것이 아닌 새로운 시각을 제시하면서 과학기술의 양면성을 지적한 것이다. 브뤼노 라투르의 과학기술에 대한 시각을 논의하기에 앞서, 기술결정론과 사회구성론에 대한 보다 상세한 논의가 필요할 것이다.24)

'기술결정론'은 기술이 그 자체의 고유한 발전 논리, 즉 공학적 논리를 가지므로 기술의 발전은 구체적인 시각과 공간과 관계없이 같

---

23) 조항민(2017). 디지털 시대 과학기술 저널리즘. 서울 커뮤니케이션북스. 2017. 참고.
24) 송성수. 과학기술과 사회의 접점을 찾아서: 과학기술학 탐구. 서울 한울아카데미. 2011. 참고.

은 경로를 밟는다고 가정한다. 이러한 관점에 따르면, 사회구조는 기술의 논리 자체에 영향을 미치지 않으며 단지 기술 발전의 속도를 조절할 수 있을 뿐이다. 반면 사회와 무관하게 자율적으로 발전한 기술은 사회의 변화에 막대한 영향을 미치며, 심지어 사회의 변화가 기술의 속성과 영향력으로만 설명되기도 한다. 더 나아가 낙관적 형태의 기술결정론은 기술의 발전이 모든 사회집단에 보편적인 이익이 된다고 간주하고 있다. 결국, 기술결정론에 따르면 기술이 모든 변화를 일으키는 판도라의 상자이며, 다른 변수들은 모두 기술 발달의 부산물에 지나지 않는다는 것이다. 즉 기술혁신이 인류 문명 발전에 영향을 주는 강력한 독립변수로 작용한 셈이다. 이러한 기술결정론의 근거로 빈번하게 언급되는 사례가 바로 중세에 등장한 등자(안장과 더불어 말을 탄 기수의 발을 단단히 고정해 두 손을 자유롭게 할 수 있도록 한 발 받침대)의 역할이다. 이 등자가 말에 얹히면서 칼이나 창을 마음대로 휘두를 수 있게 되었는데, 이러한 역할을 수행한 것이 바로 기병이었다. 이들은 수많은 정복 전쟁에서 승리를 거두게 되는데, 프랑크왕국의 재상 카를 마르텔(Karl Martell)은 교회의 재산을 몰수해 이들 기병에게 주었고, 이들은 이런 재산과 사회적 지위를 기반으로 영주로 성장하게 된다. 이후 이들 영주를 중심 세력으로 한 봉건 제도가 부상하게 된 것이다. 결국, 등자라는 기술이 봉건제라는 거대한 사회변화를 창출했다는 논리이다. 요컨대, 기술결정론은 기술 그 자체가 사회와 더 나아가 인간과도 무관하게 발전한다고 간주하며, 심지어 더욱 급진적으로는 기술이 독자적으로 생명력을 가지고 있다는 주장도 존재한다. 가장 강력한 기술결정론의 주장은 기술변화가 바로 인류사회의 유일한 변화의 동력원이라는 것이다.

그 대척점에 있는 주장이 바로 기술의 사회구성론 즉, 줄여서 '사회구성론'이다. 사회구성론은 기술변화의 과정에 정치적, 경제적, 조직적, 문화적 요소가 개입하는 현상을 분석함으로써 궁극적으로는 기술이 사회과정의 일종이라고 주장하고 있다. 기술결정론에서는 기술의 발전은 물론 기술이 사회에 미치는 영향이 이미 기술 속에 결정되어 있음을 강조한다. 하지만 사회구성론의 입장에서는 기술의 발전에서 중요한 구실을 하는 사회집단들을 강조하고 있다. 사회구성론에서는 사회집단들이 기술적 인공물이 가지는 문제점을 서로 다르게 파악하면서, 그 문제점 해결을 위한 논의과정에서 갈등이 발생한다고 본다. 이러한 갈등은 집단적이고 사법적·도덕적·정치적 성격을 가지는 협상이 진행되는 매우 복잡한 과정을 거치게 되며, 결국 서로 합의에 도달한 기술적 인공물이 선택되면서, 논쟁이 일단락되는 순환과정을 거친다는 것이다. 사회구성론의 근거로 제시되는 사례 중 과학기술 사회학자인 핀치와 바이커(Trever J. Pinch & Wiebe E. Bijker)가 논의한 19세기 중엽 자전거의 변천 과정이 대중에게 잘 알려져 있다. 특히 '속도'라는 사회적 변수와 '여성'이라는 사회집단의 욕구가 복합적으로 추동한 자전거의 디자인 변화는 사회구성론의 명백한 증거이다. 19세기 중엽 자전거 타기를 격렬한 스포츠로 여기던 남성들은 56인치라는 커다란 앞바퀴를 선호했지만, 여성들은 치마라는 복장 때문에 앞바퀴가 작고 타이어가 쿠션 기능을 해주는 안전 자전거를 선호했다. 물론 당시 여성들을 위한 디자인 측면의 고려도 있었겠지만, 결정적으로 앞바퀴가 작은 안전 자전거가 대세인 디자인으로 굳어지게 된 계기는 바로 '자전거 경주'였다. 앞바퀴가 큰 자전거의 디자인은 격렬한 스포츠를 즐기는 남성들의 욕구가 반영된 부분인데, 공기 타이어를 장착한 안전 자전거(안전을 위해 앞바퀴가 작아지는 효과)가 다른 자전거보다 빠르다는 것이 경주를 통해 입증되면서 디자인 측면에서도 안전 자전거의 손을 들게 된 것이다. 속도라는 생각하지 못했던 사회적 변수가 자전거 디자인의 핵심적인 고려사항이 되면서 자연스럽게 안전 자전거 쪽으로 경쟁이 종결되었다는 것이다. 결국, 기술적인 논리에 의해서 자전거 디자인이 결정되었다기보다는 사회집단과 이들의 이해관계, 그리고 자전거라는 인공물 사이의 상호작용에서 나온 여러 가지 우연한 사건들이 복합된 사회적 결과가 자전거의 디자인을 결정하였다는 것이다. 요컨대, 과학기술은 다양한 사회구성원들의 해석과 인식에 따라서 변화될 수 있는 여지, 바로 '기술적 유연성'(technological flexibility)을 가진다는 것이다.

<19세기 중엽 유행한 앞바퀴가 큰 자전거(좌)와 여성을 위한 안전 자전거(우)>

다시 브뤼노 라투르의 주장으로 돌아가면, 그는 기술이 자율성을 가지고 인간을 지배한다는 기술결정론 그리고 기술이 사회적 필요에 따라 바뀔 수 있다고 보는 사회구성론을 모두 비판하고 있으며, 새로운 시각을 제공하고 있다.

그가 사례로 든 것은 총기이다. 미국에서 총기의 사용을 엄격하게 규제하자고 주장하는 사람들은 총이 사람을 죽인다고 주장한다. 총이 없으면 일어나지 않을 살인 사건이 총 때문에 발생하기 때문이다. 반면에 총기 사용을 규제하는 쪽에서는 사람을 죽이는 것이 총이 아니라 사람이라고 강조한다. 문제가 총이라는 기술에 있다는 것이 기술결정론의 입장이고, 문제가 사람에게 있다는 것이 사회구성론의 입장이다. 라투르는 이 두 가지 입장을 모두 비판한다. 그는 사람이 총을 가짐으로써 사람도 바뀌고(기술이 인간을 결정하고) 총도 바뀐다(인간이 기술을 결정한다)고 말한다. 총을 가진 사람은 총을 가지지 않은 사람에 비해서 할 수 있는 일이 달라지고(기술이 인간을 결정하고), 마찬가지로 총도 사람의 손에 쥐어짐으로써 옷장 속에 있는 총과는 다른 존재가 된다(인간이 기술을 결정한다). 즉 총과 사람의 합체라는 잡종이 새로운 행위자로 등장하며, 이 잡종 행위자는 이전에 사람이 가졌던 목표와는 다른 목표를 가지게 된다는 것이다. 예를 들어서 다른 사람에게 겁만 주려 했는데, 총이 손에 쥐어져 있기 때문에 살인을 저지르게 되는 식이다. 실은 이러한 라투르의 입장은 대단히 급진적이라고 할 수 있다. 기술과 같은 비인간(nonhuman)을 인간과 같은 행위자(actor)로 보는 시각이기 때문이다. 라투르는 서양의 학문이 자연, 사회, 인간만을 다루어왔다는 것을 강하게 비판하고 있다. 자연과학은 자연을 대상으로 하고, 사회과학은 (자연의 일부로서의) 사회를 다루고, 철학과 같은 인문학은 인간을 탐구했는데, 라투르에 따르면 여기에는 모든 기술과 같은 '비인간'이 빠져 있다는 것이다. 과학은 자연을 탐구하기 위해서 인간이 만든 기기와 실험실에 의존한다. 사회를 구성하는 요소 중에 가장 중요한 것이 기술인데, 사회과학자들은 기술에는 관심이 거의 없다. 철학자들은 주체·객체의 이분법에 빠져서, 기술을 저급하고 수동적인 대상으로만 취급해 왔다는 것이다. 기술과 같은 비인간이 빠져버린 자연과 사회는 '근대성'의 골자이다. 결국, 라투르에게 기술의 목소리를 복원하고 행위자로서의 이들의 능동적인 역할을 드러내는 것은 서구의 '근대적' 과학과 철학이 범했던 자연/사회, 주체/객체, 인간/비인간의 양분법을 극복하는 실마리를 제공한다. 라투르에게 근대를 극복하는 방법은, 탈근대에 있는 것이 아니라 근대가 시작되는 시점부터 자연과 사회 모두에 기술과 같은 비인간이 엄청난 속도로 번식했음을 인식하는 것 즉, "우리가 근대인 적이 없었다(We have been modern!)."라는 것을 깨닫는 것부터 시작한다. 이러한 라투르의 비인간 행위자를 포함한 행위자에 대한 새로운 콘셉트는 과학기술학에서 인공지능 로봇, 사이보그, 복제인간 등의 과학기술의 인공적 산물들을 사회적인 행위자로서 두드러져야 한다는 주장으로까지 진화될 가능성이 있다.

2. 과학기술의 소통 왜 필요할까?

과학이라는 학문 그리고 그 지적 산물인 과학기술은 일부 전문가들의 전유물이나 호기심 많은 사람의 '교양'이 아니라 인간의 일상생활, 인류의 생존, 더 나아가 지구의 생존에 직결되는 중대한 사회적 영역이 되었다. 과학적 지식은 현대사회를 사는 모든 사람에게 삶을 구성하는데 매우 중요하고 필수적인 요소가 되고 있다. 첨단기술이 포함된 제품이나 복잡한 과정을 거쳐 만든 의약품이나 의료 기술과 같이 우리가 과학과 쉽게 연결하게 할 수 있는 물건이나 서비스뿐만 아니라 마시는 물과 음식의 선택에도 과학적 지식과 상식이 필요하다.

또한, 최근에는 디지털을 매개로 한 다양한 과학기술의 산물들이 쏟아져 나오고 있다. 현대인들의 필수품이 된 스마트폰을 위시하여, 정보통신(IT)기기를 사용자 손목, 팔, 머리 등 몸에 지니고 다닐 수 있는 웨어러블(wearable) 기기들 (예컨대, 스마트시계, 안경 등), 그리고 인공지능(artificial intelligence, AI) 기술을 기반으로 한 바둑프로그램 알파고(AlphaGo), 암 환자 진료 지원을 위해 IBM사에서 개발한 의료진단 프로그램 왓슨(Watson) 등이 미디어에서 스포트라이트를 받고 있다. 우리의 삶을 편리하게 해주는 과학을 모르고, 과학기술에 관심을 두지 않고서는 21세기 과학기술시대를 헤쳐나가기 어려운 형국이다.

작금의 현대인들은 과학과 기술이 중심이 되는 사회에 살고 있다. 과학과 기술의 영향력에서 자유롭기는 어렵다. 그런데도 현대과학과 첨단 과학기술에 대한 우리의 인식은 긍정적 측면이 있는 반면에 부정적인 인식도 존재한다. 예컨대, 현대의 과학과 기술이 청정한 자연을 복구 불가능할 정도로 파괴하고 우리의 인간성을 황폐화하고 있다는 불만도 있다. 그러한 문제가 현대과학과 첨단 과학기술에 내

재된 근원적인 것이어서 과학이 근본적으로 달라져야 한다는 주장도 있다.25)

이러한 과학을 둘러싼 인식의 차이와 논쟁들도 결국은 대중의 과학기술에 관한 관심과 이해를 그 기본 전제로 한다. 궁극적으로는 단순한 과학에 관한 관심 제고와 지식의 확장뿐만 아니라 과학과 관련된 공적 의사결정의 최상위에 있던 엘리트 전문가와 정부의 독단적인 결정과 그들만의 이해를 넘어서 대중들이 과학기술에 대한 참여와 합의를 지향하는 것이다. 하지만 아직 그 단계로 나아가지는 못하고 있는 것 같다. 과학에 대한 대중의 이해가 중요하다는 것에는 사회적 공감대가 높지만, '아는 과학자'가 '모르는 대중'에게 과학을 가르치고 전파한다는 훈육, 계몽의 의미로서 과학에 대한 대중 이해의 개념이 이해되고 있기 때문이다.

과거로부터 현재까지 이르는 과학의 대중 이해에 대한 두 가지 관점이 있다. 그 첫 번째는 '과학기술'에 방점을 찍고 있는 '과학 대중화(Popularization of Science, PS로도 표시)'의 관점, 그리고 '대중'에 방점을 찍고 있는 '대중의 과학이해(Public Understanding of Science, PUS로도 표시)'의 관점이다.26)

우선, '과학 대중화(PS)' 관점의 경우 대중을 전문가가 제공하는 과학기술 관련 지식을 수동적으로 받아들이는 존재로 간주한다. 대중은 과학기술에 대해서 무지하므로 전문가가 대중을 계몽하여 과학의 지식과 방법을 체득하게 해야 한다는 엘리트주의적 인식을 깔

---

25) 조항민. 위대한 과학자의 사회책임과 소통. 서울 커뮤니케이션북스. 2016. 참고.
26) 김동광. 과학과 대중의 관계변화: 대중에 대한 인식 변화를 중심으로. 한국과학기술학회, 2권 2호, pp. 1~23. 2002. 참고.

고 있는 것이다. 이러한 '과학 대중화'의 전통적 인식 틀은 바로 결핍모형(deficit model)에 기인한다. 과학사회학자인 브라이언 윈(Brain Wynne)이 이름 붙인 결핍모형에서 과학기술 관련 지식은 과학자 사회에서 자기 완결적 구조로 만들어진 보편적, 객관적, 자연이 보증하는 진리로 여겨진다고 본다. 따라서 마치 물이 높은 곳에서 낮은 곳으로 흐르듯이 우월한 지식이 대중들에게 확산되는 것을 당연하게 여긴다. 결국, 자연스럽게 이루어져야 할 과학기술 관련 지식의 확산이 제대로 이루어지지 못한다면 그것은 대중이 제대로 이해하지 못하고 있다는 것으로 해석된다. 또한, 과학과 대중 사이에 간격이 생기게 된 책임은 대중에게 돌아가며 대중은 '인지적 결핍(cognitive deficit)'이란 질병을 치유해야 할 대상으로 간주된다. 결국, 과학 대중화의 관점에서 대중화(popularization)는 과학자 지식이 과학자 사회에서 대중에게로 한 방향으로 전파된다고 가정한다. 이러한 선형적인 전파 모형은 표준적 과학관이 전제하는 지식의 차별성과 위계성의 구체적인 발로이다. 다시 말해서 자연에 의해 검증되는 객관적인 진리가 대중들에게 전파되는 방식은 오로지 '과학자→대중'의 한 방향만이 허용된다. 따라서 상호작용이나 의사소통이 아닌 한 방향적인 전파, 즉 계몽이 이루어질 뿐이다. 이러한 상황을 빗대어 이영희(2000)[27]는 대중을 '잠자는 숲 속의 미녀'로 비유한다. 이 잠자는 공주를 깨워 멋진 세계를 보여줄 의무가 있는 '왕자'의 역할은 당연히 전문가들(내지 정책결정자)의 차지이다. 과학기술 계몽주의를 통해 대중을 각성시키는 것은 전문가 자신들의 사회적 역할과 재생산

---

27) 이영희. 과학기술의 사회학: 과학기술과 현대사회에 대한 성찰. 서울 한울아카데미. 2000. 참고.

을 정당화시키기 위해서도 절박한 일이 된다. 특히 과학기술(정책)에 대한 사회적 반발 여론이 형성됨으로써 과학기술의 권위가 붕괴되는 것을 방지하기 위해서는 대중에 대한 지속적인 계몽과 설득 활동이 요구된다. 이것이 바로 왜 '과학 대중화' 문제가 과학기술과 관련한 중요한 정책적 과제로 제기되는가의 이유이다.

반면 '대중의 과학이해(PUS)'의 관점에서는 기존 '과학 대중화'의 관점이 과학자, 엘리트 중심주의적 관점이라는 점을 신랄하게 비판하면서 일반 대중이 주체가 된 과학기술의 이해에 주목하고 있다. 이러한 과학의 대중 이해에 대한 새로운 패러다임의 전환을 이끌었던 계기는 1985년 영국의 왕립학회가 월터 보드머(Walter Bodmer) 경을 위원장으로 하는 특별위원회를 조직해서 발간한 보고서인 <대중의 과학이해(The Public Understanding of Science)>로 볼 수 있다. 이 보고서는 대중의 과학이해를 증진하게 시켜야 하는 이유로 과학기술인력을 충분히 확보하고 과학에 대한 대중의 반감을 극복하는 것을 들고 있다. 이 보고서는 과학 대중화에 대한 기존의 관점에서 완전히 벗어나지 못했지만, 생활과 문화로서의 과학을 강조하면서 과학과 관련된 의사결정에 대한 대중의 관심이 고려되어야 한다는 점에 주목하기 시작했다. 예를 들어 대중의 과학이해가 필요한 새로운 근거로서 대중적 이슈에 대한 의사결정, 일상생활에서의 과학적 이해와 중요성, 현대사회의 위험과 불확실성에 대한 이해, 당대의 사상과 문화로서의 과학의 성격 등이 제시된다. '대중의 과학이해'의 중요한 관점은 바로 "대중이 어떤 지식을 가지고 있는가"가 아니라 "대중이 무엇을 알고 싶어 하는가"의 문제이다. '과학 대중화'가 지향하는 계몽적, 훈육적 관점과는 차별점이 있다. 이러한 '대중의 과학이해'의 중요한 인식 틀은 '맥락모형(context model)'에 기인하는바, 그 핵심은 과학기술과 관계된 구체적 상황 속에서 대중이 과학기술을 어떻게 이해하고 어떠한 행동을 취하는지를 중요하게 바라봐야 한다는 것이다. 왜냐하면, 대중은 매우 이질적 집단으로 과학기술을 바라보는 관점이 모두 상이하고, 과학기술을 단순하게 받아들이는 것이 아니라 그 의미를 재구성하면서 이해하기도 하며, 본인이 속한 집단에 따라서, 그리고 구체적으로는 처한 상황에 따라 과학기술에 대한 이해가 달라질 수 있기 때문이다.

따라서 PUS의 관점에서는 민간에 전승된 과학적 상식들도 무시해서는 안 되며, 실제로 비전문가의 관찰과 판단도 주변에서 발생하는 과학기술 관련 문제를 찾아내는 데 효과적으로 기여할 수 있음을 간과해서는 안 된다. 이를 분명하게 설명해주는 사례는 바로 체르노빌 사건 이후 영국 컴브리아(Cumbria) 지역 목양농의 방사능오염에 대한 주민들의 이해에 관한 윈(Wynne)의 연구이다. 1986년 체르노빌 사고가 일어난 후 이 지역에는 많은 비가 내렸고 농민들은 방사성 세슘이 섞여 있는 비로 인해 자신들의 양 떼가 방사능에 오염되었음을 알게 되었다. 과학자들은 토양 속의 세슘이 어떻게 움직일 것인지에 대한 모형을 만들어 실험한 결과 양의 이동 및 도살을 3주간 금지시켰다. 그러나 3주가 지난 후에도 토양 속의 방사능 수준은 안전한 수준 밑으로 떨어지지 않았는데 이는 과학자들이 해당 지역의 지식을 고려하지 않고 저지대에 있는 토양을 바탕으로 설정한 모형을 고지대의 토양에 그대로 적용했기 때문에 발생한 오류였다. 그러나 지역의 농민들은 과학자들의 이러한 권고가 지역의 토지 유형이나 목초재배 유형, 그리고 지역의 생태학에 대한 자신들의 지식에 상반된 것이었기 때문에 소위 전문가들의 과학적 주장을 신뢰하지 않았고, 따라서 과학자들이 안전하다고 주장한 지역에서 양을 사육하지 않았다. 비록 컴브리아 지역의 농민들은 화학식으로 표현된 방사능이나 토양에 대한 공식적인 과학적 지식에는 무지할지라도 그들의 구체적인 삶을 통해 얻은 암묵지를 갖고 있었던 것이다.

이러한 '과학의 대중 이해'에 대한 관점은 기존의 전문가 주의를 극복하고 일반 대중의 과학기술 지식에 대한 인식론적 권위를 어느 정도 확보할 수 있게 할 뿐만 아니라, 과학기술에 대한 일반 대중의 적극적 개입을 가능하게 했다는 점에서 과학기술의 공공성 확보, 과학기술 정책에 대한 시민참여를 활성화해 준 기폭제 역할을 하였다. 다음의 표에서 과학 대중화와 대중의 과학이해 특징을 비교하여 정리하였다.

<과학 대중화(PS) VS. 대중의 과학이해(PUS)>

구분	과학 대중화	대중의 과학이해
대중의 성격	▶단일한 집단으로서의 대중 ▶대중의 인지적 결핍에 주목	▶이질적 집단으로서의 대중 ▶대중은 특정한 지식을 보유
과학의 성격	▶과학의 보편성을 강조 ▶공식적 지식으로서의 과학	▶사회적 과정으로서의 과학 ▶암묵지, 민간지, 무지를 재평가
대중과 과학의 관계	▶과학의 한 방향적 전달을 강조 ▶과학자가 대중을 계몽	▶대중과 과학의 상호작용을 강조 ▶대중이 과학을 재구성

과학에 대한 대중 이해에 있어서 '과학 대중화(PS)' 그리고 '대중의 과학이해(PUS)'는 물론 '과학'에 집중을 하느냐, '대중'의 집중을 하느냐의 차이점은 있지만, 모두 일반 대중이 과학을 인식하고 이를 구체적으로 이해해야 한다는 전제는 모두 동일하다. 특히, 그 기저

에는 대중영역과 과학(자)영역 간의 소통이라는 중요한 명제가 자리 잡고 있음이다. 결국, 과학 혹은 과학기술을 주제로 하는 소통행위인 과학 커뮤니케이션이 활발하게 이루어져야 과학에 대한 대중의 이해가 더욱 견고해질 수 있는 것이다.

흔히 과학 커뮤니케이션을 넓게 정의하면 '과학을 매개로 하는 소통'이라고 이야기할 수 있다. 이를 더욱 구체화하면 'TV, 라디오, 신문 등 매스미디어와 인터넷 매체 등을 통해 과학 관련 지식과 정보를 일반인들에게 효과적으로 전달하고, 이슈화하는 기술, 방법, 그리고 그 효과를 연구 및 교육하는 과정'을 총칭한다고 하겠다. 여기서 과학 커뮤니케이션의 채널은 앞서 논의한 TV와 신문 등 전통적인 매스미디어, 인터넷 매체(포털사이트, 과학기관의 홈페이지, 블로그, SNS 등)뿐만 아니라, 대중강연, 박물관 등의 전시시설, 과학자들과 직접 만남 등도 모두 포함될 수 있다.

이러한 과학 커뮤니케이션을 이덕환(2011)[28]은 다음과 같이 세 가지로 나누고 있는바, 과학기술계와 사회와의 교호 관계에 따라서 과학기술계 내부의 소통, 과학기술계와 사회와의 소통, 사회의 소통으로 분류한다. 이를 구체적으로 논의하면 다음과 같다.

첫째, 과학기술계 내부의 소통으로서의 과학 커뮤니케이션이다. 과학자 개인의 경험이나 통찰력에 의존하던 과거의 주술적 과학과 기술의 경우에 소통은 큰 의미가 없었다. 동료와의 소통도 의미가 없었으며, 자신만이 알고 있는 비법을 일부에게만 전달해도 충분했던 것이다. 그러나 17세기 서양에 출발한 현대의 과학에서는 그 사

---

28) 이덕환 외. 과학과 커뮤니케이션. 서울 서강대학교출판부. 2011. 참고.

정이 달라지게 된다. 과학자가 산출해 낸 과학적 탐구의 결과는 개방되어 부단한 검증과 비판을 거쳐야 하게끔 되었다. 이를 통해서만 과학지식으로 인정을 받게 되었다. 과학적 탐구의 결과가 과학지식으로 인정을 받고, 기술의 요소로 활용되기까지의 모든 과정에서 과학자 사회에서의 소통은 무엇보다 중요한 역할을 하게 된 것이다. 이러한 과학기술계 내부의 소통은 크게 세 가지 방법으로 이루어지게 된다. 첫 번째는 전문 학술 논문과 학술서를 통한 소통, 두 번째는 전문가들이 참여하는 학술회의, 세 번째는 교육(대학, 대학원에서의 학문 후속 세대 양성을 위한 교육과정)이다. 이러한 과학기술계 내부의 소통은 무엇보다도 첨단의 과학지식과 정보를 내부적으로 정제하고 이를 엄밀화하여 사회 혹은 대중에게 확산시키는 준비의 과정이라고 할 수 있다. 그러므로 과학기술과 직접 관련되지 않은 정치적, 사회적, 종교적, 사상적 영향력을 적극적으로 거부해야 하며, 순수한 과학의 가치가 중심이 되어야 한다. 그러나, 그 독립성은 항시 보장되지 못했다. 현대의 과학이 빠르게 발전하고 있던 19세기 말과 20세기 초에는 정치적, 사회적 영향 때문에 과학이 심각하게 왜곡된 사례도 있었다. 히틀러와 스탈린 시대의 인종청소 논란을 일으킨 '우생학'이 대표적인 경우이다. 또한, 우리가 경험했던 황우석 사태에서도 과학적 판단보다는 정치적인 영향으로 과학기술계 내부의 소통이 본연의 영역을 벗어나서 무리하게 확대된 면을 볼 수 있었다.

둘째, 과학기술계와 사회 간의 소통으로서의 과학 커뮤니케이션이다. 과학기술계와 사회의 소통이 강조된 것은 20세기 중반 무렵이다. 이 무렵 과학기술의 발전이 가져온 결과를 둘러싸고 치열한 사회적인 논쟁들이 벌어졌기 때문이다. 제2차 세계대전이 종전된 이후에 첨단기술의 영향력(그 대표적 사례로 원자력 기술을 들 수 있음)이 크게 확대되기 시작하였고, 특히 본격적으로 확산한 대중교육과 민주화 덕분에 대중의 지적 수준이 과거와 비교하면 매우 놀라운 수준으로 향상되었다. 또한, 1960년대에는 환경문제의 심각성(대기오염, 수질오염, 토양오염 등)이 알려지게 되면서 대중의 과학에 관한 관심 대상이 획기적으로 확대되었고, '과학은 과학자만의 전유물이 아니다'라는 주장이 큰 힘을 얻게 된다. 특히, 환경보호 운동의 선구자로 일컬어지는 여류 해양 생물학자인 레이철 카슨(Rachel Carson)의 저서 <침묵의 봄>[29]이 1962년 출간되면서 그러한 주장은 더욱 증폭되었다. 과학계에서도 이러한 일련의 과학과 사회와의 소통의 중요성을 인식하면서 더욱 노력을 기울이기 시작하였다. 앞서 논의한 과학 대중화(PS)와 대중의 과학이해(PUS)의 패러다임의 등장은 이러한 과학기술계와 사회와의 소통에 대한 결과물이다. 물론 처음 그 방향성은 한 방향적이며 계몽적이었지만, 점진적으로 대중이 획일화된 집단이 아니라 이질적 집단임을 인정하면서 과학기술에 대해 대중과 함께 고민하며 긍정적인 결론에 도달하기 위한 양 방향적인 소통으로 진화하게 된다.

셋째, 사회 내부에서 소통으로서의 과학 커뮤니케이션이다. 쉽게 말해서 사회 내부에서 벌어지는 비전문가인 대중들 간의 과학을 주제로 한 소통이라고 할 수 있다. 현대과학과 기술에 대한 충분한 이

---

29) 레이철 카슨의 저서인 <침묵의 봄>에서는 농산물의 생산증대를 위해 병충해 방제용으로 만들어진 DDT(dichloro-diphenyl-trichloroethane)가 동물의 체내에서 분해되지 않고 아주 위험한 수준까지 축적된다는 사실을 밝혔다.

해가 부족한 사회구성원들 사이에서도 과학을 매개로 한 소통을 무시할 수 없다. 오늘날 사회 정책은 물론이고 개인의 삶까지도 과학과 기술을 벗어날 수 없기 때문이다. 국토 개발의 부작용, 새로운 기술이 사회와 개인에 미치는 영향, 개인의 건강과 안전과 관련된 대부분 문제가 과학과 기술에 대한 이해를 요구하고 있다. 그러나 과학에 대한 충분한 교육을 받지 않은 대중에게 고도로 분화되고 발달한 현대의 과학은 어렵고, 낯설고, 흥미롭지 않은 것일 수밖에 없다. 따라서 이러한 틈새를 노린 소위 '의사 과학(pseudoscience)'의 폐해가 드러나고 있다. 의사 과학은 흔히 유사과학(類似科學) 혹은 사이비과학(似而非科學)이라고도 부르고 있다. 실제로 아무런 근거가 없는 논의가 아니라 일부의 진실이 담겨 있을 경우 사람들을 더욱 현혹하기는 쉽다. 독일의 선동가이자 히틀러의 참모였던 요제프 괴벨스(Joseph Goebbels)는 "100%의 거짓말보다는 99%의 거짓말과 1%의 진실 배합이 더욱 나은 효과를 보여준다."라고 이야기한 바 있는데, 의사 과학 또한 터무니없는 거짓말보다는 신빙성 있어 보이는 과학의 언어를 빌려 이야기하기 때문에 대부분 그럴듯하게 들리게 된다. 미국의 천체물리학자인 칼 세이건(Carl Sagan)은 의사 과학을 "사회를 어둡게 하는 악령"이라고 부르기도 하였다. '혈액형 성격설(A, B, O, AB형에 따라 성격과 특징이 다름)', '바이오리듬(신체와 감정과 지성이 일정 기간 리듬을 타고 변화)' 등이 그 대표적 사례이다. 의사 과학은 그 세부내용이 제대로 검증되지 않아 위험성을 내포한 행위를 불의, 혹은 고의로 과학이라 속여서 불특정 다수에게 어필하기 때문에 매우 큰 위험성을 갖는다. 국내에서도 광우병 사태로 크게 부각되었던 소위 '인터넷 괴담(예컨대, "한국인은 MM형 유전자 때문에 발병률이 높아서 광우병 쇠고기 섭취 시 99~100% 확률에 달한다", "조미료, 탈지분유, 화장품 등에 사용되는 소의 부산물을 통해서도 광우병에 걸릴 수 있다" 등의 주장들)'들이 의사 과학의 사례로써 많은 국민을 혼란스럽게 하였다. 최근 방송프로그램들도 의사 과학의 진원지가 되고 있다. 특히, 종합편성채널들이 생겨나면서 집단 토크쇼 등에 수많은 준전문가가 등장하고 있는데, 이들은 자신들이 체험한 식이요법, 운동법 등을 통해 특정한 병을 치료하거나 건강을 증진했다는 정보를 제공하고 있다. 문제는 이러한 치료법이나 건강증진법 등이 제대로 검증이 되지 않았다는 것이다.

최근에는 시민과의 단순한 수준의 소통을 넘어서 과학기술 전반의 정책과정과 과학기술 활동에 대한 시민참여의 필요성도 제기되고 있다. 이러한 측면에서 최근 대중이 과학기술을 둘러싼 논쟁과 의사결정에 능동적 차원에서 참여해야 할 필요성을 적극적으로 주장하는 '시민 과학(citizen science)'이 중요한 화두가 되고 있다. 특히 최근의 한국사회에서 시민 과학이 중요하게 논의되는 이유는 광우병 논쟁, 메르스 사태, 가습기 살균제 사태, 라돈 침대 사태 등에서 불거진 정부와 과학계의 위험통제 능력에 대한 불신 때문이다. 이에 기성 과학계에 못지않은 정보력과 지식을 가진 소위 '준전문가(paraprofessional)'로서 시민들이 목소리를 높이고 있다. 이들은 과학기술이 가진 권위와 과학자의 전문성을 부정하는 것은 아니며, 다만 상호 호혜적 입장에서 과학기술의 위험 논쟁과 당면과제를 해결하자는 부분에 목소리를 높이고 있는 것이다. 그렇다고 해서 그동안 과학기술 지식에 대한 배타적 권리를 누리던 전문가들이 당장 시민사회에 이를 부여하거나 분배하기는 어려울 것으로 예상하기에, 두

집단 간에 치열한 갈등이 발생할 가능성도 배제할 수 없다. 그 갈등의 완충재로 양방향 소통이 중요해지고 있는 것이다.[30]

3. 과학과 대중의 매개체로서 미디어의 역할론

그동안 과학기술 전문가들이 배타적이고 독점적으로 점유해 오던 과학기술정책에 대한 시민참여의 필요성이 증대하고 있다. 즉 시대 변화에 따른 민주적 이상과 함께 시민참여를 증대해야 한다는 현실적 요구에 부응하여 시민의 의견수렴 및 시민참여의 방안이 필요해진 것이다. 이미 공청회에서 합의 회의에 이르기까지 다양한 시민참여제도가 제안되고 있음이다. 이렇게 시민들의 과학기술에 대한 참여도와 관심이 높아진 이유를 꼽자면 무엇보다도 신문, 잡지, TV, 라디오, 인터넷 등의 미디어 발전으로 인해 정보에 대한 취득 용이성이 높아진 부분을 빼놓을 수 없다. 미디어는 사회에서 이루어지는 과학 커뮤니케이션의 중요한 마중물 역할을 수행하고 있다. 과학 관련 활동을 둘러싼 다양한 이해 당사자들 사이에서 원활한 의사소통이 이루어지게 하는 중요한 소통 채널의 역할을 수행하고 있다. 대중은 자신들이 필요한 것이나 궁금한 것에 대해 과학이 답을 주길 바라고, 과학은 사회가 자신의 존재 의의를 인정해 주길 바란다. 이러한 상호 간의 기대에 있어서 중요한 매개체 역할을 수행하는 것이 바로 미디어이다. 대중에게는 어렵고 이해하기가 난해한 과학을 더욱 쉽고 흥미롭게 바라볼 수 있는 일종의 통역사 역할도 수행하고

---

30) 조항민. 디지털 시대 과학기술 저널리즘. 서울 커뮤니케이션북스. 2017. 참고.

있는 것이다.

 일반적으로 대다수 사람에게 과학의 실상, 과학의 연구결과들은 그들이 언론에서 읽은 내용 그대로인 경우가 많다. 미디어 수용자들은 과학에 대한 정보와 지식을 직접 경험했거나 과거에 받은 교육에 의해서가 아니라 저널리즘 특유의 언어와 이미지라는 여과망을 통해 이해한다. 언론매체는 빠른 속도로 변모하는 과학기술 분야에서 일어나는 일을 알려주는 거의 유일한 통로일 뿐 아니라, 이러한 변화들이 삶에 미치는 영향에 관한 정보를 얻을 수 있는 중요한 원천이다. 좋은 보도는 일반 대중이 과학 정책의 쟁점들을 평가하는 능력과 개인적으로 합리적인 선택을 내리는 능력을 향상시켜 줄 수 있다. 반면 나쁜 보도는 과학기술에 의해, 또 기술전문가들이 내린 결정에 점점 더 크게 영향을 받는 대중을 오도하거나 무기력하게 만들 수 있다. 이렇듯 긍정적인 결과를 초래하거나 혹은 부정적 결과를 초래하거나 대중의 과학에 대한 이해에 있어서 미디어의 중요성과 파급력을 간과할 수는 없다.

 실제로 한국과학창의재단의 2016년 조사결과(과학기술 국민 이해도 조사)에 따르면 과학 관련 정보를 습득하는 경로로 TV, 인터넷, 신문/잡지 등의 미디어가 주요한 정보습득의 채널인 것으로 나타났다. 가족/친구/동료와 같은 주변인, 과학관/과학 관련 행사와 같은 오프라인 과학 채널, 학교수업 등의 비중은 성인, 청소년 모두 상대적으로 낮은 것으로 나타났다. 최근에는 특히 성인과 청소년 모두 인터넷 기반 미디어(포털사이트, 과학전문 웹사이트, 인터넷 언론, 유튜브 등)가 가장 중요한 정보 채널인 것으로 나타나고 있다. 이에 주요 매체(신문, 잡지, 방송, 인터넷)별로 과학을 다루는 방식, 그리고 그 특징들[31])을 논하면 다음과 같다.

우선, 과학을 다루는 매체로서 가장 오래된 활자 매체인 신문이다. 우리가 읽는 신문 지면에서는 정치, 경제, 사회, 문화, 예술 등 다양한 분야를 다루고, 과학도 대중의 관심을 받는 만큼 중요 분야로 다루고 있다. 하지만 초기의 신문에서 과학기술을 취급했을 때는 정작 과학자들의 반응이 탐탁지 않았다. 자신들의 연구결과를 동료 혹은 대중에게 보이기를 꺼렸기 때문이다. 심지어 르네상스 시대를 대표하는 과학자이며 예술가인 레오나르도 다빈치(Leonardo da Vinci)는 신문을 경멸했다고 알려져 있고, 영국의 과학자 아이작 뉴턴(Isaac Newton)은 '무식하고 말 많은 사람들이 알지 못하도록 암호처럼 복잡하게 글을 썼다'라고 고백한 적이 있다. 그런데도 저널리스트들이 과학기술 관련 뉴스들을 대중에게 전파하지 않았다면 17세기에 일어난 과학혁명은 불가능하지 않았을까 하는 이야기가 있을 정도로 과학을 중요한 콘텐츠로 다룬 신문의 사회적 역할은 매우 컸다. 사람들이 방송 그리고 인터넷과 스마트미디어를 통해서도 과학 관련 뉴스를 얻을 수 있지만, 신문만큼 과학뉴스를 심도 있고 깊이 있게 그리고 연속성 있게 제공하는 매체는 없다. 특히 매일 발간되는 일간지는 과학 언론의 최전선에 있다고 볼 수 있다. 과학을 주제로 다루는 방송뉴스는 대중이 단 한 번에 보고 이해하기 어렵다. 뉴스가 매우 빠른 속도로 지나가 버리기 때문이다. 따라서 언제 어디서나 쉽게 휴대하고 다시 확인할 수 있는 신문이 독자들에게는 깊은 이해를 위해서 더욱 편리할 수 있다고 하겠다.

---

31) 미디어가 과학을 다루는 방식, 특징들에 대한 논의들은 조항민. 디지털 시대 과학기술 저널리즘. 서울 커뮤니케이션북스. 2017.의 내용을 상당 부분 차용하였음

잡지도 과학을 다루는 전문성 있는 매체로 대중의 과학문화 함양을 위한 중요한 역할을 수행해 왔다. 흔히 세계 2대 과학기술 잡지로 일컫는 영국의 '네이처(Nature)', 미국의 '사이언스(Science)'가 있는데, 1800년대 후반 비슷한 시기에 창간되어 세계적 과학기술 잡지로 성장했다. 이들 두 학술 잡지는 전 세계 모든 과학자의 명예의 전당이자 과학계의 최신 연구결과가 가장 먼저 도착하는 곳이다. 또한, 불과 5만~6만 부를 발행하지만 전 세계 거의 모든 신문과 방송이 인용·보도함으로써 1,000만 부 이상의 영향력을 발휘하고 있다.

한편, 인쇄 매체로서 신문과 잡지는 유사한 특징도 있지만, 기능 면에서는 다소 차이가 있다. 잡지는 매일 매일 발간해야 하는 신문보다 발간 주기가 짧게는 일주일, 길게는 1년 등으로 꽤 길기 때문에, 더욱 심층적인 해설과 논평을 제공할 수 있다. 따라서 심도 있는 내용을 정확하게 전달해야 하는 과학 관련 주제의 경우 잡지가 더욱 적합도가 높다고 평가할 수 있다. 물론 잡지는 방송이나 인터넷과 같은 매체와 비교할 때 속도 면에서는 경쟁이 되지 않는다. 하지만 취급하는 콘텐츠가 만일 '과학'이라면 오히려 여유롭게 기사를 쓸 수 있는 잡지가 더욱 적합할 것이다. 실제로 대부분 과학지식은 신속한 전달이 어렵거나 불가능하다. 기사를 작성하고 리포트를 해야 하는 기자(혹은 저술가)가 준비하고 이해하는 데 시간이 필요하기 때문이다. 또한, 지면에 구애받지 않고 도표, 그림, 사진 등을 풍부하게 제공함으로써 독자의 이해도를 높이는 데 기여하는 등의 강점도 갖고 있다.

과거에 비해 그 영향력이 다소 줄어들었다는 평가를 받고 있지만, 과학과 관련한 정보와 지식을 얻을 수 있는 미디어 매체로 방송의 영향력은 크다. 특히 TV는 영상과 오디오를 앞세워 수용자들의 눈과 귀를 사로잡기 때문에 흥미를 유발하고 관심을 집중시키기에 매우 적합하다. 다만, 전통적으로 과학 분야가 신문이나 잡지 등 문자매체에서 비중 있게 다루어진 것과는 대조적으로 방송은 과학과 밀접한 관련을 맺고 발전하지 못해왔다. 제한된 방송 채널과 시청률 경쟁이라는 구조적인 문제 때문에 방송사-특히 국내의 경우-는 과학 프로그램에 큰 관심을 기울이지 않았고, 과학자들 또한 방송의 효용성에 대해서 의문을 가져왔다. 하지만 영국 BBC, 일본 NHK 등 공영방송사들의 일부는 과학 장르를 정책적 차원에서 관심을 두고 투자해 왔다. 특히, BBC는 1930~1940년대에는 라디오를 통해 그리고 1950년대 이후에는 TV를 통해 과학기술을 소재로 한 프로그램을 방영했다. 최초의 본격적 과학기술 다큐멘터리 프로그램은 1952년에 방영된 <사이언스 리뷰(Science Review)>로 당시 영국 인구의 10%에 해당하는 400만 명이 시청했다는 기록이 있다. 1953년에는 과학기술, 과학자를 다루는 첫 TV 드라마가 방송되었다. 1964년에는 500만 명이 시청하면서 현재까지 국민적 인기 프로그램의 자리를 지키고 있는 다큐멘터리 프로그램 <호라이즌(Horizon)>이 첫 방송을 시작했다. 1960년대 말에는 과학기술의 부작용을 고발하면서 대안을 모색하려는 사회적 움직임이 활발해졌고, 이에 TV에서도 과학기술 관련 사회적 쟁점에 대해 비판적인 접근을 취하는 '비판적 과학기술 저널리즘'의 경향이 나타나기 시작했다. 물론 예전보다는 과학 관련 프로그램의 편수와 뉴스 보도가 늘었다고는 하지만, TV에서 다루어지는 과학 분야가 주로 자연/생태, 의학/건강/음식 등에 편중되어 있어, 순수과학이나 우주 그리고 기후변화 등의 정작 대중에게 필요한 부분은 시청률 등의 이유로 기피되고 있다는 비판이 제기된다. 이러한 문제점의 타개 방안으로 모든 프로그램 장르를 골고루 편성해야 하는 '종합편성'을 벗어나 뉴스, 다큐, 예능 등의 모든 프로그램의 주제를 과학으로 한정한 과학 전문채널의 설립이 필요한바, 국내에서도 2007년 'YTN 사이언스'라는 과학전문 채널이 설립·운용되고 있어 대중의 과학이해에 있어서 상당 부분 기여한다는 평가를 받고 있다.

최근 레거시 미디어(legacy media)의 총체적인 위기가 감지되고 있다. 레거시 미디어의 위기는 기존에 유지되던 플랫폼의 지위를 상실해가고 있기 때문이다. 현재 방송, 신문, 잡지 등 전통미디어는 인터넷과 모바일기술을 기반으로 한 새로운 플랫폼에 비해 영향력, 경쟁력이 많이 약화 된 상황이다. 무엇보다도 수용자들의 태도와 기호 등이 완전하게 변화되었기 때문이다. 그동안 레거시 미디어가 불특정 다수에게 일방적으로 전달하는 콘텐츠를 수동적으로 받아들이던 수용자는 이제 시공간적 제약을 넘어 '개인의 기호'에 따라 다양한 형태의 콘텐츠를 역동적으로 소비하고 있다. 이러한 대중미디어 소비의 변화양상이 최근 과학콘텐츠에 대한 소비행태에서도 분명하게 드러나고 있다. 한국과학창의재단의 2016년 조사결과(과학기술 국민 이해도 조사)에서도 성인들의 과학정보 습득경로에서 매년 조사 1순위를 차지하던 TV가 2016년에는 인터넷과 거의 유사한 수준으로 활용되는 것으로 나타났다(2016년 집계, TV는 36.8%, 인터넷은 35%). 전술한 바 있지만, 인터넷이라는 새로운 전자공간을 통한 뉴스 콘텐츠의 생산과 유통은 신문, 방송 등 주류 매스미디어의 영향력을 예전보다 감소시키고 있다. 특히 많은 뉴스 소비자들이 인터넷을 통해 뉴스를 확인하는 것이 일상화되면서 기존 신문사, 방송사조차도 자사가 운영하는 인터넷 사이트를 통해서 속보성 기사를 내보내는 것을 우선으로 고려해야 하는 상황이다. 온라인 저널리즘의 발전은 대중의 과학기술 콘텐츠 활용 행태와 인식도 변화시키고 있다. 방송, 신문 등 기존 매스미디어를 통한 과학기술 뉴스 못지않게 인터넷을 통해 유통되는 과학기술 뉴스도 대중에게 매우 친숙하게 여겨지고 있기 때문이다. 미국의 여론 조사 기관 퓨리서치센터(pew research center)의 2006년 조사결과에 따르면 젊은 세대들이 과학기술 관련 뉴스를 얻기 위해 가장 먼저 접촉하는 매체는 인터넷이며, 특정 과학기술 이슈의 사실관계(fact checking)를 확인하기 위해서 신문이나 방송뉴스보다는 인터넷 뉴스를 활용하는 빈도 역시 높은 것으로 나타났다. 최근에는 페이스북과 같은 소셜 네트워크 서비스와 유튜브와 같은 동영상 플랫폼에 과학전문콘텐츠를 올리거나, 방송 채널을 개설하는 경우도 빈번하다. 일반 과학뉴스와 같이 딱딱하고 지루한 내용이 아니라, 동영상과 유머 그리고 멋진 편집이 어우러져서 대중, 특히 젊은 세대의 관심을 끌고 있다.

4. 과학소통의 중요수단으로서 과학 저널리즘의 특징과 의미

뉴스를 취재해 대중에게 보도하는 행위인 저널리즘(journalism)은 무엇보다도 진실을 전달하면서, 사회구성원들의 의견을 어떻게 할지, 그들의 지식과 지혜를 어떻게 수렴할지에 대한 고민이 수반되어야 한다. 흔히 저널리즘이란 '독자와 시청자가 자신이 살고 있는 세계를 이해하고, 삶에서 부딪히는 문제를 해결하는데 필요한 정보를 제공하는 활동'이라고 정의할 수 있다. 그러한 활동이 필요한 이유에 대해 김영욱과 박상철(2005)[32]는 다음과 같이 설명하고 있다. 민주주의 이론에서 출발하면, "저널리즘의 기본목적은 시민들에게 그들이 자유롭고 자신의 주인이 되는데 필요한 정보를 제공하는 것"이다. 300년의 역사를 가진 저널리즘은, 사회의 근대화를 가능케 한 하나의 요소였으며, 동시에 근대화와 함께 생성·발전되었다. 계몽의 핵심이 종교와 전통 등에 기반을 둔 권력체계에 대한 인간해방이었고, 근대화가 그를 실현하기 위한 기본 프로젝트로 인식될 수 있다. 물론 저널리즘이 실제로 인간의 자유와 자기 주체성의 확립에 기여한 것만은 아니다. 경우에 따라서는 인간을 억압하고 조정하는 도구로 사용될 수 있다. 그러나 적어도 규범적 측면에서 보면 저널리즘은 인간이 '자유롭고 자신이 주인이 되는(free and self governing)' 데 필요한 정보를 제공해야 한다.

이에 저널리즘은 '세상을 체계적이고 지속적으로 관찰해서 대중의 삶의 문제를 해결하고 이 세상을 이해하는 데 필요한 시의적 정보를 선택해서 진실하며 진지한 방식으로 제공하는 활동'이라고도 할 수 있는데, 이에 대한 세부영역으로서 과학 저널리즘이라 함은 '대중의 삶의 문제' 중 '과학(과학기술)의 문제'를 언론매체가 뉴스 보도의 소재로 다루는 것이다. 과학 저널리즘은 최근까지 자연과학, 의학 및 첨단과학의 문제를 보도하는 저널리즘의 한 영역으로 정의되었다. 과학 및 기술을 다루는 과학 저널리즘은 크게 두 가지로 나

---

32) 김영욱·박성철. 과학 보도와 과학 저널리즘. 서울 한국언론재단. 2005. 참고.

눌 수 있다. 전통적인 의미의 과학 저널리즘은 주로 과학적 발견, 과학적 프로젝트, 그리고 과학 컨퍼런스 등과 같이 과학시스템 자체가 제공하는 뉴스를 보도하는 것이다. 이러한 행태의 과학 저널리즘은 과학면을 통해서 주로 보도된다. 아주 특수한 경우에 과학 저널리즘 보도가 정치면과 사회면에 등장하게 되는데, 노벨상을 수상하거나 우주선을 발사할 경우, 줄기세포 연구에서 혁신적인 발견을 했을 때 등이다. 즉, 전통적인 의미의 과학 저널리즘은 신문과 방송 등의 전통미디어에서 나오는 자연과학, 기술, 의료·보건 분야에 대한 보도이다. 노벨 화학상이나 노벨 물리학상의 수상, 우주선의 발사와 줄기세포, 인공지능기술과 관련된 과학 분야를 신문의 과학면이나 방송의 과학 세션 등에서 보도하는 것도 전통적 의미의 과학 저널리즘에 속한다고 볼 수 있다. 하지만 더욱 넓은 의미에서의 과학 저널리즘은 이러한 제한된 형태의 과학 저널리즘을 넘어서서 일상생활 속에서 발생하여 우리가 접할 수 있는 자연재해, 위기 보도 등도 포함될 수 있다. 이는 일반적인 뉴스가 과학 저널리스트들에 의해 과학적 전문성, 연구, 그리고 여러 과학 분야의 행위자 등을 통해 설명될 때이다.[33]

이러한 과학 저널리즘이 지니는 다양한 기능이 있을 것이다. 그중 중요한 기능들을 정리하면 다음과 같다. 첫째, 과학과 관련한 정보의 제공이다. 과학 저널리즘은 자연과학, 의학 및 기술영역에서 발생하는 새로운 사실이나 새롭게 부각되는 사실 중에서 사회와 사회구성원에게 중요하고 필요한 정보를 지속해서 제공해야 한다. 새로

---

[33] 진달용. 과학 저널리즘의 이해. 서울 한울아카데미. 2015. 참고.

운 과학적 현상의 발견이나 이론, 모델의 수립, 과학 탐구 활동, 일상적인 사건이나 현상을 이해하는 데 필요한 과학적 지식, 과학과 관련한 정책, 과학에 대한 사회구성원들의 태도, 과학 탐구에서 제기되는 윤리적인 문제들이 과학 저널리즘이 담당하는 영역이다. 둘째, 과학과 관련한 특정 문제에 대한 주목과 의제설정에 있어서 중요한 역할을 한다. 과학 보도의 영역에서 벌어지는 사건과 현상 중에서 어떤 정보를 선택하고 선택된 정보를 어떤 형태로, 얼마나 반복해서, 그리고 어느 정도의 지면/시간을 할애해서 보도할 것인가는 그 정보가 '독자가 세상을 이해하고 삶의 문제를 해결하는 데 필요한 정도'에 따라 결정되어야 한다. 셋째, 과학문제에 대한 공론장을 제공해 준다. 그 대표적인 사례들이 바로 황우석 박사의 논문조작 이슈, 광우병 논란, 가습기 살균제 사고, 라돈 침대 사건 등이다. 특히, 이러한 과학문제에 대한 공론장의 역할을 과거에는 매스미디어가 담당(텔레비전, 라디오, 신문 등)했다면 이제는 인터넷이라는 자유로운 공론장이 과학에 대한 정보와 지식을 교환하고 사회적 담론을 창출해내는 공간으로 자리매김하고 있다. 젊은 과학도와 네티즌들의 참여도 과거보다 활발해지고 있다. 넷째, 과학연구와 과학 정책에 대한 감시와 비판의 기능을 수행한다. 권력과 부조리에 대한 비판은 저널리즘이 지니는 대단히 중요한 기능이며, 과학 저널리즘에서도 마찬가지이다. 다섯째, 대중의 과학에 대한 교양습득 및 흥미도 제고의 역할을 한다. 언론의 과학뉴스는 우리가 잘 몰랐던 과학상식을 친절하게 설명해주기도 하는데, 예컨대 질병 예방 정보, 건강한 생활을 영위하기 위한 건강정보, 재난·재해를 슬기롭게 대처할 수 있는 방법, 새로운 디지털 기기의 활용법 등을 상세하게 설명해 준다. 또한, 재미있게 꾸며진 과학기사는 과학을 어렵게 생각하는 어린이, 청소년들에게는 과학에 대한 흥미를 배가시킬 수 있는 동인으로도 작용한다. 교양서적을 구매해서 읽는 것보다 텔레비전이나 신문 혹은 인터넷을 통해 읽게 되는 과학 관련 정보와 지식이 더욱 대중에게 더욱더 손쉽게 다가갈 수 있는 채널이다.

언론매체들을 통한 '과학 저널리즘'은 우리 사회에서 크게 관심의 대상이 아니었던 과학, 기술에 대한 논쟁을 점화하고, 대중의 관심을 높이며, 사회적 영역에서 요구되는 과학기술연구의 필요성을 촉발하는 데 있어서 대단히 중요한 역할을 수행해 온 것은 주지의 사실이다. 예컨대, 건축자재와 방화재로 사용됐지만 발암 위험이 큰 물질인 석면에 언론이 관심을 두고 그 위험성을 경고하면서 '침묵의 살인자'인 석면을 사회적으로 완전하게 퇴출하려는 움직임을 촉발시켰으며, 낙후된 지역이나 소외된 계층을 배려해서 만든 기술을 의미하는 적정기술(appropriate technology)의 중요성에 대한 언론 보도는 캄보디아, 라오스, 네팔 등 개발도상국에 대한 적정기술 원조로 이어져 소위 '과학기술 한류'에 대한 긍정적 기대와 관심을 끌어냈다. 이러한 언론 보도사례들은 올바른 과학 저널리즘이 가져온 사회적 차원의 긍정적 역할이라고 할 수 있다.

반면 그동안 과학 저널리즘이 제대로 역할을 수행하지 못해왔다는 일각의 비판과 회의도 존재하고 있다. 다양한 과학 관련 쟁점들에 균형 감각이 결여되어 있었고, 사회 갈등을 조정하기보다는 오히려 갈등을 증폭했다는 비판이 그것이다. 이러한 사례에는 최근 사회적 논란이 되었던 상당수의 과학 관련 쟁점들이 포함된다. 언론이 괴담과 잘못된 정보를 제대로 정제하지 못해 불안감을 증폭시켰던

광우병 보도, 공포심만 부추기고 국민이 원하는 정보는 전달하지 못했던 메르스 보도, 갈등 조정 기능은 상실하고 오히려 정부와 지역주민 간의 갈등을 부추겼던 방폐장 보도, '이슈'만 쫓을 뿐 '과학'은 없다는 비판을 받은 가습기 살균제 보도[34] 등이 그 대표 사례들이다.

과학 저널리즘 행위가 항상 긍정적인 결과만을 가져온 것은 아니지만, 과학에 대한 핵심 쟁점들을 소통과 합의를 위한 사회적 공론장으로 끌어냈다는 점은 과학 저널리즘이 가진 매우 중요한 역할론이다. 생명공학, 인공지능 분야처럼 과학적 연구 과정이나 결과에 대한 윤리 문제가 제기되거나, 원자력과 같이 사회적 리스크로 직결되는 이슈들은 과학자들만의 논쟁으로 남겨 둘 수 없기 때문이다. 앞으로 과학의 결과물들은 지속해서 사회에 소개될 것이며, 이와 관련된 사회적 논쟁을 구성원들이 논의할 수 있는 공론의 장으로 끌어낼 수 있는 미디어, 그리고 저널리즘 행위의 가치는 더욱 높아질 것이다.

5. 논의 및 제언

우리가 과학기술이 세상의 중심이 되는 시대에 사는 것은 의심의 여지가 없는 부분이다. 현대 문명사회를 이루는 데 있어 과학기술은 가장 강력한 원동력으로 작용해 왔다. 최근에는 제4차 산업혁명이라

---

34) 국가적 비극이 된 가습기 살균제 사태를 언론이 키웠다는 비판도 있다. 실제로 방송과 신문이 철마다 집중적으로 가습기의 필요성(감기 예방 등의 기사가 대표적)에 대한 보도와 기사를 쏟아내면서 소비자들이 현명한 판단을 하기는 쉽지 않았을 것이다. 이렇게 해서 가습기 살균제라는 제품의 사회적 필요성이 만들어졌고, 기업은 관련 제품을 출시했다. 또한, 가습기 살균제가 개발되자 언론은 안전성에 대한 의심은 전혀 다루지 않았고, 오히려 뉴스로 보도해주었다. 또한, 광고만이 아니라 대단히 안전하고 편리한 제품인 것처럼, 해당 제품의 이름과 가격까지 친절하게 알려주는 기사를 꾸준히 실었다.

는 新패러다임의 도래로 사물인터넷, 인공지능, 빅데이터 등의 새로운 혁신기술에 대한 선점이 절체절명의 국가적 미래과제가 되고 있다. 또한, 과학기술이 가져올 수 있는 현재, 그리고 미래의 예측하지 못한 리스크에 대한 고민(예컨대, 인공지능이 가져올 노동의 위기, 윤리적 딜레마 등)도 점점 더 많아지고 있다. 이에 과거 어느 때보다 인류의 삶과 과학기술이 불가분의 관계로 연결되어 있다는 인식을 할 수밖에 없을 것이다. 그러나 과거와 달라진 점은 바로 이러한 과학기술이 가져올 긍정적, 부정적 측면에 대한 고민과 논의가 '과학자와 정치행정가'들만의 탁상공론만으로 끝나고 있지는 않다는 것이다.

이와 관련하여 '과학과 사회는 분리되어도 된다'는 암묵적인 명제는 이제 과거의 유물처럼 여겨지는 상황이다. 과거 이러한 명제는 인문학자들과 대중들의 '과학기술'에 대한 무관심과 편견이 원인이 되었을 수도 있으나, 더욱 근본적으로는 과학자, 과학자집단이 공유하고 있는 가설, 이론, 믿음의 총체로서의 견고한 '벽'이 점점 높아지면서 과학과 사회와의 분리를 더욱 심화시켰다고도 볼 수 있다. 그러나 이제 '과학'이라는 견고한 성채가 과학자들의 노력, 그리고 사회의 노력으로 조금씩 허물어지고 있는 점을 우리는 분명하게 목도할 수 있다.

최근 사람들은 '과학기술은 양날의 검이지만 가치 중립적이다'라는 절대적 믿음을 거두고 '과학기술은 양날의 검이지만 한쪽으로 쓰일 가능성도 간과해서는 안 된다'라는 의심을 하게 되었다. 이는 우리가 과학기술의 다양한 명(明)과 암(暗)의 결과물들을 몸소 겪으면서 체득한 경험에 기초한다. '한쪽으로 쓰일 가능성도 간과해서는 안 된다'라는 어구의 의미는 합리적인 의심을 하고 과학기술의 실체를 바라봐야 한다는 것이다. 이에 과학자집단도 과학의 사회적 기능에 대해서 과거와 같이 침묵해서는 안 된다는 주장이 힘을 얻고 있다. 이는 곧 과학적 성과가 사회적으로 얼마만큼의 영향과 충격을 줄 것인지를 숙고하고 연구에 반영하려는 태도, 그리고 대중에게 그 사실을 용기 있게 알리고자 하는 용기와 결단이 필요하게 되었다는 의미이기도 하다.

향후 과학기술 분야의 눈부신 발전이나 사회에 부정적 영향을 줄 수 있는 리스크와 관련하여 시민들에게 필요한 정보를 제공하고, 참여의 공간을 마련하며, 다양한 의견을 피력할 기회를 만들기 위해서는 무엇보다도 이해관계자 간 소통을 기반으로 하는 과학 커뮤니케이션, 과학 저널리즘의 역할이 중요할 것이다. 이에, 그 중요한 역할론을 수행해야 하는 소위 3각 축인 과학계, 언론, 시민 차원에서 미래과제를 간략하게 논의하면 다음과 같다.

우선, 과학계에 대한 미래과제와 제언이다. 첫째, 과학에 대한 정보, 지식의 매개체인 언론 보도에 대한 과학자들의 이방인(stranger)적 관점을 변화시켜야 한다. 과학자들도 과학의 사회적 쓸모를 고민하며 이를 대중에게 공개해야 하는 공공 전문가(public experts)로서의 책무를 가져야 한다. 과학뉴스의 중요 정보원으로서 적극적인 취재 협력이 그 첫걸음이다. 둘째, 과학자들의 과학 커뮤니케이터(science communicator)로서 적극성도 요구된다. 미디어의 개인화, 디지털화가 가속화되면서 방송과 신문 등을 통한 뉴스 보도와 취재만이 과학기술 관련 정보와 지식을 대중에게 전달하는 유일한 통로는 아니게 됐다. 또한, 최근 과학자들의 새로운 책무인 '연구의 대중이해(Public Understanding of Research)'가 중요한 화두가 되고 있다. 결국, 다양한 소셜 미디어와 강연, 저서 등을 통해 사회, 더 나아가 대중과 소통하려는 노력을 기울여야 할 것이다. 셋째, 무엇보다도 과학자는 연구자이기에 앞서 사회의 한 구성원이기 때문에 인류에 대한 윤리 의식과 무거운 책임감을 지녀야 할 것이다. 과학은 대중적인 '열광'과 개인의 '명예'를 드높이는 것만이 중요한 것이 아니라 무거운 사회적 '책임'과 연구결과의 영향력을 진중하게 고민하는 '성찰'을 필요로 한다는 점을 늘 간과해서는 안 될 것이다. 이것이 바로 사회와의 소통에 있어 대단히 중요한 전제조건이라 할 수 있다.

다음으로 과학계와 대중을 잇는 매개체인 언론(저널리스트) 차원의 미래과제와 제언이다. 첫째, 전문성 향상이 중요하다. 과학 저널리스트의 전문성에 대한 비판은 지속해서 제기되어 왔다. 아마도 이는 과학 저널리즘 및 커뮤니케이션에 대한 대학, 교육기관의 교육 프로그램의 육성과 전문성을 가진 저널리스트의 선발 등이 해결책이 될 수 있다. 둘째, 과학계가 사회적 책무를 다할 수 있도록 감시와 견제의 기능도 충실해 수행해야 한다. 절대적 권력으로서 과학자의 권위와 과학이 초래할 수 있는 위험에 대한 비판적 견제가 필요하다. 결국, 과학계와 저널리스트 간의 상호 이해를 바탕으로 서로를 비판자로서 지지하는 새로운 관계 정립이 필요하다.

마지막으로 과학계와의 원활한 소통, 능동적 이해를 위한 시민 차원의 미래과제와 제언이다. 첫째, 교양으로서 과학에 대한 근본적 관심을 높여야 한다. 콘텐츠의 부족을 탓하기에 앞서 21세기 현대인의 교양으로서 '과학'에 대한 관심을 기본적으로 지녀야 한다. 학교 교육, 과학문화 캠페인 등이 관심 제고의 출발점이 될 수 있다. 둘째, 소위 '시민 과학(citizen science)'에 대한 참여와 관심을 제고시켜야 할 것이다. 시민 과학은 전문적인 훈련을 받지 않은 사람들이 자발적으로 과학 연구의 일부, 혹은 모든 과정에 참여하는 과학 활동이라고 정의할 수 있다. 과학을 통한, 그리고 과학에서 민주주의적 가치의 실현이라는 점에서 시민 과학은 큰 의미를 갖는다. 이러한 점에서 각국에서 추진되고 있는 민간주도의 소위 '시민 과학 프로젝트35)'의 활성화가 시민 과학 활성화의 첫걸음이 될 것으로 기대한다. 물론 이러한 부분을 전적으로 민간에만 맡겨서는 안 될 것이다. 정부 차원에서도 시민 참여적 과학기술 정책형성을 촉진하고, 주요 과학 기술적 의사결정이나 쟁점에 대하여 시민참여 모델을 활용하는 등의 노력도 뒷받침되어야 할 것이다.

---

35) '갤럭시 동물원(Galaxy zoo)'이 그 대표적인 사례이다. 2007년 옥스퍼드 대학교의 천문학자 크리스 린토트(Chris Lintott)와 동료들은 그들의 웹사이트 '갤럭시 동물원'에 사진 7만 장을 공개하며 일반인들에게 분석을 요청했다. 이 사진들은 24시간 만에 분석되었고, 시민참여의 힘이 과학연구에서 결정적인 역할을 할 수 있음을 증명했다.

| 참고문헌 |

김동광(2002). 과학과 대중의 관계변화: 대중에 대한 인식 변화를 중심으로. 한국과학기술학회, 2권 2호, 1~23.

김보일(2006). 한국의 교양을 읽는다 2: 과학 편. 휴머니스트.

김영욱·박성철(2005). 과학 보도와 과학 저널리즘. 한국언론재단.

송성수(2009). 과학기술과 문화가 만날 때. 한울아카데미.

송성수(2011). 과학기술과 사회의 접점을 찾아서: 과학기술학 탐구. 한울아카데미.

송해룡·김원제·조항민·김찬원·박성철(2016). 한국 실패 사례에서 배우는 리스크 커뮤니케이션 전략. 커뮤니케이션북스.

이덕환 외(2011). 과학과 커뮤니케이션. 서강대학교출판부.

이영희(2000). 과학기술의 사회학: 과학기술과 현대사회에 대한 성찰. 한울아카데미.

장대익·이상욱 외(2009). 욕망하는 테크놀로지 과학기술학자들 '기술'을 성찰하다. 동아시아.

전영삼(2004). 다시 과학에게 묻는다: 과학의 시대, 우리에게 과학은 무엇인가. 아카넷.

정근모·이공래(2001). 과학기술 위험과 통제시스템. 한국과학기술정책연구원.

진달용(2015). 과학 저널리즘의 이해. 한울아카데미.

조항민(2014). 과학기술, 미디어와 만나다: 과학 미디어 세계를 여행하는 안내서. 한국학술정보.

조항민(2016). 위대한 과학자의 사회책임과 소통. 커뮤니케이션북스.

조항민(2017). 디지털 시대 과학기술 저널리즘. 커뮤니케이션북스.

조항민·김찬원(2016). 과학기술, 첨단의 10대 리스크. 커뮤니케이션북스.

한국과학창의재단(2016. 12). 2016 과학기술 이해도 조사.

Kurzweil, R. (2005). The Singularity Is Near: When Humans Transcend Biology, New York, NY: Penguin Group. 김명남·장시형(2007). 특이점이 온다. 새물결.

제5장

위험 커뮤니케이션에 있어 지식, 전문가의 역할은 무엇인가?

송해룡

> "지식사회에서 지식이 갖는 결정적인 의미는 지식생산의 모든 불확실성에도 불구하고 새로운 지식을 생산하는 유일한 정통성을 부여받은 길이라는 것이다. 또한, 지식의 과제는 확실한 지식을 전달하는 것에 있지 않고, 불확실성을 관리하는 것에 있다. 이러한 관점의 핵심은 불확실성과의 대화이며, 공론장과 정치에서 이루어지는 독자적인 지식생산을 새롭게 반추하는 데 있다."

민주사회에서 시민은 삶의 환경이나 건강과 관련해 여러 결정을 내릴 때 공적인 합법성을 갖기를 기대한다. 폐기물 처리장 설치나 화학 공장의 유치, 원자력 발전소 건설 등과 관련해 시민은 찬성하거나 반대하는 등 다양한 목소리를 낸다. 이러한 과정에서 상호 소통행위가 없다면 논쟁의 의미를 끌어낼 수 없다. 여기서 중요한 것은 위험이 수용 가능한 것이라든지 혹은 강제되어서는 안 된다는 것을 상대편에 확인시키는 것에 그 목적이 있어서는 안 된다는 점이다. 무엇보다도 시민에게 적절한 정보를 제공하는 한 방향 커뮤니케이션, 대화를 추구하는 양방향 커뮤니케이션 그리고 어떠한 결정에 영향을 주는 참여의 보장이라는 다차원적 커뮤니케이션 방법을 통해서, 시민들이 위험에 대한 사회적 성숙 능력을 높이는 소위 '위험성숙도'를 높이도록 해야 한다. 이 위험성숙도라는 개념은 위험을 만들어내는 사건이나 행위가 가져올 어떠한 결과나, 여전히 존재하는 불확실성과 여타 위험 관련 요인에 대해 증명 가능한 지식적 인식 위에서 각각의 위험에 대한 개인적 판단능력을 강조하는 데 방점을 둔다. 이러한 판단은 사회의 윤리적인 행위 근거와 개인의 세계관과 밀접히 연관된다.[36] 최근 시민의 위험성숙도라는 개념을 도입하고 인정하는 데 있어 이에 필요한 위험 커뮤니케이션의 토대를 쌓고 이것을 관리하는 것이 위험을 규제하는 기관의 핵심 과제 중 하나로 강조되고 있다.[37] 여기서 위험을 정치인, 전문가들이 어떻게 평가를 하는지는 성공적인 커뮤니케이션에 점점 더 중요해지고 있다. 커뮤니케이션 과정에 참여하는 핵심요인을 인식하는 것 외에 어떠한 커뮤니케이션 모델을 이용하고 그에 맞는 구조를 구축하느냐 하는 것에 대한 질문 역시 중요하다. 최근에 유럽 연합은 위험 커뮤니케이션 과정에서 어떻게 이 과정을 투명하게 하고, 신뢰성 있게 하고, 최대한 개방성을 보장하느냐 하는 것을 매우 강조하고 있다.[38] 이는 시민의 위험성숙도 개념의 도입과 밀접하게 연결되어 있다. 즉, 특정한 상품은 특정한 포장이 있어야 하는데, 그 포장이 아무리 요란해도 사회적 가치가 없으면 의미가 없다는 것을 다시 강조하는 사회적 주장이다.

위험 커뮤니케이션이라는 논쟁의 장(場)에는 수많은 일반 사람과

---

36) 시민 인식론이라는 개념은 이와 관련하여 매우 중요하다. 시민 인식론은 특정 사회의 구성원들이 집단으로 선택해 지식 주장을 시험하고 사용하는 제도적인 실천을 말하며 집단적 지식방식이다. 이와 관련하여 실라 재서너프(Shella Jasanoff) 지음(박상준, 장희진, 김희원, 오요한 옮김), 누가 자연을 설계하는가: 경험해보지 못한 과학의 도전에 대응하는 시민 인식론, 서울 동아시아 2019, p.339 참조.

37) 송해룡, 위험 커뮤니케이션의 쟁점과 과제, 서울 한국학술정보 2017. 참조

38) Bundesinstitut für Risikobewertung (BfR), https://ec.europa.eu/참조.

수용자가 등장한다. 수용자가 이 논쟁 행위의 중요한 구성요인이라는 사실로 인해 위험사회와 관련하여 폭넓은 관심을 받는 위험 커뮤니케이션 과정에는 매우 복합적인 요인들이 함께한다. 천장의 서까래가 서로 맞물려 지붕을 지탱하듯이 일반 사람과 수용자는 위험 커뮤니케이션에서 서로 독특한 역할을 교환한다. 그런데 이 과정에서 의견의 객관성, 불편 부당성이라는 행위적 공평성을 만들어내는 전문가(專門家)는 일반 사람과 수용자보다도 더 큰 의미가 있는 주인공이 된다. 이 전문가는 자연과학, 생명과학 및 사회과학 분야에서 높은 수준의 전문지식과 경험을 기초로 과학적 개념과 이론을 응용하여 해당 분야를 연구, 개발하는 사람을 지칭하는 교수자(Professionalist), 가치지향이나 지식의 특정한 목표가 문제 해결에 집중되어있고 특정 활동에 대한 기술적 전문성과 기법을 고도로 발달시킨 전문연구자(Specialist) 그리고 기술, 예술, 기타 특정 영역에 정통한 전문적인 지식과 능력이 있는 사람을 뜻하는 정통자(Expert)로 구분된다.[39] 전문가는 일반 사람과 함께 미디어와 이해집단의 관계에 따라 그 모습이 다르게 표현되는 주인공이 된다. 우리의 언론에서 그 모습은 다변적인 형태로 인용된다. 어떤 사람이 해결해야 할 문제를 가지고 전문가한테 질문하면. 질문한 사람은 일차적으로 일반 사람이 된다. 전문가는 사회적인 기관이 그 사람을 전문가로 지칭하여 제시하면 바로 전문가가 된다. 우리 언론에서 "전문가에 따르면···"이라는

---

39) 주된 업무가 자연과학, 생명과학 및 사회과학 분야에서 높은 수준의 전문적 지식과 경험을 기초로 과학적 개념과 이론을 응용하여 해당 분야를 연구, 개발 및 개선하며 고도의 전문지식을 이용하여 의료진료 활동과 각급 학교 학생을 지도하고 예술적인 창작 활동을 수행하는 자와 또한 행정·경영 등에 관련된 의사결정 업무를 수행하는 자를 말한다. 영어로 1. expert 2. professional 3. specialist 4. pundit 5. master로 기술된다.

말은 매우 모호한 정보원을 지칭하는 대명사가 되었다. 전문가는 교수, 박사, 연구기관의 연구자. 국가기관 자체, 학회 등이 지칭되면서 그 범위가 매우 넓어지고 있다. 예를 들어 보자.

> … 원자력 건설 재개 여부를 정치적으로 쟁점화하지 말고, 전문가들이 모여 면밀한 검토와 토론을 해야 한다. … 조 원장은 에너지 문제는 전문가에게 맡겨야 한다고 강조했다. 에너지 문제가 정치적인 문제로 변질되면 진영논리가 돼 합리적인 결론에 도달할 수 없다며 정치적으로 갑론을박하기 전에 전문가들이 모여 안(案)을 내놓고, 그 안에 대해서 정부와 시민단체, 이해당사자가 다 함께 모여 토론해야 한다.
>
> (조선일보 2019. 1월 31일 자)

이 기사에서 보듯이 전문가는 매우 중요한 위상으로 표현되지만, 그 의미는 매우 명확하지 않음을 볼 수 있다. 과학적 사실을 연구한 학자가 전문가인지, 아니면 특정 분야의 현장 경력이 길고 관련 업무를 오랫동안 다룬 사람인지, 아니면 특정 직종에 정통한 지식과 문제 해결 능력을 갖추고 있는 사람인지 모호하다.

위험은 미디어가 이에 대해 보도하고, 미디어가 만들어낸 전문가와 반전문가를 통해 서로 다른 상반된 의견을 제시될 때 증폭이 된다.[40] 우리는 위험 커뮤니케이션 과정이 전문가, 일반 사람, 미디어, 이해관계자 그리고 수용자라는 서로 다른 주인공이 등장하는 특별한 소통의 무대임을 알 수 있다. 바로 이 주인공들이 펼치는 소통 과정을 유기적으로 관찰하는 것이 위험 커뮤니케이션이다.[41] 우리는

---

40) Department of Health of UK, The Social Amplication of Risk: The Media and the Public, http://doh.go.uk/risk/riskampl.htm. 2003 참조. 송해룡, 위험 커뮤니케이션 : 미디어와 공론장, 서울 성균관대학교 출판부 2012 참조.

41) 송해룡, 위험사회와 위험 인식: 위험 커뮤니케이션의 갈등구조, 서울 성균관대학교 출판

이 과정에서 갈수록 전문가의 사회적 모습이 중요해지는 것을 새롭게 관찰할 수 있다. 그래서 그 모습을 그려내는 것은 무엇보다 중요하고 사회적 소통의 불확실성을 낮추는데 기여할 것으로 기대된다.

1. 전문가의 모습: 독특성과 허상

전문가는 점점 더 작은 지식만을 갖고 뻥튀기하는 묘하면서도 낯선 사람의 진형인가? 매우 특수화된 지식은 우리를 위험한 사회적 무능력에 빠지도록 하고, 지식 외적인 것과 깊은 관계를 맺도록 하는가? 일반 사람은 멍청한 일상적인 지식만을 갖고 있으며, 기술에 대한 이해가 매우 낮은 무능력의 바다에 빠져 살고 있는가?

모든 사회집단에는 독특한 정체성이 부여되고, 동시에 이미지가 만들어지고 있는 것을 볼 수 있다. Expert와 Specialist는 비싼 교육을 받고, 이에 상응하는 (학위) 증명서, 특정 기관에서 발행하는 인증서에 기대며 이를 통해 정체성을 갖는다. 그래서 일반적으로 전문가는 독특한 용어를 소유하고, 그 집단만이 이해하고 그 문화를 유지토록 하는 전문용어를 사용한다. 전문용어로만 설명하고, 전문성을 일반화하면서 다른 사람들이 이것을 이해하려면 엄청난 노력을 기울여야 하는 기술적인 평가서나 의학적인 의견서는 그들에게는 매우 '자연스러운 수사적' 표현이 되고 있다. 일반 사람들에게 이중으로 압박을 가하는 전문용어에 대한 그들만의 도취는 전문가들이 자신들의 높은 전문성을 표현하는 장치가 되고 있다. 일반 사람은 전문가

부 2014. 참조.

의 표현을 이해하지 못하고, 전문가가 일반적인 용어로 전문성을 설명하지 못하는 무능력에 어떠한 제동도 걸지 못한다. 이러한 전문용어만으로 설명하는 목적은 동일한 직업군의 사람들 간에 소통을 수월하게 하고 축약하는 데 있다. 전문가는 주로 병원 진료실, 연구소의 실험실 그리고 교육을 할 때만 그 정체성을 드러낼 수 있다.

바로 여기에 전문가와 일반인 간의 커뮤니케이션을 방해하는 폭약이 놓여있는 것이다. 전문가는 자신의 영역을 위한 의미의 독점을 요구하고, 판단하고 평가하는 언어를 구사한다. 원자로 안전을 담당하는 전문가는 자신의 영역에서 위험전문가처럼 의미의 독점을 요구하는 것이다. 전문가의 지식 독특성과 그에 대한 의미의 독점성은 탁월한 교육과정, 실습 그리고 경험과정에 기초하고 있으며, 그 지식은 노하우(Know-how)라는 이름으로 정통성을 부여받는다. 여기서 우리는 새로운 개념 정의에 대한 독점이 발생하는 것을 볼 수 있다. 전문가들은 예를 들어 방사능오염이 무엇인지를 정의하고, 위험의 잠재성까지 규정하면서 무엇이 위험하고 무엇이 수용 가능한지를 설명하여 제시한다. 최저 위험수치와 잠재적 위험의 척도를 정의하고 이것을 특별한 용기(容器)에 담아서 보관하거나 처리토록 하는 '현실적 처리의 독점성'을 만들어낸다. 이러한 현실적 처리의 독점성의 비위해성, 안전성 그리고 정확성에 대한 지식은 전문가 위상이라는 외적인 힘에 기대어 일반 사람들과 소통을 시도할 수밖에 없는 상황을 만들어낸다. 정확성은 전문가가 제시한 최저 위험수치라는 독자적인 규정을 하고 있음을 의미한다. 어떠한 것도 전문가 위상을 떨어뜨리거나 파괴할 수 없다. 객관성과 중립성을 갖고 있으며 또는 어떤 매력적인 특별한 지식으로 묘사되는 그들의 자화상은 견고한 사회적 '사실'과 마주한다. 위험 커뮤니케이션의 장(場)에서 주인공으로서 전문가는 경쟁력 있고 정통성이 있는 주연배우로 인정받기를 요구한다. 다른 한편 부분적으로 전문가는 엄청난 비난과 조롱을 받는다. "매춘부와 전문가는 어떤 길목에서도 매수할 수 있다"라는 전문가에 대한 비판적 이미지는 최근에 더 큰 힘을 얻어가고 있다.[42] 전문가의 자화상과 적대적인 기술 혐오자가 만들어내는 전문가의 이미지는 모두 과도한 모습으로 채색되고 있다. 서로가 만들어내는 적대적인 형상은 소통의 죽음이며, 투쟁만을 불러일으킬 뿐이다. 전문가에 대해 반전문가, 정직한 평가자에 반해 불량한 평가자라는 상반된 관점이 서로를 비춘다면, 하나님을 백인 하나님과 흑인 하나님으로 나누어 서로 다르게 보도록 하며, 문제 될 것이 분명하다. 그런데 전문가와 관련하여 최근에 직업이데올로기로 뭉친 사회적 대변기관의 구성원, 엘리트의 거짓 학설을 전파하는 나팔수로 비판하며 전문가를 누구도 침범할 수 없는 고유한 영역에 집어넣은 틀 자체를 의심토록 한다. 그런데도 특별한 지식과 이해관계는 국가의 번영을 통해 국민 전체의 안녕을 높이기 위하여 전문가의 관점을 확대하며 그 해석을 독점토록 하고, 그에 기초해 '행위의 독점성'과 '현실적 처리의 독점성'에 정당성을 부여하는 것 역시 강화되고 있다. 최근 글로벌화가 대규모로 진행되면서 이루어진 사회의 다원화는 지식의 형태(지식의 항구성)가 서로 경쟁하고 커뮤니케이션 시장에서 어떤 확고한 지위를 갖도록 요구하고 있음을 볼 수 있다. 전문가의 객관성, 국민의 안녕을 도모해야 한다는 사회적 요구가 이제는

---

42) 데이비드 프리드먼 저(안종희 옮김), 거짓말을 파는 스페셜리스트, 서울 지식 갤러리. 2011. 참조

더 이상 전문가에 대한 사회적 실재성을 만들어내고 이에 정통성을 부여하는 유일한 면허장의 근거가 될 수 없도록 한다.[43] 이미 융합적인 차원에서 지식의 형태는 경쟁을 불러일으키면서 전문가의 사회적 자화상과 이미지를 변화시키고 있다. 전문가라는 의미가 폭넓어지고 있으며, 다양한 직업군으로 확대되고 있다. 자연과학에 한정된 과학자의 의미가 사회과학, 인문학, 생활과학에 폭넓게 접목되었듯이, 전문가의 개념이 분화되어 소통 과정에서 중요한 판단의 근거를 제공하던 전문가의 의견이 일반인에게서 그 의미를 잃어버리고 있다. 전문가 개념을 분화시켜야 할 시점에 이르렀다. 한 신문의 기사를 보면 이 주장이 왜 설득력이 있는지 알 수 있다.

> 지난달 부산에서도 인플루엔자 치료제인 타미플루를 복용한 여중생이 아파트에서 추락해 사망했다. 학부모들은 "타미플루를 먹으면 심각한 부작용이 생기는 것 아니냐"라고 걱정하고 있다. 이에 대해 의료계 전문가들은 "타미플루를 복용한 소아·청소년의 이상 행동이 타미플루 때문인지는 명확하지 않다"라고 했다.
> 조상헌 서울대병원 알레르기내과 교수(약물 유해반응관리 센터장)는 "타미플루는 어린이와 청소년에게 환각·환청 등 다양한 유해반응이 나타나기 때문에 주의해야 한다"라고 했다. 식약처는 "자녀가 타미플루를 복용한 뒤 적어도 2일간은 혼자 있지 않도록 하고, 이상 행동을 하지 않나 면밀히 관찰하라"라고 안내하고 있다.
> 대한의사협회는 "미국·일본 연구에 따르면, 인플루엔자 환자가 신경 이상 증상을 보이거나 자살하는 빈도는 치료제를 복용한 환자나 안 먹은 환자나 큰 차이가 없다"라며 "한국·일본에서 발생한 사건이 꼭 타미플루 때문이라고 단정하긴 어렵다"라고 했다.
> 전문가들은 "부작용 우려 때문에 인플루엔자 치료제 복용을 꺼리면 소

---

43) 독일 정부가 운영하는 Bundesinstitut für Risikobewertung의 보고서는 이 점을 매우 강조하고 있다.

아, 노인, 만성 호흡기 질환 환자, 면역저하자 등 위험군은 증상이 악화
될 유여가 있다"라고 지적했다. 질병관리본부는 "일본에서 유행하고 있
는 인플루엔자 바이러스는 국내에서 유행하는 것과 같은 종류로, … 예
방접종을 했다면 일본여행을 가더라도 큰 문제가 없다"라고 밝혔다.

(조선일보 2019. 1월 18일 기사. A12).

의료계 전문가는 교수, 국가기관, 협회, 전문가, 질병관리본부로
세분되면서 그 의견이 다양하다. 그런데 문제는 수용자가 판단을 내
릴 수 없는 형태로 전문가의 메시지가 배열된다는 것이다.

2. 전문가는 눈먼 측량기사의 모습을 하고 있는가?

최근 전문가를 이념에 물든 집단의 구성원으로 비난하거나 조롱
하는 것 외에 소통의 장애물로 간주하는 이유는 무엇일까? 이를 극
복하기 위해서는 무엇이 필요한가?

가장 중요한 첫 번째 관점은 전문가는 모든 위험 커뮤니케이션의
실질적인 토대를 구성한다는 것을 기억할 필요가 있다. 프로젝트를
발주하는 사람과 전문가의 밀접한 연결고리는 이미 여러 실증적인
연구를 통해 증명되었다. 자주 인용되는 것이지만 원자력 학회의 구
성원인 원자력 전문가는 '원자력 마피아'라는 표현에서 보듯이 원자
력 로비에 깊게 연결되어 있다. 이는 원자력 학회에 부여된 제도화
된 위탁 명령의 결과로 인한 것이다. 원자력 학회가 자동차의 안정
성에 어떤 학술적 의견을 낼 수는 없지만, 생명공학학회는 이러한
원자력의 안정성에 대해서 독자적인 관점을 제시할 수 있다. 그 전

제조건은 상호연관성의 강도에 크게 좌우된다. 실제적인 객관성을 배제하지 않으며 이해 관계적인 객관성은 포함하는 것이다. 예를 들어 방사선 처리가 된 식품의 수입과 관련해서 생명공학학회는 그것의 위해(危害) 관계를 논할 수 있는 것이다.

두 번째 관점으로 우리는 전문가의 이해관계와 사회적 가치의 연결성을 끌어내어 이해할 수 있어야 한다. 전문가 역시 자신이 활동하는 연구소의 재정을 풍성하게 해야만 하고, 발전시키고, 자신들이 추구하는 기술적, 학술적, 경제적 세계관을 펼칠 수 있도록 기여해야 한다. 전문가는 대부분 이에 동의하지만, 이것으로 인해 큰 문제에 봉착하기도 한다. 황우석 교수 사건에서 보듯이 우리의 유전공학은 엄청난 사회적 비난과 언어적 몰매를 맞았으며 그 연구력이 사라지고, 그 토대 위에서 일본에 노벨상을 안겨주도록 했다.44) 실제적인 객관성을 미디어가 배제하면서 전문가를 사기꾼, 데이터 조작자, 연구비에 눈먼 횡령자라는 적대적 모습으로 그려냈다. 최근에 원자력 발전과 관련해서도 이와 같은 모습이 다시 나타나고 있다. "원자력은 위험하고 태양광은 친환경적이다", "원자력이 없으면 전기세가 폭등할 것이다"라는 상호배타적인 주장은 전문가의 이해관계와 권력투쟁이 어떻게 전개되는지 분명히 보여주고 있다.

세 번째 관점으로 우리는 전문가와 일반인 간의 소통에 있어 민감하게 작동하는 언어장애(혹은 장벽)를 볼 수 있다. 수치화된 부정적인 발생 가능성과 최대치의 손실 가능성 같은 전문용어는 전혀 소통적인 모습을 끌어내지 못한다. 특정한 곳에서 필요한 기술적, 지적인 고려

---

44) 출처: 중앙일보(2017.04.23), [日 첨단의료의 현장] 일본 iPS 세포(만능 줄기세포) 이식 실용화 단계 돌입 https://www.google.co.kr/amp/s/mnews.joins.com/amparticle/21503358

사항과 일반 사람들이 이해할 수 있는 언어로 기술을 전환시키지 못하는 능력은 불만을 표출시킨다. 소통을 통해 생존하려면 소통행위에 엄청난 에너지를 투자하고 소통적인 재능을 계발토록 해야 한다.

네 번째로 전문가는 특정한 기술의 안전을 담보하는 중요한 합법적 근거가 된다는 것을 이해해야 한다. 원자력 발전소의 안전기술자는 기술적으로 안전한 예방수단을 폭넓게 무한대로 강구하고, 철도 기술자는 기차의 최대속도를 담보하도록 해야 하고, 유전자 연구소는 안전표준 수칙을 엄밀하게 지켜야 한다. 이러한 조치들이 재난을 억제하고, 복합적인 기술의 사용에 적법성을 부여한다. 적법성의 원천으로서 전문가 위상은 매우 힘든 소통 장애를 살필 수 있는 정통성을 부여받는다. 전문가는 대개 자신의 분야는 다른 것으로 대체가 불가능하고, 자신의 지식은 모든 사람의 행복과 안녕에 필수불가결한 것이라 믿고, 스스로 최고라고 자평한다. 전문가는 일정한 근접적인 객관성을 추구하는 반면에 과학자는 진리를 찾는다. 전문가 시스템 역시 공명심, 탐욕, 거짓말 그리고 거대한 연구결과가 함께하는 사람들이 만든 시스템이다.[45]

전문가가 구성하는 시스템에서도 인간적인 약점이 나타난다. 의약품의 적정성 실험에서 나타나는 실험평가자와 그 반대에 선 실험평가자는 매우 다른 의견을 제시하는 경우가 많다. 과학자의 의견 불일치는 위험과 문화를 논하는 장에서 매우 뜨거운 주제가 되어왔다. 실제로 몇몇 전문가나 과학자의 주장에 따르면, 위험을 배태한

---

45) 이러한 주장은 다음과 같은 책에서 쉽게 찾아볼 수 있다. 김환석, 김동광, 조혜선, 박진희, 박희제 지음, 한국의 과학자 사회, 서울 궁리. 2010, 도로시 넬킨 지음. 김명진 옮김, 셀링 사이언스: 언론은 과학기술을 어떻게 다루는가, 서울 궁리, 2010. 참조

기술이나 의약품, 위험을 예방하는 대량적인 예방접종 같은 사전조치는 필요 없고, 지구온난화 같은 위험한 문제 역시 존재하지 않는다. 평가자와 그 반대편의 평가자 사이의 권력투쟁에서 이들은 객관적 능력, 경험, 중립성, 이해충돌의 부재와 같은 중요한 면은 서로 부인하지 않는다.[46] 여기서 우리는 전문가 시스템의 근본적인 문제점을 제기할 수 있다. 그 이유는 우리가 사용하는 여러 기술이 점점 더 복잡해지고 위험해지는 문제점을 가지면서 이에 대한 확실한 지식이 없기 때문이다. 매우 안전하다는 뻔뻔한 속임수, 암시적 표현 그리고 메시지 약속은 전문가에 대한 정통성을 부인하고, 그들의 신뢰성을 부인하는 탈신비성(脫神秘性)의 근원이 된다. 비뚤어질 수 있는 모든 것은 잘못될 수밖에 없다. 우리는 전문가의 격렬한 자기방어에도 불구하고 재앙적인 상황이 일상이 되는 것을 경험하고 있다. 메르스 사태, 라돈 공포, 강릉 KTX 열차 사고, 비행기 추락사고 등에서 우리는 이러한 것을 일상적으로 경험하고 있다. 많은 것을 약속하고, 이러한 것을 '시스템 고유의 속성'에서 지키지 못할 때 사람들은 이것을 경시하거나 경멸한다. 최근에 범람하는 유전자조작 식품이나 의약품은 매우 복합적인 과정을 통해서 생산되는데, 이 과정에 대한 안전성을 보장하는 지식체계는 여전히 불안전하다.[47]

---

46) 손혜원 의원사건에서 나온 이해충돌이라는 개념은 매우 유용하다. 이해충돌 또는 이해관계의 충돌은 개인이나 단체가 어떤 이익을 보기 위해 다른 행동 동기를 변질시킬 수 있는 복합적인 이해 상황에서 일어난다. 그래서 주로 이해충돌은 공정성이 요구되는 상황에서 발생한다; 이를 위해서는 이해충돌이 발생하는 당사자에게 신인 의무(fiduciary duty)가 존재하여야 한다. 이러한 신인 의무는 법령에 명시적 규정에 따라 발생할 수 있으며, 계약으로 발생할 수도 있다. 이해충돌이 존재하는 상황에 놓여있다고 해서 부도덕한 것은 아니다. 이해충돌에 직면하기 쉬운 직업은 경찰, 변호사, 판사, 손해사정인, 정치가, 기술자, 경영진, 회사 임원, 의학 분야의 과학자, 내과 의사 등을 들 수 있다. Davis, Michael; Andrew Stark, Conflict of interest in the professions. Oxford: Oxford University Press. 2001 참조

전문가는 특별한 지식을 소유한다는 미명하에 '비밀정책'을 추진한다. 이것은 바로 특정 기술이 가진 불편성(不偏性), 비친환경성(非親環境性), 위험성(危險性)에 침묵하는 형태로 나타난다. 많은 경우에 자신의 이해관계와 연구발주자를 위험에 빠트릴 수 있는 것은 묻어버린다. 원자력 발전, 화학물질의 생산, 새로운 의약품과 관련한 기술에서 이러한 주장은 여러 형태로 그 증거를 찾아낼 수 있다. 전문가의 침묵, 못 본 체하기, 비밀주의는 전문가 간의 상호 비방과 비난을 만들어내는 근거가 되며, 위험 커뮤니케이션의 과정을 신뢰하지 않도록 한다. 여기서 우리는 대안 집단이 탄생하고 운동이 일어나는 공간을 발견한다. 반핵단체, 반유전자 조작 단체, 환경연합 등과 논쟁하는 찬성과 반대라는 쟁투는 엄청난 사회적 비용을 지불하며 그 결과 소모전이 되는 것을 볼 수 있다.

어떠한 커뮤니케이션 전략을 전문가는 갖고 있을까? 그들의 무기는 여타 커뮤니케이션 논쟁에서처럼 비슷한 것을 갖고 있을 뿐이다. 위험 커뮤니케이션에 관한 몰이해는 토론과 여론을 통해서 국가를 운영한다는 민주국가의 근본을 훼손하며 시위나 거리 항쟁을 통해서 문제를 해결하도록 강제한다. 전문가만 지식의 진실성을 소유하고 있다는 자신만의 독특한 규칙 위에서 객관성만을 논하는 것은 수요와 공급만이 가격을 결정한다는 시장 논리보다 더 위험하며, 이것은 잠재적 위협을 만들어낸다. 노벨 수상자나 유명대학의 교수처럼 명성이 매우 높은 사람을 이용하는 전략은 소위 '사회적 역량(social competence)'을 만들지 못하고 '객관적 역량(sachkompetenz)'만을 내

---

47) 조항민, 김찬원, 과학기술, 첨단의 10대 리스크, 서울 커뮤니케이션북 2016.

세우는 것이다. 오히려 명성을 이용한 위험 커뮤니케이션 전략은 전문가에 대한 비판을 고조시키는 방아쇠가 된다. 전문가는 이외에 여러 요인으로 정확한 모습을 만들지 못하는 '눈먼 측량기사'라는 혹평을 받는다.

이처럼 전문가의 모습에 대한 비판과 조롱은 몇 가지 요인에 좌우되는 것을 볼 수 있다. 객관성과 중립성 그리고 정당성이라는 개념은 상호 영향을 주면서 무엇이 사회적으로 '정의로운 것(faire)인지', '지속 가능한 사회'를 만들어내는 데 필요한지를 다시 묻는다. 분명하게 이해할 수 있는 언어의 사용은 오해를 없애는 빛이 되며, 전문가에 대한 신뢰를 높이는 페달이 된다. 전문가의 지식이 사회적 실재를 구성하는 제도화된 역량이 되기 위해서는 전문가의 오류를 막고 예방하는 위험 커뮤니케이션 과정에 대한 이해가 무엇보다 필요하다.

3. 미디어에 등장하는 전문가

신문, 잡지, 라디오 그리고 텔레비전은 기사에서 항상 전문가를 정보의 원천이나 자신들의 행위를 정당화시키는 근거로 삼는다. 전문가는 환경문제, 건강문제, 기술혁신, 정치적 사건, 특정한 사업, 사회적인 트렌드 그리고 스포츠 사건에 관한 기사나 방송프로그램에서도 빠지지 않고 등장한다. 전문가는 특별한 지식을 소유하고 이러한 특별한 지식을 문제를 진단하고 그 문제를 해결하는 데 활용하는 사람으로 표현된다. 그 결과 전문가라는 단어는 실천적인 행위와 처리 문제와 관련된 사회 맥락적인 지식과 불가분의 모습을 한다.

미디어가 발전하면서 전문가의 스펙트럼은 점점 폭이 넓어지고 있다. 최근에 다양한 오락프로그램이 발전하면서 그 폭은 순수한 과학자, 심리학자, 의사를 넘어서 요리 영역으로까지 확산하고 있다. 이러한 확장의 결과로 한 분야에 특별하게 집중하는 저널리스트를 전문가로 표현하며 보도에도 매우 빠르게 도입되고 있다. 그래서 미디어에서 제시하는 전문가의 위상은 상대적으로 최근에 학문적 직업의 역할과는 별다른 관계가 없는 모습을 한다. 이것을 미디어에 대한 비판이라고 보기보다는, 21세기가 되면서 지식에 대한 학자의 독점이 깨지고 있다는 사회과학적인 주장을 반영한다고 보아야 할 것이다. 과학적인 지식은 여러 응용 분야에서 일상적으로 이용되고 있으며, 각 분야에 종사하는 교육받은 사람들이 나누어 갖는 모습이다. 교육받은 이론적인 전문가라고 할 수 있다. 이외에 과학적인 지식은 특정한 경우를 통해 습득한 경험적 지식(실천적 지식)과 같은 새로운 지식형태를 통해 보완되는 모습을 한다. 문제에 정향된 지식을 가진 해결 전문가라 할 수 있다. 전문성이라는 말은 학술적인 방법으로 만들어지고 두말할 것 없이 비학술적 결정에 영향을 받을 수 있다는 관점은 매우 단순하다. 학술적인 조언 행위는 실제로 지식의 틈새 그리고 불확실성과 관련이 있으며, 잘 알려진 것에 활용된 지식의 사례를 특정한 새로운 전제조건을 요구하는 새로운 사례에 접목시켜 일반화시키고, 곧 다가올 미래에 대해 메시지를 주어야만 한다. 상호관련성을 갖도록 학술적인 조언 행위는 이외에 결정의 상황, 가치 그리고 관련자의 지향점 등을 성찰해야만 한다. 따라서 과학자는 미디어에서 존재하는 전문가의 한 부분이 된다고 보아야 한다.

이외에 미디어에 존재하는 과학자가 모두 전문가의 역할을 하는 것으로 묘사되지 않는다. 과학자를 전문가라고 표현하는 것처럼 비슷하게 연구자 또는 박사로 표현하는 모습이 빈번해지고 있다. 최근에는 교수라는 직업군을 다양하게 표현하면서 전문가 범주에 포함하는 경향이 강해지고 있다.[48]

대부분의 선진국에서 자연과학자는 미디어에서 주로 연구자의 역할을 강조하고 인문사회과학자는 사회적인 현상과 발전을 분석하고 논평하는 전문가의 역할을 강조하는 반면에, 우리나라에서는 교수, 연구원 같은 직업과 박사라는 학위로 학술적인 원칙을 구분하는 모습을 한다. 그래서 우리는 미디어에서 두 가지 형태의 다른 모습으로 학술적인 전문가를 만난다. 하나는 어떤 사건과 발전에 대한 설명, 분석 그리고 평가를 위한 저널리스트적인 수단의 한 형태이며, 두 번째는 전문가의 감정평가 혹은 전문가 위원회의 형태로 전문성이 연결되는 자문과정이나 결정 과정에 대한 보도의 저널리스트적인 대상으로서 나타나는 형태이다. 저널리스트적인 틀에서 사용되는 학술적인 전문성의 이 같은 두 가지 형태는 정치적인 영역과 공적인 커뮤니케이션에서 이루어진 결정에 대한 정통성과 합리성을 평가하는데 필요한 학술적인 지식의 의미를 반영하는 것이다. 그러나 두 번째 형태는 간혹 때에 따라 전문가의 상반되는 논쟁적인 평가를 제시하면서 전문가의 이해충돌을 드러내고, 전문가의 감정평가를 의심하게 하고 전문가 위원회의 구성에 의문이 있다는 문제를 제기하면

---

48) 최근에 겸임교수, 초빙교수, 석좌교수, 교육전담 교수, 연구교수, 객원교수, 시간강사, 비정규 교수라는 용어가 난무하면서 전문가라는 최고의 지성을 나타내는 교수의 이미지가 크게 실추하고 있다. 이제는 교수라고 하면 누구도 쳐다보지 않는 직업이 되었다.

서 학술적인 전문성을 강하게 비판할 때 주로 나타난다.

미디어를 단지 학술적인 전문성을 전달해주는 것으로 보는 것은 매우 단순한 시각이라 할 수 있다. 미디어는 공적으로 처리되는 지식의 생산에 참여하기 때문에 이처럼 기능적인 차원에서만 볼 수는 없다. 첫 번째로 미디어는 자료조사와 인터뷰 전략을 통해서 과학자들의 추상적인 난해한 지식을 구체적인 문제에 적용하도록 하고, 이를 통해 학술적 지식을 문제를 해결하는 전문성으로 전환하는 데 기여한다. 두 번째로 미디어는 자문과정에 대한 보도에서 결정에 영향을 주는 전문성을 잠재적으로 보완하거나 수정을 끌어내는 학술적 비판이나 비학술적인 비판을 서로 대척시키면서 제시한다. 세 번째로 저널리스트는 자료조사를 통해 스스로 관련된 지식을 만들어 보조적인 행위를 하는데 이것은 때에 따라 과학자와 공동으로 이루어진다. 이것을 우리는 최근에 데이터 저널리즘이라고 부르는데, 저널리스트가 과학적인 방법을 이용한 설문조사, 데이터, 정부의 공식적인 통계를 통해 문제를 평가토록 한다.

여기서 전문가의 책임에 대한 논의가 새롭게 주목받는다. 직간접적인 결정근거나 잠재적으로 중요한 사회적 결과로부터 우리는 최근에 매우 중요한 미디어의 책임을 새롭게 끌어낼 수 있다. 특히 의학적인 분야나 환경문제에서 미디어가 표현하는 전문가의 모습에 우려를 낳도록 하고 있다. 최근 경제문제나 에너지 문제와 관련해서 과학적 전문성을 표현하는 저널리즘 방식에 많은 의문이 제기된다. 미디어 보도에서 특정한 전문가의 목소리만 나오고 있으며, 전문가가 아닌 소위 '사이비 전문가'의 목소리만 나온다는 비난이 넘치고 있다. 언론 보도에서 전문가의 의미가 날로 높아지고 있지만 유감스럽게도 이에 상응하는 소위 (과학) 저널리즘을 발전시키지는 못하고 있는 것이다.

디지털미디어가 등장하면서 나타난 전통적인 저널리즘의 붕괴를 넘어서 인터넷에서 교환되는 전문성을 갖는 정보의 다양성은 (과학) 저널리즘의 발전에 큰 기여를 한다. 인터넷뿐만 아니라 유튜브로 대표되는 새로운 미디어는 과학적 전문성에 다가갈 수 있는 길을 폭넓게 열어놓고 있다. 무엇보다도 열린 온라인 공간에서 이루어지는 전문성의 협업적 구성에 수용자가 참여토록 하며, 이들에게 폭넓은 지식을 제공하고 경험의 공간을 넓혀준다. 소셜 미디어나 유튜브에도 매우 진지한 학술적인 정보들이 교환되는 것을 볼 수 있다. 저널리스트적인 표현과 관련한 질적인 문제는 온라인 커뮤니케이션에서 더욱 심화하고 있다. 추측하건대 진지하지 않은 정보는 이용자들에게 심각한 방향 제시와 관련한 문제를 가져오면서 '선택'이라는 행위를 중시토록 한다. 디지털미디어, 특히 인터넷에서 전파되는 과학적인 혹은 유사과학적인 전문성에 대한 비판적 관찰은 진지한 저널리즘의 또 다른 과제가 되고 있다.

그래서 전문가의 공적인 커뮤니케이션은 저널리즘만의 과제나 촉구사항이 아니라, 학문의 세계에도 요구되는 문제로 해석되어야 한다. 의학적, 기술적인 이노베이션 외에 개인이나 사회적인 결정에서 요구되는 학문적인 전문성은 학문의 핵심이며, 잠재적인 사회적 이용을 뒷받침하는 것이다. 이와 같은 커뮤니케이션은 제도화되었거나 혹은 의사와 환자 간의 대화, 정치인·공무원·이해집단과의 대화 같은 비공적(非公的)인 감정평가 상황에서 이루어진다. 전문가와의 직접적인 커뮤니케이션 외에 미디어가 만들어내는 공적인 공간이 점점 더 의미를 얻어가고 있다. 공적으로 커뮤니케이션 되는 학술적인 전문성은 시민을 개인적인 결정자로 보도록 하고, 국민은 정치적인 결정에 직접적인 영향을 가하는 사람으로 간주토록 한다. 정치의 미디어화로 인해서 미디어가 전하는 학술적인 전문성은 직접 정치적인 과정으로 삽입이 된다. 예를 들어 최근 미디어가 만들어낸 미세먼지의 위험에 대한 의제설정은 새로운 환경정책을 세우도록 하고, 화력발전소의 정당성을 붕괴시키며 새로운 에너지 정책을 세우도록 하는데 기여하고 있다.[49]

학술적인 전문성에 대한 공적 커뮤니케이션은 대학이나 여타 연구기관에서 이루어지는 제도화된 지원을 별로 크게 받지 못하고 있다. 그 대신에 소위 조직 커뮤니케이션은 일차적으로 조직 자체에만 정향된 전략적 PR을 추구한다. 공적이고 사회적인 이용에 정향된 커뮤니케이션을 하지 않는다. 이것은 조직 커뮤니케이션의 논리와 공적인 정당성의 필요성에서 이해할 수 있지만, 연구기관의 제도화된 공적 지식 커뮤니케이션의 차원에서는 문제가 될 수 있다. 연구기관은 기관의 PR이라는 틀에서 전문성을 소통시키는 것에는 어려움을 가질 수 있다. 원전 관련 논쟁에서 보듯 무엇보다도 정치적인 문제로 연결될 때는 더욱 그러하다. 여러 이해관계자가 관련된 주제를 다루는 관점이 주무 부처와 정치인 간의 갈등을 불러일으키면 위험은 훨씬 더 커진다. 대다수 과학자는 이러한 문제를 전혀 논의 구조로 끌어들이지 않고 있다. 저널리스트 역시 과학자들과 함께하는

---

49) 미세먼지 보도와 관련한 국무총리실 자료 참조. 2018년 국내 과학기술계의 핵심 키워드는 환경과 에너지 정책이었다. 미세먼지, 플라스틱 쓰레기 오염, 탈원전 정책, 친환경 수소 연료 전지의 개발 등이 핵심이다.

탐사저널리즘을 이용하여 전문성을 높이는 작업에 사회적 가치를 부여하지 않고 있다. 저널리즘의 새로운 핵심인 독자적인 커뮤니케이션 이니시어티브를 이해하지 못하고 있는 것이다.

4. 위험 커뮤니케이션과 '미지의 지식'과의 사회적 만남

사회적 실재성을 새롭게 보아야 하는 시대가 되었다. 21세기가 시작하면서 전통적인 근대사회와는 다른 새로운 사회적 형태가 등장하고, 그것을 만들어내는 행위자의 모습들이 달라지고 있다. 산업사회라는 틀에서 나온 문제를 해결하기 위한 기존의 논리는 이제 종착지를 향해 가고 있다. 그런데도 지식의 지평선이라는 말로 서술된 사회 질서의 토대는 여전히 지식에 토대를 둔다는 것은 변함없다. 그런데 지식의 의미가 다양해지면서 현재 잘 알지 못하는 미지의 지식이 인간의 행위와 어떠한 객관적이고 사회적인 결정에 어떠한 의미를 갖는지에 대한 것이 동시적으로 중요해지고 있다. 복잡한 실상(實狀)에 대한 성찰은 지식의 상대성이론이나 임의성(任意性)에 더 이상 기댈 수 없도록 한다. 이것은 학문 자체가 정치적인 문제를 제공하며 어떠한 범주에서 스스로 위험한 것이 되는지를 인식하도록 한다. 그래서 지난 20여 년 동안 선진 서구사회에서 위험과 사회와의 대화 그리고 그 이해가 크게 변화를 했고 여러 형태로 분화해왔다.

이 같은 변화된 관점은 무엇보다 위험사회의 개념 등장 이후에 이루어진 위험 논쟁이 만들어낸 것이다. 현재까지 이루어진 연구들의 성과 중 하나는 위험개념을 여러 형태로 분명하게 개념화했다는 것과 위험평가에 대한 여러 행위자의 서로 다른 평가를 수용했다는 것이다. 위험개념의 분화와 평가의 다양성을 학술적으로 설명해낸 것이다. 이러한 학술적인 성과에도 불구하고 여전히 근대사회에서 위험을 둘러싼 사회적 구성과 커뮤니케이션 과정에 대한 지식은 논쟁적이다.[50]

인공지능 사회, 초연결사회, 초격차 사회 등 다양한 이름으로 불리는 현대사회의 모습과 관련하여 지식은 그 핵심에 있고, 그 모습을 지식사회라는 관점에서 접근해보는 것은 매우 중요하다.[51] 위험과 지식사회는 공통분모를 넓혀가면서 위험과의 커뮤니케이션을 주제화시키는 일치성을 끌어낸다. 지식의 범위가 크게 확대되면서 우리가 사는 현재의 사회가 지식 중심 사회로 변모했지만, 이와 관련하여 학술적 지식은 점점 더 확실치 않은 과정이 된다는 이해가 필요하다. 그래서 언론학에서 위험에 대한 커뮤니케이션 그리고 그 평가와 관련하여 매우 난제가 많다는 것을 강조하고 연구영역으로 발전시키는 노력은 과제라 아니 할 수 없다.

1) 지식사회의 재탄생

산업사회가 등장하고 그 이후에 기술이 발전하면서 동반한 사회적 구조변화를 담아낸 사회학적 노력은 정보화 사회, 포스트모던 사회, 네트워크 사회, 지식사회 등으로 불리면서 사회의 변모를 경쟁

---

50) 김원제, 위험사회를 넘어, 안심 사회의 조건: '위험사회 한국'의 소통 현실 성찰 그리고 '안전국가·안심 사회'를 위한 과제, 서울 한국학술정보. 2017 참조. Bayerische Rück(eds.), Risiko ist ein Konstrukt: Wahrnehmungen zur Risikowahrnehmung 참조.

51) 권오현 지음 김상근 정리, 넘을 수 없는 차이를 만드는 초격차, 서울 쌤앤파커스. 2018. 한국포스트휴먼연구소·한국포스트휴먼학회 편저, 인공지능과 새로운 규범, 서울 아카넷. 2018.

적으로 담아내고 그 적법성을 뒷받침하였다. 이 가운데 지식사회라는 서술은 학술적 지식과 기술공학적 지식을 활용하는 모든 영역에서 수용되고 있다. 역사적 과정에서 이 지식사회라는 개념의 등장은 갑작스러운 혁명의 과정이 아니라 진화의 과정으로 이해해야 한다. 특정한 구조를 바꾸고, 새로운 사회적 형태를 가져오는 장기적 과정인 것이다. 지식사회는 단순한 일차원적 사회변동의 결과가 아니다. 정보통신 기술의 발전이 집단과 개인 간에 놓여있던 전통적인 간격을 없애고 있지만, 종교 간, 지역 간 그리고 도시 간의 소외는 여전히 그대로 남아있으며 경쟁은 강화되고 있다, 세계가 글로벌화에 따라 상품과 사람이 예전에 비해 엄청나게 순환하고 있지만, 무엇이 신성하고 정체성을 만들어내는지에 대한 확신의 장벽은 여전히 공고한 것을 볼 수 있다. 최근 얼마 전까지만 해도 산업사회는 자본과 노동이라는 개념으로 모든 것이 규정되었고, 그 소속감이 나누어졌다. 노동과 자본이라는 전통적인 속성이 완전히 사라진 것은 아니지만, 새로운 원칙 '지식'이 들어왔고, 사회를 구성하는 구조 메커니즘으로서의 자본과 노동은 도전을 받으며 변형이 되고 있다.[52]

지식과 기술의 사회정치적, 경제적 의미가 높아지면서 지식의 기능에 대한 분석을 요구한다. 여전히 전통적인 지식은 인간의 공동생활을 이해하는 데 중요한 역할을 한다. 여기서 우리는 사회적 행위, 사회적 상호작용 그리고 사회적 역할은 지식을 만들어내고, 사회적 집단은 단순한 무리 집단이 아니라 상징을 만들고 지식을 교류시킨

---

52) 이재규, 지식사회 : 피터 드러커의 사회관 (제대로 다시 읽는 피터 드러커 2), 서울 2009. 빌 게이츠의 @ 생각의 속도(2006), 앨빈 토플러의 부의 미래(2006)도 이와 같은 변화를 잘 담아냈다.

다는 인류학적 불변의 상수를 이야기할 수 있다. 개인 간의 모든 관계는 상호관계이며, 권력은 단순한 물리적 폭력 위에서 유지되는 것이 아니라 문화적 행위, 바로 지식의 재생산 위에서 정통성을 부여받는다는 것을 부인할 수 없다.

사회적 영향력과 지식의 사회적 통제에 기반을 둔 현상으로서의 지식 그리고 집단의 힘은 여러 사회이론에서 대개 제한적인 것에 기대고 있음을 볼 수 있다. 제한된 지식의 개념이지만 사소하지 않은 공적 의미를 가지며 정치적 영향력을 발휘한다.[53] 이것은 지식이 만들어낸 인식과 함께하는 경쟁이 없는 실제적 효과라는 가정과 연결된다. 그런데 문제는 바로 이러한 개념이 공적인 여론과정과 학문의 세계에서도 선호된다는 것이다. 특히 자연과학에서 광범위한 신뢰와 정통성을 부여받도록 한다. 여기에 바로 비판의 목소리가 나오는 것이다.

생태학적 사고는 자신들의 정당성을 높이는 원천으로 현재의 도덕적이고 미학적인 자연의 개념에 경고를 가했다.[54] 이러한 사고는 화학제품의 독성 문제, 오존층의 파괴, 자동차 배기가스에 따른 지구온난화 등은 기존의 과학적 정의와 정보를 불신토록 한다. 소위 일상생활의 과학화, 예를 들어 보건시스템의 확대, 모든 형태의 위험에 대한 평가는 문화적 우선순위, 현재 통용되는 특정한 지식 콘

---

53) 니클라스 루만 지음. 윤재왕 옮김, 체계이론 입문, 서울 새물결, 2014, 게오르그 크네어, 아민 낫세이 지음. 정성훈 옮김, 니클라스 루만으로의 초대, 서울 갈무리. 2008, 한스 디터 퀴블러 지음. 이남복 옮김, 지식사회의 신화 : 정보, 미디어와 지식의 사회변동, 서울 한울아카데미. 2008 참조

54) W.van den Daele : "Concepts of nature in modern societies and nature as a theme in sociology," in : M.Dierks, B. Biervert(eds.): *European Social Science in Transition. Assessment and Outlook,* Frankfurt/M. 1992. 참조

셉트를 재생산하는 사회적 권력을 그대로 표현하는 것을 볼 수 있다. 위험 논쟁과 관련하여 지식사회가 불러낸 직접적인 결과는, 지식사회는 사건 사고를 단순히 일으키는 것이 아니라 생산해 내는 사회적 시스템이라는 것을 인식하는 것이다.[55] 지식사회는 점점 더 인간이 만들어낸 실재(實在, reality)가 되고 있다. 다시 말해 우리가 사는 지식사회의 영속성과 현존성 그리고 미래는 더욱더 결정에 종속적인 모습을 하며 이 결정은 위험을 발생시킨다는 것이다.

2) 지식에 대한 지식의 새로운 형태

지식을 어떻게 정의해야 할까? 우리는 지식을 행위적 자산, 즉 '어떠한 것을 실제로 할 수 있도록 하는' 가능성의 형태로 이해해야 한다.

이것은 프랜시스 베이컨의 유명한 테제 "과학(科學)은 능력(能力)이다(scientia est potentia: 우리는 주로 이 문구를 '아는 것이 힘이다'로 번역한다)."에 기대고 있다. 베이컨은 지식의 특별한 사용능력, 바로 "어떠한 것을 실제로 할 수 있도록 하는" 힘이라고 주장한다. 지식은 상징시스템으로서 실재를 구조화하며, 현실을 설명하는 모델이 되고, 잠재적으로 실체를 변화시킬 수 있는 위치에 놓인다. 라틴어로 potentia 라는 말은 능력을 이야기하는데, 지식의 힘으로 변형시켜 사용되고 있다. 지식은 만들어지는 것으로, 알려지는 것 그리고 인식하는 것 그 이상이 된다. 이로 인해 지식과 정보는 여타 물건, 물질 그리고 비밀스러운 메시지보다도 독특한 실존성(實存性)을

---

55) Risk ist ein Konstruktion.

내재한다. 판매되고 타인에게 넘어갈 수 있지만, 원생성자(原生成者: 최초의 제작자)의 재산으로 남는다. 지식은 제로가 되는 특성을 갖지 않고 모두가 이익을 볼 수 있는 긍정의 게임을 만들어낸다. 그러나 문제는 그 이익의 획득이 모두 동일하지 않다는 것이다. 바로 여기서 우리는 지식의 생산이 불확실성을 끼어들게 하고, 예측할 수 없도록 한다는 사실에 주목해야 한다. 지식의 활용이 전반적으로 위험이 없을 수 있는지, 지식의 경쟁이 불확실성을 만들어내도록 조력을 하는지에 대한 확신은 아주 최근에 점점 더 문제가 되고 있다. 지식은 더는 세상의 비밀을 푸는 열쇠나 통로가 아니라, 세상을 함께 만드는 그 자체가 되었다는 것을 우리는 이제야 개념화하고 있다. 학술적 인식은 상반된 평판이 이루어지면서 항시 갈등하는 특성을 내재하며, 반드시 문제를 해결하는 것이 아니라 어떠한 결정행위의 토대가 되며, 위험을 만들고 미결정상태를 만들어낸다는 것을 확신한 것은 매우 최근의 일이다. 지식은 항시 논란의 대상이 되면서, 이 특성은 무엇보다도 학술적 인식의 특별함이 갖는 특정한 맥락에서 유효하지만, 실재적인 맥락에서 이 원칙은 빈번하게 배제되는 것을 목도한다. 지식은 무엇보다도 결정의 행위 공간이나 필요성이 존재하는 사회적 행위에서 특정한 '능동적인 기능'을 발휘한다. 그래서 사회학자 카를 만하임(Karl Mannheim)은 사회적 행위를 우선적으로 합리적이지 않은 행위 공간에서 규제되지 않은 상황이 결정을 강제하는 곳에서 시작하는 것으로 본다.[56] 고전적인 상이한 기능주의와는 다르게 자연적이고 사회적인 과정에 미치는 영향에 대한 다수의

---

56) Karl Mannheim, Ideologie and Utopia, Bonn 1929(카를 만하임 지음. 임석진 옮김, 이데올로기와 유토피아. 서울 김영사, 2012) 참조.

비판적인 문제 제기에는 여전히 인지불확실성(認知不確實性)이 존재한다. 지식이 보편적인 법칙의 의미에서 말하는 사실(事實)이 아니고, 다소 근거가 있도록 잘 만든 추측, 시나리오 또는 확률적인 배경에 근거하여 둘러싸여 있다는 것이다. 합리적인 지식이론을 제시하는 것과는 다르게 문제는 진짜 학문이나 유사 학문으로 구분하는 방식으로 해결할 수 없다. 현대사회에서 학술적이고 기술적인 지식이 갖는 특별한 위상 가치는 과학적 인식은 사실이고 객관적인 척도이며, 논쟁이 없는 재판관으로 폭넓게 인식되는 것에서 나오는 것만은 아니다. 여타 지식형태와는 다르게 학술적인 지식이 통계적인 지식이나 지속적인 부가적인 행위를 만들어내지 못했다는 사실에서 특별한 경제적인 위상 가치가 나온다. 새로운 지식과 지식시스템은 현대사회에서 특별히 유익한 위상 가치를 갖는데 무엇보다도 부가적인 지식이 경쟁력을 갖도록 한다는 것에 있다.[57] 지식과 행위의 구분을 다시 없애버린다면 지식을 행위재(行爲財) 즉, 지식의 응용과 실재화가 항상 특정한 사회적, 인식적인 범주 아래서 이루어지는 것으로 그 모습을 그리도록 하는 것이다. 지식의 실재화가 특별한 조건에 종속된다면, 이것은 지식과 힘의 관계를 증명하는 근거가 되는 것이다. 지식을 활용하는데 필요한 사회적 인지적인 조건에 대한 통제는 특정한 정도의 권력을 요구한다. 실현 가능한 실제적인 범위가 크면 클수록, 지식을 행위재로 인정하는 사회적, 인지적 틀을 통제할 수 있는 힘이 더 크게 요구된다. 새로운 지식의 개념을 요구하는

---

57) 스티븐 사이드먼 지음. 박창호 옮김, 지식논쟁, 서울 문예출판사, 1999. 하영선, 김상배 지음, 네트워크 지식 국가 21세기 세계정치의 변환, 서울 을유문화사, 2006. 정하웅, 구글 신은 모든 것을 알고 있다, 서울 사이언스북스, 2016. 참조.

인공지능의 문제는 바로 이러한 관점에서 보도록 강제한다. 빌 게이츠의 "인공지능을 두려워하지 않는 사람을 나는 두려워한다"라는 말은 이 상황을 가장 잘 표현하고 있다.[58]

3) 지식과 사회의 새로운 불확실성

과학은 새로운 지식뿐만 아니라 불확실성을 만들어낸다. 과학적인 발견을 통해 새로운 행위의 가능성이 열리고, 복합적인 결정의 상황이 생성된다. 이를 통해 사회에 새로운 위험과 위협이 발생한다. 과학에 토대한 학술적인 인식의 결과는 응용시스템에서 건설적이기도 하고 파괴적이기도 하다. 울리히 벡은 과학적인 진보의 이와 같은 관점을 분명하게 제시했다.[59] 사회에 미치는 영향에 대해 무관심한 모습을 보이면서, 가치의 자유라는 공준(公準)에 의거해 과학은 스스로 발생시킨 폐해로부터 면죄부를 받는다. 지난 30여 년 동안 사회적으로 확산된 위험 인식은 이와 같은 철옹성을 서서히 파괴시켰다. 이제 과학계에 스스로 만들어낸 결과와 위험에 대해서 함께 생각하고 논하는 것을 요구하고 있다.[60] 기술영향평가와 위험연구의 출범과 동시에 지난 20여 년간에 이루어진 빠른 성장은 과학시스템이 이러한 사회적 요구를 수용한 지표가 되고 있다. 위험연구는 무엇보다 이제 정상적인 연구의 한 분야로 다루어지면서 지식시스템의 주변부에 정착했다. 그러나 여전히 과학이 성찰적인 관점에서

---

58) "처음에는 기계들이 우리를 위해 많은 일을 해주면서도 아주 지적이지는 않은 존재가 될 것이다. 몇십 년이 흐르고 나면, 그들의 지성은 우리가 걱정해야 할 만큼 강력해질 것이다." -빌 게이츠 (The Huffington Post 2017년 11월 27일)

59) 울리히 벡의 위험사회론 참조

60) 송해룡, 위험 거버넌스와 위험 커뮤니케이션, 서울 한국학술정보, 2013. 참조.

자신에 관한 연구를 간과하고 있다는 것은 주지의 사실이다. 소위 위험을 둘러싼 대화는 학술적인 행위의 이 같은 형태에 대해 스스로 관련성을 깨닫도록 한다. 그런데 이것이 학술적 연구가 가설에 근거해 진행되기 때문에 위험을 내포하고 있다는 것을 말하는 것은 아니다. 잘못된 가설을 따라갈 수 있으며 진실 대신에 잘못된 비진실(非眞實)을 만들어낼 수 있다. 이에 따라 엄청난 재원이 이론의 구성에 투입될 수 있다. 지식생산의 장기적인 행위와 폭넓게 그 응용의 범위를 증명해야만 하는 새로운 지식의 창출은 항상 실패라는 큰 위험의 부담을 갖는다. 페로우(Perrow)가 말했듯이 이것은 지식적 활동에서 나오는 정상적인 위험이 되고 있다.[61]

이와는 반대로 새로운 유형의 문제는 자연과 사회에 영향을 미치는 지식기반의 기술이 가져온 원하지 않던 결과에서 나타난다. 과학은 그 자체의 독특한 관점과 일(실험) 방식에서 연원하지 않는 문제와 점점 마주치는 것을 볼 수 있다. 앨빈 와인버그(Alvin M. Weinberg)가 이미 관찰했듯이, 답변을 할 수 없는 문제와 대결을 벌인다.[62] 이러한 관계에서 방법론과 과학의 합리성 판단근거를 만들어내야 할 융합적인 연구가 요구되는 것이다. 융합적인 연구는 외부성이나 대안적 과학이 아니라, 과학 자체가 되고 있다.[63] 과학은 자체의 독특한 활용조건과 그 응용결과에 대해 성찰하도록 강제되고 있다. 이것은 학술적인 방법론을 지원하는 것 그 자체가 되고 있다. 위험연구의 위험함 그리고 정치, 경제에 미치는 위험 결과에 관한 연구의 결론

61) 찰스 페로 지음/김태훈 옮김, 무엇이 재앙을 만드는가? 서울 2015(RHK 알에이치코리아).
62) Alvin.M. Weinberg : Science and Trans-Science, Minerva 10(1972).
63) 이정모, 인지과학 : 학문 간 융합의 원리와 응용, 서울 2009(성균관대학교 출판부). 참조.

에 대해서 이미 많은 전문가가 상세히 제시했고, 학술적인 연구의 과정으로 편입이 되었다. 학문이 위험의 상황 그리고 사회적인 불확실성을 다루면서 학술적으로 보장된 안정성이 불확실성으로 변화되었다. 지구온난화는 대표적인 사례이다. 새로운 재난, 잘 알려지지 않은 바이러스, 의약품의 부작용 확대는 불확실성의 스키마를 넓히고 있다. 현재의 과학적 주장과 배치되는 새로운 유형의 위험문제는 사회적으로 만들어낸 불확실성을 분석하도록 하고, 오늘날 위험주제가 왜 세계적으로 가장 큰 관심을 불러일으키는지에 대해 질문하도록 한다. 서구사회는 동양과 비교하면 역사적으로 상이한 보장 제도를 통해서 높은 사회적 안전을 유지해 왔다. 포괄적인 건강보험 제도를 통해 질병의 사회적 문제를 해결하고, 사회안전망 등의 도입을 통해서 초고령사회를 시스템적으로 준비하고 있다. 어찌해서 거대기술의 위험에 대한 저항이 확산하였을까? 이 질문은 우리 사회가 발전이나 진보의 관점이 아니라 위험의 관점에서 미래를 보아야 한다는 것을 수용한 것이다. 최소한도 세 가지 담론이 사회적 위험을 사회적 주제로 만들어내는데 기여했다.[64]

첫째로 고도기술의 응용에 따른 결과이다. 물리, 화학, 생명공학의 과학적 토대에 기원한 것으로 모두가 높은 잠재적 재난의 가능성을 내포하고 있다. 작동이 중지되거나 포괄적인 고장이 발생하면 그 피해는 기술의 이용과 그 목적이라는 관계에서 볼 수 없도록 한다. 고도기술은 그 구조가 너무나 복합적이어서 더 이상 제어가 불가능한 고장이 발생했을 때 나타나는 재난을 완벽하게 통제할 수 없는 특성

---

64) F.-X. Kaufmannn.: Der Ruf nach Verantwortung Risiko und Ethik in einer unueberschaubaren Welt, Freiburg-Basel-Wien, 1992.

을 갖는다. 재난사고는 확률적인 가능성을 넘어서고, 항상 예외가 존재한다는 것을 인식하도록 한다. 이는 기술적인 문제를 드러내어 높은 잠재적 갈등을 끌어내었고 높은 재난의 발생 가능성을 제거할 수 없다고 인식시키면서 안전척도에 대한 기술적인 문제를 인간이 만들어내는 사회적 수용의 문제로 변화시켰다.

둘째로 위험 논쟁에 유전공학이 등장하면서, 유전공학이 갖는 잠재적 재난의 가능성에 연계된 위험 외에 폭넓은 차원에서 불확실성이 사회적으로 만들어진 것을 볼 수 있다. 유전공학이 발전하면서 인간은 고유한 진화의 제조건을 조작할 수 있게 되었다. 유전공학은 생명체의 생물학적 토대의 자율적인 생산의 메커니즘을 인간이 할 수 있도록 만들면서, 우리의 삶을 뒷받침한 문화적인 당연성과 인간의 정체성을 침해하였다.[65]

세 번째로 불확실성의 생산이라는 제3의 유형은 우리의 일상생활에 조용히 파고들었다. 이것은 장기적인 인간 활동과 행위 그리고 결정으로 인한 변화가 동반한 결과를 말한다. 자동차 배기가스, 탄소의 배출, 열대우림의 남벌, 화학물질의 대량 소비 등을 그 예로 볼 수 있다. 이와 같은 행동이나 결정행위는 숲의 고사, 기후변화 그리고 식수 오염이라는 위험을 끌어냈다. 이와 같은 엄청난 위험상태의 특징은 원인과 영향 사이의 시간적 차이가 매우 크다는 것이고, 이러한 결과에 극단적으로 여러 요인이 함께 영향을 주었다는 것이다. 또 다른 특징은 이것이 동반한 영향은 지식과 기술의 도입을 통해서만 인식할 수 있으며, 행위와 결과 그리고 그 원인은 분명한 관계를

---

65) 생명공학연구원 홈페이지 참조. www.kribb.re.kr/

더 이상 확인할 수 없을 정도로 떨어져 있다는 점이다. 하나의 원인이 생산된 피해에 책임이 있는 것이 아니라, 위험과 피해는 여러 요인의 결합작용으로 발생하며 종종 세대를 넘어서까지 부과(賦課)된다. 이 모든 것은 최저치를 약간 높이는 것을 어렵게 만들고, 어떤 시점에 피해가 시작되었고, 어떠한 조치를 통해 이것을 없앨 수 있는지, 누가 여기에 책임이 있는지를 결정하는 등에 영향을 미친다. 장기적으로 이루어진다는 장기성(長期性) 외에 생태적인 위험화(危險化)의 글로벌한 누적적 결과는 제때에 이루어져야 하는 예방조치를 취하지 못하는 문제점을 잉태한다. 우리는 이미 메르스 사태에서 끔찍하게 경험했다.[66] 발생 메커니즘의 규명뿐만 아니라 이러한 피해가 동반한 결과를 사회적으로 인정하는데 엄청난 사회적 비용이 들어간다. 어떠한 문제를 인식하고, 인정하는 상호의 관계는 조기 인식과 사전예방에 내재한 고유한 특성이다. 그래서 더욱더 위에서 언급한 3가지 사회 자체의 위험화 영역은 지식사회에서 불확실성을 생산한다. 이 각 분야는 우리의 미래를 만들고, 위험을 생산하며 누구도 안전함을 이야기하지 못하도록 한다. 울리히 벡이 얘기했듯이 근대성은 위험 주제의 관점에서 없앨 수 없는 양가성(兩可性)의 모습을 한다.[67] 고도화된 하이테크 기술, 유전공학 기술 그리고 생태학적 결과에서 이것을 제시할 수 있다. 고도화된 하이테크 기술의 발달은 복합적이고 통제가 매우 어려운 기술체를 만들어내지만 동시에 에너지나 제작공정 재료를 만들어낸다는 본래의 목적을 넘어서 인간과 자연에 부수적인 영향 즉, 위험을 만연시키고 있다. 더욱

---

66) 보건복지부 메르스 보고서 2016년 참조

67) 울리히 벡의 위험사회론 참조.

높은 안전조치를 통해서 기술이 더욱더 안전해지는 것이 아니라, 여러 실증연구가 제시하듯이 다양한 안전을 위한 행위들이 오히려 전체 시스템의 복합성과 그 시스템의 사고 가능성을 높이고 있다.[68] 기술이 만들어낸 위험은 제거할 수가 없고 기껏해야 다른 형태의 불안전성을 만들어낼 뿐이라는 인식을 하도록 한다. 바로 이러한 객관적 관점은 다른 결정이 필요하고 재난은 누구에게나 해당될 수 있다는 광범위한 부수적인 예측의식을 만들어냈다. 유전공학 기술은 위험과 기회를 동시에 주는 것으로 그 모습이 그려지고 있다. 인간에게 미치는 소위 탈자연화 위협이 위험으로 전환되면서 즉, 종교적인 형이상학적인 고려가 없이 이 기술이 주는 기회와 문제점이 진화론의 틀에서 평가되면서, 인간을 과학 기술적으로 생산되는 삶의 메커니즘으로 파악도록 하고 있다. 이 기술이 인간의 행위영역으로 들어오면 올수록 사회구조를 급격하게 변화시키는 것을 볼 수 있다. 미래는 우리의 결정이 다른 결과를 가져올 수 있으므로 점점 더 규정하기가 힘들어지는 것이다. 그래서 '미지의 지식'은 미래의 특성을 규정하는 매우 중요한 구성적인 부분이 되고 있다.[69] 아마도 가장 난제는 생태학적인 결과가 될 것이다. 자연을 변화시키고 인간이 만들어내는 제2, 3의 자연이 빠르게 또는 매우 완만하고 비밀스러운 여러 형태로 나타나고 있다. 이러한 변화는 전혀 인식이 불가능한 모습으로 일어나기도 하고, 대량적인 모습으로 나타나기도 한다. 생태계의 변화는 선형적이거나 원인 결과의 모습으로 해석이 불가능

---

68) D.S.Sills, C.P. Wolf, V.P. Sheunski(eds.), Accident ant Three Mile Island. The Human Diemension, Boulder 1982.

69) N. Luhmann, Beobachtungen der Moderne, Opladen. 1998 참조.

해지는 것이다. 여러 학자가 제시하듯이 이것은 지금까지 잘 알려진 고전적인 분석 모델과 그리고 인과관계에 바탕을 둔 실존성의 틀, 행위의 틀을 뛰어넘도록 한다. 이것은 우리가 살고 있는 세상의 복합성과 예측성을 폭넓게 인식시키면서 여러 사람의 행위를 통해서 시너지 효과를 만들어낼 수 있다는 사고를 갖도록 한다. 불확실성(불안전성)은 여기서 가장 큰 고려의 대상이 되었다. 어떠한 현상에 관한 연구의 인과관계가 실제로 맞는 것인지, 아니면 다른 요인이 역할을 하는지에 대한 논의를 들 수 있다. 4대강 사업에 대한 찬반 논쟁은 그 한 예이다. 또 다른 것은 인간 행위에 따른 결과와 영향에 대한 논쟁에서 볼 수 있다. 기후변화와 최근 미세먼지 논쟁에서 볼 수 있다. 우리는 지금까지 학술적으로 논한 것 외에 다른 것이 있는지에 대한 정확한 지식이 없이 이러한 문제를 다루고 있다. 불확실성을 날로 증가시키는 것에 대한 책임성은 위험사회 논쟁과 지식의 역할을 강조한다.

위험 주제는 사회에 등장하는 새로운 불확실성(불안전성)을 불확실한 미래와 연결하여 논하도록 요구한다. 이와 같은 사회적 관점에서 위험성(위험의 의미)은 예상 가능한 피해나 손실을 이미 현재 내리는 결정행위에 고려되어야 하며, 동시에 현재는 피해의 범위나 손실의 크기에 대한 지식을 끌어낼 수 없는 대상이라는 것을 말하는 것이다. 여기서 '미지의 지식(현재의 결정행위나 결과에서 고려되지 못한 것)'은 결정행위의 구성분이 된다. 현재 그리고 미래의 폐해를 계산할 수 있는 사회적 예증이 없기 때문에 결정은 불확실성 속에 존재할 수밖에 없다.

5. 위험 주제의 지식화에 대한 성찰(새로운 커뮤니케이션학적 구조의 관점)

위험연구의 시작은 위험을 합리적으로 계산할 수 있도록 하는데 분명한 목적을 두고 이루어졌다. 이것을 밝히기 위하여 여러 상이한 학술적 원칙에 기댈 수밖에 없었다. 위험산정의 전통적인 통계적 처리를 위하여 경제학적인 분석, 게임 이론적인 산정과 의사 결정론적인 관점이 논의에 등장하였다. 이후에 사람들이 위험을 과학적으로 산정하는 것과는 다르게 인식하고 계산한다는 사회과학적 연구가 도입되었다. 이러한 사회과학적 노력은 위험을 피해의 크기나 피해가 발생할 수 있는 확률적인 산물로 규정토록 하였다. 이것으로 우리는 보편적인 위험의 척도가 발견된 것으로 이야기를 했다. 그러나 여기에 대한 찬반논쟁이 이루어지면서 공식적인 위험개념에 대한 비판은 위험갈등에 대한 내용적인 차원에서 개념을 규정토록 유도했다.

1) 공식적인 위험개념에 대한 비판

초기에 위험연구는 주관적인 위험과 객관적인 위험을 구분하는 것으로 주로 수행되었다. 주관적인 위험은 개인이 개별적으로 인식한 위험이며, 객관적인 위험은 학문적으로 정확하게 탐구되고, 공식적인 원리에 따라 산정된 위험을 의미하였다. 주관적인 위험과 객관적인 위험의 차이는 위험공식에 대한 논쟁에서 나온 표현 형태에서 발견할 수 있다. 이러한 연구가 추구한 분명한 목적은 보편적으로 유효한 위험 척도를 계발하고, 그것을 이용해서 상이한 위험 유형을 비교 가능토록 하는 것이었다. 이것을 통해서 위험 발생확률에 따른 정도 그리고 위험의 폐해가 동반한 경중에 따라 상이한 위험의 수용을 합리적으로 설명할 수 있을 것으로 기대했다. 이와 같은 생각의 핵심은 보험 경제학에서 빌려온 공식을 만들도록 했다. 바로 위험은 확률(W)에 따른 피해의 크기(S)라는 것이었으며, 'R=W×S'라는 수치화된 공식을 제시한다. 그러나 이것은 이용과 피해에 통일된 척도를 만들어내지 못하면서 임의적이고 다툼이 있는 결과를 동반했고 피해를 상이하게 산정토록 했다. 확률 계산은 객관적인 지식의 경계선과 마주치는데, 현재까지 원자력 논쟁에서 이것이 큰 역할을 했다. 충분한 실증적인 경우가 제시되지 않는 한 주관적인 확률이 제시되고, 이것이 결정적인 역할을 한다는 것을 말한다. 피해 차원에서 질적인 차이의 추상적 개념화와 확률산정을 이용한 시간 차원의 탈역사화는 사회적으로 만들어진 위험평가를 위한 일반적이고, 유효한 보편적인 위험 척도에 대한 보상이다. 객관적인 위험평가를 둘러싼 갈등은 통일된 개념을 주지 않고, 확률에 따른 피해의 크기로 제시된 경영학적 개념을 공중이 정확히 이해하지 못한다는 두 가지 관점에서 시작된다.

2) 결정자와 이에 영향을 받는 이해당사자의 차이점

공식적인 산정행위로 위험의 구성 요건을 전환하는 것은 사회적인 위험요소를 은폐시키는 것이다. 단지 개인적인 행위 옵션과 관계된 것이 아니라, 제삼자와 관련이 되는 위험의 경우, 위험에 관한 결정은 공식적인 산정과 제삼자에 미치는 피해를 분리해서 내려야 할 것이다. 특히 예상되는 피해의 크기를 분명하게 말할 수 없을 때는 더욱 그러하다. 사회적 수용 가능성과 환경에 대한 문제는 규범적인 판단의 근거를 제시해야 한다. 예를 들어 최저허용치의 경우에 어느 정도가 어떤 객관적인 피해를 유발하는지에 대한 객관적인 수치가 존재하지 않는다. 위험을 규정하는 행위와 최저치는 더욱더 합의·불합치라는 과정의 결과를 나타내는 것이 된다. 그래서 새로운 기술이 발전하고 그 응용이 다양해지고 환경에 대한 불가역적인 공격이 이루어지면서 결정자와 이해당사자를 구분하는 갈등이 상징화되었다. 루만의 위험과 위협 논쟁에서 이를 자세히 볼 수 있다. 루만은 이론적으로, 예상되는 미래의 피해를 자신의 결정에 있는 것으로 개념화한 위험과 이해관계자는 영향을 줄 수 없는 외부적인 것에서 발생한 피해를 위협으로 정의하면서 그 차이를 개념적으로 정리했다.[70]

오늘날 모든 기술적이고 생태적인 형태의 위협은 상호작용적 행위와 결정으로 이루어지고 있지만, 이것은 한편에서 위험으로 다른 한편에서는 위협으로 인식이 되고 있다. 여러 근거가 이것에 영향을 주고 있다. 우선 첫 번째로 기술-생태적인 위험의 경우 편익비용의 관계는 더 이상 작동하지 않는다. 개인에 관계가 없고, 편익 결정을 내리는데 더 이상 교육적이지 못하다. 원자력, 화학 공장의 근처에 사는 주민들에게 편익비용의 관계는 설명력이 점점 떨어지고 있다. 두 번째로 오늘날 위험을 발생시키는 원인자나 위험 결정자는 원칙적으로 위험 당사자와 구별된다는 것이다. 이것은 사회적 기능 시스템의 분화에 따른 결과이다. 어떠한 결정과 그 결정의 결과는 더 이상 공간, 시간 그리고 사회적인 것에 한정되지 않고, 여러 행위로 연

---

70) N. Luhmann, Beobachtungen der Moderne, Opladen. 1998 참조.

결되는 가치사슬의 효과를 확대한다. 다른 한편 과학적인 측정 도구가 없이는 인식할 수 없으며 그 복합성으로 인해서 그 원인을 산정·평가하는 것이 더욱 어렵다.[71] 세 번째로 기술-생태적인 위협은 사회적 위험이라는 것이다. 이것을 하나로 설명할 수 없지만, 생태학적 위험은 인간의 행위로 인해서 발생한다는 것은 명백해지고 있다. 인간 개인이 각자 그것을 시도한 것은 아니지만, 여러 상황과 조건하에 그 결과에 함께 영향을 미친 것이다. 지식이나 의도 그리고 함께하려는 것 없이 세상에 영향을 미친 것이다. 이러한 상황에 따라 각 개인이 위험에서 벗어나거나, 타협하거나 저항하는 것이 별다른 의미가 없다. 생태학적인 것이나 기술적인 영역에 위험한 결정이 내려지는 한, 결정자와 이해관계자 간에는 차이점이 발생한다. 이러한 차이는 전통적인 계급적인 사회적 차이가 아니라, 기능의 분산과 권력의 분산에 있다는 것이다. 누가 결정을 내리고 이해당사자가 되는지는 개인적이고 조직적이며 그리고 사회적인 차원에서 결정이 되는 사회적 책임성을 표현한다. 차이는 부분 시스템의 기능으로 동시에 제도화되고 있는 것이다. 이에 따라 위험에 대한 관점은 상이한 모습을 한다. 결정자의 관점에서 위협은 위험이 되고, 이해관계자의 관점에서 이것은 제삼자적인 위협이 되는 것이다. 결정자는 산정, 평가, 시나리오 등에 따라 결정을 합리화하려 한다. 동시에 수용의 문제를 산정하고, 위험에 대한 계몽을 시도하면서 이해관계자의 관점을 고려토록 노력한다.

반대로 이해관계자는 위험한 결정의 결과를 위협으로 인식한다.

---

71) H.C. Binswanger, Neue Diemensionen des Risikos, Zeitschrift fur Umweltpolitik 6, 1990.

이해관계자는 자신이 함께하지 않았고, 그것을 통제할 수도 없는 위협에 내맡겨진 것으로 인식한다. 그들에게는 불확실성과 공포만이 존재한다. 위험과 위협의 관점에 대한 이와 같은 상반된 배타성을 살펴보면 공적인 차원과 개인적인 결정 시 새로운 갈등을 발생시키는 것을 볼 수 있다. 이러한 길항적(拮抗的)인 것을 어떠한 형이상학적인 판단근거에 따라 통제할 수 있는지는 예견이 쉽지 않다. 우리는 여러 논쟁에서 3가지 중요한 인식을 끌어낼 수 있다.

첫 번째, 객관적이고 맥락에서 자유로운 위험 콘셉트는 없다. 보편적으로 모두가 수용되고, 건전한 시민이 이해하는 일상적 콘셉트에 근거해서 이해되는 위험개념은 없다는 것이다. 그 대신에 위험은 사회적으로 구성되며 상이한 의미를 가지며, 특별한 사회적 맥락과 목적에 따라 이해된다는 것이다.[72]

두 번째, 우리는 현대사회에서 위험 커뮤니케이션이 사회정치적인 폭발력을 내재한 사회적 갈등을 생성시키는 구조물이 되었다는 것을 배우게 되었다는 것이다. 지금까지 이와 같은 갈등을 통제할 수 있는 일반적인 규정, 방법 그리고 제도화된 어떤 것이 없었다.

세 번째, 사회가 근본적인 불확실성을 고려하기 시작했다는 것을 강조할 수 있다. 이러한 불확실성을 함께 만들어낸 제도는 학문이며 지식이라는 것이며, 우리는 이 불확실성을 더 좋은 더 확실한 지식을 통해서 없앨 수 있는 것이 아니라, 지식과 정치를 불확실성하에서 위험 커뮤니케이션에 맞추도록 해야 한다는 것을 인식했다는 것이다.

---

72) V. Tacke, Das Risiko der Unsicherheitabsorption. Ein Vergleich konstruktiistischer Beobachtungsweisen des BSE-Risikos, *Zeitshcrift für Soziologie 19* (1999).

6. 전문가의 모습과 지식의 문제 (불확실한 지식의 맥락과 위험 커뮤니케이션 차원)

위험 커뮤니케이션의 발전과정을 살펴보면, 위험 주제를 논하는 데 있어서 미지의 지식이 핵심적인 가치로 변하는 것을 끌어낼 수 있다. 기술의 변화나 생태학적 변화와 관련한 제 결정에서 나온 긍정적이거나 부정적인 결과는 매우 높은 불확실성을 갖고 있지만, 우리의 미래를 설명하는 데 있어 고려되어야 하는 것이다. 이러한 주장은 지식에도 해당이 된다. 학술적으로 생산된 지식에 근거해서 안전이나 확실성을 요구해야 한다. 지식은 타산적인 관점에서 세상을 탈마법화 하는 것이다. 학술적인 인식의 보편성은 현재의 모든 결정이 학술적인 것에 근거한다는 것이 아니지만, 어떤 계산과 산정을 통해서 모든 것을 지배할 수 있다는 것을 의미한다. 위험의 문제는 바로 이러한 믿음을 위태롭게 하고 있다. 이것은 객관적일 뿐 아니라 사회적, 시대적 관점의 요구에 따라 등장한 것이다. 객관적인 관점에서 위험지식은 다모클레스의 검에 놓여있는 것이다. 이것은 상황적 요구에 기술적인 시스템의 순차적 적용을 말하는 시행착오(trial and error) 방식이다.[73] 이는 학술적으로 장기간 논하고, 가정(假定)하고 그 위에서 이루어지는 확률적인 위험분석이다. 실제적인 경험과 실증적인 연구가 모델, 시나리오 등 새로운 방식에 의해 대체하고 있다. 실증적인 지식은 주관적이고 확률적인 산정을 배제시

---

73) 미국의 심리학자이자 교육학자인 손다이크(Edward Thorndike)가 동물이 새로운 장면이나 문제 상황에 당면하였을 때, 자신이 소유한 반응의 형(型)을 지향성 없이 차례로 되풀이하는 과정에서 우연히 어떤 반응이 성공하였을 때의 행동 양식을 설명하는 것으로 도입했다. 그는 실험을 단순히 서술적으로 설명하는 데 반대하여 측정과 자료의 양적 분석을 강조함으로써 현대 심리학, 특히 행동주의 실험에 막대한 영향을 미쳤다. 시행착오법으로 번역된다.

킨다. 잠재적 피해와 잠재적 확률은 더 이상 경험을 통해 탐구되지 않고, 논의와 사고를 통해서 예측되어야만 한다. 전문가 논쟁을 통해서 지식은 자신의 정통성을 상실하고 있음을 사회적으로 보여주고 있다. 고도의 기술이 만들어내는 생산물은 정치적인 갈등의 소재가 되는 불신과 불확실성을 높이며 여러 가지 증후군을 만들어낸다. 새로운 형태의 재난과 반복되는 동일한 사고는 누적된 사회적 분노를 폭발시키고, 여론을 들끓게 한다. 기술적인 위험 외에 위험의 외주화, 사회적 위험에 대한 정치권의 외면은 사회적 불확실성과 공포를 표출시키는 방아쇠가 되었다. 소위 진보와 발전에 대한 믿음은 한계점에 도달했고, 지식을 생산하고 전파하는 기관에 대한 불신임을 높이고 있다. 학술적으로 생산되고 가정되며 그리고 언제든지 교정 가능한 지식에 대한 믿음직한 지식의 상실은 국가정책의 결정에 대한 신뢰를 위협하고 있다. 우리 사회의 이해규범에 따라 정통성을 갖고 국민의 안녕을 위해 결정을 내리는 사람들이 의견형성 과정에서 전문가들에게 종속되고 있다. 점점 더 결정을 내리도록 하는 지식이 정통성을 상실하고 있다. 이러한 모습은 잘못된 결정을 방지하고, 책임을 질 수 있는 결정구조의 힘을 약화한다. 기술적인 발전을 가속하고 지속적인 변화를 끌어내기 위한 결정은 더 많은 지식과 시간을 요구한다. 여기에는 상이한 집단의 참여와 부수적인 복합적 결과를 논의 속으로 끌어들여야 한다. 그러나 우리 사회는 최근에 많은 결정이 허구적인 사실에 근거하여 이루어지고 있음을 볼 수 있다. 문화의 구조적인 허구성이 증가하고 있기 때문이다.

미지의 영역에 자리한 지식은 우리가 결정을 내리는 데 있어서 점점 더 결정적인 변수가 되고 있다. 다가오는 미래를 우리가 더욱 알 수 없기 때문에 미지의 지식을 공적인 토론장의 과정에 끌어들이는 것이 과거 어느 때보다 중요해지고 있다. 원자력 발전을 둘러싼 에너지 수급논쟁, 지구온난화 대책, 미세먼지 저감 대책 그리고 최저임금의 효과 논쟁에서 보듯이 이와 같은 문제는 우리에게 새롭고, 더욱더 학술적인 뒷받침이 필요함을 상기시켜 준다. 최근의 위험이론은 새로운 논쟁의 기저가 되는 불확실성에 기초한 배움의 과정을 조직화하고, 고도화된 사회 시스템에서 불확실성을 제거하는 결정을 내릴 수 있을까 하는 문제를 제기하고 있다. 우리가 분명하게 인정해야 할 것은 지식은 위험문제를 다루는 여러 관점 가운데 하나라는 것이다. 그러나 우리가 부정할 수 없는 것은 지식의 의미가 중요하고, 이것의 다양한 사회적 응용이 증가하면서 사회적으로 연관된 지식의 생산이 독점된다는 것이다. 지식의 생산 특히 미디어를 통해 전파되는 지식은 새로운 것을 찾도록 하고, 이것을 통해서 사회나 개인의 영역에서 어떠한 것도 대체할 수 없는 결정과 행위 공간을 확대한다는 것이다. 더 확실하고 수용 가능한 지식을 얻고자 하는 욕구가 증가하면서 지식시스템과 미디어 시스템이 톱니바퀴처럼 맞물려 돌아가고 있다. 미래에 다르게 보일 수 있는 수많은 가정적인 지식이 미디어와 지식시스템에 들어와 증폭되면서 불확실성을 재생산한다. 이러한 메커니즘에 근거해서 지식이 사회적 이성의 대변자가 될 수 없다면 지식의 사회적 정통성을 훼손시킬 것이 분명하다. 위험 커뮤니케이션은 학문이 안전한 지식을 만들어낸다는, 그리고 미디어는 사실을 정확하게 보도한다는 허구를 부수고, 공론장의 정당성과 신뢰성을 다시 성찰하고 되돌아보도록 해야 한다. 앞으로 위험 커뮤니케이션에 관한 연구는 단순히 위험의 수용을 논하는데 머물러서는 안 되고, 지식의 생산과정에 작동하는 제3의 요인에 관해 관심을 가져야 할 것이다. 전문가가 지식을 어떻게 생산해서 결정의 과정에 밀어 넣고, 행위의 맥락에서 어떠한 의미가 있도록 하는가에 대해서 말이다.

시대의 지평선에서 미래를 보면 우리의 행위는 지식이 더 복잡해지는 재구성의 과정에서 정치화되고, 위험 그 자체가 되는 것을 볼 수 있다. 여기서 우리는 지식과 전문가의 의견이 어떠한 범주로 위험 커뮤니케이션 과정에 함께하는지를 성찰하는 연구가 필요함을 역설할 수 있다.

| 참고문헌 |

권오현 저, 김상근 정리(2018). 초격차: 넘을 수 없는 차이를 만드는 격. 서울 쌤앤파커스.

김원제(2017). 위험사회를 넘어, 안심 사회의 조건: '위험사회 한국'의 소통 현실 성찰 그리고 '안전국가-안심 사회'를 위한 과제, 서울 한국학술정보.

김환석, 김동광, 조혜선, 박진희, 박희제(2010). 한국의 과학자 사회, 서울 궁리.

송해룡(2012). 위험 커뮤니케이션 : 미디어와 공론장, 서울 성균관대학교 출판부.

송해룡(2013). 위험 거버넌스와 위험 커뮤니케이션, 서울 한국하술정보.

송해룡(2014). 위험사회와 위험 인식: 위험 커뮤니케이션의 갈등구조, 서울 성균관대학교 출판부.

송해룡(2017). 위험 커뮤니케이션의 쟁점과 과제, 서울 한국학술정보.

이정모(2009). 인지과학: 학문 간 융합의 원리와 응용, 서울 성균관대학교 출판부.

이재규(2009). 지식사회: 피터 드러커의 사회관, 서울 한국경제신문사.

정하웅(2016). 구글 신은 모든 것을 알고 있다, 서울 사이언스북스.

조항민, 김찬원(2016). 과학기술, 첨단의 10대 리스크, 서울 커뮤니케이션북스.

하영선, 김상배(2006). 네트워크 지식 국가 21세기 세계정치의 변환, 서울 을유문화사.

한국포스트휴먼연구소・한국포스트휴먼학회 편저(2018). 인공지능과 새로운 규범, 서울 아카넷.

게오르그 크네어, 아민 낫세이 저, 정성훈 역(2008). 니클라스 루만으로의 초대, 서울 갈무리.

니클라스 루만 저, 윤재왕 역(2014). 체계이론 입문, 서울 새물결.

데이비드 프리드먼 저, 안종희 역(2011). 거짓말을 파는 스페셜리스트, 서울 지식 갤러리.

도로시 넬킨 저, 김명진 역(2010). 셀링 사이언스: 언론은 과학기술을 어떻게 다루는가, 서울 궁리.

스티븐 사이드먼 저, 박창호 역(1999). 지식논쟁, 서울 문예출판사.

실라 재서너프(Shella Jasanoff) 저, 박상준, 장희진, 김희원, 오요한 역(2019). 누가 자연을 설계하는가: 경험해보지 못한 과학의 도전에 대응하는 시민 인식론, 서울 동아시아.

카를 만하임 저, 임석진 역(2012). 이데올로기와 유토피아, 서울 김영사.

찰스 페로 저, 김태훈 역(2015). 무엇이 재앙을 만드는가?, 서울 RHK 알에이 치코리아.

한스 디터 퀴블러 저, 이남복 역(2008). 지식사회의 신화: 정보, 미디어와 지식의 사회변동, 서울 한울아카데미.

Alvin. M. Weinberg : Science and Trans-Science, Minerva 10(1972).

Bayerische Rück(eds.), Risiko ist ein Konstrukt: Wahrnehmungen zur Risikowahrnehmung.

Bundesinstitut für Risikobewertung (BfR), https://ec.europa.eu/

Davis, Michael; Andrew Stark, Conflict of interest in the professions. Oxford: Oxford University Press. 2001.

Department of Health of UK, The Social Amplication of Risk:The Media and the Public, http://doh.go.uk/risk/riskampl.htm. 2003.

D.S. Sills, C.P. Wolf, V.P. Sheunski(eds.), Accident ant Three Mile Island. The Human Diemension, Boulder 1982.

F.-X. Kaufmannn., Der Ruf nach Verantwortung Risiko und Ethik in einer unueberschaubaren Welt, Freiburg-Basel-Wien, 1992.

H.C. Binswanger, Neue Diemensionen des Risikos, Zeitschrift fur Umweltpolitik 6, 1990.

N. Luhmann, Beobachtungen der Moderne, Opladen. 1998.

V. Tacke, Das Risiko der Unsicherheitabsorption. Ein Vergleich konstruktiistischer Beobachtungsweisen des BSE-Risikos, Zeitshrift für Soziologie 19 (1999).

W. van den Daele : "Concepts of nature in modern socities and nature as a theme in sociology," in : M.Dierks, B. Biervert(eds.): European Social Science in Transition. Assessment and Outlook, Frankfurt/M. 1992.

제2부

::

미디어 4.0 전경

제6장

제4차 산업혁명의 신기술은 트랜스미디어에 어떤 변화를 가져오는가?

권영성

1. 제4차 산업혁명 시대 핵심 기술의 미디어적 의미

산업혁명, 말 그대로 생산적 활동인 산업(産業)에 혁명(革命)을 가하는 것으로, 물적 재화 또는 서비스의 생산에 있어 혁신이 일어남을 의미한다. 제1차 산업혁명은 증기가 생산에 사용되는 기계를 움직이게 해주었고, 이로 인해 사람이나 우마(牛馬)가 해왔던 일을 기계가 대신 처리해주기 시작한 계기가 되었다. 제1차 산업혁명이 사람이 하던 일을 기계가 대신해주기 시작한 전환점을 만들었다면, 이후 제2차 산업혁명의 핵심은 이와 같은 기계들이 가정에 보급되기 시작했다는 점이다. 즉, 전기의 생산과 보급으로 인해 증기기관의 물리적인 구조상 필요했던 넓은 공간들이 전기모터로 대체될 수 있었고, 이로써 개개인의 가정에서도 인력을 대신해주는 무수한 기기가 사용될 수 있는 환경을 마련하였다. 20세기 중반부터 태동한 제3차 산업혁명은 컴퓨터와 인터넷에 의한 디지털 혁명의 시초를 의미한다. 즉, 기존에 상상할 수 없었던 소프트웨어와 네트워크가 생산활동과 그 생산물의 향유에 있어 큰 영향을 미치게 된다.

그렇다면 제4차 산업혁명이란 무엇인가? 우리는 현재 제4차 산업혁명이 시작된 시점에서 삶을 영위하고 있지만, 여전히 제3차 산업 혁명의 연장선에 서 있다는 느낌을 지울 수 없다. 무선인터넷을 사용하는 스마트폰과 같은 유비쿼터스 컴퓨팅 기기들은 우리를 놀라게 했고, 그 보급 속도 또한 분명히 매우 빨랐지만, 기본적으로 생산 활동과 그 생산물의 향유를 지난 과거와 비교해봤을 때, 아직도 소프트웨어와 네트워크의 테두리를 벗어난 것으로 보이진 않는다. 그럼 도대체 제3차 산업혁명과 어떠한 점이 다르기에 제4차 산업혁명인가?

제4차 산업혁명은 2016년 1월 스위스 다보스에서 개회된, 제46회 세계경제포럼에서 '클라우스 슈밥(Klaus schwab)' 회장이 언급한 데서 비롯되었으며, 그의 저서 <제4차 산업혁명(The Fourth Industrial Revolution)>[1]에 그 내용이 구체화되어 있다. 그의 주장에 따르면, 제4차 산업혁명은 몇 가지 특징을 수반하는 변화라고 한다. 새로운 변화가 있을 때 그 진행 속도가 굉장히 빠르고, 거의 전 세계 모든 이들의 생활영역을 그 범위로 하고 있으며, 생산, 관리, 통제시스템 전반에 걸친 변화를 예고하고 있으므로,[2] 시대를 선도하는 혁신이라 할 만하다. 즉 클라우스 슈밥의 관점은, 그동안 볼 수 있었던 여타 다른 혁신과는 달리 생산과 향유의 변화를 이끄는 방법론적인 부분이 아닌, 그 속도와 규모, 영향력에 관한 혁신이라는 점을 지적하고 있다.

덧붙여 그는 제4차 산업혁명이 단순히 기기와 시스템을 연결하고, 스마트화하는 데에 그치는 것이 아니라고 주장한다.[3] 즉, 생물학과

---

1) Schwab, K. (2017). The fourth industrial revolution. Currency.
2) 클라우스 슈밥 (2016). 제4차 산업혁명의 충격. 흐름출판.

관련된 유전자 염기서열분석, 물리학과 관련된 나노기술, 그리고 재생 가능한 에너지 관련 기술부터 퀀텀 컴퓨팅까지 거의 모든 분야에서 거대한 약진을 일으킬 것이기 때문에, 기존의 제3차 산업혁명과는 또 다른 새로운 혁명이며, 심지어 종전 그 어떤 혁명과도 궤를 달리한다고까지 평한다.

다시금 제4차 산업혁명의 본질적인 부분에 대해 살펴보면, 제1차 산업혁명에서 제2차 산업혁명으로 시대적 패러다임이 이동할 때, 그동안 봐왔던 어떠한 특성이 그대로 반영되어 있다는 것을 인식할 수 있다. 제1차 산업혁명의 각종 기계장치는 제2차 산업혁명으로 전환됨에 따라, 가정으로 들어가 자리 잡게 되었다. 즉, 거대한 모터는 전기를 이용하는 가정용 모터가 되었고, 이로 인해 선풍기와 헤어드라이어 같은 개별 제품들이 만들어지게 되었다.

이러한 특징은 제3차 산업혁명과 제4차 산업혁명에서도 동일하게 나타난다. 슈밥은 제4차 산업혁명을 주도할 핵심적 기술로써 크게 유비쿼터스 컴퓨팅, 사물인터넷, 빅데이터, 인공지능, 3D 프린팅을 제시하고 있다. 이러한 기술들은 제3차 산업혁명기의 도구들에 비해 개인의 '생산 활동'을 가능하게 만들고 있으며, 더불어 더욱 본격화되고 있다는 점을 이야기하지 않을 수 없다. 이제 콘텐츠는 누구나, 언제 어디서나 시간과 공간의 구애 없이 생산할 수 있고 전파할 수 있으며, 심지어 물리적인 제조조차 3D 프린팅을 활용해 개인이 직접 생산할 수 있게 되었다.

말하자면, 제3차 산업혁명 시대의 PC라는 도구는 마치 텔레비전

---

3) Schwab, K. (2017). 앞의 책.

처럼 가족 단위의 가정에 묶여있었다. 그러나 지금은 스마트폰 등의 유비쿼터스 기기를 모두가 손에 들고 생활하고 있다. 이것은 공장 단위에서 가정 단위로 전환되었던, 제1차 산업혁명에서 제2차 산업혁명으로의 이행만큼 극적인 일이라고 말할 수 있다. 이처럼 제3차 산업혁명에서 제4차 산업혁명으로의 이행은 가정에 거치(据置)되어 있던 기술들이 개인의 소유로 완전히 옮겨가게 되었다는 의미를 내포한다.

제4차 산업혁명 시대는 시공간적으로 완벽한 유비쿼터스 환경 구축과 완전히 독립된 개인이 누리는 (생산과 소비, 창작과 수용의 경계가 없는) 각종 기기의 등장, 그리고 제조업의 개인화라는 특징을 보인다. 즉, 전례 없이 시공간을 초월했다는 점, 개인이 1인 1개의 모바일 기기를 통해, 자신과 관련된 모든 것을 자신의 의향에 따라 제어할 수 있다는 것이다. 더 나아가 자신의 빅데이터를 수집한 인공지능의 보조를 통해서 타자의 개입 필요성이 약화할 여지가 있다는 점은, 산업혁명의 주체이자 객체가 완전히 개인에게 넘어갔다는 점을 시사해준다.

2. 트랜스미디어의 특성과 제4차 산업 핵심 기술과 관계

1) 트랜스미디어의 개념

인간은 스토리텔링을 근간으로 하는 콘텐츠를 고대부터 즐겨왔을 것이다. 한 문화권에서 스토리를 공유한다는 것은 사회적 동물인 인간에게 있어서, 동물과 구분되는 특징일 뿐만 아니라, 반드시 인간이기에 누릴 수밖에 없는 요소로 여겨진다. 인간은 처음에 이러한 콘텐츠를 구어로 주고받다가 미디어의 발달에 따라 종이, 저장된 소리, 영상, 상호작용 가능한 게임 등의 여러 방식으로 콘텐츠를 담아 왔다.

이처럼 시대의 변화에 맞춰 콘텐츠를 표현하는 여러 가지 방법이 생겨나면서 콘텐츠의 생산 및 향유의 방법 또한 더욱 복잡하고 다양해진즉슨 컨버전스(convergence) 미디어의 세계가 도래하고 있음이다. 이로 인해 트랜스미디어가 탄생할 수밖에 없었을지도 모른다. 트랜스미디어 스토리텔링은 본질적으로 컨버전스를 지향하는데, 컨버전스의 의미가 바로 복잡·다양한 것들을 서로 섞고 조합하여 더 좋은 것을 취하고자 하는 노력이기 때문이다.

트랜스미디어란 용어는 문화연구가 '마샤 킨더(Marsha Kinder)'에서 비롯된 것으로, 지난 1991년에 발표된 한 작품 속 캐릭터가 여러 미디어 플랫폼을 통해 비치는 현상을 설명하기 위해 사용한 용어인 'transmedia intertextuality'에서 시작되었다. 이 용어를 통해 보더라도 트랜스미디어는 다양한 미디어를 통해 동일한 캐릭터들이 등장하는 것이라는 개념을 알 수 있다. 그러나 이러한 용어는 다소 추상적이며, 트랜스미디어만의 고유 특성을 잘 드러내 주진 못하고 있다.

헨리 젠킨스는 트랜스미디어 스토리텔링의 개념을 연구한 대표적인 인물로, 그의 저서인 <컨버전스 컬처>[4]를 통해 트랜스미디어의 개념에 대해 상술하고 있다. 그는 첫 번째로 'trans'라는 용어의 전제가 성립할 수 있도록 다양한 미디어 플랫폼에 공개되어야 한다고 말

---

4) Jenkins, H., & Deuze, M. (2008). Convergence culture.

하고 있으며, 두 번째로 이렇게 각각의 미디어에 공개된 스토리는, 스토리 전체에 분명하고도 가치 있는 기여도가 따라야 한다고 말한다. 세 번째로는 전체 스토리에 기여하고 있는 각각의 스토리조차도 자기충족적이어야 하기에 단독으로 봤을 때 또한 해당 미디어를 완성도 있게 즐길 수 있어야 한다고 강조하며, 마지막으로 어떤 상품이든지 전체 프랜차이즈로의 입구가 될 수 있어야 한다고 주장하고 있다. 첫 번째 전제만을 제외하면, 젠킨스는 시종일관 같은 맥락으로 트랜스미디어에 관해 설명하고 있다. 즉, 자기충족적인 스토리가 전체 스토리에도 기여해야 한다는 것이다.

안드레아 필립스는 트랜스미디어를 좀 더 간단하게 설명하고 있다.[5] 그에 따르면 다매체를 이용하되 단일하면서도 통일된 스토리와 사용자 경험을 하게 하며, 매체 간의 불필요한 반복을 방지하는 것으로 정의한다. 이는 젠킨스의 정의에 비해 다소 까다롭지 않은 표현이다. 젠킨스의 '자기충족적인 스토리가 전체 스토리에 기여한다'라는 주장을 '단일하고도 통일된 스토리'라는 용어를 사용하여 다소 완곡하게 정의하고 있다는 점, 단일하다는 점에서는 단일미디어의 스토리텔링이 완성도를 지녀야 한다는 점, 통일되었다는 점에서는 미디어 간 스토리텔링에서 무엇이라도 공통된 특성을 보여야 함을 설명하고 있으니 더욱 넉넉한 표현이라 할 수 있다.

필립스의 트랜스미디어 정의에서 볼 수 있는 한 가지 독특한 제약은, 바로 매체 간의 불필요한 반복 방지를 언급한다는 것이다. '서성은(2014)[6]'에 따르면 이러한 특성은 '원 소스 멀티유즈(OSMU)'와

---

5) Phillips, A. (2012). A creator's guide to transmedia storytelling: How to captivate and engage audiences across multiple platforms (pp. 13-19). New York: McGraw-Hill.

구분하기 위해 언급한 특징이다.

원 소스 멀티유즈는 성공한 미디어의 콘텐츠를 거의 그대로 재활용하여 다른 미디어로 '이식'하는 개념으로 볼 수 있으며, 영화의 애니메이션화, 게임화, 소설화 등을 들 수 있다. 이 경우 미디어마다 스토리텔링의 전반적인 반복을 필수적으로 수반하는 데에 반해, 트랜스미디어는 그것과는 궤를 달리한다는 것이 안드레아 필립스의 정의이다. 또한, OSMU는 시간의 격차를 두고 콘텐츠의 재생산이 이루어지는 반면에, 트랜스미디어는 동시다발적으로 이루어짐이 큰 특징이라 할 수 있다.

조금 더 구체적으로 트랜스미디어에 대해 논의해보자면, 현재 엄청난 흥행 수익을 올리고 있는 마블의 <어벤저스> 시리즈를 생각하면 이해하기 쉽다. 마블은 마블 유니버스라는 거대한 트랜스미디어 세계관을 구축해 놓는 데 성공했음을 볼 수 있다. 어벤저스 시리즈에 나오는 아이언맨, 헐크, 토르, 캡틴 아메리카 등의 히어로는 마블 유니버스라는 통합적 세계관 내에서 동시에 등장하여, 각각의 개성 있는 능력과 설정된 캐릭터를 보여주고 있으며, 개별 히어로가 중심이 되는 각각의 영화도 존재한다. 또한, 이 마블 유니버스는 만화를 원작으로 하거나, 만화의 세계관에서 확장되거나 이어져서 영화화되기도 한다. 결국, 이는 각각 취향이 다른 수용자를 대상으로 어떠한 캐릭터 또는 어떠한 플랫폼을 통해서도 마블 유니버스로 끌어들일 수 있는 가능성으로 꾸준히 팬들의 수를 늘리고 있다.

그러나 이는 트랜스미디어의 한 가지 예에 불과하다. 영화감독이

---

6) 서성은(2014). 트랜스미디어+스토리텔링: 개념과 유형, 한국콘텐츠진흥원.

자 '트랜스미디어 스토리텔링의 시작'의 저자인 로버트 프래튼은 트랜스미디어 스토리텔링을 인터렉티브 스토리텔링이라 말하며, 스토리, 사용자 참여, 게임의 특성이 연결되어 있는 삼원 구조를 지닌 것으로 정의하고 있다.7) 즉, 어떠한 스토리텔링이 다양한 미디어로 나타나되, 이 미디어는 사용자가 참여하기도 하며, 게임화도 할 수 있다는 것이다. 어떠한 스토리에 대해 이용자들이 2차 창작을 하여 웹에 업로드하는 것과, 이에 대한 댓글 활동 등으로 이야기를 이어나가는 것, 혹은 스토리에 대한 퀴즈 게임을 진행하는 것 등도 트랜스미디어에 해당될 수 있다는 것이다. 본고에서는 이처럼 다양한 트랜스미디어의 정의를 취합하여 광의의 트랜스미디어 개념을 활용해서 글을 전개하기로 하며, 트랜스미디어 스토리텔링의 사례를 이어가기로 한다.

한편, 트랜스미디어 스토리텔링은 세계관과 캐릭터를 공유하는 영상과 만화 미디어뿐만 아니라, 이용자들이 직접 다양한 미디어를 통해 참여하고 진행을 하는 방식도 가능하다. 그 이유는 유저들이 참여해 만든 다양한 스토리 자체가 기존 스토리로부터 파생되어 발전된 것이라 할 수 있으며, 유저들이 활용하는 미디어는 현시대에서 다매체가 될 수밖에 없기 때문이다. 댓글 달기, 사진 업로드, 영상 업로드 등 유저들은 다양한 방식을 통해 트랜스미디어적 활동을 하는 것이다.

이처럼 트랜스미디어 스토리텔링을 규정하는 내용에서 더 나아가 트랜스미디어 스토리텔링이 지닌 특성을 살펴보면, 트랜스미디어의 특성은 확장과 융합에 있다는 것을 알 수 있다. 즉, 캐릭터와 세계관

---

7) Pratten, R. (2011). *Getting started with transmedia storytelling*. Academia.edu

의 확장, 그리고 다른 미디어와의 융합이 그 본질의 대부분을 차지한다는 것이다. 또 다른 특징은 트랜스미디어 스토리텔링이 사용자들을 수동적 수용자로 머무르게 하지 않는다는 점이다. 텍스트 내부로 들어와 더욱 탐색적이고 건설적으로 텍스트를 소비하게 하거나, 나아가 텍스트 생성에도 참여하게 한다.[8] 이 두 이야기를 융합하면, 불변적인 미디어 내의 스토리텔링이 가변적으로 변하고, 수용자들이 변형의 주체가 된다고 할 수 있다. 이러한 측면에서 트랜스미디어는 제4차 산업혁명기에 새로운 전기를 맞이할 여지가 매우 높다.

하지만 트랜스미디어라는 용어가 1991년에 등장한 이래로 여러 실험적인 방식의 트랜스미디어 스토리텔링은 기대와 달리 그 위세를 크게 떨치지 못하고 있으며 그 등장 시기에 비해 그리고 이후 학자들의 기대치에 비해 지지부진하였다. 한편, 증강현실을 실현하여 새로운 미디어로 활용될 수 있는 여러 제4차 산업혁명과 관련된 기술들도, 생각보다 세를 확장하지 못하는 경우가 다수 존재한다. 미국 시장조사사업체 CB인사이트의 Augmented & virtual reality trends 보고서[9]에 따르면, 2018년 상반기 세계 AR과 VR 투자가 지난해 상반기 대비 28% 감소했으며, 투자 건수 역시 지난해 상반기 164건에 비해 115건으로 50건 감소했다. 물론 지표상으로는 VR과 AR 시장이 점점 커지고 있다는 것을 보여주고 있고, 각종 분야에 더 널리 사용될 것이라 충분히 예측할 수 있지만, 기술 출시 초기의 기대치에 비해 다소 요원하기는 하다. 2018년 7월 국내에서 열린 VR과 AR

---

8) 한혜원(2014). 앞의 책, p.9.

9) CBinsights(2018). Augmented & virtual reality trends.
   https://artillry.co/wp-content/uploads/2018/11/CB-Insights-ARVR-Trends.pdf

산업의 현재와 미래를 진단하기 위한 글로벌 개발자 포럼에서 VR 포커스社의 프로젝트 매니저 니나는 VR 시장의 정체기에 대해 인정하며 더 현명한 노력을 강조하였다. 이는 신기술 미디어가 기대 이상의 청사진을 가져다주지 못함을 방증한다.

제4차 산업혁명 시대에 트랜스미디어 스토리텔링이 새로운 전기를 맞이한다는 것도 어쩌면 섣부른 판단일지도 모른다. 그러나 트랜스미디어 스토리텔링의 다양한 요소들이 제4차 산업혁명의 핵심적인 특징과 맞물려 있고, 이로 인해 더욱 잘 활용될 여지가 있다는 것은 사실이다. 이는 트랜스미디어의 특징 중 하나인 다매체의 활용에 비춰봤을 때, 이제 개개인 모두가 콘텐츠를 신속하고도 자유롭게 주고받을 수 있는 멀티미디어 기기를 소유하게 되었으며, 5G 보급을 통해 대용량의 데이터 이동이 지연 없이 가능하며, 이용자가 콘텐츠를 생산하고 참여하는 부분에서도 제4차 산업혁명 사회의 환경들이 부족함이 없기 때문이다.

한혜원(2014)에 따르면 트랜스미디어 스토리텔링은 기술의 발달, 창조사회로의 이행, 참여적 대중의 확대, 문화의 산업화, 글로벌 마켓의 확장 등 다양한 사회문화적 변화의 양상 속에서 흥미로운 이야기를 창조하고, 소비하고, 전달하도록 유도된다.[10] 이것이 바로 제4차 산업혁명 사회가 트랜스미디어 스토리텔링을 꽃피게 하는 그 환경 자체라 할 수 있다.

클라우스 슈밥이 말하는 제4차 산업혁명의 주요 기술로는, 웨어러블 인터넷 디바이스를 포함한 유비쿼터스 컴퓨팅, 사물인터넷, 대용

---

10) 한혜원(2014). 앞의 책.

량 무료 클라우드 저장소, 인공지능, 로봇, 3D 프린팅을 들고 있다. 이 중에서 유비쿼터스 컴퓨팅은 사물인터넷과 맞닿아 있다. 만물에 인터넷이 연결되어 있다는 점은, 바로 만물을 언제 어디서나 제어할 수 있는 기술의 기초가 성립되기 때문이다. 기초하는 기술 또한 무선인터넷과 소형화된 인터넷 수신 디바이스이다. 한편 인공지능도 마찬가지로 제4차 산업혁명의 핵심 기술이다. 인공지능은 사물인터넷에서도 활용될 수 있으며, 자동차 자율주행이나 로봇과도 연결되어 있다. 3D 프린팅 기술은 조금 성질을 달리하나, 개인의 공간에서 물리적인 제작을 가능하게 한다는 점에서, 4차 산업의 특징을 뚜렷하게 보여주고 있다.

앞서 다양한 논의들을 통해 제4차 산업혁명이 제3차 산업혁명과 구분되는 특징으로서 유비쿼터스의 완전한 실현으로, 가정에서 개인에게 생산수단이 완전히 넘어감을 언급하였다. 이러한 기준에서 본다면 유비쿼터스 컴퓨팅과 사물인터넷, 인공지능, 3D 프린팅은 개인이 지극히 개인적인 영역에서 생산물을 향유하고, 더 나아가 생산행위를 할 수 있다는 점을 핵심으로 한다. 그럼 트랜스미디어가 이러한 4차 산업을 대표하는 기술에 어떻게 융합되어 활용될 수 있을까?

2) 유비쿼터스 컴퓨팅

유비쿼터스 컴퓨팅의 실현과 보급은 매우 **빠른** 기간 내에 급속도로 이루어졌다. 2007년에 첫 출시 되어 유비쿼터스를 실현해낸 아이폰(iPhone)의 출시 이래로 지난 2014년에만 12억 대의 스마트폰이 팔렸으며,[11] 2015년 말에는 전 세계 20억 인구가 스마트폰을 사용하는 것으로 보고되었다. 또한, 앞으로 2025년까지 세계 인구의 90%가 스마트폰을 소지할 것으로 예상하고 있다. 19세기 말에 시작된 제2차 산업혁명을 경험하지 못한 수가 세계 인구의 17%, 약 12억 명에 해당한다고 하니, 100년이 더 넘는 시간 동안 50억 명에만 영향을 미친 2차 산업과 비교하면, 4차 산업 기술의 핵심이자 필수인 유비쿼터스 기술은 10년 만에 20억 명에 달해 그 보급 속도가 굉장히 빠른 것을 알 수 있다. 그뿐만 아니라 슈밥의 저서에서도 몇 년 이내에 세계 인구의 3/4이 스마트폰 등을 이용한 유비쿼터스 컴퓨팅이 가능할 것으로 내다보고 있다.

유비쿼터스 컴퓨팅의 실현은 미디어 환경변화에 있어 매우 중요한 의미를 지닌다. 특히 사용자 참여를 그 핵심으로 하는 트랜스미디어 측면에서는 더욱 그러하다. 먼저 유비쿼터스 컴퓨팅이 가능한 기기 자체가 멀티미디어 기기이므로 텍스트, 음성, 이미지, 동영상 및 이들을 조합한 멀티미디어를 송출할 수 있어 트랜스미디어를 구현하는 기기로 사용될 수 있다. 텍스트는 이미지와 멜로디로 변화하고 변주될 수 있다. 더 쉽게 말하면 유비쿼터스 컴퓨팅이 기반이 된 스마트폰은 본연의 전화라는 역할 외에 책, 오디오 플레이어, TV, PC, 네비게이션, 카메라, 녹음기, 게임 콘솔 등의 개별 디바이스들이 수행하던 것들을 하나의 기기로 해낼 수 있다는 것이다.

흥미로운 것은 이제 더는 회사나 가정 단위에서만 이러한 멀티미디어의 실현이 가능한 것이 아니란 점이다. 개인이 1인 1대 이상의 유비쿼터스 컴퓨팅 기기를 이용하여 자신의 생활 방식과 여가에 맞춰 멀티미디어를 즐길 수 있게 되었다. 또한, 야외에서도 이러한 콘

---

11) 클라우스 슈밥(2016). 클라우스 슈밥의 제4차 산업혁명, p.186, 새로운 현재.

텐츠의 소비가 가능하여, 말 그대로 언제 어디서나 시간과 공간의 제약 없이 콘텐츠를 누릴 수 있다.

콘텐츠 제작의 측면에서는 더 경이적이다. 과거의 미디어콘텐츠가 방송국 혹은 회사 단위에서 제작되었다면 이제는 강력한 개인기기(gadget)들의 성능과 편의로 인해 개인 단위로 쉽게 콘텐츠를 제작할 수 있다. 카카오(Kakao)의 인터넷 서비스 '브런치'의 경우, 작가 신청을 하여 승인을 받아 운영되는 개인 블로그로, 이처럼 애초부터 유비쿼터스 콘텐츠 창작을 유도하는 플랫폼 또한 존재한다. 또한, 유튜브, 아프리카, 트위치 등의 콘텐츠들을 보면 개인 방송의 수가 상당수에 이르는데, 콘텐츠 대부분은 스마트폰으로 즉각 촬영하며 실시간 방송이 가능한 수준에 이르렀다. 더 나아가 유비쿼터스 컴퓨팅 기기는 구현뿐만 아니라, 콘텐츠를 즉각 생성하여 보존하는 기능이 있으며, 이러한 콘텐츠는 무선네트워크를 통해 생산자가 수용자에게 즉각 전달할 수 있는 특징을 지니고 있다.

제4차 산업혁명을 기반으로 한 인문적인 삶에 대해 논한 강민구의 저서[12]에서는 '케빈 켈리'의 말을 인용하고 있다. 케빈 켈리의 <인에비터블 미래의 정체>[13]에서는, 기술의 발달에 따라 사람들은 이제 소비가 아닌 창조 활동에 집중하기 시작했고, 심지어 지금까지 생산된 콘텐츠를 연결하고, 조합하고, 재창조해나가면서 미래를 만들어간다고 강조한다. 케빈 켈리는 거듭 4차 산업에서 개인 생산·창조의 의미를 강조하고 있으며, 이를 통해 보면 유비쿼터스 컴퓨팅 환경의 도래는 필연적으로 개인의 콘텐츠 생산과 사용자의 소모를

---

12) 강민구(2018). 인생의 밀도, p.117, 청림출판.

13) Kelly, K. (2017). The inevitable: understanding the 12 technological forces that will shape our future. Penguin.

유도하게 되는데, 이 중 생기는 사용자 피드백은 미디어의 자연스러운 트랜스 미디어화[14]를 가져오게 한다고 볼 수 있다. 즉, 유저들의 피드백에 따라 실시간 방송 생산자는 생산 방향을 맞춰가게 된다는 것이다. 실시간 1인 방송 생산자는 대부분 유저들의 요청 및 주문에 따라 즉각 반응을 보이며, 이러한 즉각적인 피드백은 시청자들의 재미와 시청 선호도를 높여 결국 생산자의 수익과 직결되기도 한다. 유비쿼터스를 활용한 미디어는 실시간 생산과 재생을 가능토록 하고, 이런 상호실시간성은 소비자의 요구 및 피드백과 그에 따른 생산자의 응답을 동시다발적으로 이루고 있다는 것만으로도 트랜스미디어의 특성을 띠고 있다고 하겠다.

한편, 트랜스미디어 측면에서는 사용자가 유비쿼터스 기기의 멀티미디어 처리 능력을 이용해 개인의 니즈(needs)에 맞춘 다양한 미디어를 수용하고, 더 나아가 언제 어디서나 미디어에 대한 참여, 패러디(비틀기), 파생 및 2차 창작과 같은 행위가 가능하며, 이는 또다른 트랜스미디어의 특성을 갖는다. 이렇게 하나의 미디어가 공개되었을 때, 이 미디어를 유저들이 즉각 피드백하거나, 패러디하는 행위, 이야기를 확장하는 행위 등을 통해, 트랜스미디어 스토리텔링을 사용자가 직접 해내게 되는 사례는 많다. 엘더스크롤 스카이림 (The ElderScroll Skyrim)과 같은 인기 있는 게임의 경우, 유저들이 추가 시나리오를 제작하는 MOD가 해당 게임을 플레이할 수 있는 스팀(steam) 사이트에 존재하는 것 외에도, 게임의 전체 내용을 요약하고 변경하는, 사용자들이 직접 출연하고 연출하여 찍은 영상들 또

---

14) 광의의 트랜스미디어 정의는 스토리에 대한 유저의 참여와 그 변형이기 때문에, 실시간 개인 방송과 유저의 댓글, 그에 따른 개인 방송의 변형은 트랜스미디어의 특성을 띠고 있다.

한 유튜브에 다양하게 공개되어 다양한 방식으로 사용자를 만족하게 하고 있다.

이제 하나의 미디어를 즐기는 것 또한 한 개인이 언제 어디서나 손쉽게 할 수 있는 행위이며, 제4차 산업혁명의 시기를 지날 경우, 이를 트랜스미디어화 하여 직접 다양한 미디어로 표현하는 것 자체도 사용자들에게는 더는 어려운 일이 아니다.

4차 산업 세계에서 유비쿼터스 컴퓨팅은 트랜스미디어의 제작 및 공유라는 점에서 굉장히 핵심적인 기술이며, 무엇보다 중요한 것은 앞서 말한 4차 산업의 특징적인 부분, 즉 콘텐츠의 생산과 향유가 유비쿼터스 컴퓨팅 기기를 통해 1인, 개인의 차원에서 이루어지고 실현되고 있다는 것이다. 트랜스미디어 측면에서도 콘텐츠의 수용자가 즉각 새로운 생산의 주체가 된다는 점에서 유비쿼터스 컴퓨팅은 매우 중요한 기술이라 할 수 있다.

한편, TV가 주를 이루던 시대, 생산자가 일방적으로 수용자에게 메시지를 전달하는 시대를 지나, 개인 방송과 같은 유비쿼터스 컴퓨팅을 활용한 생산자와 수용자의 경계가 허물어진 트랜스미디어 시대로 급격히 이행되고 있다. 미국 IT 전문매체 리코드는 TV 소유의 감소 이유를 유비쿼터스 기기의 증가와 연관을 지어 진단하였다. 아울러, 2017년 7월에 공개된 오프콤(Ofcom)의 공영방송 서비스 이용현황을 분석한 연간 보고서(Public Service Broadcasting Annual Report[15])는 젊은 사람들의 TV 콘텐츠 소비가 온라인을 중심으로 이뤄지면서 상대적으로 이들의 실시간 TV 시청 시간이 감소하고 있

---

15) Ofcom. PSB Annual Research Report 2017.

다고 밝혔다. 2010년과 비교했을 때 2016년 4~24세에 이르는 수용자의 시청 시간은 무려 33%가량 줄어든 것으로 드러났으며. 이는 바로 전 2015년과 비교해도 9%포인트 가까이 감소한 수치였다. 이 또한 넷플릭스, 아마존과 같은 온-디맨드(on-demand), 유튜브와 같은 스트리밍 서비스, 그리고 스마트폰을 통한 미디어 활용으로 인한 것으로 해석하고 있다.

이러한 미디어 환경의 추세를 고려할 때, 트랜스미디어 특성을 보인 유비쿼터스 기기의 발달과 활용은 5G 기술의 발달에 힘입어 4차 산업 시대 트랜스미디어 활용의 가장 큰 줄기가 되고, 향후 미디어 발전에 핵심적인 부분을 담당하게 될 것으로 전망할 수 있다.

3) 사물인터넷

사물인터넷(Internet of Things)은 모든 사물이 인터넷으로 연결될 수 있는 기술을 말한다. 네트워크를 활용하여, 모든 사물에 인터넷으로 데이터가 전송되기도 하고, 사물에서 네트워크로 데이터를 전송하기도 한다. 이러한 기술이 특정 센서(sensor)와 결합하게 되면서 다양한 활용이 가능해진다.

모든 사물이 네트워크로 연결되어 있다고 가정해 보자. 그 물체에 키보드와 같은 언어를 활용한 입력 도구가 없다 하더라도 센서와 결합하게 되면 각종 정보를 습득하여 모든 물체와 공유할 수 있게 되며 사용자가 해당 사물에 육체적으로 도달하기 전에 원거리에 있는 사물을 제어할 수 있게 된다. 예를 들어 퇴근 후 도어락(door lock)에 비밀번호를 누르며 집 문을 여는 순간, 사용자 개인의 생활 방식에 맞추어 자동으로 거실의 전등이 점등되고, 장롱문이 열리며, 창문의 커튼이 내려진다. 이러한 사물인터넷 기술은 실제 가전기업들에서 실현을 위해 연구에 박차를 가하는 스마트 홈 사물인터넷 기술 중의 일부이다. 또한, 현재 시중에 출시되고 있는 공기청정기의 필수 기능 중 하나는 사용자가 언제 어디에서든 스마트폰을 통해 공기청정기를 제어하고, 집안의 미세먼지농도를 확인할 수 있는 기능이다.

이러한 센서가 달린 사물은, 센서의 판단에 따라 사물을 제어할 수 있는데 이는 센서가 감지한 위험요소 등을 보안업체에 전달하는 등의 활용도 가능하다. 예를 들어, 강도가 집에 불법 침입을 한 경우, 혹은 중요한 사물을 훔치려고 손을 뻗는 순간, 센서는 이를 인지하여 자동으로 보안업체에 경고를 보낼 수 있다. 또한, 환자에 부착된 스마트밴드가 감지한 환자의 건강문제는 의료기관이나 가족에 전달되기도 하는 등 사물인터넷은 삶의 위험요소를 처리하는 데에도 혁신적인 역할을 하게 된다. 이처럼 현재 사물인터넷은 다양한 목적으로 활발히 활용되고 있으며, 이는 사회안전망, 의료서비스 등에 활용되어 인간의 삶에 상당한 질적 향상을 가져올 것으로 기대된다.

사물인터넷이 인공지능과 융합되어 더욱 획기적으로 진화될 수 있다. 즉, 인간의 조작이 필요한 부분을 인공지능을 통해 직접 해내며, 감지 수준에 해당하는 센서의 능력에 판단능력까지 더한 인공지능의 능력을 통해, 말 그대로 스마트한 사물이 될 수 있다. 사물인터넷과 인공지능이 융합된 스마트 하우스 시스템 구축을 위해 기업과 연구소들은 많은 투자를 하고 있으며, 이러한 융합은 집안 내에 있는 각종 사물의 인공지능끼리 스스로 커뮤니케이션을 하는 단계까지 이를 수 있게 될 것이다. 예를 들어 스마트 하우스 시스템은 더러

워진 카펫을 감지하여 청소 로봇에게 알아서 청소 요구를 하고, 청소 로봇은 이에 응해 청소를 시작하는 등 인간의 개입 없이도 효율적이고 쾌적한 집안을 유지할 수 있다. 이상과 같이 사물인터넷은 현재 인간의 편의뿐 아니라 삶의 질 향상, 의료와 안전망에 활용되어 인간의 삶을 풍요롭게 하는 데 이바지하고 있다.

이러한 사물인터넷과 3D 프린팅 기술과의 접목도 기대된다. 바로 실물이 인터넷으로 전송되어 3D 프린팅 기술로 사용자 앞에 그 모습을 드러낼 수 있다는 것이다. 이는 사물인터넷이 다양한 기술들과 접목되어 활용될 수 있어 무엇보다도 그 효용 가치가 크다고 평가할 수 있다. 특히, 의료서비스 분야는 투약 체계 개선, 웨어러블 센서를 통한 환자 관리 등에 활용되어 인간의 의료서비스 향상에 상당한 질적 향상을 가져올 것으로 기대되며, 도로 교통신호 체계 정비, 가로등 제어 등의 도시 환경에도 획기적인 발전을 가져올 것으로 기대된다.

그렇다면 트랜스미디어와 관련하여 사물인터넷은 어떻게 적용되고 활용될 수 있을까? 트랜스미디어의 특성을 사용자가 참여하고 체험하면서 즐기는 것, 혹은 사용자가 개입함으로써 그 자체를 게이미피케이션화 한 것이 하나의 유희가 되는 것으로 볼 때, 사물인터넷은 사용자 참여의 가능성을 높여 준다고 할 수 있다.

전통적인 놀이에 활용되는 많은 완구도 트랜스미디어적 활용이 가능하게 된다. 이러한 놀이도구들은 인터넷과 연결되면서 놀이 체험자의 행동 패턴에 따라 도구들이 대응할 수 있다. 로봇 장난감은 이용자가 놀이방에 들어올 때 놀이 기능을 시작할 수 있으며, 방에서 나갈 때 놀이 기능을 끝낼 수 있다. 또한, 로봇 장난감은 이용자가 거실에서 TV를 보려 소파에 앉았을 때 TV 리모컨을 찾아오도록 원격조종될 수 있다.

이용자의 행동과 의지에 따라 대상의 반응이 변형되고 또 다른 즐거움이 파생된다는 것이 트랜스미디어적 특징이라 할 때, 모든 놀이기구는 사물인터넷을 통해 트랜스미디어적 활용이 가능하게 된다. 국내 Wadiz사의 '스마트 RC카 노리'는 스마트폰으로 조작 가능할 뿐만 아니라 카메라가 탑재돼 있어 노리의 시야에 보이는 것은 조종자의 스마트폰에 보이게 되고, 음성인식 기능을 통해 사용자가 노리가 듣고 있는 영역의 음성 또한 스마트폰으로 조종자는 듣게 된다. 일본 노바루스사의 MaBeee도 이와 비슷한 기능을 하며 일본 구매자들의 좋은 호응을 이끈 바 있다.

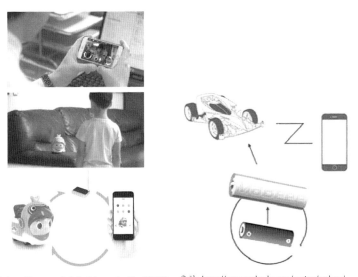

출처: https://www.wadiz.kr/web/campaign/detail/5766   출처: https://www.makuake.com/project/mabeee/

<크라우드 펀딩 금액 187% 달성 국산 사물인터넷 장난감 스마트 RC카 노리> (좌)
<일본 노바루스社의 사물인터넷 RC카 MaBeee. 스마트폰으로 RC카를 제어> (우)

이러한 여러 제품은 아직 스마트폰 연동을 중심으로 한 장난감에 불과하지만, 센서를 통한 사물인터넷 기술과 여타 4차 산업 신기술들의 융합은 활발한 트랜스미디어적 활용을 불러올 수 있다. 장난감이 사용자의 반응에 따라 달리 대응하고 상호작용한다는 것 자체만으로 트랜스미디어 특성을 보인 것으로 볼 수 있다. 사용자와 인터렉션하고, 사용자 개인의 특성을 이해하고, 개인의 반응에 다양한 대응을 하는 사물인터넷 기술이 지닌 트랜스미디어의 특성 자체로도 인간에게는 상당히 고차원적인 유희가 될 수 있다. 설령 그 대상이 아동이어도 반응 없는 로봇보다는 사물인터넷 기술과 센서와 인공지능 등을 탑재한 인터랙션이 가능한 로봇이 훨씬 즐거운 경험을 선사할 것이다.

사물인터넷의 트랜스미디어적 활용은 아동의 장난감에서만 이루어지는 것은 아니다. 사물인터넷의 무궁무진한 활용 가능성을 고려해 볼 때, 개별 미디어의 활용이 전혀 다른 특성이 있는 미디어와 결합하고, 혹은 다양하게 공유되고 융합되어 전혀 새로운 재미와 가치를 생산해 낼 수 있다. 가령 악기에 사물인터넷이 결합할 때에 개개인은 같은 공간에 있지 않아도 각각의 가정에서 밴드합주가 가능하다. 개인의 악기 소리를 다른 개인의 앰프를 통해 출력하게 하는 기술로 서로 모이지 않고도 밴드 연주를 가능케 할 뿐만 아니라, 내 연주는 자동으로 유튜브 등에 실시간으로 업로드되어 전 세계의 유튜브 시청자들로부터 즉각적인 피드백을 받을 수 있는 하나의 콘텐츠로 활용될 수 있다. 이처럼 모든 물건이 네트워크로 연결되어, 언제 어디서든 다른 모든 사물과 연결된다는 점은 그 자체만으로도 새로운 가치와 재미를 지닌 제품들이 탄생할 가능성을 내포하고 있다.

특히 사물인터넷이 한 사람의 스토리를 여러 사람의 것으로 변환시키고, 사물이 이용자에 반응한다는 점은 트랜스미디어의 요소에 사물인터넷이 얼마나 부합되어 활용될 수 있는지 알 수 있게 한다.

사물인터넷은 개개인의 드라마틱한 체험을 강화하는 트랜스미디어 활용에서 강점을 지니고 있으며, 사물이 개인 특성에 반응하여 인터랙션 한다는 점은 아주 독특하고 유용한 경험을 가능하게 할 것이다.

4) 인공지능

인공지능은 과거부터 눈부신 기술적 진화와 많은 투자가 진행되며 발전해왔던 영역이지만, 특히 우리나라에 인공지능의 중요성이 알려진 것은, 2016년 이세돌과 알파고와의 바둑 대국을 통해서였다. 당시 구글 딥마인드의 알파고는 서버 CPU 기준 3,000여 대의 용량을 가진 컴퓨터 자원을 광케이블로 연결한 것이었으며, 개발에는 150여 명의 박사급 인재가 투입되었고, 개발비에는 100억 원가량이 소요된 것으로 추산된다.[16] 당시 전 세계의 시청자들은 바둑이라는 게임의 복잡성과 다양한 경우의 수에 대해서만큼은 인공지능도 쉽사리 이해하기 힘들 것이라고 여겼으나, 이세돌이 알파고와의 대결에서 패하자 인공지능에 대한 전반적인 대중의 관심이 급증했다.

사실 이러한 인공지능은 이미 다양한 분야에서 활용되고 있다. 인공지능은 스마트폰이나 스피커 등에 사용되면서 인간의 비서 역할을 행하고 있으며, 자율주행 자동차에도, 자연언어 처리에도(음성인

---

16) 강민구(2018). 앞의 책, p.48.

식 및 번역) 사용되고 있다. 그리고 더 나아가 우리가 꿈꿔오던, 인간의 일을 보조해주던 로봇에 사용되기도 한다. 현재 인공지능은 놀라운 속도로 발전하고 있다.

소프트뱅크에 인수된 로봇공학 사업체 '보스턴 다이내믹스(Boston Dynamics)'는, 3개월 단위로 인공지능 사족보행 로봇 Spot Mini의 영상을 유튜브에 올리고 있다. 계단을 타거나, 미끄러지면 스스로 일어나고, 동료와 협력하며, 방해자를 회피하는 단계는 이미 넘어선 상태이다. 한편, Spot Mini의 뇌는 공간을 거의 인간처럼 인식할 수 있는데, 고성능 센서에 상당히 발달한 인공지능 처리가 수반된 행동양식을 보이는 것이 경이로울 정도이다. 인공지능은 어떤 면에서는 트랜스미디어 그 자체라 할 수 있다. 어떠한 미디어에 탑재된 인공지능이 그 기능을 행하는 것 자체가 트랜스미디어가 되는 것이다. 생각해 보자. 영화를 감상하는 사용자의 반응을 인식하여(스마트밴드를 통한 심박 수가 그 근거가 된다면 사물인터넷이 활용될 것이지만) 영화의 내용을 바꿔주는 AI의 경우를. AI는 각 미디어에서 이용자의 성향을 판단하고 이를 이용자가 가장 즐거워할 만한 것으로 바꿀 수 있는 능력이 있으며, 이러한 이용자에 대한 즉각적인 대응이 트랜스미디어적이라 할 수 있다.

인공지능의 발전은 이에 그치지 않는다. 인공지능은 바로 인간만의 창의적이고 독특한 영역으로 여겨졌던 콘텐츠의 창조 주체로서도 명함을 내밀고 있다. 인공지능은 이미 그림을 그리거나 작시(作詩)를 하는 데에도 이용되고 있다. 인공지능은 이름난 화가의 화풍을 습득하여 새로운 그림을 그리기도 하고, 명화를 재해석하여 그릴 수 있다. 또한, 어떠한 풍경에서 영감을 받아 작시하기도 한다.

다음 그림은 인공지능 그림으로 알려진 것으로, 구글의 딥드림 (Deepdream)이 완성한 그림이다. 인공지능의 미술작품은 구글의 딥드림 외에도 다양하게 존재하며 심지어 그 가치를 인정받고 있어, 경매시장에서도 현재 활발하게 거래의 대상이 되는 실정이다.

출처 : https://deepdreamgenerator.com/

<구글의 인공지능 화가 딥드림의 작품들>

인공지능의 시는 또 어떠한가? 마이크로소프트가 2015년 중국에서 선보인 대화형 챗봇 '샤오이스(Xiaoice, 小氷, 샤오빙)'는 그림을 바탕으로 다음과 같은 시를 지어냈다.

"Wings hold rocks and water tightly
(날개들이 바위와 물을 꼭 안고)
In the loneliness
(적막 속에서)
Stroll the empty
(인적없는 곳을 거니노라니)
The land becomes soft"
(땅이 부드럽게 변하네)

출처: https://qz.com/1354736/a-microsoft-chatbot-composes-poetry-by-looking-at-photographs/

<마이크로소프트 '샤오이스'의 작시와 모티브가 된 그림>

위와 같은 예를 보면 알 수 있듯, 인공지능은 미디어를 활용하는 단계에 이미 진입했으며 이에 따라 제4차 산업혁명 시대의 미디어에 있어서 인공지능을 빼놓고 얘기하기는 어려울 것이다. 특히, 트랜스미디어의 영역에서 살펴보면, 이러한 인공지능의 발전은 미디어의 트랜스 미디어화를 가속하는 역할을 할 여지가 상당하다. 가령 인간의 스토리텔링을 이어나가는 스토리텔링, 혹은 이 이야기들을 보완해주는 시와 그림 등의 인공지능 서비스는, 제법 흥미로운 트랜스미디어 사례가 될 수 있다.

이러한 실제 인공지능을 활용한 트랜스미디어의 적용은 영국 노팅엄 대학 연구원 리처드 램처른(Richard Ramchurn)이 만든 뇌파 제어 영화 '더 모먼트(The Moment)'에서 나타난다. 본 영화는 뇌파 착용 기기를 착용하고 감상할 수 있으며, 개인별 측정된 뇌파에 따라 감상자의 주의력을 측정해 블루투스를 활용하여 노트북으로 전송하며, 간단한 AI에 해당하는 소프트웨어가 사용자의 즐거움을 유지하기 위해 실시간으로 편집 방향을 변경한다. 음악이 변경되기도 하고, 다른 캐릭터를 중심으로 하는 새로운 장면으로 전환되거나 지루한 장면으로 판정되는 영상의 길이를 짧게 조절하기도 한다. 약 27분 분량의 본 영화의 핵심이야기와 결말은 같지만, 인공지능의 음악선택 및 영상 길이 조절 등의 수용자에 따른 실시간 조합에 의해 결과적으로 101가지의 패턴이 만들어진다.[17] 이는 트랜스미디어 스토리텔링의 전형에 인공지능이 개입되어 보다 폭넓고 풍성한 트랜스미디어 스토리텔링을 만들어내는 것으로 볼 수 있다. 이러한 인공

---

17) 스마트경제 2019년 1월 11일 자 특집기사 '스마트 이노베이션'
https://m.post.naver.com/viewer/postView.nhn?volumeNo=17558681&memberNo=4086339 6&vType=VERTICAL

지능 기술은 미디어 환경에서 인공지능이 어떻게 활용될 수 있는지에 관한 가능성을 시사하고 있다. 더 나아가 인공지능은 어떠한 스토리에 대해 비주얼화하고, 게임화하거나, 미디어의 다변화를 꾀하는 등 트랜스 미디어화에 더 적합하고 충실한 역할을 하는 동료가 될 수 있을 것이다.

5) 3D 스캐너와 3D 프린터

1980년대에 이미 재료를 깎아 제작하지 않고 층층이 쌓아 가공하는 적층 가공 방식이 등장하였다. 이러한 기술을 기반으로 하여 이제 3D 프린터는, 정보를 통해 물질을 제작할 수 있는 단계까지 발달하였다. 이로 인해 3D 프린터는 정교한 제품을 다른 제조설비 없이 가정에서 만들 수 있게 되었다. 이러한 변화는 판매를 위해 공장에서 규모 있게 제작되던 것들이, 이제 개인이 직접 뚝딱 만들어 낼 수 있는 환경으로 변모했다는 것을 뜻한다. 현재의 3D 프린터는 속도의 문제, 비용의 문제, 크기의 문제를 안고 있으나,[18] 향후 이러한 문제점은 해결될 것이 명백하다. 2014년에는 베이징 대학교 제3 병원에서 척추 일부를 3D 프린터로 인공 제작하여, 아동의 척추뼈 이식에 활용하였다. 지금의 치아 임플란트, 인공 뼈 등의 제작에서 벗어나, 향후에는 인간의 장기까지도 제작할 수 있는 바이오 프린팅 단계까지 발달할 것으로 기대되고 있기에, 제작 분야 외 의료 분야에서도 주목받는 제4차 산업혁명의 주요 기술로 대두되고 있다.

3D 프린터의 혁신적인 점이라면 역시 개인 생산의 측면이다. 제조

---

18) 클라우스 슈밥(2016). 앞의 책, p.234.

설비 없이 가정에서 생산을 가능케 하며 개인 차원에서의 3D 프린터의 보편화는 기존 인간의 생산과 유통, 소비 패턴에 있어서 매우 혁신적인 변화를 줄 것이며, 이 또한 앞서 말한 4차 산업이 사회에서 가정으로, 가정에서 개인으로 변화하는 흐름 속에 있다는 것과 상통한다.

한편, 하나의 미디어 스토리텔링에서 파생되어 이용자들이 해당 미디어에 추가·변형을 가하거나, 다른 미디어로 전환을 시도한다는 트랜스미디어의 특성을 이해할 때, 3D 프린터는 제법 흥미로운 트랜스미디어 머신으로 활용될 수 있다. 또한, 3D 프린터의 기술적인 부분이 설계라는 소프트웨어를 통해 해당 물질을 적층 가공하여 만들어낸다는 것을 생각하면, 결국 생성된 물질은 어떠한 소프트웨어 콘텐츠에 의한 것이라는 것을 알 수 있다. 가령 3D 스캐너로 A가 a라는 열쇠를 B라는 사람 집의 3D 프린터를 통해 b라는 열쇠로 복사한다고 할 때, 형식적으로는 물체가 공간을 초월하여 복사된 것처럼 보이지만 실제로는 A 집에 있는 스캐너의 데이터가 B 집에 있는 3D 프린터로 소프트웨어 전송을 하였기에 가능한 것이다. 따라서 3D 프린터의 기술적인 부분은 소프트웨어를 통해 해당 물질을 적층 가공하여 만들어낸다는 것을 알 수 있으며, 결국 생성된 물질은 어떠한 소프트웨어 콘텐츠에 의해 생성된 것이라는 것을 알 수 있다.

만약 현재의 PC처럼 3D 프린터가 거의 모든 가정에 보급될 시점이 되어 PC와 3D 프린터가 기본적으로 연결되어 있고, PC에서 애니메이션과 영화가 진행되고 있다고 가정할 때, 등장 캐릭터의 입체적인 디테일을 알 수 있는 데이터를 3D 프린터에 전송한다면? 혹은 영상 속 배경이 되는 곳의 미니어처를 제공한다면? 이러한 경험은 미디어에서 파생된 캐릭터와 배경을 실물로 즐길 수 있다는 점에서,

3D 프린터가 만들어낼 수 있는 트랜스미디어의 실제가 될 수 있을 것이다. 이와 같은 원리로, 영상의 캐릭터들은 3D 프린터를 통해 제작된 피규어로 활용될 수 있으며, 반대로 어떠한 특정 물체를 3D 스캐너를 통해 입력하여, 그 물체를 활용한 영상이나 게임을 진행할 수도 있다. 교도소에 갇힌 주인공이 탈옥해야 하는 상황인 게임을 하며, 사용자는 3D 스캐너에 자신의 방에 있는 숟가락 등을 제공하여 그를 탈옥시키는 경험도 가능할 것이다.

  일본의 게임사 닌텐도는 '아미보(amiibo)'라는 피규어에 RFID NFC 기술을 통해 게임기와 피규어의 접촉을 통해 게임 내 내용의 변경 및 강화가 되는 경험을 선보였다. 더 나아가 닌텐도 Labo를 출시하여 골판지를 활용해 공작놀이와 게임소프트웨어를 결합할 수 있게 하였다. 이러한 기술들은 3D 프린터가 소프트웨어 영역에 충분히 활용될 수 있음을 시사한다. 소프트웨어 정보가 물리적인 형체로 변경되기도 하고, 닌텐도의 아미보처럼 물리적인 실체가 게임 소프트에 영향을 미칠 수 있는 사실은, 추후 트랜스미디어 스토리텔링 생태계의 확장에 있어 매우 중요한 역할을 할 것으로 기대된다.

출처: https://www.nintendo.com/amiibo/

<RFID NFC 기술을 융합한 닌텐도사의 아미보(Amiibo) 피규어>

출처: https://www.imore.com/how-pre-order-nintendo-labo-kit

<공작놀이와 게임의 융합을 가능케 한 닌텐도사의 라보(Labo)>

3. 결론적 논의

제4차 산업혁명 시대의 생산 패러다임은 공장 단위에서 가정 단위로, 가정 단위에서 개개인으로 완전히 전환되고 있다. 또한, 제4차 산업혁명 시기엔 모든 미디어가 개인용으로 전환되게 되며, 미디어의 향유 및 생산을 개인이 주도하는 특징을 갖는다.

제4차 산업혁명은 그 변화의 속도가 매우 빠르며, 전 세계 사람들의 생활을 그 범위로 하고 있으며, 생산, 관리, 통제시스템 전반에 걸친 대대적인 변화를 예고하고 있다. 제4차 산업혁명의 본질적인 부분은 바로, 이러한 기술을 이용해 개인이 생산과 향유의 자유를 누릴 수 있는 환경이 마련된 점이라 할 수 있겠다.

이제 사람들은 언제 어디에서든 소프트웨어를 통한 설계도를 통해서 3D 프린팅 기술로 물리적인 실체를 만들어 낼 수 있게 되었다. 또한, 스마트폰이 제공하는 다양한 멀티미디어 기능을 활용해 개개인의 맞춤형 콘텐츠를 향유할 수 있게 하고, 시간과 공간의 제약 없이 개개인의 콘텐츠를 제작 및 배포할 수 있게 되었다. 아울러 인공지능 기술이 개개인의 특성에 맞춰, 다양한 생산 활동을 돕고 있다.

이러한 측면에서 볼 때 제4차 산업혁명 시기의 트랜스미디어는 분명한 의미가 있다. 트랜스미디어가 미디어의 융합을 꾀하고, 이러한 미디어에 대한 개개인의 동시다발적인 참여가 트랜스미디어의 확장을 가져온다고 할 때, 유비쿼터스 컴퓨팅 기술, 사물인터넷 기술, 인공지능과 3D 프린팅 기술은 트랜스미디어의 본격적인 활약을 예고하는 것과 다름이 없기 때문이다. 광의의 트랜스미디어는 미디어의 융합을 꾀하는 것뿐만 아니라 이러한 미디어에 대한 유저 피드백과 그 반응, 미디어를 대하는 유저들의 동시다발적인 참여, 게이미피케이션 등이 결합한 의미이며, 이러한 트랜스미디어 환경의 도래는 결국 유비쿼터스 컴퓨팅 기술, 사물인터넷 기술, 인공지능과 3D 프린팅 기술을 통해서 더욱 활성화될 것으로 예측할 수 있다.

우리는 유비쿼터스 컴퓨팅 기술을 통해 언제 어디서나 네트워크를 활용하여 콘텐츠를 즐길 수 있을 뿐 아니라 콘텐츠 생산 및 배포까지도 가능하게 되었다. 제4차 산업혁명을 대표하는 기술 중 하나인 사물인터넷은 각종 사물에 이용자의 반응에 따른 대응을 할 수 있게 하였다. 이제 놀이도구 등은 이용자의 반응에 따라 마치 살아있는 듯 새로운 경험과 특별한 스토리를 만들어낸다. 사물은 게임화되고 이용자 개인의 특성에 맞춰 특별한 놀이도구가 되며, 이는 트랜스미디어의 특성을 띤 게임적 요소로 기존에 없던 새로운 유희를 사람들에게 선사한다. 또한, 인공지능도 유사한 맥락으로 이용자가 즐기는 다양한 미디어에 침투해 그 알맹이인 콘텐츠를 이용자의 반응에 대응하여 이용자 개인의 것으로 바꿔놓는다. 이것 또한 트랜스미디어의 일종이며, 기존의 미디어에서는 볼 수 없었던 혁신적인 현상이라 하겠다. 3D 프린터와 스캐너는 소프트웨어가 실물을 만들어낸다는 점에서, 여타 4차 산업 기술과 융합되어 훌륭한 트랜스미디어적 성격을 갖는 놀이도구의 생산기기가 될 수 있다. 이러한 측면을 고려하면 트랜스미디어는 제4차 산업혁명 시대에서 특별한 가치를 지니고 있으며, 이러한 특별한 가치는 제4차 산업혁명 핵심 기술들과의 융합을 필요로 하고 있다. 본고에서는 이러한 전제 속에서, 제4차 산업혁명의 기술적 산물들이 트랜스미디어와 어떻게 융합되고 있고, 앞으로 어떻게 융합될 수 있는지 알아보았다.

현대사회의 핵심적인 특징은 바로 개인화이다. 이에 4차 산업의 기술들은 개인화를 극대화하는 데 있어 매우 큰 일조를 하고 있다. 그런데도 이 개인화는 혼자만의 것이 아닌, 모두가 함께할 수 있는 소통의 개인화가 될 것이다. 혼자 노는 놀이의 형태를 갖고 있지만, 이는 절대 과거에 즐기던 혼자만의 놀이가 아닌, 사물과 소통하고, 인공지능과 소통하는 기존에 없던 전혀 새로운 경험을 우리에게 제공할 것이다. 결국, 개인이 콘텐츠를 생산하고 향유할 수 있는 환경이 도래한 제4차 산업혁명 시대에서, 트랜스미디어의 중요성은 커질 수밖에 없으며, 개인적 차원에서 즐기던 콘텐츠를 다수가 소통하며 즐기게 하고, 기술이 개인과 소통하여 콘텐츠에 변형을 주어 색다른 경험을 일으킨다는 점에 있어서 그 중요성이 더욱 주목받고 있다.

스토리텔링, 즉 이야기와 그 소통이란 예나 지금이나 사람들의 삶에서 아주 중요한 요소이며, 제4차 산업혁명의 기술도 이에 적극적으로 활용되고 있다. 최근 콘텐츠를 즐기는 사람들은 소통과 참여, 그리고 매력적인 스토리텔링을 원하고 있다. 이에 제4차 산업혁명의 기술들이 이에 부응하여 적극적으로 활용되고 있고, 그 적용 속도는 생각보다 훨씬 빠르다고 하겠다.

거듭 강조하지만 4차 산업의 모든 기술이 사실상 트랜스미디어의 개념 및 콘셉트와 관련이 있다. 사람들이 실시간으로 서로 연결되어 콘텐츠 창작에 참여하고 이야기를 확장해나가고 공유하는 것, 이는 제4차 산업혁명의 핵심적인 기술이 트랜스미디어와 무엇보다 밀접한 관계를 맺고 있다는 방증이라 하겠다. 향후 제4차 산업혁명의 다양한 기술들을 활용한 트랜스미디어의 수요 및 산업은 크게 발전할 것이라 기대된다.

| 참고문헌 |

강민구(2018). 인생의 밀도, 청림출판.

서성은(2014). 트랜스미디어+스토리텔링 : 개념과 유형, 한국콘텐츠진흥원.

클라우스 슈밥(2016). 제4차 산업혁명의 충격, 흐름출판.

클라우스 슈밥(2016). 클라우스 슈밥의 제4차 산업혁명, 새로운 현재.

한혜원(2014). 트랜스미디어+스토리텔링 : 스토리를 통한 생성적 융합, 한국콘
텐츠진흥원.

CB insights(2018). Augmented & virtual reality trends,
https://artillry.co/wp-content/uploads/2018/11/CB-Insights-ARVR-Tren
ds.pdf

Jenkins, H., & Deuze, M. (2008). Convergence culture.

Kelly, K. (2017). The inevitable: understanding the 12 technological forces that
will shape our future. Penguin.

Ofcom(2017). PSB Annual Research Report 2017.
https://www.ofcom.org.uk/__data/assets/pdf_file/0019/103924/psb-annu
al-report-2017.pdf

Phillips, A. (2012). A creator's guide to transmedia storytelling: How to
captivate and engage audiences across multiple platforms (pp. 13-19).
New York: McGraw-Hill.

Pratten, R. (2011). Getting started with transmedia storytelling. Robert Pratten

Schwab, K. (2017). The fourth industrial revolution. Currency.

제7장

제4차 산업혁명의 시대, 뉴스 콘텐츠의 미래는 어떻게 될 것인가?

고두희

1. 뉴스 콘텐츠의 과거와 현재

최근 제4차 산업혁명에 관한 관심이 매우 높아지고 있는 상황이며, 제4차 산업혁명 시대에도 매우 중요한 변화의 동인으로 꼽히는 과학기술의 발전은 오랜 역사를 통해 발전하면서 사회의 발전에 이바지하였다. 과학기술은 과거 중세시대에는 극심한 침체를 겪기도 하였지만 1600년대에 이르러 다시 발전을 거듭하였으며 근대의 역학이나 화학, 열역학, 전자기학 등의 기초 학문이 기틀을 잡게 되면서 1700년대 말, 제1차 산업혁명의 모습으로 나타났다. 제1차 산업혁명은 인간 사회에 광범위하게 영향을 미치게 되면서 사회의 변화를 가져오는데, 대표적으로 증기기관은 사람의 근육으로 가질 수 없는 거대한 힘을 발휘하였으며 기계장치의 힘을 빌려 지하 깊은 곳의 석유나 광물을 캐낼 수 있게 되었고 빠른 속도로 달리는 기차를 발명하면서 물류의 이동에 큰 영향을 미쳤다. 1800년대 말 등장한 전기는 제2차 산업혁명을 촉발하였고 전등과 전력이 공급되면서 발전기와 전기모터로 사람들의 손과 발이 되는 다양한 기계장치가 발명되었다. 1960년 이후에는 디지털 산업혁명이 전개되면서 현재에도 영향을 미치고 있는 제3차 산업혁명이 시작되었다. 인터넷과 컴퓨터의 조합을 통해서 정보통신의 혁명을 일으키게 되었으며 정보통신 산업이 세상을 움직이고 있는 중심축이 되고 있다. 제3차 산업혁명은 IT 기술로 자동화와 지식정보사회의 시대를 열었다. 앞으로 도래할 제4차 산업혁명은 현재의 제3차 산업혁명의 근간이 되는 IT 기술이 고도화되면서 지능정보사회로의 전환을 예견하고 있다. 인공지능과 사물인터넷, 클라우드 컴퓨팅 등의 신기술로 대변될 수 있는 제4차 산업혁명 시대는 앞으로 인간 사회 대부분 영역에서 경험하지 못했던 급속하고도 획기적인 변화를 일으킬 것으로 예상하고 있다. 저널리즘과 뉴스 콘텐츠의 영역에서도 이러한 과학기술의 혁신적인 장점들이 이식되어 과거에 경험하지 못한 새로운 변화가 일어나고 있다.

기술의 발달로 인해 20세기 후반의 미디어 환경은 매우 급격하게 변화하였다. 뉴스 콘텐츠의 경우, 신문이나 잡지가 주를 이루던 것에서 라디오와 텔레비전을 통한 뉴스가 생산되기 시작했고, 20세기 후반에는 컴퓨터와 통신기술이 발달하며 온라인 미디어가 등장했다. 온라인 미디어는 그 편의성과 사회의 변화에 힘입어 영향력 면에서 텔레비전 뉴스를 위협하는 지위를 갖게 되었다. 태블릿PC나 스마트폰과 같은 디바이스가 보급되고, SNS를 통한 커뮤니케이션이 가능해지면서 신문이나 텔레비전을 통해 뉴스를 접했던 뉴스 수용자들은 언론사의 온라인 웹사이트나 뉴스 애플리케이션을 적극적으로 활용하게 되었고, 이러한 변화에 발맞추어 언론사들이 다양한 형태의 뉴스 콘텐츠를 제작하게 된 배경에는 산업혁명과 뉴스를 둘러싼 미디어 환경의 변화에서 원인을 찾아볼 수 있다.

마샬 맥루한은 미디어를 핫미디어(hot-media)와 쿨미디어(cool-media)로 구분하면서, 핫미디어는 정보의 양이 많고 논리적이기 때문에 수용자의 참여 의지가 없는 것으로 쿨미디어는 직관적이고 감성적인 수용자의 관여가 필요한 것으로 설명하였다. 또한, 쿨미디어는 핫미디어와 비교하여 정보의 양이 빈약하고 불분명하다며 수용자의 적극적인 참여가 필요하다고 주장하기도 하였다. 핫미디어와 쿨미디어에 관한 논쟁이 시작되던 당시의 미디어 환경을 고려해 보면, 뉴스를 보도하던 미디어가 과거 신문이 주를 이루던 형태에서 라디오로 변화하고, 라디오와 비교하여 텔레비전으로 그 형태가 변화하던 시기였다. 따라서 맥루한은 텔레비전 미디어를 수용자의 청각과 시각을 복합적으로 자극하는 쿨미디어로 구분하였고, 이와 비교하여 자극이 덜한 라디오를 핫미디어로 구분하였다. 핫미디어와 쿨미디어의 구분은 정확하게 개념화된 것이 아니라 전달되는 정보의 양과 수용자에게 가해지는 자극의 종류와 정도를 통해 수용자의 참여 여부가 어떻게 달라지느냐에 따라 상호 비교하여 구분된다. 새로운 미디어가 등장할 때마다 새로운 정의와 개념이 적용될 수밖에 없다. 따라서 기술과 통신의 발달로 온라인 미디어가 등장하자, 기존의 핫미디어, 쿨미디어 개념은 변화하게 되었다. 텔레비전 미디어는 핫미디어, 새로 등장한 온라인 미디어는 쿨미디어로 구분되게 되었다. 맥루한의 핫미디어, 쿨미디어 개념의 정의는 앞서 언급한 것처럼 정보의 양과 자극, 수용자의 참여 여부에 따라 구분된다. 온라인 미디어를 통해 전달되는 뉴스는 정보의 양 부분에서는 기존의 텔레비전 뉴스와 같은 수준, 또는 더 많은 양을 포함하고 있지만, 텔레비전 뉴스와 비교하여 더욱 활발하고 다양한 참여를 포함한다. 이는 모든 수용자에게 개방되어 있고, 누구나 참여와 공유가 가능하다는 점 등은 온라인 미디어의 이용이 폭발적으로 확대된 이유라 할 수 있다.

이처럼 텔레비전과 같은 기존의 미디어와 인터넷, 스마트폰과 같은 뉴미디어의 비교는 이용자의 적극적인 참여를 유도한다고 볼 수 있을 것이다. 이처럼 미디어기술의 발달은 전통미디어와 뉴미디어 간의 정의를 변화된 환경에 맞게 새롭게 내리도록 하였으며, 이는 뉴스 콘텐츠를 제작하고 유통하는 환경에도 큰 변화를 불러왔다. 인터넷 통신기술의 발전과 이를 활용한 스마트 디바이스의 보급은 기존과는 전혀 다른 형태의 뉴스 콘텐츠 양식이 발현되게 된 것이다.

2. 미디어 4.0 시대와 미디어 이용자의 변화

스마트미디어의 등장은 사람들의 미디어 이용의 환경을 변화시키고 있는데, 이는 최근 몇 년간의 통계 자료를 살펴보면 이를 구체적으로 확인할 수 있다. 2017년 1월에 발표된 한국인터넷진흥원의 <2016년 인터넷이용실태조사>에 따르면, 만 6세 이상 인터넷 이용자의 92.7%가 온라인 미디어 이용자인 것으로 조사되었다. 특히 온라인으로 신문, 뉴스 기사를 이용하는 경우가 86.5%로 영화(67.1%), TV(45.8%) 등에 비해 가장 높은 수치를 기록하였다. 2014년과 2015년에 이루어진 동일한 조사에서 온라인 미디어 이용자가 각각 82.0%, 92.0%였던 것, 온라인으로 신문과 뉴스 기사를 이용하는 경우가 77.9%, 82.7%였던 것과 비교하면 최근 몇 년 사이에 온라인 뉴스를 이용하는 인구가 늘어나고 있음을 확인할 수 있는 자료이다.

또한, 불과 1년 후의 자료인 2018년 3월의 <2017년 인터넷이용실태조사>는 진화한 미디어 환경에 따라서 미디어 이용자의 더욱 변화된 양상을 볼 수 있는데, 우리나라의 만 3세 이상 인구의 인터넷 이용률이 90.3%로 약 4,500만 명이 인터넷을 이용하고 있는 것으로 나타났다. 인터넷을 이용하는 목적으로 가장 높은 비중을 차지하는 것은 이메일, SNS, 채팅, 인터넷 전화 등의 커뮤니케이션이었으며 자료 및 정보 획득, 여가활동(웹 라디오, 웹 TV, 온라인 게임 등)도 인터넷을 이용하는 주요 목적이었다. 이 중 재미있는 것은 인터넷에 접속하는 기기에 대한 응답으로 인터넷에 접속하는 기기의 가장 높은 비중은 스마트폰(94.1%)이었다. 뒤를 이어 데스크톱, 디지털TV, 노트북, 스마트TV, 게임기 등의 순으로 나타났는데, 이와 같은 접속 기기 통계는 스마트폰이 가지고 있는 개인 특화 미디어의 기능을 포괄적으로 확인할 수 있는 부분이라 할 수 있다.

한국언론진흥재단의 <2015년 언론수용자 의식조사>의 결과를 보면, 온라인 뉴스 소비양식이라고 볼 수 있는 인터넷과 소셜 미디어를 통한 뉴스 이용 비율이 매우 큰 것을 알 수 있었다. 종이신문을 제외한 다른 미디어들이 뉴스뿐 아니라 다른 콘텐츠를 다루고 있다는 점을 전제하고, 고정형·이동형 인터넷을 통한 뉴스 이용이 전체 연령대 평균이 26.2%로 나타났고, 소셜 미디어를 통한 뉴스 이용은 18.9%로 나타났다. 특히 이동형 인터넷을 통한 뉴스 이용은 28.8%로 나타나기도 하였다. 또한, 고정형·이동형 단말기를 통한 뉴스 이용을 분석한 결과, 스마트폰이나 태블릿PC 등의 이동형 단말기를 통해 온라인 뉴스를 이용하는 비율이 전 연령대에서 65.4%로 나와, 이동하는 시간이나 짧은 시간에 뉴스 이용이 가능하게 되었음을 확인하게 해 주었다. 특히 60대 이상 이용자의 경우, 고정형 단말기가 6.9%인 것에 반해 이동형 단말기를 이용하는 비중이 19.3%로 비교적 높게 나왔는데, 이는 이동형 단말기가 높은 연령대의 뉴스 수용자에게 새로운 뉴스 이용 경로를 제공하였다는 점에서 중요하다고 할 수 있다.

<2016년 언론수용자 의식조사> 결과도 마찬가지인데, 종이신문, 잡지, 라디오, 텔레비전 미디어를 통해 뉴스를 이용한다는 응답은 최근 5년간 감소한 데 비해, 온라인 뉴스 소비양식이라고 볼 수 있는 모바일과 PC 인터넷을 통한 뉴스 이용이 73.7%, 모바일 기기를 통한 뉴스 이용이 70.9%, SNS를 통한 뉴스 이용은 14.7%로 나타났다. 이러한 수치는 텔레비전을 통한 뉴스 이용이 83.2%인 것에 비해 적은 수치이다. 그러나 텔레비전 뉴스 이용이 점차 줄어들고 있고, 인터넷, 모바일 기기, SNS를 통한 뉴스 이용이 증가하는 추세임을 고려하면 눈에 띄는 결과라고 할 수 있다. 온라인 뉴스와 같은 맥락이라고 해석할 수 있는 인터넷 뉴스 이용에 관한 조사에서는 스마트폰이나 태블릿PC와 같은 모바일 기기 이용이 70.9%로 지난해보다 5.5% 포인트 증가하였고, PC 이용이 37.6%로 지난해보다 2.2% 포인트 감소하였다. 뉴스를 매일 이용한다는 응답은 PC보다 모바일 이용이 33.3% 포인트나 높았고, 언론사와 뉴스 관련 모바일 애플리케이션과 언론사 홈페이지, 포털사이트를 통해 뉴스를 접한다는 결과도 발견할 수 있었다. 이러한 결과를 바탕으로 온라인 뉴스가 다양한 경로를 통해 뉴스 수용자에게 활발히 이용되고 있다는 것을 확인할 수 있다. 불과 2년 후의 <2018년 언론수용자 의식조사>의 결과에서는 모바일 미디어가 사람들의 미디어 활용에서 주도권을 더

욱 확실하게 잡은 모습을 볼 수 있다. 모바일과 PC를 통해 이용하는 인터넷 미디어의 이용률이 87.1%로 급격하게 상승하였으며 이는 텔레비전 이용률의 93.1%의 뒤를 바짝 쫓을 정도로 이용률이 높아진 상태이다. 뉴스를 이용하는 비율을 살펴보면 변화된 미디어 환경을 더욱 확실하게 알 수 있다. 전통적으로 뉴스를 확인하는 텔레비전의 비율이 85.4%로 높았지만, 모바일인터넷이 80.8%, PC 인터넷이 37.7%로 모바일인터넷을 통해서 뉴스를 이용하는 비율이 월등히 높아졌음을 알 수 있다. 이와 같은 미디어 이용률의 변화는 비단 우리나라에만 국한되는 상황이 아니다. 2017년 기준, 미국 내의 미디어 이용 조사 기관인 'Pew Research Center'의 뉴스 미디어 이용률 조사에서도 전체 응답자의 68%가 소셜 미디어를 통해 뉴스를 접한다고 응답한 것처럼 최근 미디어 환경에서 전통미디어를 이용해 뉴스를 이용하기보다는 스마트폰과 같은 스마트미디어를 통해 접속할 수 있는 소셜 미디어를 통해 뉴스를 보는 경향이 확대되고 있다.

이렇게 온라인 뉴스의 제공과 소비가 활발해지고 있는 상황에서 온라인 뉴스는 다양한 형식과 주제를 갖추고 발전하고 있다. 뉴스는 전달되는 미디어에 따라 그 형식과 소비양식이 달라진다. 뉴스를 전달하는 미디어에 따라 수용자들의 뉴스 소비 동기와 양상이 변화하고, 이와 함께 뉴스 가치도 변화되는데, 특히 온라인 뉴스는 인터넷이라는 통신기술이 가지고 있는 특성에 맞게 기존의 종이신문이나 텔레비전 뉴스와는 다른 형식을 보이고 있다. 온라인 뉴스는 기사 형식의 파괴가 일어나거나 멀티미디어콘텐츠를 결합한 형식을 선보이기도 했으며 전통적 뉴스의 문어체 형식을 벗어나고 있다. 또한, 기존의 뉴스가 전통미디어가 가지고 있는 특성에 따라서 선형적 역피

라미드 구조를 가졌었다면, 온라인 뉴스는 자유롭게 페이지를 구성할 수 있는 특성에 힘입어 비선형적인 구조를 갖게 되기도 하였다.

현재의 뉴스 콘텐츠 이용 환경의 변화가 가능했던 이유 중의 하나는 인터넷이 보급되던 초기의 미디어 관련 종사자들이 디지털미디어를 전통미디어의 연장 선상으로 이해했다는 것에 있다. 디지털 미디어를 기존의 신문이나 방송 콘텐츠를 디지털로 변환해 제공하는 수준으로 접근했던 인터넷 도입 초기 시기의 신문사들은 종이 신문에 인쇄되어 배포된 뉴스를 PDF와 같은 디지털 형태로 전달하여 활용했을 뿐이다. 당시는 종이신문 산업이 호황을 누리고 있었기 때문에 가능했던 부분이지만 단적으로 온라인 서비스가 수익을 가져다 줄 것으로 보지는 못했던 부분이 있다. 방송 부분에서도 이는 그대로 적용될 수 있다. 인터넷 초기 당시 동영상을 제대로 전송할 수 있을 정도로 데이터의 전송 속도가 뒷받침되지 못했기 때문에 인터넷을 통해 방송사의 방송뉴스를 시청하기 어려웠다.

결국, 인터넷 보급 초창기에는 기술적인 한계로 인해 전통미디어인 신문이나 텔레비전이 여전히 뉴스 콘텐츠를 생산하고 유통하는 주요 창구였으며 인터넷은 보조적인 수단으로 이용되었을 뿐이다. 하지만 인터넷을 비롯한 새로운 커뮤니케이션 기술의 발전은 스마트폰과 같은 방송 통신 융복합형 1인 미디어를 등장시키면서, 과거와 전혀 다른 뉴스 콘텐츠의 지형을 만드는 데 일조하고 있다.

3. 미디어 진화와 새로운 형태의 뉴스 콘텐츠 등장

온라인을 통한 뉴스의 생산, 유통 및 소비는 더욱 확대되고 있다. 뉴스 수용자에게 정확한 정보를 쉽게, 효과적으로 전달하기 위한 뉴스 생산자들의 노력이 다양하게 전개되고 있는데, 뉴스 콘텐츠 측면에서 인터랙티브 뉴스, 타임랩스, 스토리 편집, 투표, 카드뉴스 등이 대표적이다. 특히, 뉴스를 전달하는 방식 중 하나로 말할 수 있는 카드뉴스는 다양하게 생산되고 또 확산하고 있다. SNS를 통한 확산이 용이하게 되면서 카드뉴스는 그 생산과 소비 측면에서 매우 효과적인 뉴스 플랫폼으로 자리매김하고 있다.

기존의 매스미디어를 통해 전달되는 뉴스는 점차 그 이용이 줄어들고는 있지만, 여전히 텔레비전 뉴스에 의존하는 뉴스 수용자들이 많고, 이들을 기반으로 텔레비전 뉴스는 그 정확성과 신뢰도 면에서 끊임없이 심판을 받고 있다. 인터넷의 발달과 스마트폰이나 스마트 패드와 같은 스마트 디바이스의 등장은 매스미디어 뉴스를 인터넷 포털 뉴스 채널이나 스마트폰 앱으로 이동시키는 원인이 되었다. 그 중에서도 SNS를 매개로 하는 뉴스의 재가공 및 재생산, 확산이 활발한데, 각 방송사는 SNS상에 고유의 페이지를 개설하고, 뉴스를 편집하거나 그대로 업로드하여 뉴스 수용자들에게 전달하고 있다. 최근의 뉴스 수용자들은 시간적, 공간적 제약이 따르는 텔레비전 등의 매스미디어보다는 스마트폰이나 태블릿PC 등의 스마트 모빌리티를 이용하여 뉴스를 접하고 소비하는 경향이 크다고 할 수 있다. 실제로 빅데이터 시대가 되면서 정보를 소비하는 유형도 다양해졌는데, 큐레이션, 스낵컬처, 비주얼 중심의 SNS 등을 들 수 있다.

빅데이터로 인해 정보가 과잉되면서 어떤 정보가 가치 있고 중요한지 빠르게 인지하는 것이 중요하게 되었는데, 이를 도와주는 것이 바로 큐레이션(Curation)이다. 미술관에서 작품에 새로운 가치를 부여하고 설명하기 위해 작품에 대한 정보를 수집하고 전시하는 것을 의미하는 큐레이션은 최근 소셜 큐레이션(Social Curation)으로 파생되어 온라인상의 수많은 정보를 수집하고 검증하여 수용자가 원하는 정보를 골라서 제공하는 것으로 그 의미를 옮겨갔다. 이는 최근 SNS 시장에서 큰 인기를 얻고 있는데, 정보 과잉시대에 유용한 정보를 선택할 수 있도록 도와주기 때문이다. 대표적인 서비스로 핀터레스트, 피키캐스트, 빙글 등이 있는데, 핀터레스트(Pinterest)는 핀(pin)과 흥미(interest)의 합성어로 이미지를 통해 자신의 관심사를 다른 사람과 함께 나눌 수 있도록 구성되었다. 회원가입을 하고 로그인을 하면 자신이 관심 있고 정보를 받아보고 싶은 주제를 선택하게 되는데, 이를 통해 소셜 큐레이션이 가능해졌고, 나아가 기존에 미디어가 일방적으로 제공하는 뉴스를 그대로 받아보던 것에서 벗어나, 스마트미디어 환경에서 뉴스 수용자가 자신의 흥미에 맞는 뉴스 콘텐츠를 읽을 수 있도록 제공해 주는 뉴스 큐레이션(News Curation) 서비스도 나타났다. 이는 사용자의 관심사와 취향에 맞게 뉴스를 재배치하는 등 철저하게 맞춤형 뉴스를 제공하는 게 특징으로, 스마트폰 혁명과 SNS 시대를 맞아 각광을 받고 있다. 이와 같은 새로운 형태의 뉴스 콘텐츠가 이용자들에게 인기를 얻고 있는 이유는 인터넷을 통해 얻을 수 있는 정보가 너무나도 폭발적으로 증가했기 때문이다. 과거처럼 특정 정보원이 뉴스를 만들어 일방적으로 전달하는 방식이 아니라 현대의 인간은 누구나 뉴스 생산자가 될 수 있는 환경이 구축되었기 때문에, 이용자들이 일부 뉴스 생산자가 제공하는 뉴스를 일방적으로 받아보지 않는 경향이 강화되고 있기 때문이다.

이와 같이 온라인 뉴스를 기반으로 한 새로운 포맷, 콘텐츠 사례들이 더욱 늘어나고 있다. 뉴스 수용자에게 정확한 정보를 쉽게, 효과적으로 전달하기 위한 플랫폼 확장에 대한 뉴스 생산자들의 노력이 다양하게 전개되고 있는데, 특히 뉴스 콘텐츠 측면에서 인터랙티브 뉴스, 타임랩스, 스토리 편집, 투표, 카드뉴스 등을 대표적으로 들수 있다. 뉴스 큐레이션과 같은 새로운 형식을 온라인 뉴스에 적용해 보면, 뉴스가 인터넷을 통해 새로운 미디어로 적용될 때 뉴스는그 유형이나 방식뿐만 아니라 구성에도 변화가 생긴다고 할 수 있다. 온라인 뉴스가 등장하면서 전통적인 뉴스제공 방식이 진화되었다고 볼 수 있는데, 온라인 뉴스는 기존의 뉴스와 비교해서 주요 뉴스에 대한 의견이나 해설의 내용을 담은 주제가 많아져, 뉴스의 내용을 수용자들이 더욱 친근하고 쉽게 받아들일 수 있도록 변화하고있다. 따라서 뉴스의 길이는 더 길어지고, 분석적인 내용이 많아질수는 있겠으나 수용자에게 설명하는데 그 포인트가 맞춰지고 있다. 그러나 온라인 뉴스에 접근하는 디바이스가 PC에서 태블릿PC나 스마트폰으로 변화되고, 고정된 자리에서 이동으로 변화됨에 따라 온라인 뉴스도 뉴스 수용자의 요구에 맞도록 변화하고 있다.

기존 언론사 특히 신문사들의 변화도 눈여겨볼 만한데, 예컨대, 조선일보는 다른 언론사나 방송사들과 마찬가지로 카드뉴스를 제작하고 있는데, 눈에 띄는 것은 자사에서 제작하는 카드뉴스만을 따로모아 'snac'이라는 이름의 온라인 페이지와 애플리케이션을 통해 배포하고 있다는 것이다. 'snac'은 시간과 장소에 구애받지 않고 간식

(snack)을 먹듯이 문화(culture)를 소비한다는 뜻을 가진 스낵컬처 (Snack Culture)에서 착안한 것으로, 카드뉴스만을 따로 모아놓음으로써 스마트기기를 통해 가볍게 뉴스를 소비할 수 있도록 한 것이다. 또한, 조선일보는 온라인에 업로드하는 만화를 뜻하는 웹툰(Webtoon) 의 등장과 웹툰 시장의 확대에 발맞추어 뉴스와 웹툰의 합성어인 '뉴스툰(Newstoon)'을 제작하여 조선닷컴(www.chosun.com)을 통해 배포하기도 하였다. 사실 다양한 신문에서 만평을 싣거나, 기사에 삽화를 삽입하여 제공하는 등 뉴스에서 그림을 활용한 예는 새로운 것은 아니다. 그러나 국민의 관심이 집중되는 시사 뉴스와 이슈를 본격적으로 웹툰으로 제작하여 제공하는 것은 새로운 시도라고 볼 수 있다. 물론 뉴스가 웹툰으로 제작되는데 시간이 소요되기 때문에 시의성을 가져야 하는 뉴스일 경우 제작이 어렵다는 점, 웹툰 작가의 섭외가 어렵다는 점, 웹툰 작가와 데스크와의 뉴스에 대한 이견 조율이 어렵다는 점 등이 지적되기는 했지만, 낡고 오래된 언론이라는 기존 뉴스 수용자들이 갖는 조선일보에 대한 이미지가 웹툰이라는 새로운 형태를 취함으로써 이미지 쇄신할 기회를 얻게 했다는 점에서 고무적이라고 할 수 있을 것이다. 조선일보의 'snac'이나 '뉴스툰' 과 같은 시도는 스마트기기를 통해 뉴스를 접하는 것이 보편화되고 있는 시대적 흐름을 잘 읽어냈다는 점에서 의미를 갖는다.

취재방식에서 변화를 꾀한 온라인 뉴스의 사례도 확인할 수 있는데, 국민일보가 제공하고 있는 취재대행소 '왱'이 그것이다. 국민일보는 기자가 취재할 때 어떤 주제를 가지고 취재하여 기사를 작성할 것인지에서 출발한다는 것에 착안해 뉴스를 취재하는 측이 아닌 뉴스를 소비하는 측에서 어떤 것을 궁금해하는지를 알아보는 뉴스의 출발점을 바꾸는 시도를 했다. 일종의 주문제작형 뉴스로 이해하면 되는데, 취재대행소 '왱'은 뉴스 수용자가 의뢰한 내용에 관해 현직 기자들이 취재하여 뉴스를 제작하여 제공하는 형식을 취하고 있다. 뉴스를 제공하는 방식도 다양한데 텍스트 기사뿐만 아니라 카드뉴스, 동영상 등 다양한 방식으로 뉴스를 제작한다. 또한, 자사의 온라인판과 함께 페이스북 페이지를 제작하여 뉴스를 제공함과 동시에 뉴스 수용자들의 취재의뢰를 받는 장으로 활용하고 있다. 이는 기존의 미디어가 제공자에서 수용자로 전달되는 한 방향 방식에서, 수용자가 의견을 내고, 제공자는 피드백하는 쌍방향 방식으로의 변화함에 따라 SNS가 발달했던 것과 맥락을 같이 한다고 볼 수 있다. 또한, 전문교육을 통해 전문적 지식을 갖춘 기자가 아닌 일반 시민이 기자가 되어 취재와 기사작성을 할 수 있다며 출발한 1인 미디어 또는 시민 저널리즘과 비교할 수 있을 것이다. 취재대행소 '왱'은 뉴스의 제작과 제공은 현직 기자가 담당하지만, 어떤 내용의 뉴스를 제작할 것인지 뉴스 수용자가 결정한다는 면에서 뉴스 수용자가 편집국의 역할을 담당한다고 할 수 있다. 이러한 새로운 취재방식의 등장은 온라인 뉴스가 다양한 형태로 변화하고 발전하고 있다는 것을 확인하게 한다.

앞서 논의하였듯 미디어의 발달과 함께 온라인 뉴스는 형식적, 내용적 측면에서 다양한 변화를 거쳤다. 이러한 온라인 뉴스 변화의 흐름 중의 하나가 '카드뉴스'이다. 카드뉴스는 YTN의 '한 컷 뉴스'나 이데일리의 '카드뉴스'를 예로 들 수 있는데 뉴스의 내용을 적은 수의 단어나 짧은 문장으로 제시하고, 이와 함께 사진이나 그림을 포함한다는 점에서 최근 유행하고 있는 카드뉴스와 비슷하지만, 기존의 온라인 뉴스와 같이 글이 주가 되고 이미지는 부가적인 역할을 하거나 한 장의 이미지만 담겼다는 점에서 다소 다른 형태를 보인다고 할 수 있다.

미디어 패러다임이 변화하면서, 미디어 수용자들은 라이프스타일과 커뮤니케이션 방식을 변화시키고 있다. 미디어 수용자들은 다양한 서비스를 접할 때, 이러한 변화가 반영되기를 요구하고, 미디어 환경은 이에 맞추어 스스로 진화한다. 최근에는 텔레비전 방송을 시청하기보다는 시간과 공간에 구애받지 않고 짧은 시간 안에 소비할 수 있는 콘텐츠를 선호하는 경향이 있다. 이를 라이프스타일이나 문화콘텐츠를 스낵처럼 즐긴다는 의미로 스낵컬처(Snack Culture)라고 하는데, 동영상 클립, 웹툰, 웹 드라마나 영화 등의 소비가 확대되고 있는 것을 의미한다. 최근에는 카드뉴스나 데이터를 시각화한 인포그래픽 형태의 콘텐츠도 등장하고 있는데, 이는 온라인 뉴스도 스낵컬처화 되고 있다는 것을 의미한다. 스낵컬처는 스마트폰 등에 익숙한 젊은 세대가 뉴스를 소비할 때 매우 적합한 것으로, 이미지와 인포그래픽 디자인을 활용해 비주얼 중심의 콘텐츠이고, 짧은 시간 안에 가볍게 소비할 수 있도록 쉽고 강한 스토리텔링 구조를 가지는 특징이 있다.

앞서 언급한 큐레이션, 스낵컬처, 비주얼 중심이라는 지금의 콘텐츠 특징은 카드뉴스의 특징과 같다는 점에서 새로운 형태의 온라인 뉴스가 갖는 특징이라고 간주할 수 있다. 카드뉴스란 뉴스를 일정 규격의 카드 형태의 프레임에 글, 사진, 영상, 인포그래픽 등의 요소를 포함하여 수용자에게 전달하는 온라인 뉴스를 가리킨다. 기존의 온라인 뉴스는 컴퓨터 화면의 사이즈와 비율에 맞춰 제작되어 스크

롤을 내리는 방식으로 소비되었는데, 카드뉴스는 늘어나는 모바일 기기 이용에 맞춰 스마트폰과 같은 모바일 기기를 이용할 때, 시각적으로 보기 편하고, 뉴스 정보를 빠르게 파악할 수 있도록 제작되었다. 일종의 게이트 키핑(Gate keeping), 의제설정(Agenda setting) 기능을 수행한다는 점에서의 큐레이션, 쉽게 접근할 수 있고, 스마트 디바이스를 활용한다는 점에서 스낵컬처, 이미지와 인포그래픽을 활용한다는 점에서 비주얼 중심이라는 점이 카드뉴스의 그것과 일치한다. 이러한 특징은 트위터의 정체와 인스타그램이나 핀터레스트의 인기에 힘입어 부상하였다.

카드뉴스는 SBS의 '스브스뉴스'를 들 수 있는데, 스브스뉴스는 우리나라 주요 언론사인 SBS가 직접 제작하는 만큼 폭넓은 정보와 기자들의 취재내용을 바탕으로 간결하고 시선을 끄는 이미지 요소를 결합해 새로운 형태의 온라인 뉴스로서 자리매김하고 있다. 스브스뉴스는 페이스북 공식계정 페이지를 통해 카드뉴스를 생산하여 전달하고 있고, 최근에는 비디오 클립, 라이브방송 등을 통해 다양한 서비스를 제공하고 있다. 비디오 클립의 경우에는 '비디오 머그'라는 별도의 영상뉴스 콘텐츠로 구분하여 제공하였고, 기상캐스터가 등장하여 날씨 관련 뉴스를 제공하는 라이브방송을 통해 뉴스 수용자들과 커뮤니케이션하기도 하였다. 현재 SBS뿐만 아니라 조선일보, 경향신문, 동아일보, 한겨레신문, JTBC, YTN 등의 언론사가 카드뉴스를 제작하고 있다. 이렇게 제작된 카드뉴스는 각 언론사의 웹사이트와 함께 SNS 계정을 통해 게시·전파되고 있고, 포털사이트 네이버는 '카드로 보는 뉴스' 페이지를 통해 각 카드뉴스를 스탠드 형식으로 제공하여 뉴스 수용자들은 다양한 카드뉴스를 소비하게 되었다.

카드뉴스가 SNS를 통해 생산되고 메신저나 SNS를 통해 공유, 전파된다는 특징을 고려했을 때, 스마트폰 이용자들이 SNS를 통해 뉴스를 보기 위해 스마트폰을 이용하고 있다는 것으로도 볼 수 있다.

다양하게 제작되고 있는 카드뉴스가 SNS 등을 통해 호응을 얻고 있기 때문에 앞으로 카드뉴스의 다양한 활용방안을 제시할 수 있을 것으로 볼 수 있다. 언론 분야에서의 활발한 카드뉴스 제작과 활용에 힘입어, 카드뉴스의 제작, 전파의 편의성이나 영향력으로 기업의 홍보성 카드뉴스도 제작되고 있으며, 카드뉴스를 손쉽게 만들 수 있는 애플리케이션이나 카드뉴스 제작 방법을 알려주는 1인 미디어콘텐츠도 인기를 얻고 있다.

그뿐만 아니라 카드뉴스의 제작을 돕는 실용서도 등장하고 있는 것처럼 이러한 현상은 카드뉴스가 온라인 뉴스로서의 뉴스 콘텐츠일 뿐만 아니라 새로운 형태의 커뮤니케이션 수단으로 발전할 가능성을 시사하고 있다고 볼 수 있다. 뉴스 미디어의 변화와 온라인 뉴스의 변화의 흐름에서 탄생한 카드뉴스는 그 형식 면이나 내용 면에서 새로운 시대의 온라인 뉴스로 발전할 수 있을 것이라는 전망이 가능하다. 그뿐만 아니라 저널리즘 측면의 온라인 뉴스의 내용과 형식, 구성 등 새로운 뉴스 콘텐츠를 생산하는데 뉴스를 제공하는 미디어의 특성이나 뉴스의 취재 및 편집과정, 뉴스 수용자의 뉴스 소비행태, 사회와 문화 등도 영향을 미치고 있다. 온라인이라는 특수성을 갖는 미디어의 하이퍼 텍스트적 특성, 상호작용성, 컴퓨터의 활용 등은 전통적 저널리즘의 변화를 가져왔고 이러한 변화가 뉴스의 취재와 제작 과정에 변화를 가져오고 있다. 이는 뉴스 수용자들이 뉴스를 소비하는 데 있어 새로운 형태의 패러다임을 갖추게 하였으며, 궁극적으로 이러한 요인들이 뉴스의 개념, 텍스트, 기사 구성 방식에 영향을 미쳤다고 볼 수 있다.

그러나 뉴스 콘텐츠의 새로운 형태와 온라인 뉴스 소비행태에 대한 긍정적인 시각만이 있는 것은 아니다. 인터넷 미디어의 발달과 스마트기기의 활용 등 뉴스 소비의 행태가 변화하면서 온라인 뉴스도 형식적, 내용적 측면에서 많은 변화를 겪게 되었는데, 이와 함께 온라인 뉴스에 대한 연성화가 가속되고 있다. 뉴스 산업에서의 무한 경쟁과 뉴스 소비 태도의 변화 등의 요인에 의해 딱딱하고 어려운 경성뉴스가 축소되고 연성뉴스가 확대되는 이른바 '소프트 저널리즘(Soft Journalism)'이 확산하는 실정이다. 텔레비전 뉴스뿐만 아니라 네이버, 다음, 네이트 등의 포털사이트가 제공하는 뉴스들이 접근을 강화하기 위해 자극적인 헤드라인 제목을 사용하거나, 가독성을 높일 수 있는 소제목을 사용하고, 하이퍼링크나 해시태그 등의 인기 검색어를 적극적으로 활용해 사람들의 유입을 높이고 있다. 이는 뉴스 콘텐츠의 소비에 있어서 자극적이고 쉬운 뉴스 중심으로 뉴스가 재생산되면서 스마트폰 애플리케이션으로 제공되는 뉴스가 인터넷 사이트에서 제공되는 뉴스에 비해 수용자의 흥미를 끌 수 있는 연성뉴스를 제공하는 경향이 커지고 있음을 알 수 있는 부분이다.

새로운 스마트폰 서비스 및 소셜 미디어 서비스의 등장은 뉴스 콘텐츠에 대한 이용자의 관심을 분산하는 데 영향을 줄 수 있다. <디지털 리포트 2018>은 최근 몇 년간의 이용자 분석을 통해 뉴스를 접할 수 있는 창구였던 소셜 미디어에 대한 분석을 내놓았다. 많은 국가에서 소셜 미디어를 통한 뉴스 이용이 줄어들었으며 특히, 페이스북을 통한 뉴스 소비가 감소했다고 보고 있다. 그러나 특정 소셜 미디어의 뉴스 이용자의 수가 줄었다는 부분은 절대적으로 뉴스 이용자의 수가 감소한 것이 아니라 이용자가 신규 소셜 미디어로 이동하게 되면서 뉴스 이용이 다른 소셜 미디어로 이동한 것으로도 풀이할 수 있다. 실제로 몇몇 국가에서는 왓츠앱, 스냅챗, 인스타그램 등을 통한 뉴스 이용이 증가한 것으로 나타났다.

최근 경성뉴스의 비중이 작아지고 반면에 연성뉴스가 많아진다는 것은 신문사와 방송사 등 언론이 상업적 전략으로서 뉴스의 연성화를 가속하고 있다는 것을 의미한다. 경성뉴스가 민주시민이 알아야 할 사회적 지식을 다루는 것에 비해, 연성뉴스는 대중적, 선정적, 계급 편향적 소비주의를 조장한다고 볼 수 있다. 경성뉴스는 문맥적으로 중요한 내용을 기사 서두에서 바로 공개하는 역피라미드의 구조를 갖고, 사안의 시의성이 크며, 정책 관련 내용이 많고, 공적 영역이 포함되며, 인간적 관심사가 적은 특징을 갖지만, 연성뉴스는 서사체 형식의 문맥을 갖고, 사안의 시의성이 크지 않으며, 정책과의 관련성이 적고, 사적인 영역을 다루며, 인간적 관심사에 중점을 두고 있다. 뉴스의 독자들은 기사를 읽으면서 기사를 읽는 행위 자체의 재미, 기사를 통해 현안을 알고 사회와의 교류가 가능하다는 점, 뉴스 기사로부터 거리감을 느끼는 측면, 기사에 담긴 정보를 평가하고 적용하려는 행동을 하게 된다. 이러한 과정 중에서 독자들은 연성뉴스를 읽을 때 읽는 재미를 더 느끼고, 사회적으로 더 교류하는 것으로, 경성뉴스를 읽을 때 기사로부터 거리감을 느끼거나, 기사 내용과 관련한 정보를 평가하고, 자신에게 적용하려는 경향이 있다.

4. 제4차 산업혁명 시대, 저널리즘과 뉴스 콘텐츠의 진화

인간의 기술혁신 주기는 과거에 비해 빨라지고 기술이 미치는 영향력은 더욱 광범위해지고 있다. 유선 전화기가 발명되고 보급되는 데 걸린 시간은 73년이었으나 인터넷이 확산하는 데 걸린 시간은 20년에 불과했고, 휴대전화가 대중화되는 기간은 14년에 불과할 정도로 앞으로 등장할 기술의 파급력은 상상하기 어려울 정도로 강할 것이라고 전망되고 있다. 특히, 각 산업혁명은 역사적으로 아주 짧은 기간에 발생하였으나 그 영향력은 개인의 일상부터 전 세계의 기술, 산업, 경제 및 사회구조를 완전히 변화시킬 정도로 거대하였고 새로운 기술의 등장과 기술적 혁신은 계속 진행 중이며 또 다른 산업혁명을 일으키고 있다. 그 때문에 점점 가속화되고 있는 기술혁명의 진화 속에 얼마나 빠르게 적응하고 대응하는가가 사회가 발전하는 중요한 요인이 되고 있다.

뉴스 콘텐츠도 산업혁명과 아주 밀접한 관계가 있다. 제1차 산업혁명은 언론을 민주주의 제도로 탄생시키는 데 큰 영향을 미쳤으며 제2차 산업혁명 시기에는 '대량생산과 대량 소비'라는 당시 산업의 의미와도 연관되는 언론의 산업화를 가져왔다. 언론이 민주주의를 유지하고 여론을 형성하는 제도에 국한되지 않고 '광고'라는 독특한 수단을 이용하여 대량 소비 시장의 비즈니스 모델로 성장하게 되었다. 광고 수익을 위해 독자 수를 늘리려는 상업적인 전략은 정치적인 뉴스 콘텐츠 이외에도 다수의 독자가 쉽게 관심을 가질 수 있는 가십거리와 같은 연성뉴스의 확대에도 영향을 미치게 된 것이다. 뉴스는 해당 이슈의 공공성 여부와 뉴스 수용자 입장에서의 일상성 등의 차원에서 경성뉴스와 연성뉴스로 구분된다. 주요 공적 이슈나 정책과 관련된 뉴스, 사회적으로 저명한 인사와 관련한 뉴스, 긴급한 뉴스, 지진이나 태풍 등 재난이나 대형 사고에 관한 뉴스 등 일상성에서 벗어났으나 민주사회의 구성원이 반드시 알아야 하는 뉴스를 '경성뉴스(Hard News)'로 정의할 수 있으며 공공성이나 정책과는 관련이 적으나 사건 중심적이고 인물 중심적이며, 대중의 관심을 이끄는 가볍고 선정적인 뉴스를 '연성뉴스(Soft News)'로 정의할 수 있다.

제3차 산업혁명은 컴퓨터와 인터넷으로 대표되는 디지털 혁명으로 시작되었으나 미디어콘텐츠를 순수 공공재로 변화시키면서 언론의 위기를 가져왔다. 제2차 산업혁명 시기에는 미디어콘텐츠의 제작과 유통에 막대한 비용이 필요했지만, 인터넷상에서는 훨씬 적은 비용으로 콘텐츠를 제작하고 유통하는 환경이 구축되는 결과로 나타났다. 이와 같은 변화는 인터넷상에서 언론사의 증가와 경쟁의 심화로 이어졌으며 사람들을 '수용자'가 아닌 '이용자'의 능동적인 주체로 변모시켰으며 언론 및 뉴스 콘텐츠의 전문가와 시민 간의 경계가 모호해지게 만들었고 결국, 저널리즘의 희소성이 약화되는 결과로 나타났다. 그뿐만 아니라 언론사 간의 경쟁 심화, 시민 저널리즘의 부상, 광고 수익의 약화 등으로 언론의 위기 상황이 지속되고 있는 상황이다.

제4차 산업혁명은 융복합을 키워드로 하고 있는데, 현재의 미디어 환경의 영향에 따라 저널리즘은 위기인 동시에 새로운 기술을 기반으로 이용자의 요구에 부응할 수 있는 신규 뉴스 콘텐츠를 제작할 수 있는 기회의 장으로도 여겨지고 있다.

<산업혁명과 언론, 뉴스 콘텐츠의 변화>

구분	언론·뉴스 콘텐츠의 변화
제1차 산업혁명	민주주의 제도로 탄생
제2차 산업혁명	언론의 산업화
제3차 산업혁명	저널리즘의 희소성 약화, 콘텐츠 유통 기능 상실
제4차 산업혁명	저널리즘의 위기인 동시에 새로운 기회의 장

제4차 산업혁명은 뉴스 산업의 생태구조 변화에 직접적인 영향을 미칠 것으로 전망되고 있다. 우선 뉴스 생산과 소비의 시간, 공간, 관계 축의 변화가 일어날 것이다. 사물과 공간이 다양하게 연결되어 있는 미디어 생태계 연결이 다양한 주변 미디어 디바이스를 통해 자연스럽게 스며들면서 자리를 잡게 되면서 정보의 생산이나 유통, 소비가 과거와는 전혀 다른 맥락으로 이루어진다. 또한, 시간과 공간 사이의 제약이 불분명해지면서 언제나 연결할 수 있는 초연결 공간에서 뉴스는 특정 시점과 장소에서 정기적으로 접하는 소비적 콘텐츠가 아니라 상시 접속을 통한 콘텐츠의 성격을 가지게 되면서 뉴스 생태계의 변화에 본질적인 변화를 가져오게 될 것이다. 또한, 제4차 산업혁명은 뉴스 생산과정에서 이용자에 따른 뉴스 콘텐츠의 변형과 가공을 가능하게 한다. 다양한 이용자 간 접점이 일어나게 되는 특성을 가지게 되는데 이를 고려하는 콘텐츠 전략도 함께 필요하다.

앞으로 제4차 산업혁명 하의 네트워크는 다양한 이해관계가 얽혀져 혼종적 네트워킹의 특성을 가질 것으로 전망되고 있다. 다양한 네트워크의 특성에서 자기 조직화가 끊임없이 일어나면서 나타나는 현상은 구조의 변이와 현상의 결과를 예측하기 어렵게 하고 있다. 결국, 뉴스 생태계의 변화도 불확실성이 높아지고 성공에 필요한 변수도 많이 질 것이다. 결국, 과거에는 현재 보유하고 있는 자원의 양이나 효과 등이 중요했지만 앞으로의 근 미래에선 연결 가능한 네트워크 간의 소통이 중요해지며 이를 통해 새로운 뉴스의 소재와 가치를 개발하려는 행동이 요구된다. 센서로 측정한 데이터와 이를 분석하는 소프트웨어의 결합을 의미하는 센서 저널리즘이나 인공지능 로봇을 이용한 로봇 저널리즘이 여기에 포함된다.

<제4차 산업혁명과 뉴스 생태계 변화>

미디어의 상황인식 플랫폼화	연결소비와 이용자 접점 설계	뉴스 콘텐츠의 침습성	혼종 네트워크에서 연결의 방식이 가치를 생산
사물·공간이 시간 축, 위치 축, 관계 축으로 초연결된 거대한 만물 미디어 생태계 연결을 기반으로 한 미디어의 상황인식(Context Awareness) 플랫폼화 등	다양한 이용자 접점을 중요하게 고려하는 콘텐츠 생산 방식, 이용자의 디바이스와 소비 공간 및 시간의 맥락성 등 중시	시간과 공간에 맞춘 패키지형 콘텐츠인 뉴스의 한계 노출. 서비스가 연결 공간으로 확장할 때 부가가치가 만들어짐	센서 저널리즘까지 연결의 극대화

출처: 한국언론진흥재단(2017). 뉴스 미디어와 제4차 산업혁명. p. 34.

뉴스 콘텐츠 서비스는 제4차 산업혁명 시대에 사회관계망서비스(SNS) 플랫폼을 통해 빠른 속도로 전 세계로 확산, 소비되고 있다. SNS는 인터넷의 발달과 모바일기술을 기반으로 탄생한 것으로, 이를 통해 다양한 정보가 유통되었고, 이는 뉴스 미디어 산업의 전반에 큰 영향을 미치고 있다. 이러한 인터넷 기술, 디지털기술, 모바일 커뮤니케이션 기술의 발달과 융합은 뉴스를 소비하는 형태에 변화를 불러일으켰으며, 나아가 미디어가 뉴스를 생산하는 방식에까지 변화를 가능하게 하였다.

제4차 산업혁명 시대에 들어서 미디어들은 뉴스 제작 시스템상의 변화를 꾀하였는데, 가장 큰 변화 중의 하나가 뉴스를 제작하는 방식의 디지털화이다. 로봇기술을 이용해 기사를 작성하는 일명 '로봇 저널리즘'의 시도가 그 예이다. '인공지능(AI)'은 제4차 산업혁명의 대표적인 기술로 인공지능을 활용하여 다양한 영역에서 인간을 대신하려는 시도가 이루어지고 있는데, 언론계에도 영향을 미쳐 인공지능 로봇이 기자들의 역할을 대신하여 기사를 작성하도록 하는 것을 의미한다.

'로봇 저널리즘'은 컴퓨팅 기술에 의한 알고리즘이 개입된 저널리즘의 형태를 가리키는 것으로, 기존의 뉴스에서 사람이 해 온 뉴스 가치의 판단, 뉴스의 작성, 뉴스의 가공 등의 과정을 컴퓨터 기술이 일정한 과정을 통해 자동으로 처리하는 뉴스 작성 방식이다. 즉, 기사작성에 특화된 로봇이 일정한 과정과 데이터를 기반으로 뉴스 기사를 자동으로 작성하는 형태라고 볼 수 있다. 실제로 최근 로봇 저널리즘이 다양하게 활용되고 있는데, 특히 데이터값이 상대적으로 단순하고 분명한 분야에서 가장 많이 활용되고 있다. 금융, 증권, 스포츠, 기상 등의 분야가 바로 그것인데, 이러한 분야는 다른 분야와 비교하여 분명하고 단순한 데이터를 기반으로 하고 있다. 로봇은 이러한 분야의 기사를 작성할 때 다른 분야와 비교하여 빠른 속도로 기사를 작성할 수 있고, 매우 높은 수준의 정확도를 보인다고 알려져 있다. 따라서 로봇 저널리즘의 다양한 활용으로 기사 작성에 드는 인간의 노동력을 줄일 수 있고, 데이터에 기초한 정보만을 다루기 때문에 더욱 정확한 양질의 기사를 다양하게 생산할 수 있을 것으로 기대된다.

선진국에서는 다수의 언론사가 인공지능을 기반으로 한 로봇 저널리즘을 실제 뉴스 제작에 활용하고 있다. 이러한 시도는 앞으로도 로봇을 활용한 뉴스 제작이 증가할 것을 의미한다고 볼 수 있을 것이다. 다수의 언론사가 로봇 저널리즘을 적극적으로 활용하고 있는 이유는 로봇 저널리즘이 기존의 뉴스 제작환경이 가지고 있었던 제한점들을 해결할 수 있는 능력을 갖추고 있다고 판단할 수 있기 때문이다. 로봇 저널리즘은 뉴스 생산비용을 크게 절감할 수 있도록 도와주고, 단순하고 정형화된 데이터를 주된 내용으로 다루는 뉴스에 로봇 저널리즘을 활용할 경우 데이터 오류를 사전예방하고, 정보의 정확도를 높일 수 있다. 이러한 장점 때문에 인공지능기술을 기반으로 하는 로봇 저널리즘은 앞으로 더욱 다양하게 활용될 전망이며, 기술의 발달과 대량의 데이터 축적을 통해 뉴스 제작의 범위와 영역이 확대될 것으로 보인다. 이러한 로봇 저널리즘의 활용은 궁극적으로 뉴스 미디어 산업의 발전에 긍정적인 양적, 질적 영향을 미칠 것으로 기대할 수 있을 것이다.

그러나 로봇 저널리즘이 기존의 저널리즘을 완벽하게 대체할 수 있을지에 관해서는 우려가 크다. 언론사들이 취재 과정을 통해 보도하는 뉴스의 경우, 정형화된 기사의 틀에 꼭 맞는 뉴스만 있는 것이 아니고, 단순한 숫자나 통계 자료만을 다루는 뉴스만 있는 것은 아니다. 심층취재나 탐사 보도 등과 같이 다양한 사건이나 이슈와 관련하여 가시화된 사실관계와 함께 다양한 시각을 보여줌과 동시에, 겉으로 드러나지 않은 사실과 스토리 구조 등을 함께 다루어야 하는 뉴스도 존재한다. 이러한 뉴스의 경우, 언론사는 일반 뉴스 시청자들은 알아채기 어렵지만, 사회적 맥락에서 반드시 알아야 할 숨겨진 의미나 내용을 찾아내 시청자들에게 전달해야 할 의무를 갖는다. 이러한 뉴스의 경우 로봇 저널리즘을 통해 뉴스를 제작하기에는 한계가 있다. 로봇 저널리즘은 가시화된 사건과 이슈만을 보도할 때에는 활약할 수 있을 것이나, 그 내용을 심층적으로 분석하고 보도할 때에는 어려움이 있을 것이다. 또한, 기존의 뉴스 미디어가 갖는 저널리즘의 가치를 훼손할 수 있다는 우려도 존재한다. 로봇 저널리즘의 등장은 뉴스 제작 시스템에 큰 변화를 불러일으키고, 이러한 변화는 전통적 뉴스 미디어가 그동안 소중하게 여겨왔던 사실과 객관성을 바탕으로 한 공정한 보도라는 가치를 훼손시킬 수 있다는 것이다.

로봇 저널리즘은 기존의 저널리즘과 비교하여 매우 빠르게 보도 가능한 사실만을 수집하여 출력할 수 있다. 로봇 저널리즘은 기반이 되는 인공지능 기술에 의해 제작하고자 하는 뉴스를 맞춤형으로 손쉽게 제작할 수 있고, 이와 함께 뉴스 소비자들의 댓글을 관리하거나 소비 패턴을 체계적으로 분석할 수 있는 능력을 갖추고 있지만 아직까지는 인공지능 로봇이 작성하고 있는 기사는 날씨나 지진과 같은 자연재해 피해 관련 보도이며 기존의 정형화되어 있는 보도기사의 형식에 새롭게 측정된 데이터만을 삽입하여 보도하는 형태로만 운영되는 실정이다. 또한, 윤리·도덕적 판단을 내릴 수 없으며 비판적으로 사고할 능력을 갖추고 있지 않기 때문에 제4차 산업혁명에서 인공지능 기술을 활용한 보도기사 작성은 전통적인 저널리즘의 영역과 역할을 대체하기에는 아직 한계가 있다.

기술변화 트렌드	주요 내용	제4차 산업혁명 주요 기술	저널리즘 이슈
인간 능력 향상	웨어러블을 주축으로 한 기술 발달은 육체, 감성, 인지 분야에 걸친 인간의 능력치 향상에 기여	3D 바이 프린트, 뇌-컴퓨터인터페이스, 음성번역, 증강현실, 제스처 컨트롤 등	국경 없는 뉴스 시장, 상시 이용 환경, 맥락 기반 뉴스 소비, 뉴스 디바이스와 인터페이스의 변화
인간 대체형 기계	단순 반복작업 등 신속한 처리를 통해 생산성 증대	홀로그램, 무인자동차, 모바일 로봇, 원격작업지원 등	뉴스 작성 로봇, 뉴스 자동화 큐레이션
인간-기계 간 협업	기계가 지니는 생산성, 속도라는 장점과 인간의 감정 지능, 문제 해결 능력을 결합하여 작업 효율 극대화	무인자동차, 모바일 로봇, 자연어 질의 및 응답, 원격 작업 지원 등	컴퓨터 기반 취재 시스템과 네트워크
인간과 환경에 대한 기계 이해 증진	상황인식과 관련된 상호작용을 통해 사람의 감정 및 상황 등의 맥락 속에서 더욱 나은 가치 제공	감성 컴퓨팅, 바이오 칩, 3D 스캐너, 생체 인증, 위치기반 지능, 음성인식 등	센서 네트워크 기반의 개인화 서비스, 인공지능 뉴스 추천 시스템
기계에 대한 인간 이해 증진	기계와 IoT의 작동/표현 방식에 높은 가시성을 부여함으로써 인간의 기계에 대한 이해도를 높일 수 있으며 인간-기계 간 협업에 중요 역할 수행	IoT, M2M, 메시 네트워크, 센서 네트워크 등	인간-기계 상호작용에 기초한 뉴스 소비 시스템
기계와 인간의 스마트화	빅데이터 애널리틱스, 인지 컴퓨팅 등은 인간에게는 의사결정 지원과 자동화를, 기계에는 인식과 지능을 부여함으로써 인간과 기계의 스마트화를 가능케 함	빅데이터, 클라우드 컴퓨팅, 데이터베이스 관리 시스템 분석 및 예측 등	지능화된 CMS 시스템, 데이터 분석 알고리즘

출처: 한국언론진흥재단(2017). 뉴스 미디어와 제4차 산업혁명. p. 37.

5. 논의 및 제언

제4차 산업혁명이 궁극적으로 추구하는 목적은 인간의 삶을 향상하는 데 있다. 인간은 일생을 살아가면서 육체적인 활동과 정신적인 활동을 사회경제적인 외부 환경과 상호작용을 하는 과정에서 하게 된다. 인간과 사물, 시간, 공간의 차원에서 관계를 형성하면서 기술과 상호작용을 하면서 인간의 삶은 더욱 풍요로울 것으로 예견된다.

전통미디어 환경에서 인터넷과 디지털기술이 가져온 변화는 혁명적이었다. 전통적인 미디어 기업의 정보 생산과 유통에 대한 강제력과 지배력이 약화하면서 뉴스 수용자였던 사람들이 직접 뉴스를 생산하고 공유할 수 있는 환경이 구축되었다. 또한, 개인의 수요에 맞추어진 내용과 형식의 뉴스 콘텐츠는 어디에서 손쉽게 접근할 수 있는 인프라가 구축되면서 누구에게나 개방된 미디어 환경이 만들어지게 되었다.

하지만 개방된 뉴스 콘텐츠 환경이 긍정적인 결과로만 나타난 것은 아니다. 누구나 쉽게 이해하고 관심을 가질 수 있는 연성뉴스의 범람은 뉴스의 질적인 영역의 불신을 가져오기도 한다. 연성뉴스는 경성뉴스와 비교하여, 뉴스를 제작하고 배포하는 측보다는 뉴스를 소비하는 뉴스 이용자 측에서 생각해 볼 수 있다. 경성뉴스가 민주사회의 구성원으로서 반드시 알아야 하는 다소 딱딱한 내용을 다루어 뉴스 제작자의 입장과 의견을 전달하고 있다면, 연성뉴스는 뉴스 수용자 관점에서 심리적 거리감을 가깝게 느끼거나 흥미롭게 여겨 관심을 끌게 하는 뉴스라는 것이다. 이러한 특징은 간혹 단순히 뉴스 소비자의 관심을 끌기 위해 선정적이고 자극적인 뉴스를 제공하게 되는 역기능을 발생시키기도 한다. 카드뉴스와 같은 새로운 형태의 뉴스 콘텐츠가 새로운 온라인 뉴스 형식으로 발전할 수 있었던 이유는 기존의 텍스트 뉴스 등에 비해 메시지 전달력이 강하므로 뉴스 이용자의 주목도도 높아지고 전파력 또한 높아진다는 기대가 가능했기 때문이다. 무엇보다도 뉴스 콘텐츠의 이용자가 쉽게 보고 빠르게 내용파악이 가능한 부분은 앞으로 뉴스 콘텐츠가 가지게 될 중요한 특성의 한 부분이라고 할 수 있다. 하지만 연성뉴스가 보도되고 경성뉴스에 대한 관심이 줄어들면서 뉴스 이용자의 뉴스에 그 자체에 대한 신뢰의 문제가 발생하고 있다. <디지털 뉴스 리포트 2018>에 따르면 우리나라 뉴스 신뢰도는 조사 대상 37개국 가운데 최하위로 2017년에 이어 여전히 꼴찌인 것으로 나타났다. 또 하나 주목해야 할 것은 전체 참여국의 10개국 정도만이 뉴스 신뢰도가 50% 이상으로 나타난 부분이다. 이는 전 세계적으로 뉴스에 대한 신뢰의 문제가 심각함을 보여주는 지표이다.

뉴스의 신뢰 문제는 어제오늘의 문제는 아니다. 모바일 미디어가 전성기에 접어들면서 전통미디어나 PC 인터넷을 이용한 뉴스 이용은 지속해서 하락하고 있지만 반대로 모바일인터넷과 뉴스 이용률은 계속 상승하고 있다. 이용률의 변화는 중장년층에서도 확인할 수 있다. 과거 중장년층은 새로운 미디어의 이용에 어려움을 겪어 이용률의 문제가 발생하기도 하였으나 최근의 모바일 미디어는 쉽고 간편한 이용 방법으로 중장년층의 모바일인터넷 및 뉴스 이용률을 높이고 있어 연령대별 편차도 점차 감소하는 추세이다. 뉴스 콘텐츠를 제작하는 주체들은 앞으로 더욱 심화될 제4차 산업혁명의 기술특성을 고려한 새로운 전략을 점검하고 이용자에 대한 심도 있는 접근을 통해 대응방안을 모색할 필요가 있다. 신뢰의 문제는 폭발적으로 생산되고 있는 뉴스 콘텐츠 속에서 이용자가 쉬운 형태의 뉴스 콘텐츠를 이용하면서 발생하는 문제일 수도 있다. 고품격의 저널리즘 경험이 수반되고 이러한 경험이 축적되면서 뉴스 콘텐츠에 대한 신뢰도 해결될 수 있다. 이러한 신뢰의 문제 해결이 이루어질 때, 제4차 산업혁명 하의 저널리즘과 뉴스 콘텐츠에 대한 관계는 자연스럽게 형성될 수 있다.

현재의 저널리즘은 제4차 산업혁명 시대의 도래와 함께 그동안 고수해왔던 전통적인 저널리즘 형태를 벗어나 시대의 흐름에 발맞추어 변화해야 하는 과제를 떠안고 있다. 이러한 과제 극복과 지속 가능한 발전을 도모하기 위해 저널리즘과 뉴스 콘텐츠는 다양한 방법을 통해 대응하고 적응할 필요가 있다.

기존에 이루어져 왔던 국가의 언론 정책은 국가가 언론사를 지원하는 형태를 띠면서 언론사는 적자를 없거나 적게 하며 지속성을 갖도록 하는 데 치중해 왔다. 그러나 4차 산업의 시대에는 기존의 무조건적인 지원이 아닌 투자를 하는 개념으로 전환해야 할 필요성이 있다. 국가와 정부를 공적 영역으로 두고 언론사를 사적 영역으로 보아, 공적 영역이 사적 영역에 개입할 수 있는 최선의 역할은 투자라고 볼 수 있다. 역사상 이루어져 왔던 다양한 산업혁명을 주도했던 기술의 발전은 대부분 국가와 정부의 투자에서 비롯되었다. 비단 과거의 산업발전뿐만 아니라 현대인들의 필수품인 스마트 디바이스에 당연히 부착된 위치기반서비스, 즉 GPS 기술이 과거 정부가 주도했던 군사적 수요에 의해 직접 개발한 것이고, 구글의 검색 알고리즘 기술 또한 미국 국가연구재단의 투자를 받아 개발되었다는 것이 그 예가 될 수 있다.

제4차 산업혁명 시대의 언론에 반드시 필요한 것은 그간의 적자 해소를 위한 정부의 보조금 지원이 아니라, 언론사 자신이 스스로 혁신할 수 있는 기술적 토대를 마련할 수 있도록 정부의 투자가 이루어져야 한다는 것이다. 이러한 맥락에서 다양한 언론사들이 기술 스타트업의 개발 프로젝트에 적극적으로 참여하고, 저널리즘 혁신 연구소를 운영하거나 혁신적 교육 프로그램을 시행하기 위해 투자를 적극적으로 유치하는 등 노력을 기울이고 있다.

새롭게 부상한 디지털 미디어가 중요한 언론의 기능을 수행하게 되면서 기존의 저널리즘을 뒷받침해왔던 전통 매체를 기반으로 하는 언론과 새로운 미디어 플랫폼의 새로운 관계 정립 또한 반드시 고민해 볼 문제이다. 기성 언론은 법률로써 규제가 이루어져 왔으나, 유튜브와 같은 1인 미디어, 팟캐스트, 뉴스 큐레이션 등 새로운 미디어를 기반으로 하는 언론들도 이러한 기존 법률로써 다룰 수 있는가도 분명히 뜨거운 쟁점이 될 것이다. 뉴스 콘텐츠가 유통되는 플랫폼이 점차 다양화되고 있는 현실을 고려해 새롭게 등장하는 뉴스 플랫폼을 어떻게 다루어야 할지에 대한 개념적 정의와 정책적 판단이 반드시 이루어져야 할 시기가 되었다.

한편, 제4차 산업혁명으로 현재 이루어지고 가시화되고 있는 로봇 저널리즘이나 새로운 형태의 뉴스 콘텐츠도 중요하게 접근해야한다.. 제4차 산업혁명 시대 뉴스 미디어 산업의 공공성을 유지하기 위해서는 뉴스 생산과 유통에 참여하는 언론 및 방송사의 사회적인 책무가 요구된다. 또한, 저널리즘과 뉴스의 사회적 가치에 대한 인식을 제고하는 노력도 함께 필요한 부분이다. 앞으로의 뉴스 콘텐츠 환경은 뉴스 생산자와 이용자의 경계가 더욱 모호해질 가능성이 크다, 그런 점에서 저널리즘이 가져야 할 덕목으로 비판적인 사고와 심층 보도 능력이 강조되고 있다. 제4차 산업혁명이 저널리즘과 뉴스 콘텐츠에 던지는 근본적인 질문은 기술적인 변화에 순응하는 것인가 혹은 디지털 혁신에 스스로 나서고 있는가의 문제이다. 빠르게 변화하고 있는 미디어 환경의 변화 아래에서 저널리즘의 가치와 목적에 맞게 주어진 역할을 제대로 수행하고 있는가를 고민해야 할 순간이다. 공정하고 깊이 있는 저널리즘과 그에 상응하는 뉴스 콘텐츠에 대한 심도 있는 접근이 앞으로 제4차 산업혁명 사회에서 반드시 선행되어야 할 고민일 것이다.

앞으로 전개될 제4차 산업혁명 시대에 급변하는 뉴스 환경을 정확하게 예측하는 것은 어려운 부분이다. 뉴스 콘텐츠가 전통적인 뉴스 미디어의 경계를 더욱 넘어서는 상황에서 사람들의 이용 형태는 더욱 광범위하고 복합적으로 변모하면서 외부에서 이를 조정하거나 통제하는 것도 어려운 상황이다. 제4차 산업혁명의 새로운 기술과 시장의 역동적 변화를 그대로 지켜보는 것이 아니라 능동적으로 이에 맞서 변화될 필요가 있다. 저널리즘과 뉴스 콘텐츠가 지속적으로 유지할 가치를 재확인하고 그 가치를 지키기 위한 노력이 요구되는 시점이다.

┃참고문헌┃

김경희(2012). 뉴스 소비의 변화와 뉴스의 진화: 포털뉴스와 언론사 뉴스 사이
　　트를 중심으로. 언론정보연구, 49(2), 5-36.
방송통신위원회(2018). 2018 방송 매체 이용행태 조사.
한국언론진흥재단(2015). 2015년 언론수용자 의식조사.
한국언론진흥재단(2016). 2016년 언론수용자 의식조사.
한국언론진흥재단(2017). 뉴스 미디어와 4차 산업혁명.
한국언론진흥재단(2017). 4차 산업혁명과 뉴스 미디어 정책.
한국언론진흥재단(2018). 2018년 언론수용자 의식조사.
한국언론진흥재단(2018). 디지털 뉴스 리포트 2018.
한국인터넷진흥원(2016). 2015 인터넷이용실태조사.
한국인터넷진흥원(2018). 2017 인터넷이용실태조사.
Katerina Eva Matsa & Elisa Shearer(2018). News Use Across Social Media
　　Platforms 2018. Pew Research Center.

제8장

소셜 커뮤니케이션의 시대, 소셜 빅데이터는 어떤
위험을 만드는가?

이윤경

1. 스마트미디어 환경과 소셜 데이터의 등장

오늘날 미디어 환경에서 스마트미디어는 그 위상이 날로 높아지고 있으며 이용자들에게 미치는 영향력은 막대하다. 스마트미디어는 SNS와 결합해 인간의 생활 속에서 그 활용이 급증하면서 소위 라이프 로그(Life Log) 시대를 열었다. 이는 개인의 삶, 일상의 모든 부분이 스마트미디어 디바이스에 저장되는 것을 의미한다. 즉, 개인의 일상이 디지털 기록으로 남게 된다는 것을 말하는데, 그중에 SNS를 통해 생성되는 소셜 데이터가 현재의 라이프 로그 시대를 대표하는 현상으로 우리에게 각인되고 있다.

전 세계적으로 스마트미디어 환경이라는 급진적인 변화를 겪으면서 스마트미디어와 SNS로 대표되는 새로운 플랫폼과 창구는 이용자 간의 교류와 소통, 정보의 개방을 확대하고 활성화했다는 긍정적인 평가를 받아왔다. 국내의 경우, 2018년 과학기술정보통신부와 한국인터넷진흥원에서 실시한 인터넷 이용실태 조사의 결과에 따르면, 2009년 아이폰이 국내에 처음 출시한 이후 스마트미디어 디바이스의 보유율이 급속히 증가했다. 국내에서는 2013년을 기점으로 스마트폰의 대중화가 이루어지면서, 스마트폰의 보유 가구가 2012년 65%에서 2018년 94.9%로 매우 증가했다. 또한, 만3세 이상 인구 가운데 스마트폰, 스마트패드, 웨어러블 기기 등과 같은 모바일인터넷 이용자의 비율은 90.4%인 것으로 집계됐다. 이로 볼 때 현 사회에서 스마트미디어 디바이스를 통한 데이터 생성이 무한대로 증가하고 있음을 유추할 수 있다.

이러한 상황에서 일각에서는 개인 이용자들이 본인에 관한 데이터와 프라이버시를 새로운 가치를 창출하는 자원으로써 적극적으로 활용하자는 주장이 제기되고 있다. 스탠퍼드 소셜 데이터 연구소(Social Data Lab)의 창립자이자 대표인 안드레아스 와이겐드(Andreas Weigend)는 그의 저서 '포스트 프라이버시 경제(Data for the People: How to make our post-privacy economy work for you)'에서 사회가 직면한 현시대를 '소셜 데이터 혁명(Social Data Revolution)'의 시대로 진단했다. 이처럼 최근 우리 사회에서는 소셜 데이터 공유가 일상화되고 있으며, 개인 이용자가 남긴 디지털 흔적들이 기록으로 쌓여 또 다른 형태의 데이터를 형성하면서 기업에는 가치 있고 매력적인 정보가 되고 있다. 이와 같은 관점에서 와이겐드는 사회가 소셜 데이터의 가치에 점차 눈을 뜰수록 개인 이용자는 자신의 데이터를 통제하고 보호하기보다는 오히려 본인에 관한 데이터로 무엇을 할 수 있어야 하는가에 초점을 맞춰 고민해야 한다고 주장한다.

제4차 산업혁명 시대에 진입한 요즘, 과거 어느 때보다 데이터는 경제성장과 사회발전을 위한 새로운 자산으로 주목받고 있다. 스마트미디어 환경에서는 이용자가 인터넷 공간에서 자신에 관한 내용을 자발적으로 기록하고 공개하면서, 개인 데이터의 양이 증가하고 데이터의 형태와 내용도 매우 다양하다. 데이터 급증의 이면을 살펴보면 우리 생활 속 SNS 활용이 일상화된 것이 가장 큰 이유 가운데 하나로 볼 수 있다. 페이스북, 트위터, 인스타그램 등 SNS를 통해 생성되는 소셜 데이터, 스마트폰에 탑재된 수많은 세부기능과 애플리케이션, 새롭게 다운로드 받는 많은 애플리케이션을 통해 생성되는 각각의 데이터들이 축적되고 또 서로 결합하면서 무한대로 증가하고 있다. 이러한 데이터는 기존의 설문조사를 통해 수집된 개인의 정제된 의견과는 다른 개인의 실제적인 감정, 행태 등을 담고 있으며, 이를 다양한 방식으로 해석할 수 있다는 점에서 그 가치를 높이 평가받고 있다. 그렇기에 페이스북, 트위터, 인스타그램 등 SNS에서 취합된 소셜 데이터 분석이 더욱 활성화됐을 뿐만 아니라 관련 산업도 확장되고 있다.[19]

앞서 언급한 것과 같이 스마트미디어와 SNS의 결합은 라이프 로그 시대를 촉발했다. 스마트폰, 태블릿PC, 스마트워치 등 다양한 스마트미디어 디바이스가 SNS와 결합하면서 데이터의 발생 형태가 다양해지고 규모도 방대해지고, 개인 생활의 전반이 디지털화된 기록으로 남게 됐다. 여기에는 개인이 블로그, SNS에 남기는 글뿐만 아니라 스마트폰에 내장된 GPS, 카메라, NFC 등과 같은 센서를 통해 남는, 개인이 이동하고 방문하는 장소 및 위치와 같은 모든 정보, 인터넷 구매 내역, 검색 내역, 통화 기록 등이 모두 포함된다. 또한, 페이스북, 트위터, 인스타그램 등의 SNS에서 이루어진 대화를 통해 이용자의 감정, 정치성향, 가치관 등 본인이 미처 인지하지 못한 정

---

19) 최근 고객 데이터 분석에 기초해 새로운 수익모델을 창출한 기업의 성장세가 두드러지는데, 2017년 3월 기준으로 세계 시가총액 2위에 알파벳(구글의 모회사), 4위에 아마존, 8위에는 페이스북이 올랐다(정용찬, 2017).

보까지 모두 수집된다. 게다가 이용자 개인 정보를 넘어서 이용자한 사람이 관계를 맺고 있는 가족, 친구, 동료들과의 커뮤니케이션기록, 스마트폰에 저장된 전화번호를 통해 인간관계에 관한 데이터까지 생성되고, 관련 내용이 이용자의 SNS에 등장하거나 SNS를 통해 연결된 다른 사람들에게도 공유된다. 또한, 게시물 내용에 해시태그(Hashtag), 위치 정보를 남길 경우, 나와 연관이 없는 다른 이용자들과도 해당 게시물이 공유된다. 이러한 데이터들이 현재 소셜 데이터로 명명되며, 매일 10억 명 이상의 이용자들이 소셜 데이터를 생성하고 공유하고 있다.[20] 이렇게 생성된 수많은 소셜 데이터는 스마트미디어 시대의 대표적인 빅데이터 기술을 통해 실시간으로 분석되어 기업, 정부 및 기관에게 매력적인 정보가 되고 있다. 특히 기업은 SNS에서 사람들이 표출하는 의견과 생각을 분석하여 일정 패턴과 의미를 찾아내기도 하고, 매일 실시간으로 쏟아지는 소셜 데이터를 기업 마케팅 차원에서 활용한다.

이로 볼 때 소셜 빅데이터는 네트워크화된 데이터의 전형적인 사례로서 다양한 스마트미디어 디바이스를 통해 SNS를 이용하면서 SNS상에 정형 또는 비정형으로 생성되는 이용자의 거대한 데이터 집합을 의미할 뿐만 아니라, 이를 분석하는 기술을 모두 통칭하는

---

[20] 소셜 데이터는 활동 습성 관심사 등 개인에 관한 정보이자 타인을 비롯하여 장소, 제품 심지어 이데올로기와 맺고 있는 관계에 관한 정보이다. 소셜 데이터는 구글 지도에 로그인하여 목적지를 입력할 때처럼 의식적이고 자발적으로도 공유되기도 하고, 인터넷과 휴대기기를 사용하는 편리함을 누리기 위해 별생각 없이 공유되기도 한다. 어떤 경우에는 서비스를 이용하기 위해서 반드시 데이터를 공유해야 한다. 구글은 현재 위치와 목적지를 알려주지 않으면 최적의 경로를 제공하지 않는다. 친구의 페이스북, 인스타그램 게시물에 '좋아요'를 누르거나 링크드인에서 동료의 업무 능력을 보증할 때처럼 단순히 관심을 표하고 도움을 주고 싶은 마음에 기꺼이 정보를 제공하기도 한다. 이와 같이 소극적이고 적극적이고 필수적이고 자발적이고 정확하고 피상적인 소셜 데이터를 모두 합친 총량은 기하급수적으로 증가하고 있다(Weigend, 2017/2018).

개념으로 정의할 수 있다. 이러한 소셜 빅데이터의 데이터 증가량은 매년 폭발적으로 상승하고 있다. 글로벌 시장조사기관 IDC에서 발표한 2018년 보고서에 따르면, 디지털화된 콘텐츠를 생성, 캡처, 복사하는 등의 과정에서 발생하는 모든 데이터를 글로벌 데이터스피어(Datasphere)라고 명명했는데, 글로벌 데이터스피어가 2018년 33제타 바이트로 증가하고, 2025년에는 175제타 바이트(ZB)까지 증가할 것으로 예측하고 있다.[21]

이와 같은 현상은 네트워크화된 소셜 데이터의 방대한 규모와 범위를 보여주고 있다. 초연결사회로 진입하면서 소셜 빅데이터는 특정 시점에 사물의 정보가 수집되기보다는 행위자들 사이의 상호작용하는 흐름이 데이터로 생성되는 특징을 보인다. 이처럼 SNS를 통해 생성되는 소셜 데이터들이 수집, 통합되어 소셜 빅데이터가 형성된다.

국내에서는 카카오톡, 라인, 해외 페이스북, 인스타그램 등 주요 SNS 제공업체들이 직접적인 형태의 소셜서비스 외에도 게임, 쇼핑, 음원, 지불 결제서비스 등으로 그 영역을 넓혀가는 추세다. 이에 따라 SNS를 통해 생성되는 데이터의 형태와 규모는 과거보다 더욱 다양해지고 있다. 소셜 빅데이터는 이미지, 숫자, 문자 등 다양한 형태의 데이터를 포괄하기 때문에 이를 수집하고 분석하여 새로운 가치 해석이 가능하며,[22] 정형데이터를 포함해 기존에 존재하지 않았던 새로운 형태의 비정형데이터까지 확장되고 있다.

한편 소셜 빅데이터를 데이터의 수집 및 생성 과정에 따라 분류하면 다음과 같다. 첫째 '서비스 데이터'로 이름, 성별, 생년월일(혹은

---

21) IDC. Digital Age 2025: The Digitalization of the World From Edge to Core. 2018. 참조.
22) 김병수. 빅데이터 시대, SNS 사용자의 정보공유행태분석. e-비즈니스 연구, 15(1). 2014. 참조.

생일), 신용카드번호와 같이 기본적으로 이용자들이 SNS에 제공하는 정보이다. 둘째, '공개된 데이터'는 게시글, 사진 혹은 이미지, 메시지, 댓글 등 자신의 페이지를 통해 게시하는 정보를 말한다. 셋째, '위탁된 데이터'는 공개된 데이터와 동일한 유형이나 다른 사람의 페이지를 통해 게시되는 정보이며, 게시 후에는 게시자에게 관리의 권한이 없다. 넷째, '부차적 데이터'는 공개된 데이터와 같은 종류이지만 타인이 자신 혹은 특정 인물에 대해 제공하는 정보이기 때문에 생성 자체를 제어할 수 없다. 다섯째, '행위 데이터'는 특정 이용자가 이용한 게임, 작성한 내용의 주요 토픽, 접근 뉴스 기사 등으로 SNS상에서 이용자의 행위가 기록된 정보이다. 여섯째, '유도된 데이터'로 다른 정보들을 통해 유도된 또 다른 정보를 의미한다.[23]

이러한 소셜 빅데이터는 다음과 같은 방법을 통해 그에 대한 분석을 진행한다. 첫째, 기술통계분석으로 페이스북, 트위터, 인스타그램 등 SNS 친구·팔로워 수의 변화, SNS 추천기능·좋아요·공감 등 추천 수의 변화, 댓글·코멘트·리뷰 개수의 변화와 같이 SNS상에서 이루어지는 활동, 최신 트렌드를 보여주는 다양한 통계정보가 산출되며 분석된다. 둘째, 네트워크 분석으로 SNS에서 활동하는 이용자 간 연결 관계를 보여주고 상호 영향의 강도를 측정하여 정보 흐름을 구조적으로 파악하고 분석한다. 셋째, 텍스트 마이닝(text mining)으로 SNS상에서 통상적으로 파악하기 어려운 콘텐츠의 주제, 내용, 어조 등을 판별 분석한다.[24] 정부와 기업은 이 같은 과정을 통해 취

---

23) 이윤경. 소셜 빅데이터 위험에 대한 SNS 이용자의 위험 인식연구. 성균관대학교 일반대학원 신문방송학과 박사학위 논문. 2017.; 최광선. 소셜 빅데이터 분석 서비스: 비정형 텍스트 빅데이터 분석과 응용 서비스. 한국지능정보시스템학회 2012년 춘계학술대회. 2012. 참조

24) 이병엽·임종태·유재수. 데이터베이스 암호화 솔루션 구현 및 도입을 위한 기술적 아

합, 분석된 소셜 빅데이터를 다각도로 활용하기 시작했다. 특히 SNS에 남은 이용자의 다양한 흔적들, 예컨대 SNS에 올린 글·사진·동영상과 같은 콘텐츠, 페이스북의 체크인(check-in)과 같은 위치기록, 검색기록, 웹페이지 방문기록, 해시태그 등은 기업의 홍보와 마케팅에 활용된다. 게다가 SNS 이용자들이 스마트폰과 같은 스마트미디어 디바이스에 이미 탑재돼 있거나 혹은 다운로드 받은 다양한 앱, 센서 기능을 활용하면서 일상에서 또 다른 소셜 데이터가 생성된다. 이를 통해 정부와 기업은 이용자의 정보를 활용 분석하고, 맞춤형 광고를 제작하며, SNS의 이용 흐름 및 트렌드를 예측한다. 대표적인 사례인 페이스북 익스체인지(Facebook exchange)는 이용자 맞춤형 광고를 운영하고 있는데, 페이스북 이용자의 타 웹사이트 방문기록을 분석해 이용자가 살펴본 적이 있는 광고를 이용자의 페이스북 페이지에 노출하는 방식으로 진행된다. 이처럼 소셜 빅데이터의 분석에서는 SNS, 스마트미디어 디바이스에서 실시간으로 생성되는 다양한 형태의 정보, 사람들의 의견과 생각을 분석해 일정 패턴과 의미를 파악하여, 이를 다양하게 활용하고 있다.

2. 초연결사회 등장과 소셜 커뮤니케이션 위험의 변화

스마트미디어 환경으로 급속히 바뀌면서 SNS, 스마트폰, 사물인터넷(IoT), 빅데이터, 클라우드 컴퓨팅 등 새로운 스마트기술이 발전하여 기술적인 기반이 완성되고, 초연결사회로 진입하고 있다. 그뿐

키텍처. 한국콘텐츠학회논문지, 14(6). 2013. 참조.

만 아니라 이용자의 서비스에 대한 니즈와 높은 삶의 질에 대한 욕구가 결합됨으로써 기술의 발전(technology push)과 수요의 확대(demand pull)가 일치했다. 즉, 한국사회는 전 세계 어느 나라보다 스마트미디어 기술에 대한 국민적인 관심이 매우 높고, 그 관심을 뒷받침할 만한 기술력을 보유하고 있기에 초연결사회로의 이행이 매우 빠르게 진행되고 있다는 평가이다.

이러한 가운데 한국사회에서는 스마트미디어 환경과 초연결사회로의 이동으로 인해 기존의 디지털 위험이 갈수록 지능화되고 있다. 이는 막대한 경제적 피해, 사회적 혼란을 유발하며 국가의 주요 기반 시설까지 위협하는 심화된 새로운 디지털 위험이 발발할 가능성을 높이고 있다. 우리는 지난 2018년 11월 KT 아현지사 통신구 건물 화재 발생으로 전국의 통신망 및 네트워크 오류와 단절을 경험했다. 비슷한 시기에 아마존웹서비스(AWS)의 서울 리전(region, 데이터센터 허브)에서 장애가 발생해 84분 동안 DNS가 작동하지 않으면서, 나이키, 쿠팡, 업비트 등 사이트가 마비되는 사고가 발생했다. 근래 있었던 일련의 사건들은 한국사회가 컴퓨터, 인터넷, 모바일 기반의 정보사회를 거쳐 사람, 사물, 공간, 데이터 등 모든 것들(things)이 연결되는 초연결사회로 진입한 모습과 연결해 생각해 볼 때, 매우 심각하게 받아들여야 한다. 위 사건들은 초연결사회의 등장으로 우려했던 문제 가운데 하나였던 일이며, 실제로 우리 사회에도 유사한 일들이 발생하기 시작했다.

앞서 논의한 두 가지 사건은 제4차 산업혁명을 대변하는 키워드인 초연결사회가 모든 것의 연결이라는 핵심개념 때문에 얼마나 집단적 리스크에 취약할 수 있으며, 사회적 혼란을 가져올 수 있는지를 여실히 보여주었다. 만일 이러한 네트워크의 중단 현상이 발생한다면 인터넷, TV, 스마트폰의 서비스가 일시적으로 멈추는 것을 넘어서, 사회를 지탱하는 치안, 방범, 의료 상거래까지 마비되는 최악의 위기상황이 발생할 수 있다. 초연결사회가 얼마나 취약하고, 한번 무너지면 어떤 일이 발생할지 그 이면을 여실히 보여주었다. 인터넷, TV, 스마트폰의 서비스가 일시적으로 멈추는 것을 넘어서, 사회를 지탱하는 치안, 방범, 의료 상거래까지 마비되는 상황이 발생 가능하다. 지난 KT 화재 사건이 미친 영향을 살펴보면 실제로 서울 중서부 지역의 도시 기능이 일부 마비되는 현상을 확인했다. 이로 볼 때 초연결사회 위험이 더 이상 지나치게 과장되거나 왜곡된 위험이 아니며, 이 사건이 주 중에 발생했을 경우 금융과 주식시장에 미칠 파장까지 충분히 우려되는 위험임을 알 수 있다. 지금까지 한국 사회는 좁게는 개인의 일상, 넓게는 국가시스템까지 빠르고 효율적 발전을 추구하며 좇아왔다. 언론 역시 그동안 스마트기술이 가져올 변화와 세상에 대한 긍정적인 측면을 주로 다루었기 때문에, 이제는 초연결사회에 등장한 새로운 디지털 위험에 대해 본격적으로 논의할 시점이다. 그동안 세계적으로도 디지털기술에 대한 다양한 평가가 있었는데, 경제학자 제프리 삭스(Jeffrey Sachs)는 휴대전화와 무선인터넷을 이 시대의 경제 발전에 있어 가장 혁신적인 기술로 언급했으며, 힐러리 클린턴은 정보네트워크를 빈곤층을 결핍에서 해방하는 위대한 평등주의자라고 평가했다. 이처럼 디지털기술이 세상을 더욱 살기 좋게 만든다는 평가가 많았지만, 과연 디지털기술이 오로지 긍정적인 변화만을 가져오는가에 대해서는 재론의 여지가 있다.[25)]

---

25) Toyama. Geek Heresy:Rescuing Social Change from the Cult of Technology. 전성민(2016)

우리 사회에서 테크놀로지 혁신과 발전과정을 살펴보면, 새로운 기술에 대해 순응과 저항이 항상 대립하고 있다. 새로운 기술의 등장 혹은 기술의 발전이 가져온 이익과 풍요로움을 누리면서도, 한편 기술이 지배하는 사회와 기술의 발전에 반발하고 비판하면서 갈등도 발생했다. 특히 한국사회에서 대두된 주요 디지털 위험은 사이버 폭력, 정보유출, 해킹, 개인 감시와 통제 등이다. 특히 프라이버시 침해, 개인 정보 유출 등과 같은 위험이 잠재된 상태에서 인터넷 이용자들은 직·간접적인 피해에 노출됐으며 더 나아가 경제적인 피해와 같은 2차 손해까지 입는 상황에 직면했다. 이러한 디지털기술이 미디어의 영역에 영향을 미치고, 인터넷 공간의 네트워크화가 진행되면서 세계 전역이 디지털의 변화에 있어서 동일한 영향을 받게 되었다. 사람들의 생활권역도 인터넷으로 옮겨가면서 새로운 정보를 교환하거나 생산하면서 새로운 가치를 창출했다. 디지털 시대에는 양방향적 네트워크를 기반으로 커뮤니케이션에서 시간과 공간의 한계를 극복하고, 우리 사회의 정치, 경제, 문화뿐만 아니라 사람들의 일상생활, 커뮤니케이션 양식과 의식구조에도 변화를 가져왔다.26) 그렇기에 디지털 패러다임의 혁명이 가져온 일상생활의 혁신 이면에 내재한 디지털 위험을 진단해야 할 시점이 도래했다.

게다가 기존의 디지털 사회에서 기술은 '시간과 장소에 구애받지 않는 연결'을 가능하게 해 사람과 사람 사이 의사소통의 시간과 공간의 압축으로 한정됐다면, 초연결사회에서는 연결 대상이 모든 사물로 확대되면서 사물인터넷과 빅데이터 기술을 기반으로 '사람과

역, 기술중독사회: 첨단기술은 인류를 구원할 것인가, 서울 유아이북스. 2015. 참조.
26) 송해룡·조항민. 디지털미디어 시대 리스크 현실과 진단. 파주 한국학술정보. 2014. 참조.

사물, 사물과 사물 간의 광범위한 연결과 소통'으로 그 범위가 확장됐다. 초연결사회의 핵심인 네트워크 기술이 사회 모든 부분의 연결을 극대화하는 만큼, 새로운 기술이 인간과 사회에 미치는 영향과 이로 인해 파생될 사회적 문제에 대한 논의가 필요하다. 특히 초연결사회는 사물인터넷 기술이 본격화되면서 해킹, 프라이버시 침해, 시스템의 오작동, 일자리 감소, 소외 및 격차 현상 등 기존의 디지털 위험이 더욱 심화될 것으로 보인다. 여기에 인공지능(AI)의 보편화로 인한 지나친 의존 등 새로운 기술이 발생하는 부작용, 역기능에 대한 대비가 시급하다. 또한, 스마트기기와 SNS, 여기에 사물인터넷의 증가가 더해져 텍스트데이터, 위치 데이터, 미디어 데이터 등 비정형데이터의 양이 폭발적인 증가를 하고 있다. SNS에 이용자들이 자발적으로 필요에 따라 제공하는 개인 정보, SNS상의 검색어, 글과 사진, 댓글, 인터넷 이용기록, 카드 사용 내역, 위치 정보 등이 취합되고 분석되어 맞춤형 데이터로 탄생한다. 스마트미디어 기기의 보급이 일반화되면서 디지털 흔적이 더욱 늘어나는데, 이는 물리적 기기와의 상호작용을 통해 증가할 수밖에 없는 구조이다. 부지불식간에 이용자의 의사와 관계없이 개인에 관한 모든 것이 포착되고 기록되는 사회로서, 지문과 같이 개인의 신원을 확인하는 매우 중요하고 민감한 정보까지도 디지털화되어 기록으로 남는 시대이다. 이는 소위 벌거벗은 사회(the naked society)로, 프라이버시의 종말로 평가된다.

그동안 디지털 공간은 모든 것이 개방된 자유의 공간으로서 긍정적인 측면이 강조됐지만, 정부와 기업에 의해 통제되는 폐쇄적인 공간으로서의 모습이 드러나 모순적인 양면성이 드러났다. 스마트미디어 기술은 인간의 삶에 혁신적이고 긍정적인 변화를 가져왔지만, 인간의 생활에 위협적인 모습도 보인다. 즉 국가적인 혼란과 위기, 사회적인 병리 현상으로 발전하고 증폭될 가능성이 큰 위험이기 때문에, 이에 대한 사회 시스템적인 대응을 준비해야 한다.[27]

초연결사회는 시스템적인 차원에서 사람과 사물, 사물 간 연결에 따른 보안 위험이 매우 증가할 것으로 우려된다. 한국은 정보통신기술 강대국이라고 자부했지만, 2014년도 기준으로 정보통신기술(IT) 전체 예산에서 정보보호 분야에 5% 이상 투자한 국내 기업은 2.7%에 그쳤다. 당시 해외에서 미국은 40%, 영국은 50%가 투자한 것과 비교해 볼 때 국내 기업들의 정보보호를 위한 노력과 인식이 저조한 것으로 나타났다. 보안기술의 수준에서도 유럽(88.2%), 일본(84.6%), 한국(79.9%)으로 평가되며, 전 세계적으로 주요 선진국 대비 산업기반, 전문인력, R&D 등 인프라 발전도 부족했다.[28] 이러한 조사결과로 볼 때 한국사회는 첨단 테크놀로지의 절대적인 효과와 생산성에 매몰되는 것을 경계하고, 새로운 기술에 대한 맹목적인 낙관주의에서 벗어나 관점의 변화와 균형을 이루는 것이 필요하다.

2019년 한국무역협회가 선정한 5대 신(新)산업에는 스마트 헬스케어, 스마트카에서 한 단계 더 발전된 커넥티드카, 차세대 전력망인 스마트그리드와 관련된 에너지 신산업, 사이버 보안이 포함돼 있다. 그뿐만 아니라 스마트 시티, 스마트 거번먼트 등 스마트기술의 영향력이 사회 전체로 확장되고 있다. 이처럼 초연결사회에서 스마트기술의 영향력이 커질수록 초래되는 문제도 더욱 복합적인 형태로 발전하게 된다. 그렇기 때문에 앞으로 스마트기술로 인해 발생할

---

27) 조항민·김찬원. 과학기술, 첨단의 10대 리스크. 서울 커뮤니케이션북스. 2016. 참조.
28) KT 경영경제연구소. (한국을 바꾸는 10가지) ICT 트렌드. 서울 한스미디어. 2016. 참조.

위험에 대해 비판적인 성찰 및 구체화된 논의가 요구되고 있다. 또한, 기업과 정부에서도 지속해서 빅데이터의 활용을 중점적으로 제시해왔다. 빅데이터의 관리, 처리 및 분석하는 기술에 관한 관심이 매우 높고, 축적된 빅데이터의 상업적인 활용, 기업의 혁신과 발전의 일환으로 빅데이터를 적극적으로 활용하고 있다. 하지만 빅데이터의 유용성과 더불어 종합적으로 고려된 냉철한 진단이 반드시 수반돼야 한다. 스마트폰, 태블릿PC, 스마트워치를 기본으로, 사물인터넷의 활용으로 인한 다양한 사물에 연결된 인터넷을 통해 수집된 데이터들이 폭발적으로 증가하고, 게다가 인공지능 서비스가 등장하면서 새롭고 더욱 다양한 데이터가 발생하고 있다. 개인이 어떤 스마트미디어 디바이스를 사용하는지, 온라인 접속시간, 로그인 패턴, 휴대폰을 사용하는 방법, 이용자가 행하는 모든 행위가 흔적으로 남아서 데이터로 축적된다. 이러한 빅데이터 수집 및 분석기술은 더욱 발전하고 빅데이터의 활용으로 인한 이익과 혜택에 대한 긍정적인 평가가 이어지고 있지만, 데이터 활용으로 인해 초래될 부작용과 역기능에 대한 불안을 상쇄할 정도로의 필요성이 있는지는 면밀하게 평가해야 한다. 따라서 초연결사회에서 스마트미디어는 소셜 커뮤니케이션의 대표적인 SNS와 결합하여 다양한 데이터를 생성하기 때문에 개인뿐만 아니라 정부와 기업 차원에서 매우 유용하며, 이를 취합하고 분석하는 빅데이터 역시 매우 핵심적인 기술이다. 단 모든 사물과 사람, 사물 간 다양하게 연결된 사회에서 더욱 심화된 위험을 초래할 수 있다는 것을 기억해야 한다. 이러한 미디어 환경의 변화, 디지털기술의 발전, 새로운 초연결사회의 등장으로 인한 디지털 위험의 변화과정을 보면 다음과 같다.

<미디어 환경의 발전과 변화에 따른 디지털 위험의 심화>

사회의 변동	디지털 사회, 디지털기술의 시대	초연결사회, 스마트기술의 시대
미디어 환경의 진화	온라인·모바일 중심의 환경	스마트미디어 환경
기술 발전의 흐름	▶ 디지털기술의 대중화 - 인터넷의 확산, 웹 2.0 - 휴대전화(모바일) 대중화 ▶ 미디어 산업의 디지털화 - 디지털 플랫폼 등장 - 미디어 융합의 시작	▶ 스마트미디어 기술의 등장 ▶ 스마트화, 유비쿼터스화 - 스마트폰의 대중화 - SNS 다양화 - 빅데이터의 등장 - 클라우드 환경의 등장 - 초연결 네트워크, 사물인터넷의 등장 ▶ 인공지능 기술의 등장
위험의 변화	▶ 디지털 위험의 등장 - 사이버 위험 - 모바일 위험 - 스마트폰 위험 - SNS 위험	▶ 디지털 위험과 스마트미디어의 결합 ▶ 소셜 빅데이터 위험 - SNS 위험과 빅데이터 위험의 결합
위험의 특성	▶ 디지털 위험 - 온라인 공간의 프라이버시 침해, 보안 문제가 대두됨 - 디지털 위험이 사회적 문제 로 등장	▶ 디지털 위험의 심화 현상 - 프라이버시 위험과 보안 위험의 심화 - 디지털 위험의 결합 ▶ 새로운 위험 등장 - 인포데믹스 위험, 시스템 오류조작 위험 - 네트워크화된 위험: 저장, 공유기술, 초연결 네트워크로 인한 위험확산 및 증폭

*출처: 이윤경(2017).

3. 소셜 커뮤니케이션 환경에서 새로운 위험의 등장

초연결사회의 도래와 스마트미디어 기술의 발전이 오히려 정부와 기업의 통제와 감시를 심화시켰다는 주장이 제기되고 있다. 게다가 스마트미디어 기술이 기존의 디지털 환경에서 발생했던 사생활 침해 및 감시사회의 문제를 심화시킨다는 주장이 설득력을 얻고 있다. 정부와 기업에 축적된 데이터 및 보안시스템에 대한 사이버 공격이 증가했는데, 이러한 사건들은 이용자 개인이 갖고 있던 디지털 위험에 대한 불안을 높이고 있다. 게다가 새로운 스마트미디어 환경에서 이루어지는 개인의 모든 정보활동은 디지털화되며, 이러한 정보는 바로 데이터베이스화되기 때문에 이전에 존재했던 디지털 위험이 더욱 심화하거나 새로운 위험으로 진화되고 있다. 즉 스마트미디어 기술이 고도화되면서 위험을 발생하는 요인이 다양화되고 위험의 특성도 복합적인 형태로 진화하고 있다. 앞서 언급했던 것과 같이 초연결사회에서 발생 가능한 위험은 스마트기기, SNS, 사물인터넷 과 같은 새로운 디지털기술들이 생산하는 새로운 데이터 정보의 축적과 밀접히 연결돼 있다. SNS에서는 이용자들의 신상정보, 사진, 댓글, 검색기록, 결제 내역, 위치 정보, 해시태그, 건강기록, 디지털 지문 등에 이르기까지 매우 구체적인 개인 정보들이 취합되고 빅데이터로 분석되고 활용된다. 이처럼 스마트미디어 기술의 발전으로 이용자 개인의 신원 정보, 미디어 이용 패턴, 취향과 같은 정보들이 본인의 동의 없이도 기록되거나 수집되는 경우가 빈번하다. 이는 어떤 설문조사보다 더욱 정확한 정보를 수집하는 도구가 되면서 정부와 기업이 이를 악용한다면 개인을 감시하는 도구가 될 수 있다. 실제로 특정 대기업과 정부 기관이 페이스북, 카카오톡과 같은 SNS를 통해 민간인을 불법 사찰한다는 의혹과 논란은 끊이지 않고 있다. 실제로 디지털에 남긴 개인의 기록이 갖는 위력을 확인한 사례가 존재한다. 미국 타임워너의 인터넷 사업 부문인 AOL은 회원 65만여 명의 익명화된 검색 자료 3개월 치를 연구 목적으로 제공했는데, 뉴욕타임스 기자 2명은 이 자료를 활용해 몇몇 개인을 판별하는 데 성공했다.[29] 이러한 SNS와 빅데이터는 대중에게도 큰 반향을 불러일으키는 소재이고 영화 속에서도 SNS의 특성을 본격적인 소재로 다루기 시작했다. 2015년도 영화 <소셜 포비아(Social phobia)>와 2017년도 영화 <서치(Search)>는 SNS에서 발생할 수 있는 사건들을 소재화했다. 영화 <소셜 포비아>는 SNS 공간에서 발생하는 마녀사냥이 현실 세계에 미치는 영향과 폐해를 단적으로 보여줬으며, 영화 <서치>는 아버지가 실종된 딸을 찾기 위하여 오프라인 공간이 아닌 딸이 SNS 공간에 남긴 디지털 흔적을 살피고 따라가면서 실종의 단서를 찾아가는 과정을 묘사했다. 이 영화들은 무엇보다 스마트미디어 환경에서 SNS의 특성과 위험을 극적으로 잘 보여주었다.

한편, 최근 주목해 볼 만한 SNS가 초래하는 디지털 위험 유형을 분류해보면 다음과 같다.

<소셜 네트워크 서비스(SNS)의 위험 유형 및 내용>

위험 유형	주요 내용
프라이버시 침해 만연	SNS를 통한 개인의 신상털기 급증 사생활 침해로 인한 마녀사냥식 여론몰이 성행 SNS를 매개로 한 사이버폭력 진화
新디지털 감시사회 도래	소셜 정보를 소유한 기업의 오용과 감시 증가 소셜 정보로 만든 新파놉티콘을 통한 정부검열과 통제 우려
인포데믹스 가열화	루머 확대창구로 불안사회조성과 경제적 손실 야기 근거 없는 논쟁으로 사회불신 초래 기존 정보 전달 매체의 공신력 약화
디지털 포퓰리즘 선동	대중선동을 통한 대의 민주주의 변질 포퓰리즘의 정책 결정 과정 유입에 따른 정부의 정책 리더십 약화
소셜 미디어 중독	소셜 미디어 중독에 따른 디지털 피로감 악화 중독 증세로 인한 2차 부작용(집중력, 생산력 저하)
新 소외문제 발생	사회적 고립에 대한 소외감 가중 미래의 새로운 사회적 소외계층으로 전이될 가능성 존대

* 출처: 이윤경(2017).

---

29) Weigend. Data for the People: How to Make Our Post-Privacy Economy Work for You. 홍지영(2018) 역, 포스트 프라이버시 경제, 파주 사계절. 2017. 참조.

스마트미디어 환경에서는 SNS를 통해 발생하는 디지털 위험뿐만 아니라 새롭게 등장한 기술인 소셜 빅데이터에 대한 정확한 이해와 관련 위험에 대한 논의가 필요하다. 앞서 설명했듯이 소셜 빅데이터는 다양하게 얽히고 연결된 소셜 커뮤니케이션 환경에 스마트미디어가 연결되면서 생성된 다양한 소셜 데이터가 형성한 복합적인 형태의 빅데이터를 의미하며, 넓게는 이를 분석하는 기술까지 포괄한다. 여기에는 텍스트, 이미지, 동영상 등 다양한 비정형과 정형의 데이터들이 포함되고, SNS의 특성상 실시간으로 생성되기 때문에 데이터의 양이 기하급수적으로 커진다. 또한, 스마트미디어, SNS, 빅데이터에서 나타나는 위험특성들이 모두 내재돼 있으며 이 위험들이 결합될 수 있기 때문에, 소셜 빅데이터와 관련된 위험은 복합적인 특성을 보일 것이며 온·오프라인에 미치는 위험의 파급력 역시 클 것으로 예측된다.

이러한 소셜 빅데이터는 활용 및 분석 방법에 있어서 몇 가지 문제들이 제기되고 있는데, 이와 관련해서 발생할 수 있는 위험 및 이슈들을 살펴보면 다음과 같다.

먼저, 소셜 빅데이터는 데이터 수집 과정 및 분석에서 사생활 침해, 정보 검열 및 감시, 보안 문제 등 다양한 위험들이 발생할 가능성이 크다. 더욱이 디지털 환경이 모든 사물이 연결되는 초연결사회로 진입하면서 개인의 모든 정보를 한 곳에 집적시킬 수 있기에 개인 정보가 유출될 경우 심각한 피해로 이어질 수 있다. 즉 개인의 정보가 초연결화된 네트워크를 통해 모든 사회적 영역으로 노출될 수 있다. 일반적으로 개인들이 여러 종류의 SNS 계정을 갖고 있고 이를 이용하고 있는데, 이러한 과정에서 개인에 관한 많은 정보가 수집, 축적되면서 소셜 빅데이터를 형성한다. 또한, SNS 간에 연동도 이루어지기 때문에 쉽게 정보의 이동과 공유를 할 수 있다. 이러한 상황에서 빅데이터의 분석기법 가운데 데이터 마이닝을 활용한다면 개인의 모든 정보를 분석하여 상관관계를 확인하며 미래의 개인 행위에 관한 예측도 할 수 있다. 이러한 소셜 빅데이터 분석으로 개인의 과거와 미래, 그리고 프라이버시까지 노출되면서 개인의 사적 영역이 침해될 수 있는 소지가 있다.

다음으로, 국가와 사회가 공익을 명분으로 혹은 안전을 목적으로 소셜 빅데이터를 활용하는 경우, 빅브라더와 감시사회의 문제가 매우 크게 대두될 수 있다. 이러한 부분은 개인 정보에 관한 권리, 인격권 침해와도 충돌될 수 있다. 또한, 소셜 빅데이터는 다양한 스마트기기를 통해 정보의 수집, 생성, 공유가 이루어지기 때문에 보안 위험도 크다. 일례로, 애플 아이폰의 iOS에서 해킹으로 인해 개인 정보가 유출됐으며, 미국 중앙정보부에서 스마트TV, 태블릿PC, 스마트폰을 해킹 도구로 이용했던 빅브라더가 발생했다. 이처럼 소셜 빅데이터 환경에서는 SNS 이용자의 의사와는 상관없이 자신의 데이터가 활용될 가능성이 크다. 사물인터넷의 등장이 데이터 수집과 활용을 확장시켰기 때문에 기존의 데이터들이 결합해서 새로운 형태의 데이터로 변화한다. 따라서 소셜 빅데이터 환경에서는 개인의 직접적인 정보유출이 아니더라도, 기존 데이터의 결합으로 역추적해도 개인을 충분히 식별하는 새로운 형태의 데이터가 발생할 위험이 존재한다.

특히 소셜 빅데이터 환경의 특성으로 볼 때, 프라이버시, 개인 정보 유출, 보안 등과 관련된 위험 인식이 더욱 커질 것으로 예상된다. 이와 같은 예측은 기존의 빅데이터 연구 또는 SNS 연구 가운데, 프라이버시 혹은 사생활 침해에 관련된 결과를 통해서도 확인했다. 빅데이터 환경에서는 정보 프라이버시에 대한 위협이 주요한 위험으로 확인됐으며, 이용자가 기업에서 자신의 프라이버시를 침해하거나 동의하지 않고 개인 정보를 활용하는 부분에 대해 불안과 우려가 큰 것으로 나타났다.[30] SNS 이용자의 인식에서도 유사한 결과가 확인됐는데, SNS 이용자에게 프라이버시 침해에 대한 우려의 정도를 조사한 결과, 응답자의 70% 이상이 SNS의 개인 정보 유출을 우려하는 것으로 나타났다. 또한, 프라이버시 침해에 대한 우려가 앞으로 SNS 이용자들이 정보를 공유하는 행태에 영향을 미칠 것이라고 응답했다.[31] 따라서 이러한 결과들을 종합하면 소셜 빅데이터 환경에서도 프라이버시 침해는 이용자의 위험 인식에 있어서 핵심적인 부분이 될 것으로 보인다.

4. 소셜 빅데이터 위험의 유형과 의미

초연결사회로 진입한 우리 사회에서는 앞으로 스마트기술의 진보로 인해 잠재된 디지털 위험이 심화되어 현시될 것으로 보고 있다. 이렇게 스마트미디어 환경에서 소셜 빅데이터가 촉발하는 위험에 주목하여 이를 유형별로 분류하였다. 그 결과 구체적인 특성에 따라 프라이버시 위험, 인포데믹스 위험, 보안 위험, 시스템 오류조작 위

---

30) 박천웅·김준우·권혁준. 빅데이터 시대의 정보 프라이버시 위험과 정책에 관한 실증연구. 한국전자거래학회지, 21(1). 2016. 참조.

31) 김병수. 빅데이터 시대, SNS 사용자의 정보공유행태분석. e-비즈니스 연구, 15(1). 2014. 참조.

험과 같이 크게 4가지 위험 유형으로 분류하였다. 또한, 소셜 빅데이터 위험의 4가지 유형에 속하는 세부적인 위험들을 항목별로 정리하고, 소셜 빅데이터 위험의 4가지 유형별 특성 및 의미를 종합적으로 논하고자 한다.

<소셜 빅데이터 위험의 유형>

유형	세부위험
프라이버시 위험	개인 일반(신상)정보 유출 및 도용 - 이름, ID, 주민 번호, 주소, 전화번호, 이메일, 생년월일, 성별, 가족관계
	개인 통신성보 유출 및 도용 - 접속기록, 로그 파일, 쿠키(cookie), 정보검색, 뉴스 클릭, 구매/결제 내역
	개인 위치 정보유출: GPS, 위치 기반(LBS) 서비스, 체크인, 위치 태그
	개인 SNS 활동 정보유출 및 도용 - 프로필, 게시물(사진/글/동영상), 공유, 댓글, 해시태그, 좋아요(공감)
	(정부·기업) 무분별한 개인정보수집 및 축적
	(정부·기업) 개인 검열과 통제 - 감시, 사찰, 빅브라더 발생
인포데믹스 위험	(SNS 등 온라인 공간에서) 마녀사냥식 여론몰이
	루머 유포 및 확대·재생산
	악성 댓글(비방·인신공격·욕설 등)
	사이버 명예훼손
보안 위험	악성코드(malware) - 스파이웨어, 웜 등
	스팸(spam)
	컴퓨터바이러스
	디도스(DDoS) 공격 - 목표 웹사이트에 대량의 동시접속 유발, 네트워크/시스템 마비 발생
	전자금융사기 - 피싱(phishing), 스미싱(smishing), 파밍(pharming), 메모리 해킹(memory hacking)
시스템 오류조작 위험	데이터의 조작
	데이터의 분석오류 및 왜곡
	데이터 관리 시스템 고장

*출처: 이윤경(2017).

1) 소셜 빅데이터 위험 유형: 프라이버시 위험(privacy risk)의 특성과 의미

소셜 빅데이터가 촉발하는 프라이버시 위험은 SNS를 통해 다양한 개인 정보가 수집되고 축적되는 과정에서 형성된 데이터들이 유출되거나 오·남용되면서 발생하는 위험을 의미한다. 소셜 빅데이터 환경에서 수집된 데이터는 SNS, 다양한 스마트기기, 사물인터넷까지 해당 데이터가 수집되는 경로가 더욱 복잡해지고 개인의 일상생활과 더욱 밀접해지고 있다. 그렇기 때문에 프라이버시 위험도 더욱 증가할 것으로 예측한다. 특히 다양한 경로에서 수집된 데이터들이 서로 결합하여 개인을 식별하는 새로운 유형의 빅데이터로 변화할 수 있는 특징을 갖고 있다. 그렇기 때문에 소셜 빅데이터가 촉발하는 프라이버시 위험은 기존의 디지털 위험보다 개인 생활에 더욱 밀접한 위험이 발생할 가능성이 크다.

이러한 소셜 빅데이터가 초래하는 프라이버시 위험에 속하는 세부적인 위험들의 특징을 살펴보고자 한다. 첫 번째로는, 개인 일반(신상)정보 유출 및 도용이 여기에 해당한다. SNS 이용자의 신상정보인 이름, ID, 주민 번호, 주소, 이메일, 생년월일, 성별, 가족관계 등이 여기에 포함된다. 두 번째로는 개인의 통신정보 유출 및 도용이 있으며, 이 위험은 SNS 이용자의 접속기록, 로그 파일(log file), 쿠키(cookie), 정보검색, 뉴스 클릭, SNS와 연결돼 판매되는 제품의 구매, 결제 내역 등의 정보가 유출되는 것을 의미한다. 세 번째로는 개인 위치 정보의 유출을 들 수 있다. SNS에서 제공되는 GPS, 위치 기반(LBS)서비스, 체크인, 위치 태그 서비스를 이용하는 과정에서 이용자는 위치 정보를 필요에 따라 자발적으로 제공하고 때로는 부지불식간에 노출하게 된다. 네 번째는 개인의 SNS 활동 정보유출 및 도용으로 인한 위험이다. SNS 프로필, 게시물(사진, 글, 동영상 등), 공유, 댓글, 메시지, 해시태그, 좋아요(공감, 추천) 등 SNS 이용자가 SNS상에 남기거나 활동한 정보 기록은 이용자들이 일반적으로 서비스 이용을 위한 목적으로 제공하고 있다. 하지만 이러한 정보는 이용자들이 원하지 않을 때도 서비스 이용을 위해서는 불가피하게 제공해야 하는 부분이다. 다섯 번째로 SNS 이용자는 기본적으로 SNS의 가입과정에서 SNS에서 제공하는 서비스를 이용하기 위해서는 자신에 대한 많은 정보를 제출할 것을 요구받는다. 이러한 과정을 거쳐서 SNS 업체에서는 이용자의 개인 데이터를 확보하게 된다. 이처럼 무분별한 개인정보수집 및 축적으로 인한 위험은 SNS 이용자가 각종 SNS 활동을 통해 새롭게 형성되는 각종 데이터가 누적되고 SNS 업체가 축적된 개인 데이터를 활용하면서 발생할 수 있는 부분이다. 마지막으로 소셜 빅데이터를 통해 발생할 수 있는 개인 검열과 통제의 위험이다. SNS에는 이용자가 기록하는 모든 일상이 그 사람의 흔적으로 남게 된다. SNS에 남기는 코멘트, 위치 정보 등으로 인해 개인의 라이프 로그 정보가 생성된다. 이러한 데이터를 가공하면 개인의 일상생활이 어떻게 진행될지 유추 가능하며 생활환경 역시 유추할 수 있다. 이로 인해 정부와 기관 혹은 기업이 SNS를 통해서 개인을 사전 검열하거나 사생활을 감시하고 관리나 통제를 시도하는 빅브라더가 발생할 위험이 더욱 커지고 있다.

2) 소셜 빅데이터 위험 유형:
인포데믹스 위험 (infodemics risk)의 특성과 의미

소셜 빅데이터가 촉발하는 인포데믹스 위험은 SNS에 축적된 다양한 종류와 형태의 데이터를 활용해 고의적, 악의적으로 특정 정보(루머, 허위 사실, 소문)가 유포될 수 있는 위험을 뜻한다. 또한, 이 위험은 특정 집단의 여론몰이에 활용되어 사이버 명예훼손과 같은 사회적 혼란·대립·갈등을 조장하고 공포·불안·분노를 유발시킨다는 특성을 갖고 있다. 이러한 인포데믹스 위험은 크게 4가지 세부적인 위험을 포함하고 있다. 첫째는 인신공격, 비방, 욕설과 같은 악성 댓글, 둘째로는 SNS를 통해 괴담, 잘못된 정보, 허위 사실들이 급속히 퍼지게 되는 루머 유포 및 확대재생산, 셋째는 마녀사냥식 여론몰이, 넷째로는 사이버 명예훼손과 같은 문제를 들 수 있다.

소셜 빅데이터가 인포데믹스 위험을 초래하는 원인과 현상을 살펴보면 소셜 커뮤니케이션 환경과 밀접히 관련돼 있다. 소셜 커뮤니케이션 환경에서는 SNS 이용자들은 정보의 생산과 소비의 주체이다. 실제로 사생활 침해, 사이버 테러 및 범죄 등 SNS로 인한 파급효과를 개인이 과소평가하면서 많은 사람이 부지불식간에 피해자 또는 가해자가 될 수 있다. 이러한 상황에서 특정 정보가 검증되지 않은 상태로 SNS에 퍼질 확률이 높다. 그리고 여기에 개인의 정보 판단능력의 부족으로 불완전하고 왜곡된 정보를 비판이나 판단 없이 그대로 받아들이는 것이 인포데믹스의 현상을 가속하고 있다. 게다가 SNS는 시스템적으로 인포데믹스 위험에 취약한 구조를 보이고 있다. 소셜 커뮤니케이션 환경에서 정보에 대한 필터링이 제대로 되고 있지 않기 때문에 해당 위험이 발생할 경우, 심각한 피해가 발생할 수 있고, 정확한 정보가 아닌 경우에도 이를 정정하기가 쉽지 않다. 마지막으로, SNS에 대한 우리 사회의 의식이나 제도적 문제 역시 중요한 원인이 되고 있다. 소셜 커뮤니케이션 환경에서는 잘못된 정보 재생산, 공유, 확산 과정에서 특정인에게 책임을 묻거나 최초 유포자를 찾기 어렵기 때문에 SNS 이용자들은 허위 사실 유포 또는 타인에 대한 명예훼손에 무감각하고 책임의식도 부족하다. 따라서 이러한 환경적인 특성이 인포데믹스 위험을 더욱 심화시키고 있다.

3) 소셜 빅데이터 위험 유형: 보안 위험(security risk)의 특성과 의미

소셜 커뮤니케이션 환경에서는 소셜 빅데이터 기반시스템에 대한 기술적 공격으로 인해 위험이 발생할 수 있으며, 보안 위험은 5가지 세부위험 항목을 포함하고 있다. 여기에는 컴퓨터바이러스, 스파이웨어, 웜 등과 같은 악성코드(malware), 다양한 형태의 스팸(spam), 디도스(DDoS) 공격, 피싱(phishing), 스미싱(smishing), 파밍(pharming), 메모리 해킹(memory hacking)과 같은 전자금융사기가 해당한다.

소셜 빅데이터가 촉발하는 보안 위험의 발생특성을 보면 다음과 같다. 소셜 커뮤니케이션 환경에서는 SNS를 통해 생성되고 축적되는 데이터들이 외부의 공격으로 인해 데이터가 손실되거나 다양한 데이터 정보들이 도난당하기도 한다. 그뿐만 아니라 PC, 스마트폰, 태블릿 등 스마트기기들과 같이 많은 채널을 통해 SNS의 이용이 가능해지면서 바이러스, 악성코드 등과 같은 위험들이 다양한 경로로 전파되기 때문에 보안 위험이 발생할 수 있다. 게다가 다양한 스마트기기를 통한 전자금융거래가 가능해지면서 스마트미디어 환경에서 보안 위험이 더욱 심화할 것으로 보고 있다. 특히 개인 금융 관련 문제에 있어서 스마트미디어 기기들의 보급이 대중화되면서 개인 생활과 매우 밀접하게 연결된 보안 위험이 발생할 것으로 예측된다. 따라서 보안 문제는 앞으로 개인적 차원에서의 위험 인식에 더욱 영향을 미칠 것으로 예측된다.

4) 소셜 빅데이터 위험 유형:
시스템 오류조작 위험 (data system risk)의 특성과 의미

소셜 빅데이터가 발생하는 위험 유형 가운데 하나로는 시스템 오류조작 위험이 있다. 이는 소셜 빅데이터 자체에 대한 조작, 오류, 또는 잘못된 분석결과로 인해 발생하는 위험을 가리킨다. 여기에는 세부적으로 소셜 빅데이터의 시스템 고장, 소셜 빅데이터의 분석오류 또는 왜곡, 소셜 빅데이터의 조작과 같은 형태의 문제가 포함된다. 소셜 빅데이터에는 사진, 글 등의 비정형데이터가 많이 포함돼 있고 정제되지 않은 데이터가 대부분이기 때문에, 데이터 자체에 오류가 발생할 수 있다. 이러한 오류는 소셜 빅데이터를 분석할 때 왜곡된 해석, 잘못된 분석결과를 초래하게 되며, 이를 바탕으로 정부와 기업이 정책에 대한 의사결정을 내린다면 잘못된 의사결정으로 이어질 수 있다. 이러한 문제는 개인에 국한된 위험이 아닌 사회적인 위험으로 더욱 큰 피해를 가져올 수 있기 때문에 각별한 주의가 필요하다. 이처럼 소셜 빅데이터는 데이터 자체에 대한 관리 소홀 또는 부주의가 발생할 수 있고 자칫 소셜 빅데이터를 관리하는 시스템 고장으로 인하여 데이터가 손실되거나 데이터의 오류가 발생할 가능성이 있다.

5. 논의 및 제언: 소셜 커뮤니케이션 환경에서 소셜 빅데이터 위험은 통제될 수 있는가.

최근 소셜 커뮤니케이션 환경에서 SNS 제공업체, 관련 기업들이 사물인터넷, 인공지능, 스마트카와 같은 새로운 테크놀로지를 적용하여 사업영역을 확장하는 등 과거에 비해 더욱더 공격적이고 적극적인 행보를 보이고 있다. 따라서, 향후 이렇게 스마트미디어와 SNS의 영역이 확장되어 나타나는 디지털 위험은 점점 더 복잡하고 다양해질 것으로 보인다. 사물인터넷은 개인의 사생활 및 일상에 깊이 연결되어 있기에, 더욱 민감하고 구체적인 사적 영역까지 침범할 것이다. 그만큼 잠재된 디지털 위험 역시 다양해질 것이며, 사회구성원들에게 복잡하고 심각한 갈등을 야기할 수 있다. 초연결사회의 핵심 기술인 사물인터넷과 인공지능기술이 서비스가 본격화되고 대중화된다면 복잡하고 민감한 문제가 파생될 것이다. 예컨대, 스마트헬스케어는 모바일, 스마트폰 등 스마트기기와 결합하여 주목받고 있는 분야이다. 여기에는 병원정보시스템, 개인의 건강기록, 의료정보기록, 생체정보 등의 요소가 포함되어 있다. 따라서 개인에게 있어 가장 민감하고 구체적인 의료정보가 데이터로 축적되기에, 누군가에 의해 의도적으로 악용된다면 매우 심각한 위험을 유발할 것으로 보인다. 이에 대한 고민도 시작해야 할 것이다.

이처럼 스마트미디어 환경에서 기술의 발전과 이로 인한 서비스의 제공이 더욱 세분되고 다양해질수록 사람들이 누리는 편의성은 높아지지만, 서비스를 이용하기 위해서는 개인의 데이터, 특히 소셜데이터를 그 반대급부로 제공해야 할 부분이 늘어날 것이다. 또한,

기업에서도 이러한 데이터 정보를 마케팅, 세일즈, 서비스 연구개발 등 매우 다양한 분야에서 가치 있는 정보로서 적극적으로 활용할 것이다. 그동안 개인 데이터에 관한 접근 방법은 모든 개인 데이터의 수집이 지속해서 감시할 수 있다는 가정하에 진행됐기 때문에 주로 개인의 통제권과 프라이버시 유지에 초점이 맞춰졌기 때문에 현재 상황과는 맞지 않는다는 주장도 제기됐다. 빅데이터의 미래, 소셜-모바일기술의 영향, 소비자 행동 트렌드에 관한 세계적인 전문가인 와이겐드[32]는 자신의 프라이버시 정보를 기존과 같이 수동적으로 보호하고 통제하는 것에만 급급해하는 것이 아니라, 새로운 가치를 창출하는 자원으로 적극적으로 활용할 때 데이터가 주는 혜택을 누릴 수 있다는 역설적이고 혁신적인 주장을 제안했다. 그가 개인 이용자들에게 소셜 데이터 혁명을 직시하고 낡은 프라이버시의 개념에서 벗어나기를 독려한 것은 개인이 본인에 관한 데이터를 공유해 얻을 수 있는 실질적 가치가 그것이 내포한 위험보다 크기 때문이라고 설명했다. 그가 제시한 주장은 그동안 개인의 데이터는 통제되고, 보호돼야 한다는 기존의 프라이버시 개념을 뒤집는 것이다. 소셜 빅데이터에서도 프라이버시는 핵심적인 부분이며, 소셜 빅데이터가 초래하는 위험 가운데 프라이버시와 관련된 위험은 개인이 지극히 사적인 부분을 건드리기에 매우 조심스러운 영역이다. 와이겐드의 주장은 현실적으로 데이터 수집의 오용을 방지하기 어렵고 폭발적으로 증가하는 데이터를 관리하기 어렵기 때문에, 차라리 개인 이용자가 자신의 정보를 적극적으로 제공하고, 기업에 데이터에 접근할 권리

---

32) Weigend. Data for the People: How to Make Our Post-Privacy Economy Work for You. 홍지영(2018) 역, 포스트 프라이버시 경제, 파주 사계절. 2017. 참조.

와 데이터를 처리하는 것을 확인하는 권리를 요구하라는 의미이다. 이용자가 기존의 프라이버시의 개념으로 자신의 데이터를 보호하고 방어하는 것은 소극적인 행위이므로 여기서 벗어나야 하며, 자신의 정보관리를 기업이 은밀히 이용하도록 두는 것이 아니라 이용자에게 정보의 주체로서 능동적이고 적극적인 권리를 주장하는 것을 강조했다. 이는 최근 데이터가 새로운 형태의 자산으로 주목을 받으면서 이를 매개로 하는 산업도 빠르게 성장하고 데이터 유통에 기초한 새로운 생태계인 데이터 경제(Data Economy)가 부상하고 있는 현 상황과도 맞닿아 있다. 게다가 사물인터넷이 활성화된 초연결사회에서 발생하는 데이터양은 데이터 경제를 폭발적으로 성장시킬 것으로 전망되고 있다.

소셜 커뮤니케이션 환경에서 이용자들이 활동하면서 남기는 흔적들이 소셜 데이터의 형태로 지속생성되고 있다. 이렇게 형성된 데이터는 계속해서 누적되어 취합되며 다양한 분야에서 활용되는데, 우리에게 매우 유용하게 이용되고 있다. 실제로 환자로부터 수집된 정보는 의료 기술을 발전시키는 데 활용되고, 학생으로부터 수집된 정보는 교육 정책을 발전시키는데 활용될 수 있다. 하지만 개인은 소셜 데이터의 수집과 공유를 통해 얻는 혜택과 발생할 위험 및 부작용을 예측하는 능력이 부족하며, 정부와 기업은 이러한 모든 데이터를 보유하고 관리할 능력이 되기 때문에 여기서 갈등이 발생하게 된다. 따라서 앞으로 개인이 데이터의 주체로서 능동적인 생산자가 되어, 자신의 자산인 데이터 이용에 있어서 투명성을 강력히 요구하고 자신의 정보를 제공할 필요가 있다. 무조건적이고 무비판적인 기술의 활용(특히 개인 데이터에 대한 스스럼 없는 제공)이 아니고, 기술이 가져올 리스크에 대한 강력한 자기방어의 논리와 정부와 기업의 정보감시와 통제에 맞설 수 있는 시민들의 용기와 자각이 필요한 시점이다.

| 참고문헌 |

A., Weigend(2017). Data for the People: How to Make Our Post-Privacy Economy Work for You. 홍지영(2018) 역, 포스트 프라이버시 경제, 사계절.

IDC(2018). Digital Age 2025: The Digitalization of the World From Edge to Core.

Toyama(2015). Geek Heresy:Rescuing Social Change from the Cult of Technology. 전성민(2016)역, 기술중독사회: 첨단기술은 인류를 구원할 것인가, 유아이북스.

KT 경영경제연구소(2016). (한국을 바꾸는 10가지) ICT 트렌드. 한스미디어.

김병수(2014). 빅데이터 시대, SNS 사용자의 정보공유행태분석. e-비즈니스 연구, 15(1), 297-315.

송해룡·조항민(2014). 디지털미디어 시대 리스크 현실과 진단. 한국학술정보.

박천웅·김준우·권혁준(2016). 빅데이터 시대의 정보프라이버시 위험과 정책에 관한 실증연구. 한국전자거래학회지, 21(1), 131-145.

이병엽·임종태·유재수(2013). 데이터베이스 암호화 솔루션 구현 및 도입을 위한 기술적 아키텍처. 한국콘텐츠학회논문지, 14(6), 1-10.

이윤경(2017). 소셜 빅데이터 위험에 대한 SNS 이용자의 위험 인식연구. 성균 관대학교 일반대학원 신문방송학과 박사학위 논문.

정용찬(2017). 4차 산업혁명 시대의 데이터 경제 활성화 전략. KISDI Premium Report, 17-04, 정보통신정책연구원.

조항민·김찬원(2016). 과학기술, 첨단의 10대 리스크. 커뮤니케이션북스.

최광선(2012). 소셜 빅데이터 분석 서비스: 비정형 텍스트 빅데이터 분석과 응용 서비스. 한국지능정보시스템학회 2012년 춘계학술대회, 59-76.

한국무역협회 국제무역연구원(2019). Trade Focus : 2019년 주목해야 할 5대 신산업.

한국인터넷진흥원·과학기술정보통신부(2018). 인터넷 이용실태 조사.

제9장

기후변화 대응 관련 미디어와 커뮤니케이션의 역할은 무엇인가?

최현주

1. 새로운 일상이 된 이상기후

최근 많은 사람이 모바일, TV 등의 매체를 통해 일기예보를 확인하는 것으로 하루를 시작한다. 사람들은 날씨에 따라 옷차림을 결정하고, 야외활동이 있는 날은 일정을 조정하기도 한다. 예로부터 날씨와 기후는 인간의 생활양식을 결정하는 주요한 요소로 작용해 왔다. 홍수나 가뭄은 기근(飢饉)으로 이어졌고, 갑작스레 발생하는 태풍과 폭설 등으로 삶의 터전을 잃고 생명까지 위협받는 일이 빈번했다.

현대사회에 들어서는 과학의 발전으로 날씨와 기후로부터 자유로워지는 듯했으나, 최근에 기후변화의 문제는 인류가 해결해야 할 가장 큰 현안 중의 하나가 되었다. 2019년 다보스 포럼(Davos Forum)에서 발표한 '글로벌 리스크 보고서(Global Risk Report)[33]'에서 장기적으로 가장 위험한 요인으로 '기후변화'를 꼽았다. 기후변화는 2017년 이후 이 조사에서 계속해서 상위권을 유지하고 있으며 그 순위도 지속해서 상승 중이다. 이는 전 세계적으로 기후변화가 우리 사회의 큰 위험 사안이라는 점에는 인식을 같이하고 있다는 것이다.

---

33) 매해 스위스 다보스에서 개최되는 세계경제포럼(World Economic Forum)은 매해 전 세계 기업인을 비롯해 학자, 정책결정자 등 1000여 명을 대상으로 조사한 결과를 담은 '글로벌 리스크 보고서'를 발표하고 있다.

우리는 흔히 '날씨'와 '기후'를혼용해서 사용하고 있지만, 그 의미에는 차이가 있다. 날씨의 경우 하루하루의 기온이나 비, 눈 등의 대기 상태를 뜻하며, 기후란 특정 지역의 수십 년간의 날씨를 평균화한 것을 말한다. 따라서 기후변화는 단순히 날씨가 예년과 달라진 것을 뜻하는 것이 아니라, 수십 년 또는 그 이상의 기간 동안 통계적으로 유의미한 변동을 의미한다. 기후변화에 관한 정부 간 협의체(IPCC, Intergovernmental Panel on Climate Change)는 기후변화에 대해 "기후 특성의 평균이나 변동성의 변화를 통해 확인 가능하고 수십 년 혹은 그 이상 오래 지속되는 기후상태 변화를 말하며, 자연적 변동성 때문이든 인간 활동에 따른 결과이든 시간 경과에 따른 모든 기후변화를 일컫는다"라고 정의했다.[34] 이러한 기후변화로 인해 발생하는 피해들이 점차 증가하면서 환경, 사회, 경제를 위협하고 있다.

우리나라도 지난 몇 년간 다양한 종류의 이상기후 현상들을 직접 경험하고 있다. 기상청이 발표한 '2018년 이상기후 보고서'에 따르면 2018년 겨울 우리나라 일 최고기온이 평년보다 4도 이상 떨어져 1973년 관측 이래 가장 낮았던 것으로 분석됐다. 반대로 여름에는 기록적인 폭염을 경험했다. 같은 해 강원도 홍천의 일 최고기온은 우리나라 기상관측 이래 가장 높은 41도(℃)까지 올랐고, 전국 평균 폭염 일수는 31.4일, 열대야 일수는 17.7일을 기록해 관측 이래 가장 길었다. '이례적이다'라는 표현이 무색할 만큼 연일 이상기후 현상이 계속되고 있다.

---

34) 기후변화 홍보 포털 참조. www.gihoo.or.kr

날씨의 변화는 우리 사회 곳곳에서 갈등을 불러일으켰다. 매년 계속되는 폭염과 한파는 전기요금 누진제도에 대한 불만으로 표출되었고, 예측하기 어려운 날씨로 인한 시민들의 불편과 불안은 기상청에 대한 불신으로 이어지기도 했다. 폭염 정보에 대한 기상청의 예보가 여러 차례 수정되면서 기상예보 시스템과 기상청이라는 정부기관에 대한 신뢰에도 부정적 영향을 미친 것이다. 신뢰는 향후 정책 수용이나 위험 인식에도 영향을 가져올 수 있다는 점에서 날씨가 우리 사회에 미친 부정적인 영향은 매우 크다.

한편 기온이 적절한 날은 미세먼지[35]가 문제가 된다. 사람들은 날씨와 함께 미세먼지농도를 매일 확인하며, 맑은 하늘을 보이는 날이면 SNS에 사진과 영상으로 남길 만큼 미세먼지가 우리 생활에 중요한 부분을 차지하고 있다. 공기 중 미세먼지는 사람의 머리카락과 비교하여 약 1/5~1/7 정도의 크기이며, 초미세먼지(PM2.5)는 머리카락의 약 1/20~1/30에 불과할 정도로 매우 작다. 미세먼지의 위험성이 알려진 것은 2013년 세계보건기구(WHO, World Health Organization) 산하의 국제암연구소(IARC, International Agency for Research on Cancer)가 미세먼지를 석면, 벤젠과 함께 1군 발암물질(Group 1)로 지정하면서부터이다. 이처럼 미세먼지가 우리 생활의 위험으로 등장한 것이 비교적 최근 일임에도 불구하고 미세먼지는 최근 사회재난[36]으로 분류될 만큼 우리 사회의 주요한 위험 사안으

---

35) 미세먼지란 "아주 작은 크기의 입자상 오염물질"로 지름이 10㎛보다 작은 미세먼지(PM10)와 지름이 2.5㎛보다 작은 초미세먼지(PM2.5)'로 나뉜다. (환경부 홈페이지. 참조. www.me.go.kr)

36) 지난 2019년 3월 미세먼지를 사회재난으로 규정하고 재난・안전관리기본법 개정안 등 8건의 미세먼지 대책법안이 국회를 통과했다. 개정안에는 미세먼지가 법적으로 사회재난에 포함되었으며, 특별 재난지역 선포와 중앙대책본부 구성 등을 위한 법률적 근거가

로 떠올랐으며, 많은 사람이 인체에 유해한 영향을 미치는 것으로 인식하고 있다.

지구온난화의 경우 경험적으로나 신체적으로 그 영향을 확인하기 어렵기 때문에 추상적인 위험의 성격을 보이는 데 반해, 미세먼지의 경우 뿌연 공기로 사람들이 육안으로도 미세먼지의 심각성을 느낄 수 있어 즉각적인 위험으로 인식하는 경향이 있다. 이에 따라 미세먼지농도가 '나쁨' 수준을 보이는 날에 사람들은 마스크를 착용하고, 외출을 삼가는 등 즉각적인 대응 행동을 이어가고 있다. 날이 길수록 심화되고 있는 우리나라의 미세먼지 문제는 기후변화와도 관련이 있는 것으로 알려졌다. 기후변화로 인해 북풍이 약해지고 대기가 정체되면서 한반도의 미세먼지농도도 높아지는 진다는 것이다.[37] 이것은 단순히 미세먼지에 마스크를 착용하는 것이 궁극적인 대안이 될 수 없다는 것을 의미하기도 한다.

작금의 현실은 독일의 사회학자 울리히 벡(Ulich beck)의 '빈곤은 위계적이지만, 스모그는 민주적이다'라는 유명한 명제를 떠오르게 한다.[38] 가령, 미세먼지가 발생하는 날 야외활동을 비교적 덜 할 수 있는 직업군과 주로 야외에서 일해야 하는 직업군 간 피해의 정도는 다를 수 있다. 그렇지만 바깥 활동을 전혀 하지 않고 살아갈 수 있는 집단이나 개인은 존재하지 않는다. 기후변화로 인해 발생할 수 있는 기상이변은 어디서 그리고 언제 발생할지 예측하기란 더욱 어려워

마련되었다.

37) 이현주·정여민·김선태·이우섭. 한반도 미세먼지 발생과 연관된 대기 패턴 그리고 미래전망. 한국기후변화학회지, 9(4), 423-433. 2019. 참조

38) Beck, U. *Risk Society: Towards a New Modernity*. London. Sage, 홍성태 옮김. 위험사회: 새로운 근대(성)를 향하여. 서울: 새물결. 2016. 참조

졌다. 기후변화는 지구 생태계 전반에 걸쳐 영향을 줄 뿐만 아니라, 지역의 경계가 없이 전 지구적으로 발생 빈도가 증가하고 있어, 그 누구도 이로 인한 피해를 벗어날 수 없다. 그렇기 때문에 기후변화는 현재 지구를 위협하는 사안이며, 전 인류가 공통으로 해결해나가야 할 문제이다.

정리하자면, 기후변화 등 환경 위험이 가져온 위험들은 전 세계가 당면한 위험인 것과 동시에 이상기후 현상은 더 이상 이례적인 현상이 아닌 새로운 정상(new normal)으로 자리 잡았다. 즉, 이상기후 현상은 일상이 되어 가고 있다. 기후변화로 인한 위험에 따른 불확실성은 앞으로 더욱 증가할 것이며, 이로 인한 계층 간의 갈등과 인식의 격차, 그리고 복지와 안전의 문제 등 사회 갈등으로 확산할 여지가 매우 높다.

그러나 기후변화와 같은 환경문제의 경우, 과학적인 분석과 검증을 통해서 구성된 객관적인 정보들만으로는 사회적 합의에 이르기는 매우 어렵기 때문에 사회구성원들 간의 활발한 논의가 수반되어야 한다. 다시 말해서, 국제사회와 국가 차원의 대응과 함께 기후변화에 대한 일반 시민들의 인식을 제고하는 한편, 대응 행동을 이끌어낼 수 있는 논의들이 요구되는 시점이다.

2. 기후변화에 대응하는 세계적 움직임

19세기 산업화 이후 석탄과 석유 등의 화석연료를 대량 이용하면서 인류는 물질적 풍요를 맞이했다. 각 가정에 전기가 배급되고, 거리에는 자동차들이 빼곡히 거리를 메우고 있다. 유럽과 미국뿐만 아니라 한국과 일본을 포함한 동북아시아권도 선진 산업국 대열에 들어섰다. 그동안 사람들은 과학의 발전이 가져온 문명의 이기에 몰두해 환경의 영향에 대해서는 관심을 두지 못했다.

이러한 사회적 분위기 속에서 살충제가 생태계의 미치는 유해한 영향에 대해 처음 보고한 레이첼 카슨(Rachel L.Carson)의 <침묵의 봄(Rachel Carson, 1962)>은 1962년 출간 이후 전 세계에 유례없는 반향을 일으켰다. 침묵의 봄은 디클로로 디페닐 트리클로로에탄(DDT)이라는 화학물질로 생태계가 파괴되어 새조차 울지 않는 조용한 봄을 묘사한 것으로, 20세기 우리 사회에 가장 큰 영향을 미친 저서 중 하나로 손꼽힌다. 이 책은 산업혁명 이후 개발과 성장에 몰두해 오던 우리 사회가 자연보호와 생태주의에 주의를 돌리게 된 계기를 마련하기도 했다.

특히, 환경운동이 새로운 전환을 맞이했는데 백인 지식층의 주체가 되어 이끌어 오던 모습에서 일반 시민들까지 다양한 계층이 참여하는 형태로 진화했다. 또한, 이 시기에 산업화로 인한 공해 문제들에도 관심을 두기 시작했으며, 영국과 독일 등 유럽과 일본 등의 아시아에서도 환경문제가 발생하면서 환경 위험이 국제적인 관심사로 부상하였다.

이후 여러 가지 환경오염에 대한 문제 제기들이 이어지는 가운데, 기후변화에 본격적으로 관심을 두기 시작한 것은 1968년 이탈리아의 사업가 아우렐리오 페체이(Aurelio Peccei)가 영국의 과학자 알렉산더 킹(Alexander King)과 함께 로마클럽(Club of Rome)을 창설하면서부터이다. 로마클럽은 경제협력개발기구(OECD, Organization for

Economic Cooperation and Development) 산하의 민간기구로, 과학자, 의료학자, 경제학자 등이 참여해 환경·자원·식량 등에 관해 연구하고 있다. 로마클럽은 무엇보다 지구온난화의 심각성을 국제사회에 알리기 위해서 적극적인 활동을 이어갔는데, 1972년 '성장의 한계(The Limits to Growth)'라는 보고서를 통해 경제성장이 환경에 미치는 부정적 영향에 대해 발표했다. 또한, 같은 해 6월 스웨덴 스톡홀름에서 유엔 인간 환경회의(UNCHE, United Nations Conference on the Human Environment)를 최초로 개최하여 자원과 인구 팽창에 대해 논의하기 시작했다.[39] 성장의 한계에서는 '지속가능성(sustainability)'이란 개념을 처음으로 언급했는데, 이는 생태계가 미래에도 유지될 가능성을 의미하며, 이후 환경문제뿐만 아니라, 경제·경영·거버넌스 등 다양한 분야에서 광범위하게 활용되고 있다.

기후변화가 점차 인류와 환경의 지속가능성을 위협하는 문제로 자리매김하게 됨에 따라, 국제사회는 범지구적 차원의 국제협약을 체결·추진하는 등 기후변화에 대응하기 위한 다양한 노력을 기울이고 있다. 그중 가장 핵심적인 역할을 하고 있는 것이 1988년 유엔환경계획(UNEP, United Nations Environment Program)과 세계기상기구(WMO, World Meteorological Organization)가 공동으로 설립한 IPCC이다.

IPCC는 기후변화의 원인과 지구의 영향을 분석·평가하고 이에 대한 대책을 마련하기 위한 과학적·환경적·사회경제적 연구를 진행해오고 있다. 또한, 유엔기후변화협약의 요청에 따라 국가 온실가스 인벤토리 보고를 위한 가이드라인 및 우수실행 지침을 발간하는

---

39) 김준하. 새로운 기회와 도전 기후변화. 광주: GIST PRESS. 2017. 참조

등 기후변화에 대한 과학적 자문기구로 역할을 수행해 왔다. IPCC 의 보고서는 1990년 제2차 세계기후회의에서 최초로 공개된 이후, 2014년에 제출된 제5차 보고서까지 기후변화에 대한 다양한 과학적 평가 등의 내용이 담겼으며 지금까지 유엔기후변화협약(UNFCCC, United Nations Framework Convention on Climate Change)의 근거 자료로 이용되는 등 지구온난화와 기후변화에 대한 국제사회의 논의를 주도해 오고 있다.

<IPCC 보고서의 주요 내용 및 결과>

IPCC 보고서	주요 논점	기후변화 원인	관련 결과
제1차 보고서 (FAR, 1990)	지구 온도 상승	향후 10년간 파악이 어려움	UNFCCC 체결 (1992)
제2차 보고서 (FAR, 1995)	인간 활동으로 인한 온도 상승	인간 활동으로 인한 영향 구분 가능	교토 의정서 채택
제3차 보고서 (FAR, 2001)	온실가스 감축	인간 활동에서 기인할 가능성 67%	발리 로드맵 채택
제4차 보고서 (FAR, 2014)	온실가스 감축	인간 활동에서 기인할 가능성 90%	
제5차 보고서 (FAR, 1990)	온실가스 감축과 기후변화 적응	인간 활동에서 기인할 가능성 95%	신기후체제

출처: 김준하(2017). p.41.

기후협약은 지구온난화 방지를 위한 온실가스 배출을 규제하기 위한 것으로 정식 명칭은 '기후변화에 의한 기본 협약'이다. 1992년 6월 유엔 환경개발 회의에서 첫 번째 기후변화에 관한 국제연합기본협약'을 채택하였는데, 당시 지구온난화 방지를 위하여 모든 당사국이 참여하되, 선진국은 차별화된 책임을 지는 것이 기본 원칙이었다. 이 협약은 인간의 활동에 따라 기후변화가 일어나고 있음을 국제사회가 인정한 것이며, 이로 인한 위험은 전 지구적인 문제로 공동의 대응이 필요하다는데 인식을 함께 한 결과라 할 수 있다.

하지만 국제사회는 기후변화 협약상의 온실가스 감축 의무만으로는 기후변화에 대응하는 것이 어렵다고 보고, 1997년 12월 과거 산업혁명을 통해 온실가스 배출의 역사적 책임이 있는 선진국에 법적 구속력을 갖는 온실가스 감축 의무를 정한 교토 의정서(Kyoto Protocol)를 채택하였다.[40] 교토 의정서 체제에서는 일부 선진국들에게만 온실가스의 감축 의무를 부과하였으나, 더욱 심각해지는 기후변화에 더욱 효과적으로 대응하기 위해서는 선진국뿐만 아니라 개도국들도 함께 참여해야 한다는 요구가 제기된 것이다.

이러한 요구와 함께 2015년 12월 파리에서 개최된 제21차 기후변화협약 당사국총회(COP21)에 195개국이 모인 가운데 개최되었다. 회의에서는 선진국과 개도국의 의무 차등화 문제, 글로벌 장기목표 설정 방안 등에 대한 각국의 의견이 대립하기도 하였지만, 극적으로 당사국 간의 합의가 이어지며 12월 12일 신(新)기후체제 합의문인 '파리 협정(Paris Agreement)'을 채택하였다. 신기후체제는 2020년 만료 예정인 교토 의정서를 대체하는 것으로 선진국과 개발도상국이 모두 참여하며, 자발적인 계획에 따라 온실가스를 감축하게 되는 것이 특징이다.[41] 이 협정문에서는 지구의 평균 기온 상승을 산업화 이전 대비 2℃보다 훨씬 아래(well below)로 유지해야 한다고 명시했는데, 법적 효력이 있는 협정문에 목표 온도를 명시한 것은 처음이다.[42]

---

40) 김준하. 2017. 앞의 책.

41) 환경부 외. 신기후체제 협상 극적 타결… "파리 협정" 채택. 2016. 참조

42) 김준하. 2017. 앞의 책.

<교토 의정서와 신(新)기후체제 비교>

구분	교토 의정서	파리협약(신기후체제)
목표	온실가스 배출량 감축 (1차: 5.2%, 2차: 18%)	2℃ 목표, 1.5℃ 목표달성 노력
범위	온실가스 배출 감축에 초점	감축을 포함한 포괄적 대응 (감축, 적응, 재정 지원, 기술이전, 역량 강화, 투명성)
감축 대상 국가	37개 선진국 및 EU (미국, 일본, 캐나다, 러시아, 뉴질랜드 불참)	선진·개도국 모든 당사국
감축 목표 설정 방식	하향식(top-down)	상향식(bottom-up)

출처: 기후변화센터 홈페이지(www.climatechangecenter.kr)

현재 우리나라는 유엔기후변화협약 상 개발도상국에 포함되어 온실가스 감축 의무 국가는 아니다. 하지만 우리나라의 주요 온실가스 중 하나인 이산화탄소 배출량이 심각한 수준을 보이고 있다. 2016년도 이산화탄소의 배출량이 세계 7위(IEA)로 나타났으며, OECD 국가 중 이산화탄소 배출량 증가율은 1위에 해당한다.[43] 사실 우리나라의 경우 기후변화에 대응하기 위한 움직임은 1990년대 후반이 되어서야 시작되었는데, 1999년부터 현재까지 5차례에 걸쳐 기후변화 종합대책을 수립하여 시행하고 있으며, 2009년부터 녹색성장 관련 계획에 포함하여 추진하고 있다. 파리 협정이 채택된 이후에는 2030년까지 온실가스 배출 전망치(Business As Usual, BAU) 대비 2020년까지 30%, 2030년까지 37%를 감축하겠다고 목표치를 설정해 제출한 상황이다.

---

43) 기후변화센터 홈페이지. 참조 http://www.climatechangecenter.kr

3. 기후변화에 대한 대중의 위험 인식

지난 2019년 3월 15일 오후 서울 광화문에서 10대 청소년들이 주최하는 집회가 열렸다. 이 집회는 청소년들이 기후문제에 대한 책임과 회복을 위한 노력을 촉구하기 위한 자리였다. 이 집회는 우리나라뿐만 아니라 전 세계 105개국에서 이어갈 예정으로, 기후변화 대책 실행을 촉구하는 10대 학생들의 국제적 동맹휴업인 '청년 기후파업(Youth Strikes for Climate)' 운동의 일환이다. 이 청년 기후파업은 정부에게 기후변화에 대한 적극적인 대책 마련과 실행을 촉구하기 위한 등교 거부 운동으로, 지난해 스웨덴의 16세 소녀 그레타 툰베리(Greta Thunberg)의 1인 시위에서 시작되었다. 이 어린 소녀가 기후변화의 대책 마련을 위해 스웨덴 국회의사당 앞에서 '기후를 위한 학교파업'이란 피켓을 들고 있는 모습은 SNS를 통해 전 세계적으로 전해지게 되었고, 청소년들의 등교 거부 운동으로 확산된 것이다. 이 소녀는 2018년 12월 유엔기후변화협약 당사국총회와 2019년 1월 스위스에서 열린 다보스포럼에서도 연설에 나서 기후변화를 위한 대책을 마련해 달라고 촉구해 전 세계인들의 주목을 끌었다. 그의 이러한 노력에 힘입어 툰베리는 16세의 나이에 노벨평화상 후보에 올랐다. 이는 단지 나이 어린 소녀의 기우(杞憂)가 아니라, 지금 현재 진행되고 있는 지구를 위협하는 문제를 해결하기 위한 적극적인 형태의 참여라는데 그 의미가 있다.

IPCC가 2014년 발표한 제5차 평가 종합보고서에 따르면, 지구의 평균 온도는 지난 133년간(1880~2012) 연간 0.85℃ 상승하였고, 1971년부터 2009년까지 연간 2,260억 톤의 빙하가 감소하고 있다.

극지방의 빙하가 녹아 해수면이 빠르게 상승하고 있고, 이것은 세계 곳곳에서 기상이변들을 만들어내고 있다.

실제로 최근 세계 곳곳에서 폭염과 혹한, 태풍, 홍수, 가뭄 등으로 인한 피해가 빈번하다. 2011년 7월 태국에서는 약 4달간 폭우가 이어져 대홍수 사태가 발생하였다. 이 홍수는 약 570여 명의 사망자를 발생시켰고, 국토의 3분의 1이 물에 잠겼다. 2015년 12월에는 남미에 최악의 홍수가 찾아왔다. 계속되는 폭우로 파라과이 강의 본류라 할 수 있는 파라나 강(Rio Paraná)이 위험 수위를 넘기면서 한때 국가비상사태까지 선포된 바 있다.[44] 미국의 투자은행 모건스탠리(Morgan Stanley)의 분석 자료에 따르면, 2016년부터 2017년까지 전 세계가 기후 관련 재난으로 인해 발생한 피해액이 총 6천 500억 달러에 이른다고 분석했다. 더불어 앞으로 단기적 붕괴뿐만 아니라 장기적으로 구조변화가 사회경제적으로 많은 부분에 위험을 가져올 수 있다고 경고했다.[45] 그뿐만 아니라 기후변화는 홍수나 가뭄 등의 기상 재난을 넘어, 인간의 질병과 사망률에도 영향을 미치고 있다. 현재, 아프리카 대륙의 사하라 사막 남쪽의 사헬지역에 긴급 식량과 생계 지원이 필요한 사람들이 710만여 명에 이른 것으로 추정되며, 생명을 위협하는 더위와 가뭄으로 흉작이 이어지고 있다. 또한, 질병으로 인한 사망률도 높아지고 있다. 이들에게는 테러보다 기후변화가 더 큰 위험으로 인식되었다.[46] 지구온난화로 인해 말라리아가

---

44) 출처: 뉴스핌(2016.07.01.) [이철환의 기후변화 이야기<4>] 기상이변의 징후들- 홍수와 가뭄이 잦고 태풍이 독해진다 http://www.newspim.com/news/view/20160628000296

45) 출처: 연합인포맥스(2019.02.15.) 모건스탠리 "3년간 전 세계 기후재난 비용 6천 500억 달러" http://news.einfomax.co.kr/news/articleView.html?idxno=4016540

46) 미국의 여론조사기관 퓨(PEW) 리서치 센터의 조사결과에 따르면, 2018년 38개국 41,953명을 대상으로 "당신의 나라에서 가장 우려되는 것은 무엇인가"라고 물었을 때

창궐할 가능성이 크며, 뎅기열 등 전염성 질병이 기온 상승에 따라 확산될 우려가 있는 것으로 나타났다.

그렇다면 기후변화로 인한 피해들이 날로 증가하고 있는 상황에서 사람들은 왜 적극적으로 대응하지 않을까? 그것은 기후변화와 같은 환경 위험이 가진 여러 가지 특징들로 설명할 수 있다. 환경 위험의 경우, 원전사고 등과 같은 과학기술 재난이나 메르스(MERS, 중동호흡기증후군) 등의 신종 전염병 위험이 가진 특성들을 공유하면서도, 환경 위험만의 독특한 성질을 보인다.[47)]

먼저, 환경 위험이 갖는 가장 큰 특징은 '지체 효과(delay effect)'를 보인다. 지체 효과란 해당 원인이 발생하고 그로 인한 피해나 영향이 나타나기까지 오랜 시간이 걸린다는 것을 의미한다. 즉, 지구 온도 상승 원인은 산업혁명 이후 화석연료의 사용으로 인해 발생하였지만, 그로 인한 결과는 20세기 후반에서야 해수면 상승, 생태계 파괴 등으로 나타나기까지 오랜 시간이 소요되었다.

이러한 특징은 위험에 대한 인식과 대응 행동에도 영향을 미칠 수 있다. 화재나 기술이 초래하는 사고 같은 경우는 발생 원인과 피해의 결과가 즉각적으로 나타나기 때문에 높은 위험 인식을 보이며, 이를 예방하거나 대응하기 위한 행동에도 적극적이다. 하지만 기후변화와 같은 환경 위험의 경우 오늘의 에너지 소비로 인한 결과가 언제쯤 막대한 피해로 이어질지, 또 얼마만큼의 위험성을 가져올 수

케냐, 탄자니아, 세네갈 등의 국민은 기후변화를 이슬람국가(IS) 등의 테러보다 더 높게 나타났다(동아일보, 2018. 09. 12.)

47) 박희제. 기후변화 논쟁을 통해 본 환경과학의 역할과 성격. 환경 사회학 연구 ECO, 12(2), 183-216. 윤순진. 기후변화 대응을 둘러싼 사회 갈등 예방과 완화를 위한 거버넌스의 모색. 국정관리연구, 4(2), 125-160. 2009. 중 환경 위험의 특징 참조

있을지 예측하기 어렵다는 것이다.

따라서 개인들의 위험인식에 있어 '낙관적 편견(optimistic bias)'이라는 인간의 인지적 편향을 가져오기 쉽다. 낙관적 편견이란 어떤 위험에 대해 자신의 취약성을 남들보다 작다고 판단하는 경향을 말한다. 대개 위험이라는 것은 한 집단에 동일한 확률로 발생하게 되며, 이로 인한 피해의 정도와 수준은 비슷하기 마련이다. 그런데도 사람들은 위험 판단에 있어서 본인에게 유리한 방향으로 인식하는 경향이 있다. 기후변화로 인한 피해에 대해서도 우리나라보다는 다른 국가에서 발생할 것이며, 내가 사는 지역보다는 다른 지역에서 피해를 볼 것이고, 나보다 다른 사람에게 더 막대한 영향을 미칠 것으로 생각하는 인지적 오류를 가질 가능성이 크다는 것이다. 이러한 인지적 오류는 기후변화에 대응하고 이를 해결하려는 행동 변화에도 부정적인 영향을 미친다.

또한, 기후변화 등의 환경 위험은 '과학적 불확실성(scientific uncertainty)'을 지닌다. 여기서 불확실성이란 학문 분야마다 다양하게 정의되지만, 부정확한 측정 등에 기인한 '기술적 불확실성', 관련 전문가의 기술 및 판단에 신뢰성으로 인한 '방법적 불확실성', 그리고 특정 이해집단의 가치와 과학적 지식에 의해서 사회적으로 구성된 불확실성과 지식의 부재 또는 한계로 인한 '인식론적 불확실성'을 모두 포함한다.

원자력과 같은 과학기술 위험의 경우 이로 인해 이익과 손실을 계량적으로 판단할 수 있기 때문에 이러한 이익 관계를 기반으로 위험의 수용 여부를 결정할 수 있다. 하지만 기후변화와 같은 환경 위험의 경우 이를 평가하는 과정에서 높은 수준의 불확실성이 존재한다.

즉, 기후변화로 인한 피해의 발생 가능성, 피해의 정도 그리고 대응에 이르기까지 정확하게 예측하고 평가하기 어렵기 때문에 이에 대한 개인의 가치판단이 불가피하게 개입될 수 있다.

이에 대해 트버스키와 커너먼(Tversky & Kahneman)[48]은 불확실성이 높은 상황에서의 의사결정에는 휴리스틱(heuristic)이 작용한다고 말했다. 휴리스틱은 '쉬운 방법, 즉흥적 추론, 편의법' 등의 의미로, 불확실성이 존재하는 상황에서 사건에 대한 발생 가능성 또는 예상된 가치 등을 평가할 때, 복잡한 과정을 더 단순화하기 위해 발현되는 심리적인 기제를 말한다. 기후변화에도 과학적 지식 부족, 정보의 제한성 등에 따라 그것을 인식하고 평가하는 데 다양한 형태의 비합리적인 인지적 휴리스틱들이 작용할 수 있다. 예를 들어, 기후변화에 대한 위험을 인식할 때 불확실성이 높은 상황에서 시간적, 사회적, 공간적 거리감이 멀수록 피해 가능성에 대해서 낮게 평가하는 위험 할인(risk-discounting)이 적용될 수 있다.[49] 예를 들어, 2011년 3월 발생한 일본 후쿠시마 원전사고를 미디어를 통해 목도한 이후, 우리 사회는 원전사고에 대한 위험 인식이 매우 높아졌다. 일본은 우리나라와 지리적으로도 가까울 뿐만 아니라, 국내에도 20기[50]가 넘는 원전이 운영 중이기 때문에 심리적 거리감을 매우 가깝게

---

48) Tversky, A., & Kahneman, D. Judgment under uncertainty: Heuristics and biases. *Science, 185*, 1124-1131. (1974). 참조

49) Gattig, A., & Hendrickx, L.. Judgmental discounting and environmental risk perception: Dimensional similarities, domain differences, and implications for sustainability. *Journal of Social Issues, 63*(1), 21-39. (2007). 참조

50) 2019년 3월 현재 우리나라 원전은 가동 원전은 24기, 영구정지 1기(고리 1호기), 건설 원전 5기(신고리 4호기, 신고리 5, 신고리 5호기, 신한울 1호기, 신한울 2호기)이다. 이 중 신고리 4호기는 2019년 2월 원자력안전위원회로부터 운영허가를 받아 상업운전을 앞두고 있다.

느낀 것이다. 심리적 거리감이란 어떤 대상이나 사건에 대해 개인이 느끼는 거리감의 정도를 말하는데, 현재 자신을 중심으로 둘러싸고 있는 대상들에 대해서는 더욱 직접적인 것들로 인식하지만, 그 외에는 '멀리 떨어져 있는 것(distal thing)'으로 인식하게 된다는 것이다.[51] 반면, 지구온난화와 같은 문제는 그로 인한 피해가 가시적이거나 즉각적으로 발생하지 않기 때문에, 심리적 거리가 멀게 느끼게 된다. 미국과 영국에서 진행된 한 설문조사에서 '기후변화의 영향을 받을 대상이 현재 세대인지 혹은 미래세대인가'라는 질문에 대다수가 자신에게는 영향을 미치지 않을 것이며, 미래세대는 영향을 받을 것이라고 답했다는 것도 같은 맥락으로 볼 수 있을 것이다.

또한, 심리적 기제는 '시간 할인(time discount)'의 개념으로도 설명될 수 있다. 먼 미래에 얻는 이익을 위해 지금 행동을 취해야 한다는 것은 미래에 얻는 이익과 현재의 행동으로 인한 가치에 대해서 낮게 평가할 수 있다. 미래에 환경 위험으로 인한 피해, 즉 손실을 줄이기 위해 지금 현재 시점에서 친환경 행동을 실천해야 할 때 사람들은 그 가치를 할인할 수 있다는 것이다. 행동경제학자 트버스키와 커너먼은 기본적으로 사람들은 '손실 회피(Loss aversion)'성을 가진다고 주장했다. 손실 회피는 사람들이 손실과 이익에 대해서 비대칭적으로 반응한다는 것인데 일반적으로 어떠한 것을 얻었을 때의 가치보다 잃어버렸을 때의 가치를 더 크게 평가한다는 것이다. 그렇기 때문에 미래의 지구 온도 상승을 낮추고, 이산화탄소 농도를 줄

---

51) Liberman, N., & Trope, Y.. The role of feasibility and desirability considerations in near and distant future decisions: A test of temporal construal theory. *Journal of Personality and Social Psychology, 75*(1), 5-18. (1998). 참조

이기 위해서 지금 현재시점에 겪는 불편이 미래의 얻을 수 있는 환경의 지속가능성에 비해 더 크게 느껴진다는 것이다.

또한, 기후변화 문제는 과학적인 위험뿐만 아니라 사회·정치적 쟁점을 통해서 구성되는 특징을 보인다. 위험의 사회구성론적 관점에서 보면, 환경 위험을 포함한 대부분 위험은 객관적인 사실이나 과학적 증명으로만 구성되기는 부족하며, 위험을 둘러싼 사회구성원들의 논의와 더불어 정치적 변수 등과 함께 사회적 환경 위험으로 나타나게 된다. 특히, 기후변화의 경우 사람들이 감각적으로 경험하기 어렵기 때문에 개인이 미디어 등을 통해 단편적으로 수집한 제한된 지식을 통해서만 인식될 수 있다. 따라서 사회적 혹은 정치적으로 어떻게 이 문제를 제기하고 구성하느냐에 따라서 사회적으로 중요한 명제로 다뤄지기도 하고, 또는 경시되기도 한다. 지구온난화와 같은 문제도 과거에는 일부 과학자의 주장이나, 환경론자들의 과도한 우려 정도로만 인식되었지만, 기후변화나 공기의 질과 같은 문제가 최근에는 '기후 안보', '환경 안보' 등으로 여겨질 정도로 우리 사회의 주요한 의제로 부상한 것도 사회·정치적으로 기후변화를 바라보는 인식의 변화에 따른 것이다.

기후변화가 인간 활동의 영향에 기인한다는 것에 대부분 사람이 동의하는 듯 보이지만, 미국의 도널드 트럼프(Donald Trump)를 비롯하여 일각에서는 여전히 지구온난화 현상에 대한 의문을 제기해 오고 있는 것도 같은 맥락으로 이해할 수 있을 것이다. 트럼프 대통령은 후보 시절 지구온난화를 '과학적 사실'이 아닌 '중국이 만들어낸 사기'라고 주장했고, 대통령으로 당선된 후 2017년 6월에는 파리협약에서 미국의 탈퇴를 선언했다. 과학적 연구결과들과 실제 우리

생활에서 나타나고 있는 다양한 현상들에도 불구하고 기후변화나 지구온난화에 대한 회의론적 시각들은 여전히 존재한다. 영국의 비영리단체 '기후지원정보네트워크(Climate Outreach and Information Network)'의 공동창립자인 조지 마셜(George Marshall)의 '기후변화의 심리학'이란 저서에서 기후변화에 대한 회의론자들이 존재할 수밖에 없는 이유를 설명했다. 그동안의 기후변화에 대한 담론들이 지나치게 '환경 논란'과 관련되어 지구를 보호하기 위해 인간의 행위에 대한 '규제'와 '희생'이라는 개념들과 관련짓다 보니, 경제나 범죄, 전쟁 등의 더 긴급해 보이는 사안들과 비교해서 그 중요성이 밀려나게 된다는 것이다.

즉, 기후변화로 인한 피해 발생 횟수와 범위는 날로 증가하는 반면 이에 대한 위험 인식과 행동 변화에는 인지적 오류를 비롯한 다양한 요소들이 작용한다. 따라서 지속적인 커뮤니케이션을 통해서 정확한 정보제공은 물론 이에 대응하려는 방안 등이 논의되어야 할 것이다.

4. 미디어 속의 기후변화

기후변화는 사람들이 직접적으로 경험하기보다는 다양한 정보 등을 통해 간접적으로 경험하고 있기 때문에 미디어에서 기후변화를 어떻게, 또한 얼마만큼 다루는가는 대중의 기후변화에 대한 위험 인식에 주요한 영향을 미치는 것이 사실이다.

그렇다면, 지금까지 미디어에서는 기후변화를 어떻게 다루어왔을까. 지구온난화 하면 가장 먼저 떠오르는 대표 이미지가 있다면 그 것은 단연 '북극곰'이다. 지난 2019년 2월에도 러시아 북극해의 노바야제믈랴 섬 마을에 북극곰이라 불리는 50여 마리가 나타났다는 뉴스가 해외토픽으로 전해졌다. 보도에서는 사람이 거주하는 마을에 한두 마리가 아니라 수십여 마리의 떼 지은 곰들이 사람이 거주하는 마을을 습격했고, 위협을 느낀 해당 지역 당국은 비상사태를 선포했다고 전했다. 이렇듯 기후변화의 위험성을 알리기 위해 미디어는 북극곰을 매번 주인공으로 등장시켜왔다. 해빙으로 삶의 터전을 잃거나 굶주림에 바짝 마른 북극곰의 안타까운 모습들은 전 세계에 기후변화로 인한 피해의 심각성을 알리고, 사람들에게 해당 문제에 관심을 지속해서 이끄는데 기여해 온 것도 일부 사실이다.

하지만 북극곰을 이용한 미디어 보도는 기후변화에 대한 피해를 극화시켜서 사건을 흥미 위주로 바라보게 만들 수 있다. 또한, 북극곰 마케팅은 지구온난화나 기후변화 현상에 대한 사람들의 인지 편향을 더욱 크게 만든다.[52] 북극곰은 우리가 실제 생활에서 만나기 어려운 존재일 뿐만 아니라, 북극이라는 지역도 공간적 거리감이 멀게 느껴지기 때문에 피해의 심각성이나 가능성 등에 대해서 낮게 평가하는 등 위험 인식에 영향을 미칠 수 있다.

앞서 논의했던 심리적 거리감이 작용한 것이다. 해석수준 이론 (CLT, Construal Level Theory)에서는 사람들의 특정 대상이나 사건 등에 관한 개인의 해석수준이 '심리적 거리감'의 영향을 받고 있음을 설명한다.[53] 심리적 거리감은 가까운 미래와 먼 미래 등의 시간

---

52) Marshall. G.. *Don't even think about it: Why our brains are wired to ignore climate change*, Bloomsbury Publishing USA, 이은경 옮김. 기후변화의 심리학. 서울:갈마바람. 2018. 참조

적 거리감, 내가 있는 곳으로부터의 물리적인 거리에 따른 공간적 거리감, 나와의 유사성 정도에 따른 사회적 거리감, 발생확률에 따른 가상적 거리감 등을 포함한다. 일반적으로 사람들은 심리적 거리가 멀어질수록 대상에 대해서 추상적이고, 단순화된 해석수준을 보이지만, 반대로 심리적 거리가 가까울수록 구체적이고 복잡한 해석수준을 보인다는 것이다. 예를 들어, 우리가 2010년 약 50만 명의 사상자를 발생시킨 아이티 지진 등에 대해서는 '자연재해의 증가', '안타까운 참사' 정도로 추상적으로 생각할 수 있지만, 2016년 경주, 2017년 포항에서 지진이 발생했을 때는 '건물의 흔들림', '지진 대피요령' 등 보다 구체적으로 해석하게 된다. 공간적으로나 사회적으로 가까운 심리적 거리가 대상에 대한 해석에도 영향을 미친 것이다.

해석수준은 메시지 구성에도 영향을 받는다. 즉 미디어에서 메시지를 어떻게 서술하는 가는 사람들의 심리적 거리를 조절하여 해석수준에도 영향을 미칠 수 있다. 현재 진행되고 있는 대부분 환경캠페인을 살펴보면, 심리적 거리를 보다 멀게 표현하는 경우가 많다. 예를 들어 "100년 내 북극곰이 삶의 터전을 완전히 잃을 것이다"라는 메시지는 먼 미래에, 그것도 나와는 지리적, 사회적으로도 먼 거리에서 피해가 발생할 것이라는 메시지를 전달해 사람들에게 위험인식과 기후변화에 대응하고자 하는 행동 의도를 낮출 수 있다. 따라서 시간적, 공간적 거리, 사회적 거리를 가깝게 느낄 수 있도록 메시지를 구성하는 전략이 필요하다. 즉, 기후변화로 인한 피해가 지금 당장, 내가 살아가고 있는 이곳에서, 내 가족이나 나에게도 발생

---

53) Liberman, N., Trope, Y., & Stephan, E. Psychological distance. Social psychology: Handbook of basic principles, 2, 353-383. (2007). 참조

할 수 있음을 밝혀야 한다.

한편, 지구온난화는 영화의 소재로도 종종 등장한다. 2004년 개봉한 <투모로우(The Day After Tomorrow)>는 이상기후 현상으로 인해 벌어지는 이야기들을 담은 재난 영화이다. 주인공은 남극에서 탐사를 진행하던 중 지구온난화로 인해 빙하가 급격하게 녹고 있다는 것을 확인하고, 지구 전체가 빙하로 뒤덮이는 재앙이 올 것이라고 경고한다. 하지만 사람들은 이러한 경고를 무시한 채 지내지만 얼마 지나지 않아 해수면의 온도가 급격히 떨어지며 지구 곳곳이 얼어붙기 시작하면서 인류의 생존을 위한 투쟁을 그렸다. 이 영화는 지구온난화로 인해 발생할 수 있는 피해의 모습을 극적으로 표현해 많은 관객을 불러 모았다. 실제로 이 영화가 지구온난화의 위험 인식을 높이는 데는 성공적이었다고 할 수 있다. 투모로우라는 재난 영화를 관람하도록 한 뒤 관람 전후 위험 인식의 변화를 조사[54]했는데, 그 결과 영화를 관람하기 전보다 관람 후 재난에 대한 불안감이 크게 높아졌으며, 특히 해수면 상승에 대한 위험 인식은 약 두 배가량 커졌음을 확인했다.

이와 같이 기후변화로 인한 피해들을 마치 포르노 잡지들에서 여성들을 자극적으로 묘사하고 상품화하는 것과 같이 자극적이고, 극단적으로 설명하는 것들을 '기후 포르노(climate porn)'라고 한다. 먹이 부족으로 새끼 북극곰을 먹는 비극적인 모습이나 미래의 발생할 수 있는 사건들을 막연히 영화 속 이야기처럼 극화하는 미디어에 대한 비판으로 등장한 표현이다. 어떤 위험 사안에 대해서 수용자들의

---

54) 송해룡. 위험 커뮤니케이션. 서울: 성균관대학교 출판부. 2012. 참조

피해의 심각성 및 발생 가능성 등에 대한 위험 인식을 높이는 것은 필요하지만, 해당 사안에 대해 막연한 공포와 불안감을 조성하는 것은 지양해야 한다. 이렇게 극화된 위험에 대한 묘사가 정작 일반 대중들에게 재난에 대한 무력감을 느끼게 하고, 이에 대응하고자 하는 실천 의지가 약해지는 현상을 불러일으킬 수 있기 때문이다.

특히, 언론 보도는 자극적인 특정 정보만 부각시키는 것이 아니라, 과학적으로 정확한 정보를 균형 있게 담아낼 수 있는 노력이 필요하다. 언론 보도가 사람들의 인식에 유의미한 영향을 미치고 있다는 것은 여러 연구를 통해 확인되었다. 가령, 일본에서 기후 관련 이슈에 대한 사회적 논의가 증가한 1990년대 후반 이후(1998~2007년) 일본 주요 신문에 게재된 기사를 분석[55]한 결과, 언론 보도량이 일반 사람들의 글로벌 환경문제에 관한 관심에 정적인 영향을 미친다는 것을 보고했다. 또한, 기후변화에 관한 한국과 일본의 주요 신문 사설을 비교 분석한 연구[56]에서는 입장, 수용 태도, 관점, 주장 목적 및 근거 등에서 유의미한 차이가 나타났으며, 이는 곧 양국 정부의 기후변화에 관한 정책과 대응의 차이로 인해 발생한 것이라고 설명했다. 이처럼 기후변화와 관련하여 정책과 언론 보도는 서로 상관관계를 가지며, 나아가 언론이 기후변화를 어떻게 보도하느냐에 따라서 수용자들의 태도나 인식에 주요한 영향을 미칠 수 있다.

우리나라의 지구온난화 관련 보도에 대한 연관어 분석결과를 살

55) Yuki, S. & Midori, A. U. (2009). Mass-media coverage, its influence on public awareness of climate-change issues, and implications for Japan's national campaign to reduce greenhouse gas emissions. (2009). 참조

56) 정상균. 기후변화에 관한 한국과 일본 신문의 인식 비교- 사설을 중심으로. 환경정책, 24(1), 191-242. 2016. 참조

펴보자. 아래 그림과 같이 지구온난화의 원인을 나타내는 이산화탄소, 온실가스와 같은 연관어들도 볼 수 있지만 이보다는 지구온난화로 인해 발생하는 피해들(해수 온도, 기상이변, 이상기후, 해수면, 바다 얼음, 미세먼지 등)이 더 많이 나타났다. 지구온난화 등을 다룰 때 교통사고나 범죄 등의 사건 사고를 보도할 때와 마찬가지로 사건(event) 지향적인 보도들을 쉽게 찾아볼 수 있다는 것이다. 반면 기후변화의 원인과 이를 해결하는데 필요한 대응 행동 등에 관한 내용을 담은 보도들은 찾아보기 어렵다. 물론 기후변화 문제가 고도의 과학적 지식을 다뤄야 하기 때문에 취재의 어려움도 있을 뿐만 아니라, 세계 곳곳에서 기상이변으로 인해 나타나는 여러 가지 이상기후 현상들은 대중의 시선을 더욱 쉽게 사로잡을 수 있다.

<지구온난화에 대한 연관어 분석결과[57]>

하지만 미디어는 기후변화에 대한 막연한 두려움을 대중에게 전

---

57) 해당 데이터는 빅 카인즈(Big Kinds)에서 제공하는 언론 보도 빅데이터 분석 서비스를 통해 최근 10년간(2009.01.01.~2018.12.31.) 중앙지(경향신문, 동아일보, 조선일보, 중앙일보, 한겨레)와 방송(MBC, SBS, YTN)에 게재된 '지구온난화' 관련 연관어를 분석한 결과이다.

달해 주는 것이 아니라 해당 이슈가 나에게도 발생할 수 있는 나와 공동체의 문제임을 상기시키고 사회구성원들이 행할 수 있는 구체적인 방법론을 제시하는 데 노력을 기울여야 할 것이다.

5. 기후변화 대응을 위한 커뮤니케이션의 방향성

이제 기후변화는 전 지구를 위협하는 '인류 공통의 문제'로 취급되고 있다. 기후변화는 평균 기온 상승이나 해빙으로 인한 해수면 상승 등과 같은 직접적인 피해뿐만 아니라, 폭염, 한파 등의 이상기후 현상 등을 일으키는 간접적인 원인이 되고 있기도 하다. 또한, 이러한 피해는 생태계 변화, 농업, 임업, 수산업 등의 피해로 이어지며 식량 문제와 건강문제로 증폭되는 등 일상을 위협하는 요인으로 작용하고 있다.

기후변화의 영향으로부터 전 세계의 어떤 사람이라도 절대적으로 안전할 수 없으며, 기후변화를 가져온 책임에 대해서도 그 누구도 자유로울 수 없다. IPCC는 인류가 이에 대한 적극적인 노력을 기울이지 않는다면 지구온난화로 인해 21세기 말까지 비가역적이고 광범위하며, 심각한 수준의 영향이 전 지구적으로 나타날 것이라고 예측했다.

이러한 상황 속에서 전 세계가 함께 기후변화에 대응해 나가야 한다는 인식이 점차 확대되어 왔다. 2015년 파리 협정이 극적으로 채택될 수 있었던 것도 기후변화의 문제가 인류의 지속 가능한 삶을 위협할 수 있다는 공통된 인식에서 비롯된 것이라 할 수 있다. 특히,

파리 협정은 선진국들뿐만 아니라 개도국을 포함한 모든 국가가 함께 기후변화 감축과 적응의 목표를 설정함으로써 지역사회와 개인의 노력도 매우 중요한 부분이 되었다. 무엇보다 지금의 기후변화는 인간의 활동에 의해 심화되고 있으며, 지구온난화가 더욱 빠르게 진행되고 있다. 그렇기 때문에 현재 우리의 삶의 방식을 획기적으로 개선하지 않는다면, 인류가 처한 기후변화로 인한 위협에서 벗어나기 어려울 것이다. 다시 말해서, 기후변화로 인한 피해는 일반 시민의 삶에 직접 연결되어 있으며, 대응과 해법 또한 시민 한 사람 한 사람의 관심과 실천 행동에 의지할 수밖에 없다.

따라서 국제사회의 노력이 필요할 뿐만 아니라, 각 국가의 정부와 기업 그리고 일반 시민들이 함께 이를 해결하기 위한 적극적인 참여가 요구된다. 하지만 기후변화를 더욱 정확히 이해하기 위해서는 고도의 과학적 지식과 정보들이 필요하다. 그렇기 때문에 일반 시민들은 더욱 정확한 정보를 얻기 위해 전문가에게 더욱 의존하는 모습을 보인다. 이에 그동안 기후변화의 원인을 찾고 해결책을 마련하는 등의 커뮤니케이션 과정에서 과학자들과 같은 전문가들이 주도적인 역할을 해오고 있으며, 일반 시민들은 논의에서 배제되거나 소극적인 참여자에 머물러 왔던 것이 사실이다.

그러나 사회구조와 시스템이 다양화되고 이상기후의 발생 빈도 또한 점차 잦아지고 그 강도도 거세짐에 따라 개인의 대응역량 강화의 필요성은 더욱 증가하고 있다. 그런데도 기후변화 대응을 위한 제도, 규제, 인센티브와 같은 정부 정책을 비롯하여 일반 시민들과의 커뮤니케이션 방향 등도 아직 제대로 정립되지 않은 등 많은 문제들이 해결되지 않은 채 남아있다. 또한, 개인들도 기후변화를 국제적, 사회적으로 주요한 위험 사안임을 인식하는 데 반해, 이를 해결하고자 하는 개인 차원의 의식과 생활 습관의 변화 등을 끌어내지 못하고 있는 것이 현실이다. 여기에는 흔히 환경문제가 겪는 '사회적 딜레마(social dilemmas)'가 작용한다고 할 수 있다. 사회적 딜레마는 공적인 행동을 취함으로써 얻게 되는 이익이 없거나 혹은 자신의 참여로 인해 긍정적인 결과로 이어질 것에 대한 확신이 적을 때 역시 행동 의도에 부정적인 영향을 가져온다는 것이다. 즉, 사회적 이익과 개인의 편안함 등의 혜택 사이에서 차이가 발생한다. 이러한 사회적 딜레마에서 벗어나 적극적으로 대응 행동에 나설 수 있도록 개인 차원의 논의들이 필요한 시점이다. 또한, 앞서 논의했듯이 미디어 등을 통해 제공된 다양한 정보들이 기후변화의 피해 가능성에 대해서 심리적 거리감을 더욱 멀어지게 한 것도 사실이다. 사람들이 기후변화로 인한 피해들을 지금 당장이 아닌 미래에 내가 아닌 다른 사람들에게 닥칠 수 있는 위험이라고 생각하는 경향을 높게 만든 것이다. 그러므로 기후변화와 같은 환경문제에 대한 커뮤니케이션은 단순히 정보 전달의 관점이 아닌, 상징적 행위를 담아야 한다. 이는 커뮤니케이션을 통해서 사람들이 자연 혹은 환경문제에 대한 표상을 구성하도록 돕는 것을 의미한다. 다시 말해, 사람들에게 환경문제와 피해 등에 대해서 더욱 활발한 소통을 통해서 위험을 정확하게 판단하고 인식할 수 있도록 해야 한다는 의미이다. 여기서 더 나아가 더욱 중요한 것은 위험문제를 해결해나가는데 기여할 수 있도록 시민들의 참여를 적극적으로 유도해야 하는 것이다.

다시 말해 우리 사회 내에서 기후변화와 관련된 양방향적인 커뮤니케이션을 통해 일반 시민들이 기후변화의 위험성과 피해 가능성 등에 관해 더욱 쉽고 정확하게 인지할 수 있도록 도울 뿐만 아니라, 이러한 이해를 바탕으로 예방이나 대처 행동을 끌어낼 수 있어야 한다. 지금까지 우리는 정부 차원에서 기후변화의 심각성과 피해 가능성을 알리는 데에 집중해온 반면, 개개인들의 삶의 태도 변화에는 무관심했다. 하지만 교통과 가정부문의 온실가스 배출량은 우리나라뿐만 아니라 국제적으로도 가장 빠르게 증가하고 있다. 이처럼 국민 생활과 밀접한 연관이 있는 만큼 단순한 홍보 차원이 아니라, 적극적인 참여를 위한 진정한 의미의 커뮤니케이션 전략이 필요한 시점이다. 그러므로 일반 시민과의 적극적인 소통과 참여를 통한 해결방법을 모색하는 것이 매우 중요하다.

무엇보다 기후변화에 대한 논의는 지구와 인류의 지속가능성에 대한 회의론적 시각을 제시하는 것이 아니라, 사회적 합의를 끌어내고 불확실한 미래에 대응할 수 있는 생산론적 방향으로 이어나가야 함을 명심해야 할 것이다.

| 참고문헌 |

기상청(2018). 2018 이상기후 보고서. 기후정보 포털.
　　　https://www.climate.go.kr/home/bbs/view.php?bname=abnormal&vcode
　　　=6232
기후변화센터 홈페이지 http://www.climatechangecenter.kr
김준하(2017). 새로운 기회와 도전 기후변화. 광주:GIST PRESS.
김춘식·송성수·박정연(2013). 「침묵의 봄」 50년: 레이첼 카슨의 과학 커뮤
　　　니케이션과 그 영향 - 미국과 독일에서의 영향을 중심으로-. 임경순·
　　　김춘식·송성수(편). 과학기술과 환경 그리고 위험 커뮤니케이션,
　　　81-125. 경기; 한국학술정보.
뉴스핌(2016.07.01). [이철환의 기후변화 이야기<4>] 기상이변의 징후들 - 홍
　　　수와 가뭄이 잦고 태풍이 독해진다.
　　　http://www.newspim.com/news/view/20160628000296
동아일보(2018.09.12.). 삶의 터전 잃은 기후난민들…테러보다 무서운 환경변
　　　화. http://news.donga.com/3/all/20180911/91941233/1
박희제(2008). 기후변화 논쟁을 통해 본 환경과학의 역할과 성격. 환경 사회학
　　　연구 ECO, 12(2), 183-216.
송해룡(2012). 위험 커뮤니케이션. 서울: 성균관대학교 출판부.
연합인포맥스 (2019.02.15.) 모건스탠리 "3년간 전 세계 기후재난 비용 6천
　　　500억 달러".
　　　http://news.einfomax.co.kr/news/articleView.html?idxno=4016540
윤순진(2009). 기후변화 대응을 둘러싼 사회 갈등 예방과 완화를 위한 거버넌
　　　스의 모색. 국정관리연구, 4(2), 125-160.
이현주·정여민·김선태·이우섭(2019). 한반도 미세먼지 발생과 연관된 대
　　　기 패턴 그리고 미래전망. 한국기후변화학회지, 9(4), 423-433.
정상균(2016). 기후변화에 관한 한국과 일본 신문의 인식 비교- 사설을 중심
　　　으로. 환경정책, 24(1), 191-242.
환경부 외(2015.12.12). 신기후체제 협상 극적 타결…"파리 협정" 채택. 관계
　　　부처 합동 보도자료.

Beck, U. (1986). *Risk Society: Towards a New Modernity*. London. Sage, 홍성태 역(2006). 위험사회: 새로운 근대(성)를 향하여. 서울: 새물결.

Carson, l., R. (2002). *Silent Spring*. Houghton, Mariner Books, 김은령 역 (2002). 침묵의 봄. 서울: 에코리브르.

Cox, R. (2012). *Environmental communication and the public sphere*. Sage publications, 김남수·김찬국·황세영 역(2013). 환경 커뮤니케이션. 서울: 커뮤니케이션북스.

Gattig, A., & Hendrickx, L. (2007). Judgmental discounting and environmental risk perception: Dimensional similarities, domain differences, and implications for sustainability. *Journal of Social Issues, 63*(1), 21-39.

IPCC. (2014). *Climate Change 2014: Synthesis Report*.

Liberman, N., & Trope, Y. (1998). The role of feasibility and desirability considerations in near and distant future decisions: A test of temporal construal theory. *Journal of Personality and Social Psychology, 75*(1), 5-18.

Liberman, N., Trope, Y., & Stephan, E. (2007). Psychological distance. Social psychology: Handbook of basic principles, 2, 353-383.

Marshall. G.(2015). *Don't even think about it: Why our brains are wired to ignore climate change*, Bloomsbury Publishing USA, 이은경 역(2018). 기후변화의 심리학. 서울:갈마바람.

Tversky, A., & Kahneman, D. (1974). Judgment under uncertainty: Heuristics and biases. *Science, 185*, 1124-1131.

Yuki, S. & Midori, A. U. (2009). Mass-media coverage, its influence on public awareness of climate-change issues, and implications for Japan's national campaign to reduce greenhouse gas emissions. *Global Environmental Change, 19*, 203-212.

제10장

잡지 4.0 시대, 잡지 미디어 산업의 정책 방향성은 어떻게 설정되어야 하는가?

이용준 · 김원제

1. 잡지산업의 위기와 산업 정책적 과제

잡지, 정확히 말해 '종이 잡지'의 위기는 결코 어제오늘 이야기가 아니다. 전반적인 독서문화 침체와 디지털 모바일 미디어의 등장, 무료 정보와 뉴스의 범람으로 우리 잡지산업은 불황의 연속에 위기를 맞고 있다.

최근까지 우리나라에서 잡지는 꾸준히 등록 종수가 증가하고 있지만, 잡지는 라디오나 SNS 이용시간보다 훨씬 적은 하루 평균 이용시간이 0.6분에 불과하며,[58] 그 결과 잡지의 구독률, 판매수익, 광고 수익 등의 감소는 심화되고 있다.

이런 상황에 위기의식을 느낀 정부와 잡지계는 잡지진흥법의 제정(잡지 등 정기간행물 진흥에 관한 법률, 2008년), 잡지산업 진흥 5개년 계획의 발표(2011년), 제2차 정기간행물 진흥 5개년 계획(2017) 등 잡지산업의 진흥을 위한 여러 방안과 계획을 내놓은 바 있다.

잡지진흥을 위한 획기적인 전환점은 2008년 5월에 제정된 '잡지 등 정기간행물의 진흥에 관한 법률(이하 정간법)로부터 시작된다.

---

58) <2017 언론수용자의식조사>, 한국언론진흥재단

정간법의 제정으로 인해 잡지산업이 제도적으로 지원을 받게 될 법적 근거를 확보하게 된 것이다. 그동안 잡지는 '신문 등의 자유와 기능보장에 관한 법률'에 묶여있어 법안의 부록으로 느껴질 정도로 소홀하게 취급되었다는 평가를 받았다. 실제로 '신문법'은 잡지를 정기간행물로만 인정할 뿐 잡지산업을 육성하고 발전시키기에는 한계가 있던 법률이었다.

이 법의 제정으로 잡지를 위한 독립적인 예산지원이 가능해졌으며, 5년마다 문화체육관광부 장관이 잡지를 포함한 정기간행물의 육성을 위한 정책을 의무적으로 수립해야 하는 상황이 되었다. 그러나 아직은 잡지 진흥정책이 다소 선언적이며 기대에 못 미치는 수준에 그치고 있다는 평가를 받고 있다. 법안 명칭이 '잡지 진흥법'에서 '잡지 등 정기간행물의 진흥에 관한 법률'로 변경되어, 잡지만을 중점적으로 진흥하는 법안이 될 수 없다는 부분은 문제점으로 지적된다. 특히 온라인과 모바일 잡지에 관한 관심이 증대하고 있으나, 아직도 성장을 위한 장애가 존재하고 잡지산업의 미래발전을 위한 제도의 건실한 기반이 구축되지 못하고 있는 상황이다.

정간법의 규정에 따라 2011년 4월에는 '제1차 잡지산업 진흥계획(2012년~2016년)'이 발표되었는데, '잡지산업 진흥을 통한 창조문화 사회 구현'을 목표로 4대 과제 16개 세부사업이 계획되었다.

1차 진흥계획의 추진에도 불구하고, 잡지산업은 업체의 영세성, 자본력의 취약성 등으로 크게 경영환경을 개선하지 못했다. 또한, 예산이 크게 증가한 우수콘텐츠 지원사업의 경우, 철저한 현황조사를 통한 수요자 맞춤형 배포 서비스가 제대로 이뤄지지 않았고, 이외에도 업계와 학계 간 산학협력 과정 등을 통한 인력육성 프로그램의 개발도 부진했으며, 업계에 도움이 되는 수익모델 개발 등에 있어서도 한계를 노정했다.

2017년 발표된 '제2차 정기간행물 진흥 5개년 계획'에서는 1차 계획의 한계를 극복하고, '제4차 산업혁명 시대'에 부응하는 글로벌 추세를 적극 반영, 경쟁력 제고에 기여할 수 있도록 하는 체계적인 지원 정책을 마련코자 했다. 특히 잡지산업 진흥정책이 종이를 기반으로 한 전문콘텐츠 산업의 육성 정책이자, 동시에 디지털, 모바일, 스마트 및 AI 시대와 함께하는 복합(Two-track) 전략을 수행해야 함을 강조했다.

또한, 1차 계획과의 연속성을 고려하면서, 동시에 디지털·모바일 미디어 생태계에 대응할 수 있는 미래지향적인 정책 비전의 개발이 요구된다는 전제에서 급변하는 환경변화에 따른 개념 및 포지셔닝을 재정립하려고 노력하였다. 그리고, 이를 뒷받침할 수 있는 체계적인 지원 정책을 마련코자 했는데, 핵심적인 추진 방향은 다음과 같다. ① (정책연계) 일선 교육현장에서 교육 교재로 활용하고 읽기 문화 운동을 통해 미래 독자 확보, ② (산업육성) 산업의 기획, 편집, 제작, 유통, 소비 단계를 협력해서 할 수 있는 클러스터 시스템, 유통 진흥센터 설립 등을 검토, ③ (전문인력) 청년층에 산업 실무를 경험할 수 있는 기회를 제공하고 산학프로그램 및 독립 간행물 지원 등 창조산업으로 위상 재정립, ④ (경쟁력) 해외시장 진출에 대한 정부 지원으로 글로벌 경쟁력 강화 등.

이러한 목표를 가진 제2차 정기간행물 진흥 5개년 계획은 '역동적인 혁신을 통한 디지털 부가가치 창출'을 목표로 4대 과제, 19개 세부사업을 담았다. 또한, 제2차 5개년 계획의 핵심 포인트를 다음의 5가지 분야로 잡았다. ① 전문인력 양성 등 산업진흥 인프라 구축, ② 매거진 콘텐츠의 가치 제고를 통한 경쟁력 강화, ③ 정기간행물 산업의 유통구조 개선, ④ 디지털융합 혁신을 통한 정기간행물 산업의 재도약, ⑤ 우수콘텐츠 잡지 선정 및 보급 확대, ⑥ 매거진의 글로벌 경쟁력 강화.

그러나 제2차 정기간행물 진흥 5개년 계획이 한참 추진 중인 2018년에도 국내 잡지산업 환경은 나아지지 않고 있다. 최근, 국내 최대 잡지 발행사 중 하나인 중앙일보 계열의 제이티비시 플러스는 최근 발행하던 잡지 8개 가운데 4개를 순차적으로 폐간하기도 했다. 즉, 라이센스 잡지(외국 잡지와 판권계약을 맺고 한국판 발행)인 <엘르> <바자> <에스콰이어> <코스모폴리탄>만을 남기고 <헤렌>, <인스타일>, <쎄씨>, <여성 중앙> 등을 폐간한 것이다.

그러나 이러한 환경 악화에도 불구하고 고도로 세분되고 전문화된 정보를 제공하고, 사회를 감시하며, 문화를 전승하는 중요한 역할을 수행하는 잡지 매체는 오늘날과 같은 지식기반 사회에 꼭 필요한 매체이다. 잡지는 오늘의 정보화, 산업화에 크게 이바지했으며, 지식의 보고로서 우리의 정신문화 향상과 일상생활의 풍요로움에 기여해 왔다. 그래서 잡지는 볼륨 면에서 신문과 방송에 비해서는 비록 작지만, 독립된 매체 분야로 당당히 위치를 지키고 있다.

또한, 잡지 미디어는 미디어의 균형발전이란 측면에서도 꾸준히 관심을 받아야 한다. 다양한 미디어가 건전하게 공존할 때, 그 사회는 비로소 건강하게 발전할 수 있다. 자유민주주의 사회에서는 다양한 의견이 표출되고 수렴되어 정책에 반영되어야 한다. 따라서, 여론형성과 정책홍보, 공동체 의식 함양 등을 도모하는 수단으로 잡지는 매우 유용하다. 그리고 잡지 미디어는 비용도 저렴하고 효과도 다른 미디어보다 높은 편이다. 따라서 이런 차원에서 2008년에 잡지 진흥법이 제정되었고, 2011년부터 2번에 걸쳐 잡지진흥에 관한 새로운 지원대책이 추진되어왔다. 그러나 오늘날 급변하는 미디어 환경변화 속에서 잡지 미디어의 산업적 지원 정책은 더욱 새로운 방향을 정립하고, 새로운 사업 아이템을 개발해야 하는 시점에 와 있다.

2. 잡지 4.0으로의 진화와 정책 맥락

물론, 두 차례의 잡지산업 진흥 5개년 계획이 발표되면서 정부의 지원이 서서히 늘어나고, 잡지계도 옛날의 모습을 되찾기 위해 분주히 노력하고 있다. 전문잡지를 중심으로 해서는 창간도 지속해서 늘어나고 있고, 디지털/인터넷 잡지서비스도 증가하는 추세이다. 또한, 기술적 차원에서 잡지 애플리케이션의 발전과 인기 상승으로 온라인 잡지에 관한 관심과 필요성도 증대하고 있는 편이다. 그리고, 모바일 플랫폼의 발전으로 개방화된 모바일 잡지의 성장도 목도되고 있다.

또한, 최근 '잡지 종말론'이 회자되면서도 개성 있는 독립 잡지들이 주목받고 있다. 이들 잡지는 콘텐츠의 질적 수준을 제고하고 형식을 갱신함으로써 새로운 환경에 부응하고 있다. 이러한 시도는 젊은 잡지인들을 중심으로 시대의 변화에 잡지계가 적극적으로 적응하려는 노력으로 보인다.

전반적인 잡지업계의 침체 속에서 스마트미디어와의 복합으로 고정 독자층을 확보하는 사례들은 잡지산업의 진흥정책에 중요한 시사점을 제공한다. 잡지 콘텐츠는 종이와 스마트폰, 태블릿PC 등 다양한 매체별로 호환이 가능하기에 외연적 확장 가능성이 매우 크다.

스마트미디어를 기반으로 하는 미디어 4.0 시대에 종이를 매개로 하는 인쇄출판은 큰 변화를 맞이하고 있다. 태블릿PC의 등장으로 전자책 시장은 크게 성장하고 있으며, 전자잡지 시장 역시 큰 폭으로 성장하였다. 기존의 잡지시장은 뉴미디어로 영역을 확장해서 사용자에게 좀 더 전문화된 양질의 콘텐츠를 제공하고 있다. 전자잡지의 등장으로 종이 잡지가 사라지는 극단적인 상황은 발생하지 않고 있지만, 종이 잡지에 익숙해 있던 독자에게 좀 더 나은 가독성과 콘텐츠를 제공하기 위한 잡지사의 노력이 계속되고 있다. 급격히 전자잡지에 집중하기보다는 종이 잡지와 더불어 자연스럽게 독자를 유치하겠다는 유연한 대처라고 볼 수 있다.

최근 전통적인 잡지 지형도 급격히 변화하고 있다. 잡지 콘텐츠의 생산과 광고를 통한 가치창출 방식은 이제까지 잡지사 중심의 선형적, 폐쇄적 구조로 작동되었다. 스마트폰 보급이 일반화되면서 종이 잡지는 웹진 등 또 다른 형태로 진화하였고, 한국 잡지계는 종이 잡지와 전자잡지의 공존이라는, 이른바 퓨전 잡지 시대로 나아가고 있다.

이외에도, 디지털 기술혁신이 가져온 콘텐츠 생산과 유통 도구의 대중화는 참여자들 간의 유연하고 다양한 협업을 가능하게 만들었다. 창조적 사용자와 커뮤니티 그리고 전문가집단들이 자신의 콘텐츠를 생산하는 현상을 확산시켜 다양한 행위자들이 참여하는 복잡도 높은 상호작용의 잡지 생태계를 형성하고 있다. 스마트미디어 환경에 의해 전통적인 종이 형태의 잡지는 멀티미디어 콘텐츠를 담는

전자책 잡지, 웹진(webzine), 앱북(app book) 잡지(앱진) 등 다양한
형태와 유형으로 분화(divergence)하고 있다. 게다가 구글(Google),
애플(Apple), 아마존(Amazon) 등이 주도하는 콘텐츠 플랫폼이 활성
화됨에 따라 광고지면 판매 중심의 수익 창출 방식에서 플랫폼을 통
해 잡지 콘텐츠를 판매하는 새로운 수익 창출 방식들도 출현하고 있
다. '종이 잡지' 개념과 전혀 다른 '전자잡지'의 등장 등 잡지 콘텐
츠에 대한 창작/생산, 유통, 사용을 둘러싼 질적인 변화와 특징적 현
상들은 잡지 개념 자체에 새로운 질문들을 제기히고 있다.

<전자책 잡지(ePub, PDF 등)>

<웹진(webzine)>

<앱진(appzine/모바일 잡지)>

　최근 디지털융합으로 인한 미디어, 서비스, 콘텐츠 진화가 가속화
되고 있다. 잡지업계도 예외는 아닌데, 스마트미디어가 추동하는 잡
지산업의 변화와 흐름은 새로운 잡지시대를 여는 열쇠로 작용할 전
망이다. 제4차 산업혁명 시대를 맞이하여 잡지 역시 4.0 패러다임으
로 진화하는 중이다.

<잡지 미디어 진화와 잡지 4.0 개념>

구분	미디어 환경	잡지 개념의 진화	
1.0 시대	매스미디어	잡지 1.0	종이 잡지
2.0 시대	인터넷	잡지 2.0	**디지털 버전, 웹진** 등장
3.0 시대	모바일	잡지 3.0	**앱진, 모바일진** 등장
4.0 시대	스마트미디어(스마트폰, 스마트TV), IoT 플랫폼, 스마트카, 드론 등	잡지 4.0	**퓨전 (종이 잡지, 웹진, 전자잡지, 앱진 등)**

　잡지 4.0시대에서 제공되는 잡지 콘텐츠는 기존 종이 잡지에서 경
험하지 못했던 오감체험을 가능하게 해줄 것이다. 종이에 인쇄된 콘
텐츠는 단순히 보는데 만족할 수밖에 없었다면, 스마트 잡지는 보고,
듣고, 느끼는 체험형 콘텐츠 소비가 가능하기 때문에 독자들의 만족
도와 몰입도가 극대화될 수 있다.

사진과 결합해 매스미디어 위상을 확보한 것처럼, 잡지는 이제 멀티미디어 영상과 결합으로 새로운 위상 확보를 위한 도약을 준비 중이다.

온라인 잡지, 잡지 애플리케이션 등의 인기 상승으로 기술 진보를 통한 온라인 잡지에 관한 관심과 필요성이 증대하고 있다. 또한, 모바일 플랫폼의 발전으로 개방화된 모바일 잡지의 성장도 목도하고 있다. 특히 연관 분야의 기술 접목 및 정부 지원으로 지속적인 발전이 예상되고 있다. 전반적인 잡지업계의 침체 속에서 스마트미디어와의 복합으로 고정 독자층을 확보한 진화 사례는 잡지산업 및 진흥정책에 중요한 시사점을 제공한다. 콘텐츠 중심으로 잡지의 위상이 달라지고 있어 종이, 스마트폰, 태블릿PC 등 다양한 매체별로 호환이 가능하기에 독자들이 보고 싶은 매체에서 언제든지 콘텐츠를 볼 수 있도록 잡지의 외연을 넓혀야 한다. 즉, 잡지 4.0 시대의 흐름에 부응해야 하는 것이다.

3. 잡지정책에 대한 철학적 접근과 향후 방향 설정

무릇 정책이란 현실을 정의하고 조직화함으로써 현실의 문제를 개선하거나 변동된 현실에 대응하기 위해 수행되는 합리적 국가 행위이다.

정책은 과정적 행위 시스템인데, 문제시되는 현실이 존재하지 않으면 정책 행위는 발생하지 않으며, 변동된 현실을 정의하고 조직화하려는 목적에서 정책 의지가 발현된다. 정책은 현실을 기반으로 하여 발생하며 개선된 현실로 귀결된다는 점에서 문제 지향적(problem-oriented)이며, 생산적인 재정돈(creative rearrangement)이다.

당위성에 입각한 사회 가치체계의 변화를 통해서 형성되는 행동 지향적인 방안이다. 일정한 주체, 즉 정부 기관이 단순히 주어진 목표를 해결하기 위해 합리적인 행동을 시차별로 배열하는 행동과정에 국한되는 것이 아니라 가치판단, 사실판단, 그리고 전략판단을 통합해 당위적인 가치관과 현실 사이의 괴리를 해결해줄 방향을 제시하는 지침이다. 어떤 문제가 정책문제로 거론되면 이를 해결하는 것을 정책목표로 설정하고 이 목표를 달성할 수 있는 여러 가지 대안들을 고려·검토하여 하나의 정책대안을 채택하게 되는데, 이 모든 활동이 정책 결정이며 그 결과로 나오는 산출물이다.

'정책 - 현실 – 제도'는 삼각관계 모델을 구축한다. '정책'은 선택의 결과라는 점에서 항상 상대적 이익과 손실을 낳는 '부분이익 선택성', 즉, 모든 집단의 이해와 이익을 반영하는 것은 불가능하다는 점에서, 그 정책 결과가 완전한 '이익 정합성'을 얻기는 매우 어려운 게 사실이다. 이에 정책 행위로 발생하는 다양한 불일치와 반발을 최소화하는 합리적 선택과정이 요구된다. 합리적 선택을 보장해야 한다는 차원에서 정책은 '사회제도(social institution)'와 밀접한 관계를 형성한다. '제도'는 사회·정치적 산물로서 사회 질서를 유지하기 위한 사회구성원 간 합의 또는 규칙이며, 동시에 사회적 구성원의 욕구를 최대로 만족시키기 위한 이념적 규범 체계이다. 따라서 제도는 정책에 있어서 합리적 선택과정을 보장하는 법칙성을 부여, 이념적 규범 체계라는 점에서 정책 행위에 대한 정당성을 부여한다. 마지막으로 '현실'은 정책 의지를 발현시키고 동시에 제도를 형성하는 데 관여한다. 제도는 현실에 따른 논리를 기반으로 사회적 규칙과 이념적 규범 체계를 형성하며, 이것은 정책에 있어서 합리적 선택과정을 보장함과 동시에 정당성과 행위 구속성을 제공한다. 정책은 제도의 이념적 규범 체계를 근거로 하여 현실의 개선과 재조직화를 위한 구체적 행위를 선택하는 것이다.

다양한 대안이나 가치 간의 우선순위를 고려하거나 그중 하나를 선택하여 행동하는 것이 바로 정책 결정이다. (잡지를 포함하여) 미디어에 관련된 주요 정책 결정은 참여자 간 상호작용의 결과이다. 정책 결정체계는 수많은 요인으로 구성된 사회적 환경의 맥락상에서 기능하기에 매우 격동적인(turbulent) 특징을 갖는다. 커뮤니케이션 기술이 급속하게 변화하기 때문에 미디어에 관련된 정책 결정 중 안정적으로 오래 지속되는 것은 찾아보기 어려운 실정이다. 잡지 미디어 정책 결정체계 역시 언제나 새로운 자극들에 따라 반응하며 참여자 간의 상호작용이 끊임없이 작용한다.

미디어 정책, 특히 잡지 미디어 정책은 공사 균형주의적 통섭의 이념을 따르는 게 중요하다. 융합 미디어 시대에 있어서 공익과 사익이 적절히 조화를 이루어야 한다는 의미이다. 국민 권력의 틀에서 시장 경제와 결합을 촉진하는 개념이며 좁은 의미에서 공유 영역의 확대 정책이다. 민주적 통제 강화에 중점을 둔다. 경제적 효율성과 다양한 선택의 자유를 보장하되 효율성과 자율이 잉태하는 부정적인 문제들을 사회정의(법, 제도)의 구현을 통해 보완하는 방식이다.

잡지 미디어 시장은 '사회적 시장(social market)' 모델을 지향해야 할 것이다. 사회적, 공익적 가치를 우선하되, 투자 가치도 적극적으로 인정함으로써 시장적 가치를 존중하자는 것이다. 여기서 정부의 역할은 균형자의 역할이다. 즉, 중립적인 위치를 고수해야 한다는 거다. 디지털 컨버전스 상황은 서비스의 이용과 소비가 새로운 문화 양식을 형성할 뿐만 아니라 새로운 상품을 생산하는 구조이기 때문에 문화적 관점과 산업적 차원의 정책 조화가 필요하다.

공사균형이론의 기본 지향은 '수용자 복지, 잡지산업 활성화, 공공성 제고'이다. 사업자 간 경쟁촉진을 통해 미디어와 서비스를 활성화함으로써 소비자의 선택범위를 확대하고 소비자 권익을 보호하는 한편, 시장원리를 통해 제공될 수 없는 다양한 공공 정보와 의견이 유통될 수 있도록 잡지 미디어의 공익성을 증진시킴으로써 궁극적으로 수용자의 복지를 증진시키는 데 초점을 둔다. 이를 위해 정부 역할과 관련한 진흥/규제철학 정립, 업계의 현안 해결, 미래 비전과 청사진의 제시가 필요하다.

결국, 잡지 미디어 산업정책의 최종목표는 변모하는 환경에 대응한 새로운 잡지산업 생태계 구축이 되겠다. 잡지 미디어 산업의 주체인 산업(잡지업계)과 정부, 소비자가 함께 새로운 협력, 협업 관계를 만들어 동반성장을 꾀하고 궁극적으로 스마트생태계의 번영을 추구해야 할 것이다. 잡지 미디어 시장의 선순환을 이끄는 건전한 '콘텐츠 생태계(content ecosystem)[59]'를 구축하는데 모아진다. 생태학적 개념에 근거해 시장을 하나의 생태계로 간주, 생태계를 구성하는 요소들의 건전 활성화를 통해 지속 가능한 성장을 담보한다는 것

---

[59] 생태계(ecosystem)란 용어는 영국의 식물생태학자인 탠슬리(A.G. Tansley)에 의해 제시된 개념으로 특정 자연환경과 그 속에서 생존·번식·진화하는 유기체와의 관계를 설명한다. 일반적으로 생태계는 일정한 지역에 살고 있는 생물(유기체, organism)과 이를 둘러싸고 있으면서 유기체와 상호작용을 하는 물리적 환경(무기체) 전체를 의미한다. 유기체는 기후, 토양, 물, 양분 등 주변의 생태적 환경에 적응하면서 진화해 나가게 된다. 또한, 생태계는 생산자-소비자-분해자로 이어지는 먹이사슬(food chain)에 의해 평형이 유지된다.

이다. 미디어콘텐츠는 문화적 가치(경험재, 감성재), 경제적 가치(정보재, 소비재), 사회적 가치(공공재, 사회재)를 지닌 유형의 재화(goods)이자 무형의 서비스(services)이다. 미디어콘텐츠는 개인적(private), 상업적(commercial), 공공적(public) 영역에서 다양한 가치가 동시다발적으로 발생함에 따라 인간과 사회 환경을 둘러싼 배경(context), 즉 생태계 차원에서 접근해야 한다.

미디어콘텐츠 생태계 개념을 정의하자면, 거시적으로는 인력, 기술, 시장, 자금, 경영, 문화 등 다양한 미디어콘텐츠 산업 활동에 영향을 미치는 구성 주체들 간의 상호작용을 통해 자생하고 진화하는 체계를 의미한다. 미시적으로는 미디어콘텐츠의 생산, 유통, 소비 관련 제반 이해관계자들이 구축하고 있는 가치사슬의 시스템을 의미한다. 미디어콘텐츠 생태계의 구조는 여러 단계를 가지는 생태계의 기본 구조를 바탕으로 숲의 개념을 적용하여 단계별 범위와 구성요소를 설정하고, 각 구성요소의 역할과 상호작용을 파악함으로써 순환의 원리와 문제점을 파악할 수 있다. 이 경우 미디어콘텐츠 생태계의 핵심 가치는 공존, 균형, 지속성이다.

미디어콘텐츠 생태계는 '아마존' 밀림과 유사한 형태를 지닌 것으로 볼 수 있겠다. 즉, 아마존은 여러 종류의 숲으로 이루어지게 되는데, 숲을 이루는 나무는 콘텐츠를 만드는 사업자, 비(雨)는 법 제도적 지원, 태양은 자본, 공기는 미디어와 같으며, 동물은 소비자에 해당한다.

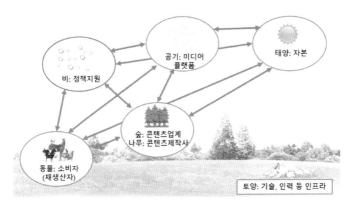

<콘텐츠생태계 개념 및 구조>

　창의적 잡지 콘텐츠가 지속해서 생성될 수 있는 잡지산업생태계 활성화를 통해 문화적 자원의 지속 가능한 성장을 견인하고 창의성 생태계를 구축해야 한다. 이에 잡지 미디어 정책을 일회적 또는 고립적 활동이 아니라 조직 주체와 제도들의 상호작용에 근거해 수립·집행하고자 하는 전략적 패러다임의 이동이 요구된다.

　변모하는 콘텐츠 환경에 대응한 새로운 콘텐츠생태계 구축이 요구된다. 새로운 형태의 소비, 콘텐츠 기술 등이 복잡하게 얽히면서 새로운 가치가 창출되는 시대가 도래하고 있다. 현재 콘텐츠 생태환경은 이전의 정부에 의한 강력한 정책, 선도적인 기술, 공급에 의한 가치창출 방식과는 다른 모습을 보이고 있다. 새로운 가치체계와 콘텐츠 환경변화에 따라 콘텐츠생태계는 시장과 비즈니스 모델, 규제정책에 대한 변화를 요구하고 있으며, 향후 콘텐츠생태계는 이러한 추세를 반영하는 방향으로 변화해야 할 것이다.

　이미 우리는 포털이 뉴스나 영화, 게임, 동영상, 블로그 등 온갖

콘텐츠 영역에서 문어발식 확장을 거듭하는, 이른바 시장독점으로 인해 '웹 생태계'가 파괴되는 현상을 목도하고 있다. 이는 단순히 '웹'에 국한된 문제가 아니며, 향후 콘텐츠의 새로운 가치혁신을 위해서도 건전한 콘텐츠생태계 구축이 필요하다.

이에 잡지 콘텐츠 생산과 소비, 유통의 문제점을 치유하기 위한 건전 생태계 구축이 필요하다. 잡지 콘텐츠 생산, 소비, 유통에서 파생되는 다양한 문제점들은 생태계 전체의 균열과 파괴를 초래할 수 있기 때문이다. 문화생태계에서 등장하고 있는 다양한 문제점들을 지유하고 미디어 빅뱅과 새로운 문화과학, 드림 테크놀로지(DT)의 전개로 급변하는 미래 상황에 슬기롭게 대응할 수 있는 건전한 문화생태계 구축이 요구되는 시점인 것이다.

창의적 콘텐츠가 지속해서 생성될 수 있는 인프라 생태계 활성화를 통해 문화적 자원의 지속 가능한 성장 견인 가능, 창의성 생태계 구축이 요구된다. 창의적 콘텐츠생태계를 조성하고 종국에는 문화선진국으로 이르기 위한 미래 콘텐츠생태계 조성을 위한 비전 및 로드맵, 실천과제 도출이 시급한 것이다.

디지털 생태계에 기초해 정책을 일회적 또는 고립적 활동이 아니라 조직 주체와 제도들의 상호작용에 근거해 수립·집행하고자 전략적 패러다임의 이동이 필요하다. 정부의 역할은 다양한 이해관계자 사이의 공생적 네트워크를 촉진하고, 생태계 환경을 관리(Governance)하는 것이다. 정책의 목표는 개방형 산업혁신 생태계가 효율적으로 작동될 수 있도록 투자의 효율화, 혁신역량 강화, 비즈니스 인프라가 선순환 구조를 이룰 수 있도록 설정되어야 한다. 콘텐츠생태계의 정책실행 목표는 콘텐츠생태계 구성요소 간 공존, 균형을 통한 순환작용, 조절작용, 진화작용으로 시장의 선순환 구조 구축에 집중되어야 한다.

콘텐츠생태계 구성요소 및 콘텐츠 라이프사이클을 고려, 콘텐츠 생태계 활성화를 위한 전략과제가 마련되어야 한다. 생태학적 콘텐츠 정책으로 패러다임을 전환해야 하는바, 콘텐츠생태계를 구성하는 요인들에 대한 종합적 고려가 요구된다. 예컨대, 각 요소의 연계 지원 방안을 구체화할 수 있는데, 기획에서 창작, 유통, 서비스까지 포괄하는 통합 프로젝트 지원(Big Project)이나 Joint Venture 지원이 가능할 것이다. 또한, 잡지 콘텐츠생태계의 종합적 세부조사 및 심층진단이 필요하다. 잡지 콘텐츠산업 분야에 대한 종합적이고 세부적인 조사 및 분석 작업을 통하여 잡지 콘텐츠생태계 전체 및 분야별 속성을 보다 정확하게 파악하여 그 결과를 잡지 콘텐츠산업의 효과적 활성화 및 정책수립을 위한 기초자료로 사용해야 할 것이다.

4. 4.0 시대 잡지 미디어 산업 진흥을 위한 정책 사업 실행방안

1) [정책패러다임 혁신] 잡지 4.0 콘셉트에 부응한 법 제도 정비

이른바 '잡지 4.0' 시대가 펼쳐지고 있는바, 이에 대한 산업적, 정책적 대응이 요구되는 상황이다. 특히 정간법에 규정된 잡지 정의가 스마트, 제4차 산업혁명 시대의 변화를 반영하지 못하는 문제점이 발생하고 있다. '웹진' 등 새로운 형식의 정기간행물을 포함할 수 있고, 실무상 구분하기 용이한 정기간행물 분류체계 재정비 수요가 증가하고 있음에도 이에 부응하지 못 하고 있는 상황이다.

웹진 등 새로운 형식의 정기간행물이 등장해 기존 잡지산업의 범위가 확장됨에 따라 잡지산업 활성화 및 산업정책의 효율적 추진을 위해서는 기존의 정기간행물 분류체계를 정비해야 한다. 스마트미디어에 기반을 둔 잡지산업분류체계의 핵심은 잡지산업이 플랫폼 중심의 미디어 생태계로 변화하면서 종이 잡지에서 스마트미디어를 기반으로 생산되는 웹진, 전자책 잡지, 앱진 등을 포괄하고 반영하는 체계여야 한다는 점이다. 스마트미디어 잡지에 대해 잡지로서 법적 지위를 부여하는 문제를 적극적으로 검토할 필요가 있다. 미디어 4.0 시대에 맞춰 과감하고 새로운 틀 짜기가 필요한 시점이다.

스마트미디어 기반의 잡지는 종이책 잡지와 공존하고 보완하여 잡지 생태계의 다양성과 풍부함을 높이는 중요한 기반이 될 수 있다. 이는 '책자 형태의 간행물'이라는 잡지법상 개념을 웹진, 전자책 잡지, 앱진 등을 포괄하는 개념으로 확장해야 함을 강력히 추동하고 있다. 궁극적으로는 잡지 개념을 확장해 '매거진'이라는 용어 채택에 관해 고민할 필요가 있다. 종이 및 전자간행물이라는 분류개념을 삭제하고 정기적으로 발행하는 간행물로 규정하는 방안이다. 법률명에 적시된 '잡지'라는 용어를 '매거진'이라는 용어로 대체하는 방식이다. 낡은 이미지 쇄신, 아날로그 미디어 범위 탈피, 법개념의 명확성, 산업 범위의 포괄성 담보 등의 효과가 있다.

우리나라는 다른 나라와 비교해 볼 때 온라인과 모바일 등의 최첨단 미디어, 플랫폼이 두각을 나타내고 있다. 이는 위기에 봉착한 우리 잡지산업계에 긍정적 신호로 작용한다. 잡지산업도 기존의 인쇄 잡지 형태에서 탈피하여 다양한 형태의 디지털/스마트미디어 잡지로 성공적인 전환 혹은 융합에 성공한다면, 이를 바탕으로 새로운 시장 개척도 이루어 낼 수 있을 것이다.

'종이도 여전히 팔린다(Print still sells)'라는 원칙이 작동함에도 성장이 한계 상황에 처해 새로운 미래 성장 동력의 확보가 필요한 상황이다. 종합적으로 미디어의 혁신과 새로운 환경에의 도전이 요구된다. 융합과 확장의 새로운 시스템과 성과를 창출하는 제4차 산업혁명은 공유와 확장의 혁신을 의미한다. 종이를 기반으로 전문성을 갖춘 간행물이자, 동시에 디지털과 모바일에 기반을 둔 양면의 잡지 성장전략이 필요한 상황이다. 미디어 생태계 전반에 걸쳐서 전통과 혁신에 조화를 이룬 경영전략이 요구되는 시점이다.

잡지의 몰락은 단순히 한 산업이 쇠퇴하는 것 이상의 의미를 지닌다. 사회적 공론을 일으키면서 다양한 필자를 발굴하던 잡지가 없어진다면 지식산업 매개체의 하나가 사라지는 결과를 가져올 것이다. 잡지가 갖는 미디어적 가치를 고려해야만 한다. 산업적 부흥도 중요하지만, 잡지가 갖고 있는 지식-복지-미래 교육-독서문화 증진에서의 기여도는 매우 소중하다. 정신문화를 깨우치는 지식의 보고로서, 문화 소외계층(빈곤층, 장애인, 다문화 가정 등)에 보편적인 서비스 혜택을 제공하는 수단으로, 침체한 독서문화를 부흥할 수 있는 중요한 수단으로 중요한 역할을 하는 잡지의 가치를 제고해야 한다.

스마트미디어 패러다임이 잡지산업의 재도약에 새로운 가능성을 제시할 것이라는 기대가 커지고 있으며, 글로벌 잡지사들은 실제로 스마트미디어 환경을 활용한 다양하고 새로운 비즈니스 모델을 시도하고 있는 중이다. 글로벌 잡지업계는 인쇄잡지 시장 경영난 타개를 위해 온라인·모바일 시장으로의 진출을 확대하고 있다. 하지만 국내 잡지산업의 경우 아직까지 스마트미디어 환경에서의 지속성장을 위한 성공적인 콘텐츠 유통 및 마케팅 모델을 확립하지 못하고 있는 상황이다.

잡지 4.0 시대의 도래는 잡지의 가치 네트워크에 대한 다양한 참여자들에 의해 잡지 출판의 새로운 구텐베르크 시대를 열고 있다. 잡지사들은 창조적 사용자, 커뮤니티 등과 개방적 혁신의 협업적 관계를 통해 종이 잡지와 웹진, 전자책 잡지와 앱진 등 다양한 스마트미디어 잡지를 출판하며 잡지 플랫폼과 가치 네트워크의 미디어 생태계의 협업 체계를 작동시켜 나가고 있다. 따라서 잡지 진흥정책의 핵심은 잡지 생태계의 협업 체계가 시장과 플랫폼 그리고 사용자 중심의 자기 조직화 질서로 작동하게 하는 데 있다고 하겠다.

잡지산업 진흥 5개년 계획의 지원 범위가 확대되어야 한다. 잡지산업 진흥 5개년 계획의 종이 잡지에 대한 지원을 스마트미디어 잡지에 대해서도 확대 적용하는 것이 필요한 것이다.

2) [레거시 계승] Core Contents의 가치 유지, 잡지 미디어의 본원적 가치 발전

다양한 심층 정보의 제공과 매혹적 편집으로 잡지의 장점을 유지해야 한다. 새로운 독자의 '유치'도 중요하지만, 더욱 중요한 것은 기존 충성 독자의 '유지'를 위한 전략이다. 이는 잡지 콘텐츠의 근원적 가치와 오랜 전통을 잘 유지하는 것으로 가능하다.

정부에서는 문화적 보존가치가 높은 종이 잡지에 대해 보급 확산을 지원해야 하는데, 도서관, 관공서, 군부대 등에 보급하는 방식이 효과적일 것이다.

잡지사 전체에 대한 보편적 지원 정책을 탈피하여 상업적 가치가 아닌 사회적 가치를 지니는 전문영역의 중소잡지들에 대한 지원이 요구된다. 이는 사회적 가치를 지녔으나 현 시대적 상황에서 상업성이 다소 부족한 잡지시장이 가진 잠재적 가능성에 대한 일종의 정부 투자 및 지원 측면에서의 접근의 필요성에 의한 것이다. 보편적 지원 정책의 필요성만큼이나, 사회적, 국가적 지식 자산으로 평가될 수 있는 특수한 전문지들을 선정하여 지원 정책이 실행될 필요가 있다. 콘텐츠를 생산해 내는 잡지산업의 차별화된 미디어 특성은 다양성 확보가 관건이기에, 생태계의 다양성을 확보하기 위한 정책, 예컨대 다소 침체된 문화와 예술 분야의 잡지 생태계를 성장시키는 정책 전략 등이 장기적인 관점에서 촉구된다. 이 정책은 잡지 플랫폼의 활성화에 따라 플립보드와 같은 창조적 사용자의 1인 잡지와 커뮤니티 잡지가 창작되는 다양성 속의 풍부함이라는 트렌드와도 적합하다. 글로벌 플랫폼을 지니고 있지 못한 국내 잡지산업의 활로는 창조적 자본을 핵심역량으로 잡지 생태계를 성장시킬 전략적 방향이 절실히 요구된다. 따라서 사회적 가치를 지니는 전문영역의 중소잡지들은 글로벌 플랫폼과 보완적 협력 관계를 이룰 수 있는 잠재적 자원이다.

3) [혁신 수용] 잡지 미디어의 스마트화, 스마트 전략 시도

미디어 비즈니스에서 핵심은 콘텐츠이다. 그런데, 스마트미디어 시대에 콘텐츠의 영토적 토대인 플랫폼의 중요성이 보다 강조된다. 모바일 등 플랫폼에 대한 전략적 확장이 중요하다.

SNS와 연계는 마땅하고 수용자들이 잡지 콘텐츠를 접할 수 있는

윈도를 최대한 확대해야 한다. 플랫폼의 연동, 무한 확대가 중요하다.

오디오, 비디오 콘텐츠와 융합하는 것도 중요하다. 오디오 채널, 유튜브 채널 개설 등 말이다. 정치인들도 유튜브 채널을 연다. 자체 홈페이지 채널보다 효과가 강력하기 때문이다. 결국, 윈도, 플랫폼 전략이 중요하다는 것이다.

온-오프 경계를 허물어 성공모델을 보여준 <이코노미스트>의 실험은 잡지 미디어의 미래전략에 대한 시사점을 제공한다. 이코노미스트는 외부와 협업으로 흥미로운 프로젝트를 추진했는데 대부분 독자층 연구와 관련이 있다. 2017년 6월 기호학 및 언어분석 연구기업인 '입소스 커넥트'와 함께 시작한 프로젝트도 그런 사례다. 이코노미스트에서는 마케팅・광고・편집부 직원인 16명의 여성이 프로젝트에 참가했다. 이들이 수행해야 할 주제는 '여성 독자'였다.

이코노미스트의 잡지 혹은 디지털 독자는 141만 명이나 되지만 여성은 30% 미만이다. 16명에게 주어진 과제는 여성 잠재 고객에 침투하기 위해 이코노미스트 기사의 톤과 주제, 그에 따른 적용 범위를 연구하는 것이었다. 독자의 성별 분포를 고르게 가져가야 광고주에게 호소력을 갖기 때문이었다. 이코노미스트가 디지털 시대에 계속해서 성장하는 배경에는 이같이 독자층에 관한 철저한 연구가 있다.

한편, 2015년 이코노미스트는 '수익 2배 5개년 계획'을 발표했다. 2015년 그룹의 총수익은 3억 3000만 파운드였다. 이걸 두 배로 늘리겠다는 계획이었다. 그러기 위해서는 결국 디지털 에디션의 구독자를 늘려야 했다. 가능할까 싶겠지만 실제로 그렇게 되고 있다. 2018년 1~6월 영국 ABC 협회 결과를 보면 이코노미스트 잡지 정기구독자는 95만 명, 디지털 정기구독자는 46만 명이다. 특히 작년 동기 대비 디지털 구독자 수는 24.7%나 증가했다.

이코노미스트의 기사 수준은 모두가 인정한다. 근데 이걸 더 많은 사람에게 알리는 건 또 다른 문제다. 이코노미스트가 택한 전략은 '지역별 맞춤형 침투'였다. 지역별 침투율을 높이기 위해 다양한 솔루션을 적용했다. 일본에서는 가장 널리 쓰이는 메신저인 '라인'과 제휴해 기사를 유통 중이다. 중국에서는 아예 중국어 번역판 앱인 '이코노미스트 글로벌 비즈니스 리뷰'를 운영하고 있다.

미디어 전략에 '기술'을 거는 건 이코노미스트의 장점이다. 이미 2013년부터 디지털 광고 에이전시인 'Atmosphere Proximity'와 독자 타기팅 프로그램 개발에 돌입했다. 프로그램을 통해 2억 명 규모에 도달할 수 있는 온라인 광고를 뿌리고 여기에 반응한 사람에겐 자동으로 구독 안내 메일을 보낸다. 그렇게 매달 수천 명의 디지털 구독자가 이 루트를 통해 가입하고 있다. 덕분에 구독자 한 명을 얻는 비용이 절반 이상으로 줄어들었다.

2018년 상반기를 기준으로 이코노미스트 웹사이트 순방문자는 1일 41만 7404명, 1개월 966만 명인데 명성에 비해서는 적은 편이다. 하지만 이들 중 대부분은 디지털 구독자로 비용을 지불하는 사람들이다. 이들은 웹사이트에 한 번 들어와 오래 머무른다. 일단 접속하면 평균적으로 7분 29초를 웹사이트에서 머무른다. 주말에 이코노미스트 앱으로 들어온 디지털 구독자는 무려 45분 20초 동안 이코노미스트를 즐긴다. 긴 체류 시간은 이코노미스트가 여전히 프리미엄 광고료를 유지하는 이유다. 한때는 온라인의 볼륨을 키우는 게 해법으로 칭송받던 시절이 있었지만 역설적이게도 볼륨보다는 구독에 중점을 둔 매체가 더욱 건실하게 살아남은 사례다.

한편, 스타트업 <밀리의 서재>의 사례도 잡지 미디어의 미래전략에 대한 시사점을 제공하고 있다. <밀리의 서재>는 2018년 7월 월 9,900원에 무제한으로 전자책을 볼 수 있는 공격적인 서비스를 내놓았다. 이병헌이 읽어주는 유발 하라리의 '사피엔스'가 서비스 개시 일주일 만에 1만 5000명의 사용자를 모집한 것으로 전해진다. 밀리의 서재는 앞으로도 연예인은 물론 인기 유튜버 등 다양한 분야의 유명인들을 섭외해 리딩북을 제작할 방침이라 밝혔다. 밀리의 서재는 2만 5000권 이상의 책을 확보했다. 스타트업 <리디북스>는 월 6,500원에 2,600여 권의 책을 볼 수 있는 구독 서비스 '리디셀렉트'를 내놓으며 경쟁에 나섰다.

이렇게 매달 일정 금액을 내고, 식재료·의류·생필품을 정기적으로 배달해주는 '구독 경제(subscription economy)' 모델은 잡지 분야에도 한 번 도입해 볼 만하다. 불황기에 목돈을 들여 상품을 구매하는 것보다 매월 저렴한 가격에 다양한 경험을 함으로써 실속을 챙기는 성향이 구독 서비스의 성장에 일조하고 있기 때문이다. 미국 등 해외에서는 구독 서비스에 빅데이터와 AI(인공지능) 분석기술을 접목해 사용자가 원하는 제품을 예측하고 보내주거나 사람의 성장에 따른 생활주기를 반영한 신제품을 추천하는 서비스로 발전하고 있다. 이러한, 구독 경제모델은 원래 신문과 잡지 분야에서 사용하던 모델이다. 최근의 경향은 오프라인 기반에서 온라인/모바일 버전으로 확장되고 있는 모습이다. 잡지업계로서는 구독경제 모델을 스마트 환경에 적용하는 등 공격적인 비즈니스 모델을 시도해볼 필요가 있으며, 정부 차원에서는 건전한 시장이 구축되도록 도움을 줄 수 있을 것이다.

4) [개혁 확산 & 공진화] 스마트 잡지(웹진, 앱진 등) 활성화, 혁신 테크놀로지 활용

중소규모 종이 잡지의 스마트화를 위한 기술 및 비용을 지원해야 할 것이며, 스마트 기반 1인 잡지와 커뮤니티 잡지의 창간을 위한 지원도 고려되어야 한다. 잡지 비즈니스 활성화를 위해 콘텐츠, 광고 등에 첨단기술을 접목하는 스마트화에 대한 선도적 지원이 요구된다.

잡지산업의 새로운 기술 접목 전략으로 MR(Mixed Reality, 가상 및 증강현실을 합쳐서 총칭)에 관한 관심이 높아지고 있다. 해외의 경우 가상현실 HMD를 이용하여 잡지를 읽는 뉴요커지의 사례, 국내외 기업들의 AR를 활용한 잡지광고 등이 그 대표적인 사례이다. 이에 MR 분야에서 주목할 만한 콘텐츠 제작, 광고 등의 국내외 사례분석을 통한 미래 로드맵을 제시해주어야 한다.

스마트 잡지광고 효과를 극대화할 수 있는 신기술의 개발도 중요하다. AR 잡지광고, QR코드 잡지광고, 애플리케이션 잡지광고, 그리고 VIP(Video in Print) 잡지광고 등 스마트 잡지광고 활성화에 필요한 기술로드맵을 구성하고 CT R&D 사업과 연계하여 잡지 분야에 활용 가능한 광고마케팅 기술이 개발되어야 한다.

이에 신기술을 가진 개인 혹은 기업과 잡지사 간 매칭, 잡지 콘텐츠 아이디어와 플랫폼 간 매칭 등 매칭프로그램을 적극적으로 지원할 필요가 있다. 기술업체와 잡지 플랫폼, 아이디어 소유자와 잡지 미디어 간 협력을 활성화할 필요가 있다.

새로운 형식의 잡지 실험, 광고기법, 비즈니스 모델 등 컨소시엄 기획개발 과제를 지원하는 방식이 효과적일 것이다. 잡지 미디어 융합콘텐츠 신사업 개발 지원 등 선도적 융합비즈니스에 대한 지원이 시도되어야 한다. 까다로운 수용자를 위한 스마트 잡지 스토리 구성 법칙, 포맷 등 실험비즈니스에 대한 지원이 요구된다.

새로운 아이디어 및 인력 확보를 위해 청년들의 참여를 독려할 필요가 있다. Good M-Contents 공모, 비즈니스 전략 대회 등 경진대회를 마련하는 것도 방법이다. 청년들이 잡지 미디어에 호감을 갖고, 창업/창직의 기회가 될 수 있도록 해주어야 할 것이다.

5) [융합 진화] 잡지 콘텐츠 아카이빙, 스마트 매거진 한류

고전 잡지나 폐간잡지의 영속 가능한 보존을 위한 자료 색인화 및 공공 아카이브 구축을 정책적으로 지원해야 한다.

잡지 콘텐츠 아카이브와 콘텐츠를 B2B 콘텐츠 거래장터에 대한 정책적 지원이 요구된다는 점이다. 국내 잡지 플랫폼이 성장하지 못한 채 글로벌 플랫폼의 활동이 적극화되는 상황에 부닥쳐 있다. 국내 잡지산업에 우선으로 요구되는 플랫폼에 대한 실질적인 투자는 단순한 B2C 판매용 플랫폼이 아니라, 잡지사들이 지속 가능하고 장기적인 관점에서 성장할 수 있도록 만드는 데 있다. 잡지협회의 U 매거진 플랫폼과는 별도로 잡지 콘텐츠 아카이브, 잡지 콘텐츠의 B2B 거래장터, 또는 잡지 콘텐츠에 대한 지적 재산권의 공개적 거래장터가 필요하다. 더불어 아카이빙과 거래장터의 효율적 운영을 위해 지적 재산권과 잡지저작물 관리에 관한 국가 사회적 합의를 통해 잡지산업의 창조적 공유지를 위한 자원으로 활용할 수 있는 법제도적 장치를 마련해야 할 것이다.

종합하자면 잡지 콘텐츠의 디지털화, 그리고 그 자료들의 색인화 작업이 필요하다. 또 잡지 콘텐츠 자료를 공동으로 관리하는 저작권 플랫폼도 필요하다. 국내 시장과 해외시장에서 필요한 콘텐츠를 상시 제공할 수 있도록 준비해야 하고, 이에 따라 상시 사용할 수 있도록 저작권 문제의 사전 정리 작업도 절대적으로 필요하다. 이러한 작업은 개별 잡지사가 하기 어려우므로, 잡지협회가 중심이 되거나 컨소시엄을 구성하여 유통하는 것이 바람직하다.

일본 등 외국의 잡지는 새롭게 대두하는 문화 환경에 능동적으로 조응하는 한편, 해외 거주 동포들을 대상으로 면밀하게 시장을 확장해가는 것을 살펴볼 수 있다. 한국 잡지도 이 같은 외국의 경험을 시금석으로 삼아 능동적으로 해외시장을 개척할 필요가 있을 것이다.

한류 붐을 효과적으로 활용하고, 최근 크게 신장하고 있는 패션 시장이나 자동차 산업의 발달 등과 발맞추어 관련 콘텐츠를 잡지로 수렴한다면 한국 잡지의 해외 진출 가능성은 충분하다. 나아가 웹진 및 인터넷을 기반으로 한 잡지 콘텐츠도 컴퓨터와 패션, 한류 정보 등을 담아 해외시장에서 충분히 매력적일 것으로 평가된다. 스마트 매거진 한류의 실현이 가능한 것이다.

한류 바람에 힘입어 패션이나 유행을 콘텐츠로 한 잡지, 전문지식을 담은 잡지 및 글로벌한 종교 잡지 등의 영역에서 한국 잡지들이 서서히 해외시장을 열어나가고 있다. 정부 당국의 체계적인 지원이 더해진다면 게임 산업, 만화 산업 및 K-Pop을 중심으로 한 대중가요 잡지, 한국문화를 담은 잡지 등이 해외시장에서도 얼마든지 경쟁력을 갖고 영역을 넓혀갈 수 있을 것으로 전망한다.

한국의 잡지가 해외로 눈을 돌릴 필요성은 몇 가지 근거로 찾아볼 수 있다. 우선 한국 잡지의 국내 시장을 통한 성장 잠재력이 한계에 이르렀다는 점에서, 해외로 눈을 돌릴 필요성을 절감하게 된다. 다음으로 전 지구촌적 인터넷 환경의 발달로 출판과 잡지, 그리고 미디어콘텐츠 시장에서 급격하게 국경이 허물어지는 현상이 촉발되고 있다는 점도 중요한 요인이 될 것이다. 최근 한류 열풍을 타고 K-Pop 가수들이 좋은 성과를 올린 것은 좋은 본보기이다. 한국에서 만드는 노래들이 세계 시장을 파고들듯, 잡지 콘텐츠 역시 새로운 아이디어와 전략에 따라서는 얼마든지 해외시장을 파고들 여지가 있다는 점에 주목할 필요가 있다.

한류의 확대와 패션산업, 게임 등 미디어콘텐츠의 세계 시장 진출 상황 등을 볼 때 우리 잡지가 이러한 성공사례들을 전략적 차원에서 수렴하여 해외시장에 진출할 여지는 그 어느 때보다 크다고 하겠다. 우수한 콘텐츠를 가지고 있으면서 수출 전략을 모르는 잡지사를 발굴하여 지원하는 방안을 모색하는 등 연구 성과가 구체적으로 산업 현장에 적용될 수 있도록 하여야 할 것이다. 한국 잡지의 해외 진출 활성화를 위해서는 이를 위한 전문 인력(콘텐츠, 디자인, IT 융합, 수출 등) 확보와 기존 잡지 종사자의 연수 방안, 이에 필요한 예산 등의 지원 등 실질적인 지원책이 마련되어야 한다. 아울러 수입 잡지와 수출 잡지, 외국(일본, 미국, 중국, EU 국가)의 수입 및 수출 잡지 성공 사례를 벤치마킹하여 한국 잡지의 해외 진출이 비약적으로 신장될 수 있는 방안의 마련이 절실하다. 특히 우리 잡지의 해외 진출이 아직 빈약한 분야인 만큼 정부의 적극적인 지원이 반드시 필요하다.

6) [혁신 선도] 네이티브 광고(native advertising) 활성화를 위한 제도와 정책 추진

네이티브 광고(Native Advertising)는 디지털 환경에서 유통되는 정보성 뉴스로 특정 브랜드나 사업영역을 집중 조명하면서 분석하는 동시에 관련 사업체나 제품이 연계되어 전달되는 광고형 뉴스라고 할 수 있다. 동일한 개념인 브랜디드 콘텐츠(branded contents)는 신뢰도를 바탕으로 독자들에게 유익한 정보를 제공하면서 간접적으로 브랜드와 연관시키는 뉴스 콘텐츠를 의미하며 네이티브 광고보다 포괄적으로 전통 매체와 인터넷 매체에서 모두 이용되고 있다.

최근 잡지산업 또는 신문산업에서 양질의 네이티브 광고를 만드는 것은 수익 창출에 매우 중요하다고 강조한다. 이러한 네이티브 광고가 독자에게 광고가 아닌 유익한 뉴스로 받아들여지기 위해서는 이들 콘텐츠에 강력한 저널리즘적 특성이 내포되어 있어야 한다. 이렇게 네이티브 광고는 다른 광고보다 상대적으로 더 독자들의 주목을 끌고, 반응을 보이게 하면서 확산시키는 효과가 있어 미디어업계나 광고계에서 주목을 받고 있다.

잡지업계에서는 포브스(Forbes), 허스트(Hearst), 이코노미시트(Economist) 등이 2014년부터 네이티브 광고를 적극적으로 활용하고 있다. 또한, 최근에는 배너티 페어(Vanity Fair) 잡지도 네이티브 광고를 적극적으로 활용하기 시작했다. 특히, 잡지업계에서 선구적으로 네이티브 광고 아이템을 활용하고 있는 포브스 잡지는 연간 100억 원 이상의 수익을 이곳에서 올리고 있다. 광고주들의 반응도 나쁘지 않다. 네이티브 광고는 현재 430억 달러 규모의 미국 디지털 광고 시장에서 가장 빨리 성장하는 부문으로 꼽힌다. 또한, 국내외 신문업계에서도 네이티브 광고는 줄어드는 광고수입의 대안으로 적극적으로 활용되고 있다. 미국에서는 뉴욕타임스, 버즈피즈 등이, 국내에서는 한겨레신문과 허핑턴포스트 코리아 등이 네이티브 광고에 가장 적극적이다.

한국에서 네이티브 광고가 본격적으로 자리 잡기 위해서는 넘어야 할 장애물이 많다. 첫째, 기사형 광고에 대한 제재가 남아있다. 현재, <잡지 등 정기간행물의 진흥에 관한 법률>과 <신문 등의 진흥에 관한 법률>은 각각 제6조(정기간행물의 편집인은 독자가 기사와 광고를 혼농하지 아니하도록 명확하게 구분하여 편집하여야 한다)와 제6조 3항(신문·인터넷신문의 편집인 및 인터넷 뉴스 서비스의 기사배열책임자는 독자가 기사와 광고를 혼동하지 아니하도록 명확하게 구분하여 편집하여야 한다)에 '독자가 기사와 광고를 혼동하지 아니하도록 명확하게 구분하여 편집하여야 한다'는 규정을 정해 놓고 있다. 이러한 조항은 자칫 우리나라의 잡지와 신문에서는 네이티브 광고가 활성화될 수 있는 환경을 저해할 수 있다. 둘째, 수준급 콘텐츠를 만들 수 있는 준비가 되어 있느냐는 문제다. 이러한 콘텐츠는 기자 혹은 광고 영업사원 한두 사람의 힘으로 되는 것이 아니다. 제대로 하려면 디자이너, 개발자 등 다양한 분야의 인력이 참여해 협업으로 진행되어야 한다. 따라서, 이러한 여건 또는 관련 기술을 익힐 수 있는 제도적 지원이 필요하다.

7) [문화 선도] MIE 활성화와 종합적 읽기 문화 정책의 추진

1, 2차 잡지산업 진흥정책에 포함되어 있는 사업 중 현재 별 성과

가 없는 가장 아쉬운 사업이 MIE(Magazine In Education) 사업이다. 1, 2차 잡지산업 진흥정책에는 각각 '미래 독자 발굴·확대 지원'과 '미래 독자 발굴 및 읽기 활성화'라는 항목이 있는데, 이들 항목의 핵심 사업이 바로 MIE(잡지 활용 교육)이다. 그러나, 아직 잡지 진흥정책의 MIE 사업은 관련 사업 예산의 미확보로 제대로 추진되고 있지 않다.

특히 현재, 학교현장에서 NIE(Newspaper In Education)는 비교적 활성화되어 있지만, MIE(Magazine in Education)는 크게 학교에서 활성화되어 있지 못한 상황이다. 잡지는 교육현장에서 신문이 다루기 어려운 전문적인 주제를 친숙하게 설명할 수 있고, 나아가 MIE 사업의 활성화를 통해 잡지산업은 침체에서 벗어나는 새로운 활로를 찾는 데 도움이 될 것이다.

물론 MIE만으로 잡지 등의 읽기 문화를 되살릴 수 있는 것에는 한계가 있다. 현재 우리 정부는 독서와 읽기 문화를 증진하기 위한 여러 노력을 기울이고 있다. 2007년 독서문화 진흥법을 제정하고, 몇 차례에 걸쳐 독서문화 진흥 5개년 계획을 발표한 바 있다. 또한, 언론진흥재단 등에서는 신문 등의 읽기 문화 활성화를 위한 다양한 사업을 펼치고 있다.

그러나, 이러한 정부의 강력한 독서 및 읽기 문화 증진 의지에도 불구하고, 읽기 문화 활성화 사업은 민간단체와 공공도서관, 학교, 서점 등에서 산발적이고 단편적으로 이루어져 체감할 만한 효과를 내지는 못하고 있는 것도 사실이다.

또한, 독서 및 읽기 문화를 담당하는 주무부서도 한국출판문화산업진흥원, 공공도서관, 한국언론진흥재단에서 따로 맡아와 시너지 효과를 내는 데 한계가 있다. 또한, 문화부 이외에도 우리나라의 독서 및 읽기 문화 진흥사업은 교육부와 국방부 등에서도 함께 추진하고 있는 상황이다. 따라서, 현재의 읽기 문화 환경의 침체를 고려해 볼 때, 각각의 영역에서 개별적으로 이뤄졌던 독서 및 읽기 문화 활성화 사업은 더욱 큰 효과를 도출하고 나아가 국민의 생활 습관으로 정착되기 위해서는 종합적이고 상호협력적으로 추진될 필요가 있다.

이러한 사례는 독서의 선진국인 외국의 사례에서 많이 살펴볼 수 있다. 일례로 일본은 읽고 쓰는 능력을 종합적으로 배양시키기 위해 2005년 <문자·활자문화 진흥법>을 제정하였고, 독서·신문/잡지 열독 및 계몽 활동을 위해 2010년을 '국민 독서의 해'로 정해 정부와 도서관, 신문사, 잡지사, 유관 단체 등이 연계하여 독서문화 진흥을 위한 각종 사업을 진행하였다. 또한, 영국도 독서와 읽기 문화 진흥을 함께 효율적으로 추진한 모범적인 사례를 보이고 있는데, 영국 최고의 인기 스포츠인 축구와 신문읽기/잡지 읽기, 독서 운동을 함께 융합한 '프리미어리그 리딩 스타(Reading for Pleasure)' 사업을 벌이고 있다. 책 읽기를 축구만큼 사랑하지 않는 아이들과 부모를 겨냥하여 축구 관련 신문 기사와 잡지 기사, 책 읽기를 통한 읽기 문화를 장려한 캠페인으로, 잉글랜드 프리미어리그와 Arts Council의 후원으로 약 1,000여 개의 학교와 도서관, 축구 클럽이 참여하였다.

우리나라는 정부와 민간 영역에서 다양한 독서 및 읽기 문화 활성화가 추진되고 있지만, 자신들의 관점에서만 포커스를 맞춰 사업이 진행되고 있어 지속적이고 종합적인 시너지 효과를 내는 데 한계를 보이고 있는 실정이다. 따라서 향후에는 독서와 읽기 문화 활성화를 함께 아우르는 협력적 지원 정책이 본격적으로 추진되어야 할 필요성이 있다. 이를 위해서는 독서진흥 관련 기관 또는 단체 간의 협의체를 구성해 종합적인 독서와 읽기 문화 활성화 사업을 전개해 보는 것이 어떨까 한다. 이 협의체를 통해 그동안 못했던, 공동프로그램 개발, 상호 융합형 프로그램 개발, 상호 간의 프로그램 교환을 통해 더욱 시너지 효과가 높은 독서 운동을 펼쳐 나가야 할 것이다.

5. 결론: 잡지서비스 R&D 기반 연구, 비즈니스 혁신으로 지속성장

잡지업계의 미래전략 및 정책지향점을 모색하기 위한 종합적 전략 연구가 매우 중요한 맥락으로 등장하는바, 업계와 당국 그리고 학계가 참여하는 연구체계의 구축이 요구된다. 잡지 미디어만을 위한 '서비스 R&D'를 적극적으로 추진해 나가야 할 것이다.

잡지 콘텐츠 부가가치의 원천은 기술 개발보다는 아이디어와 기획에서 비롯되는 경우가 많다. 기술 중심 R&D가 아닌 감성 중심 R&D, 즉 '비기술적 혁신(콘텐츠 혁신)'에 의존하는 것이다. 이에 서비스 R&D 개념의 연장선에서 '잡지 콘텐츠 R&D'를 추진해야 한다.

서비스 R&D는 서비스산업에서의 연구개발 활동으로, 새로운 서비스상품이나 서비스 전달체계 개발 혁신을 의미하고, 기술 혁신(연구, 개발)에 비기술적 혁신, 프로세스 혁신(비즈니스, 마케팅 등) 등을 포함한다. 따라서 잡지 콘텐츠 R&D는 잡지 콘텐츠서비스업에서의 연구개발 활동을 의미하는데, R&D를 통해 새로운 콘텐츠상품 및 서비스 전달체계를 혁신하는 것을 의미한다. 즉 잡지 콘텐츠상품의 기획, 창작, 유통, 비즈니스, 소비 등에 걸친 일련의 창의적 혁신

R&D를 의미한다. 잡지 콘텐츠는 그 기획에서부터 콘텐츠의 창출 그리고 최종소비자 전달에 이르는 전 과정이 하나의 서비스상품으로, 콘텐츠 서비스의 혁신을 통해 생산성 향상이 가능하기 때문이다.

잡지 콘텐츠 R&D는 콘텐츠의 기획, 마케팅, 운영, 프로세스 관리 등 콘텐츠상품 수명주기의 각 단계를 고려한 R&D로서 기술과 시장을 함께 진흥하는 진화된 R&D 개념으로 규정된다. 새로운 잡지 콘텐츠 자산창출 및 가치사슬 전 과정에서 새로운 서비스 전달체계 개발을 위한 연구개발 활동으로 개념화된다. 콘텐츠 R&D 개념은 기술 혁신 외에도 장르 혁신, 프로그램의 프로토타입 개발, 신개념 서비스 개발 등 비기술적, 즉 인문·사회 과학적 창의성 활동을 포괄한다.

콘텐츠 R&D는 콘텐츠의 신서비스 개발과 콘텐츠 서비스의 효율적 운영 등 비기술적 지식창출 활동에 해당하는 서비스 관점의 R&D와 기술 접목과 관련한 R&D로 개념화된다. 이는 잡지 콘텐츠 산업이 서비스산업과 달리 유무형의 콘텐츠와 이를 활용한 서비스로 적절히 구성되어 있다는 점을 고려한 것으로 잡지 콘텐츠를 둘러싼 상품/서비스/매체라는 구조를 반영한 것이다. 콘텐츠산업은 서비스업과 제조업이 중첩되면서 동시에 콘텐츠라는 독립된 영역이 존재한다. 제조업에서의 혁신은 기술적 요소가, 서비스업에서의 혁신은 서비스적 요소가 가장 중요하게 기능한다. 반면, 콘텐츠산업에서는 창조적 요소가 혁신 활동에서 가장 중요하게 작용한다. 최근 콘텐츠의 창작과정은 콘텐츠상품의 물리적 실체라 할 수 있는 '창작물' 그 자체만을 기획하는 것이 아니라 콘텐츠의 서비스가 이루어지는 매체 및 유통경로의 특성을 고려하여 통합적인 기획을 하는 것이 일반적이다.

잡지 콘텐츠 R&D는 하드웨어에 대한 투자보다 콘텐츠 및 프로세스 혁신을 위한 과학적 방법론 등 인적 자본 위주의 투자이며, 기술 개발 선행단계로서의 비즈니스 모델개발, 서비스 프로세스 혁신 방법론 개발 도입 등을 특징으로 한다. 기존의 폐쇄적, 기술 중심적, 연구자 중심적 연구방식에서 탈피하여 개방적, 시장 중심적, 수요자 중심적 연구방식을 채택 및 수행하여 콘텐츠 관련 기업체 다수의 수혜를 견인할 수 있는 연구로 전환할 필요가 있다.

잡지 콘텐츠 R&D 정책의 범위는 콘텐츠상품의 기획, 창작, 유통, 비즈니스, 소비 등에 걸친 콘텐츠 서비스의 전(全) 주기를 포괄한다. 콘텐츠 서비스에서 기획과 아이디어가 차지하는 비중이 원천적으로 클 뿐만 아니라 이 부분의 중요성이 더욱 커지고 있다. 콘텐츠 기업이 이러한 상황에 효과적으로 대처하는 것을 지원하기 위한 다양한 형태의 인문사회계열 연구과제의 확대가 필요하다.

잡지 콘텐츠의 구현 및 실행과 직접 관계된 R&D 그리고 콘텐츠 자체를 개발하는 R&D 과제 외에, 콘텐츠개발의 효율성을 제고하거나 콘텐츠 비즈니스 모델에 대해 과학적 기반을 강화하는 연구가 필요하다. 콘텐츠 자체를 발굴하는 것 이외에도 기획과 마케팅 그리고 운영에 있어서 새로운 방법론을 도입하고, 인문사회과학의 학문적 역량을 동원하여 비즈니스 모델을 발굴하며, 고객의 특성을 분석하는 등 소프트 역량 강화를 위한 다양한 연구영역 개발이 시급하다.

잡지 미디어의 변화, 혁신을 위해서는 기본적으로 시장, 더 정확히는 고객(독자)에 관한 연구가 중요하다. 고객에 관한 면밀한 연구가 필요하다. 무엇보다 독자의 이용행태 변화에 주목해야 하며, 새로운 니즈를 탐색해야 한다. 미래의 고객, 젊은 독자, 밀레니얼 세대가 유튜브 영상만 추구하는 것은 아니다. 소셜 정보, 사회적 가치를 추구한다.

언론재단, 출판진흥원, 콘텐츠진흥원 등에서 미디어, 콘텐츠 관련 연구기능을 수행하고 있지만, 잡지영역에 관한 관심은 부족하다. 개인 연구자나 잡지사에서 상당한 비용과 시간이 필요한 심층연구를 수행하기에는 한계가 있다. 잡지 미디어 연구체계 구축이 필요하다.

실체적 연구기능의 활성화도 요구된다. 국내외 동향에 대한 면밀한 분석을 통해 시대적 흐름에 대한 통찰적 이해, 미래전망, 비전 제시 및 대안 모색 등 심층 정보의 지속적인 확보가 필요하다. 선도적 연구, 창의적 시도를 위한 인프라가 필요한 것이다. 이를 위해서 정부의 지원을 바탕으로 학계/연구계와 협력적 연구체계를 마련해야 할 것이다.

'잡지와 온라인은 하나의 조직'

잡지 종사자들이 잊지 말아야 할 전제가 있다. 편집국에서는 인쇄물과 온라인을 구분할지 몰라도, 대중들 사이에서는 인쇄물과 온라인 기사 간극이 점점 좁아지고 있다는 사실이다. 이런 '디지털 미래'에 바삐 대비하고 있는 잡지의 전장에는 혼란과 가능성이 상존한다.

"어떤 대처법이 옳을까?"라는 우문에 현답을 내놓기란 어렵다. 다만 급변하는 환경 속에서 관성적으로 제자리에 머무는 진부한 매체는 살아남기 어렵다. 영국 로이터저널리즘연구소의 '디지털 뉴스 리포트(Digital News Report) 2018'에 따르면 디지털 저널리즘 성패에 있어 가장 큰 요인으로 '변화에 대한 거부감과 혁신에 대한 무능함'을 지목한 사람이 36%나 되었다는 것이 이를 잘 보여준다. 종이, 사무실 등 하드웨어적 사고에서 벗어나야 한다. 데미안이 주는 교훈을 되새겨보자. "새는 알에서 나오려고 투쟁한다. 알은 세계이다. 태어나려는 자는 하나의 세계를 깨뜨려야 한다."

향후 우리 잡지는 '籤(대그릇 잡)誌'가 되어 우리의 문화, 전통, 지식을 고루 담아내는 대중문화의 그릇 역할을 유지하며, 'Job指'가 되어 청년세대의 일자리 고민을 덜어주는 동시에 새로운 일감을 제공하고, 'Magagene'이 되어 인류의 지적 문화유산이라는 유전자를 보존하는 아카이빙 역할을 해야 할 것이다.

| 참고문헌 |

김원제(2018. 10). 잡지 4.0 시대 도래에 따른 산업 정책적 대응; 법 제도적 재
　　　개념화 및 산업범주 재설정. 2018 한국잡지학회 기획세미나 발제문.
김원제(2018. 12). 잡지 미디어 진흥을 위한 신사업 정책아이디어 발굴. 2018
　　　한국잡지학회 겨울철 정기세미나 발제문.
이용준(2018. 12). 환경변화에 대응한 잡지산업 지원 정책의 발전 방향. 2018
　　　한국잡지학회 겨울철 정기세미나 발제문.
이용준·김원제·정세일(2012). 구텐베르크의 귀환. 이담북스.
FIPP(2014a), Worid Magazine Trends 2014/15.
FIPP(2014b), World Digital Media Factbook 2014-15.
FIPP(2016), Innovation In Magazine Media 2016-2017 World Report.

제3부

∷

콘텐츠
4.0 콘텍스트

제11장

스마트콘텐츠는 향유 환경을 자유롭게 하는가?

조항민 · 송해룡

1. 스마트시대의 도래와 스마트미디어

스마트(Smart)라는 단어가 우리에게 친숙하게 활용된 지도 꽤 오래되었다. 스마트폰, 스마트워크, 스마트TV에 붙이는 스마트는 똑똑하다는 뜻이다. 그렇다면 왜 똑똑할까? 바로 사람의 욕구를 알아서 측정하고, 사람이 원하는 것을 제공하기 때문이다. 나머지 기능과 장점은 이를 위한 부수적인 조건일 뿐이다. 하지만 예전부터 소비자들은 늘 똑똑한 것을 기대해왔다. 스마트라는 접두어가 붙는다고 해서 과거와 크게 달라진 것은 없는데 아주 혁신적인 것이 나타났다고 호들갑을 떤다는 이야기도 들린다. 아마도 그 속에 담긴 근원적인 변화의 모습을 놓치고 있기 때문일 것이다.

이에 스마트시대의 도래에 대한 논의에 앞서, 스마트시대의 선행 조건인 디지털(시대)에 대한 논의와 언급이 필요하다. 1995년 MIT 미디어연구소의 네그로폰테(Negroponte)가 논의한 0과 1의 전자적 조합으로 이루어진 비트(Bit)의 시대, 디지털 시대는 기존의 아날로그를 대체하면서 과거에 경험할 수 없었던 기술혁신을 가져왔다. 물리적으로 존재하던 것이 가상화되고, 쉽게 복제되며 시공간을 초월하여 이동할 수 있게 되었다. 무엇보다도 디지털화된 미디어기술의 특징은 기존 커뮤니케이션과 미디어 양식의 경계를 허물었다는 점에서 매우 중요한 의미가 있다. 즉, '일 대 일' 혹은 '일 대 다'의 커뮤니케이션 양식, 인쇄·출판, 방송과 통신 등으로 구분되었던 기존의 미디어 양식의 구분과 경계를 극복시켜 주었다는 점에서 미디어 융합(convergence)의 새로운 시대 지평을 열었다는 평가를 받는다. 이제 디지털기술은 단순한 공학적 차원의 기술이 아니라 총체적 차원에서의 사회변화를 추동하는 핵심자원으로써 정치·경제·사회·문화 전반에 지대한 영향력을 미치고 있다. 디지털 시대란 말은 대단한 무게로 세상을 바꾸고 있음이다.[60]

디지털 시대라는 말에 담긴 그 무게감을 생각하면서 스마트시대를 다시금 생각해 볼 필요가 있다. 스마트화가 가져올 소비자의 변화, 우리 삶의 총체적인 변화, 우리 시대와 문화의 변화에 대한 고민 없이 스마트시대라는 말을 유행처럼 받아들인다면, 우리는 그 본질을 과소평가하고 있는 것이다. 무엇보다도 '스마트'라는 의미를 그저 똑똑하다는 것으로 정의하기보다는 그 여부를 평가하는 사람이 누구인지를 알아야 한다. 기업(혹은 생산자)이 만들어서 이것이 바로 '스마트○○'라고 광고하는 것이 중요한 것이 아니다. '스마트'의 여부를 판단하는 것은 소비자(혹은 수용자)이다. 기능이 다채롭고 성능이 좋다고 스마트한 것이 아니고, 사용하는 사람들 개개인이 제품, 서비스를 이용하고 똑똑하다고 평가해야 한다. 사용자 개인에게 안성맞춤이어야 한다는 의미이다. 스마트는 매우 상대적인 개념이기 때문이다.

---

60) 송해룡·조항민. 디지털미디어 시대 리스크 현실과 진단. 서울 한국학술정보. 2015. 참고.

과거의 소비자들은 기업이 만들어준 제품 안에서만 선택지를 고를 수밖에 없었다. 그러나 스마트시대에는 소비자가 자신의 제품을 직접 정의하게 된다. 기업이 낸 객관식 문항에서 답을 찾던 수동적인 소비자가 아니다. 스마트시대를 사는 소비자들은, 그들 스스로 문제를 내고 기업에게 답을 요구할 권리를 인식하기 시작하였다. 제품, 서비스, 콘텐츠의 모든 중심이 소비자에게 넘어가고 있다. 이를 똑바로 직시하고 인식하는 것이 바로 스마트시대에 있어 성공의 중요한 첫걸음이 되고 있다.

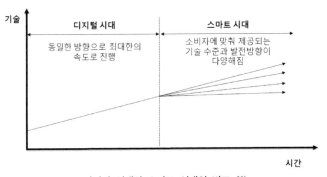

<디지털 시대와 스마트 시대의 비교>61)

수백만 년에 이르는 인류 문명은 커뮤니케이션의 결과물이다. 원시 인류로부터 현재까지 이어져 온 시간 속에서 인류는 몇 번의 중요한 커뮤니케이션의 혁신을 이루어 냈고, 그때마다 사회는 급속하고 혁신적인 변화를 맞이하였다. 선사시대와 역사시대가 구분되는 것은 커뮤니케이션의 혁신, 즉 기록의 탄생 때문이다. 구텐베르크의

61) LG경제연구원. 2020 새로운 미래가 온다. 서울 한스미디어. 2010. 참고.

금속활자 인쇄술은 근대사회 형성의 중요한 디딤돌 역할을 했다. 인터넷의 등장은 지구촌의 형성과 경제, 사회, 문화 등 모든 측면에서의 정보의 역할이 역사상 가장 중요하게 취급되는 사회로의 이행에 기여하였다.

그리고 최근 또 하나의 강력한 커뮤니케이션 혁명이 이루어지고 있는데, 이것이 바로 스마트미디어 혁신이다. 21세기 스마트미디어는 스마트한 콘텐츠 세상을 열어주고 있다. 스마트폰을 시작으로 하여 스마트TV, 스마트패드 등으로 대변되는 스마트미디어들은 우리의 삶을 더욱더 풍요롭고 스마트하게 만들면서 '스마트시대'를 구축하는 데 있어 매우 중요한 기여를 하고 있다.

최근 스마트폰, 스마트TV, 스마트패드 등으로 대변되는 스마트미디어 환경이 생활 속에 깊숙이 들어와 있다. 스마트폰과 스마트패드(태블릿PC)에 이어서 스마트TV까지 등장하고 있다. 스마트TV는 콘텐츠와 미디어는 물론 커뮤니케이션까지 하나로 융합되면서 스마트미디어 환경의 도래를 의미한다. 스마트미디어 시대의 도래는 미디어의 다중창구화를 의미한다. 스마트미디어 환경은 N-Screen의 현실화를 이루었으며, 홈네트워킹의 보급화를 앞당기는 동인이 될 것으로 전망된다. 기존의 TV와 PC, 모바일로 이어지는 3 Screen 환경에서 스마트TV와 태블릿PC, 클라우드 컴퓨팅 등의 다양한 플랫폼을 기반으로 한 단말의 등장으로 스크린의 제약을 넘는 미디어/플랫폼의 OSMU를 실현할 것이다.[62]

스마트미디어를 정의하면, '언제, 어디서나, 이용자가 원하는 정보

---

62) 김원제·송해룡. 미디어콘텐츠, 창조기획과 스마트 비즈니스. 서울 한국학술정보. 2015. 참고.

를 상황과 환경에 맞게 지능적이고 다양하게 가공하여 전달하는 매체'라고 할 수 있다.

▶ (언제 어디서나) 이용자의 선호와 필요에 따라 원하는 시간과 장소에서 다양한 디바이스를 통해 소비할 수 있는 능동적인 미디어

▶ (맞춤형 미디어) 이용 공간, 사용 기기 등 이용자의 환경과 상황에 맞게 소비할 수 있는 미디어

▶ (지능적 상호작용) 콘텐츠의 추가적인 정보(소셜, 소비환경, 부가정보 등) 및 이용자의 정보를 이용하여 지능적 상호작용이 가능한 미디어

▶ (융합 미디어) 다양한 미디어를 쉽게 융합하여 새로운 가치를 생성할 수 있는 미디어

<스마트미디어의 특성>

구분	기존 미디어	스마트미디어
전달 매체	· 지면, 고정형 디스플레이	· 스마트폰, 태블릿, 스마트TV 등 스마트기기
전달 방향성	· 단방향, 일방성 · 콘텐츠 제공자 → 사용자	· 양방향, 사용자 주문형 · 콘텐츠 제공자 ↔ 사용자
시간 의존성	· 시간 제약적, 1회성	· 원하는 시간에 항상 이용
공간 의존성	· 공간 제약(집, 사무실 등)	· 모바일(사용자 위치기반)
표현성	· 텍스트, 이미지 위주의 정보 전달형 미디어	· 동영상, 상호작용 등이 강화된 멀티미디어

앞으로, 스마트폰, 스마트TV 등 다양한 스마트기기를 활용한 스마트 라이프의 가속화로 소위 '스마트사이어티'가 본격적으로 도래

할 것으로 기대되고 있다. 스마트사이어티(Smartciety, Smart+Society 의 합성어)는 스마트폰 등 각종 스마트기기로 대화와 소통이 이루어 지고 업무처리, 학습, 의료진료 등 사회 전반에 스마트기술이 활용 되는 사회를 지칭한다. 스마트사이어티에서 살아가는 스마트 시민은 감성적인 사고방식을 지향하며, 가상공간을 향유하며 간접소유를 선 호하고 공유-개방의 지식개념을 추구한다.

2. 스마트미디어의 테크놀로지 인사이트

스마트미디어는 미디어가 ICT 인프라와 결합하여 시공간 및 기 기 제약 없이 다양한 콘텐츠를 이용자에게 융합적, 지능적으로 전달 할 수 있도록 발전 중인 매체를 총칭한다. 소통의 도구로 사용자와 상호작용이 가능하고, 시간적, 공간적 제약이 없이 융합콘텐츠를 제 공하는 똑똑한 매체이며, 기술발전 트렌드에 따라서 다양하게 진화 하고 있다. 그 대표적인 기술들의 특성을 살펴보면 다음과 같다.

스마트미디어를 대표하는 매체로 단연 손꼽히는 대상은 바로 '스 마트폰'이다. PC 못지않은 성능에 다양한 기능들이 내장되어 우리 에게 가장 필수적이고 친숙한 매체로 활용되고 있다. 그 시작은 1993년으로 거슬러 올라간다. 세계 최초의 스마트폰은 IBM의 '사이 먼(Simon)'이다. 1993년 만들어진 이 스마트폰은 3인치 크기의 감압 식 터치스크린을 사용했고 간단한 기능(계산기, 주소록, 세계 시각, 메모장, 이메일, 전자우편, 팩스 송수신, 게임) 몇 가지가 내장되어 있었다. 다만, 배터리 사용시간이 1시간 정도이면서 가격은 899달러

였던 탓에 큰 인기를 끌지 못했으며, 판매 부진으로 2년 만에 시장에서 사라졌다. 그 이후에도 많은 스마트폰이 등장했지만, 스마트폰을 대표하는 기업과 브랜드라면, 바로 애플의 아이폰을 빼놓을 수 없다. 아이폰의 역사는 단순히 스마트폰의 진화를 넘어 혁신의 역사로 불리며, 스마트폰이라는 단어를 대중화시켰으며, 스마트폰을 모든 IT 기기의 허브(중심)로 탈바꿈시켰다. 이는 아이폰이 역사상 최초의 스마트폰인 IBM의 사이먼을 제치고 '최초의 스마트폰'이면서 '혁신'으로 인식되는 이유이다. 스마트폰은 매번 출시마다 혁신적인 기술들이 장착되어 대중들의 관심을 끌고 있는데, 최근의 기술적 트렌드는 인공지능, 증강현실, 폴더블(foldable) 등의 주로 제4차 산업혁명의 최신기술들과의 융합에 있다.

인공지능, AI(Artificial Intelligence)는 제4차 산업혁명에서 가장 주목받는 기술 중 하나로서, 최근 스마트폰 제조사들이 인공지능 성능을 강화하고 나선 것은 스마트폰 시장이 포화되어 차별화가 시급하기 때문이다. 최근 스마트폰에 적용되는 기술은 '음성'과 '비전'으로 크게 나눌 수 있다. 인공지능의 음성인식기술은 스마트폰에 탑재된 '인공지능 비서' 서비스가 대표적이다. 향후 날씨나 알람과 같은 단순한 기능을 넘어서 음성인식은 더욱 다양하고 복잡한 명령을 수행할 수 있는 방향으로 발전할 것이다. 이러한 관점에서 스마트폰에 인공지능 스피커와 같은 고성능의 음성인식기술을 적용하게 되면, 이동 편의성이 높은 스마트폰의 활용도가 더욱 높아질 것으로 기대된다. 음성 인공지능으로 정보검색뿐만 아니라, 스마트폰의 다양한 기능을 제어할 수 있게 되며, 결제, 배달 등의 생활 서비스도 더욱 편리하게 이용할 수 있다. 최근에는 볼 줄 아는 인공지능에 관한 기술들도 진화하고 있다. 통상적으로 '비전(Vision) AI'라고 불리는데, 비전 인공지능은 고객의 인지능력을 향상해주는 기술로 주목받고 있다. 예컨대, 스마트폰에 장착된 카메라 렌즈로 사진을 찍고, 그 사진에서 원하는 정보를 검색하고, 쇼핑 등 고객들이 일상적으로 활용하는 서비스까지 연계하도록 하는 것이다. 이미지를 검색 키워드로 활용하여 상세 정보를 알려주고, 피사체를 분석하여 가장 최적의 화질 설정 조건을 스스로 찾아내고, 촬영 이미지나 저장된 이미지로 그와 유사한 쇼핑 상품을 찾아주는 서비스 등이 가능하다.

스마트폰이 보급되면서 '증강현실(Augmented Reality, AR)'이라는 용어도 대중적인 기술 용어가 되었다. 스마트폰이 증강현실 기술을 견인했다는 것도 과장은 아니다. 초창기의 모바일 증강현실 기술은 다양하고 무거운 장치를 수반하고 있어 일반 사용자들이 이용하기에는 활용성이 떨어졌지만, 카메라와 여러 센서가 장착된 스마트폰이 급속하게 보급되면서 사용자들이 언제 어디서나 증강현실 기술을 자신의 업무, 일상생활에 쉽게 활용할 수 있게 되었다. 스마트폰에 증강현실을 접목시킨 활용사례는 '포켓몬 고'의 성공으로 잘 알려진 분야인 게임 외에도 우리 일상 곳곳에 들어와 있다. 건축, 교육, 자동차 외에도 의료, 산업, 군사, 방송, 광고, 쇼핑 등 다양한 분야에 적용되고 있다

그동안 스마트폰이라는 디바이스 자체의 형태를 변화시키는 것은 크게 이루어지지 않고 있었는데, 최근에 그 크기를 줄이고 늘일 수 있는, 소위 접을 수 있는 '폴더블(foldable)폰'의 출시로 스마트폰의 혁신적 변화가 기대되고 있다. 폴더블폰은 평소에는 접어서 휴대의 편리성을 높이고, 펼치면 대화면을 통해 화면 크기의 제약을 받았던

다양한 컴퓨팅 기능을 수행할 수 있다. 최근 인기를 얻고 있는 패블 릿폰(phablet phone)은 스마트폰과 태블릿 모두를 원하는 수요를 반 영한 것으로 폴더블폰이 이를 적절히 만족하게 한다면 두 제품의 수 요를 모두 흡수할 가능성도 있다. 다만, 폴더블 스마트폰이 소비자 들의 기대치를 제대로 충족시키지 못할 것이라는 비판63)도 제기되 고 있어 시장의 성장과 개화는 지켜볼 필요가 있는 상황이다.

스마트TV 역시 스마트폰과 함께 스마트미디어를 대표하는 기기 이며 서비스이다. 스마트TV는 여러 정의가 있겠지만, '운영체제(OS) 가 탑재되어 있고 인터넷이 연결되어 다양한 앱과 웹 콘텐츠를 제공 하는 TV'로 정의할 수 있다. TV에 운영체제와 인터넷 접속 기능이 추가되었다는 것은 TV가 이전과 같이 방송프로그램 재생과 같은 고 정된 기능만을 수행하는 것이 아니라 새로운 기능을 외부로부터 공 급받아 자유롭게 추가해 구현할 수 있게 되었다는 것을 의미한다. 물론 기존에 가지고 있는 기능이 더 이상 필요 없게 되었다면 이를 삭제하는 것도 언제든지 가능하다. 즉, 스마트TV는 기존 TV와 달리 그 기능을 이용자(또는 스마트TV 플랫폼 사업자)가 무한히 확장할 수 있다. 스마트TV의 가장 큰 특징 중의 하나는 별도의 셋톱박스를 설치하지 않고 케이블, IPTV, 위성방송 가입자가 아니더라도 다양 한 방송/영상 콘텐츠를 즐길 수 있다는 것이다. 스마트TV를 켜면 앱 또는 위젯 형태의 다양한 아이콘이 등장하고, 사용자는 아이콘을

---

63) 그중 무엇보다도 화면 손상에 대한 우려가 크다. 오늘날의 기술로는 폴더블 디스플레이 가 굽힘 점에서만 구부러진다. 그리고 화면을 굽힐 때마다 매우 비싼 디바이스들이 약 해지고 기능 수명이 짧아진다. 그리고 플렉스파이처럼 화면이 외부에 있으면 깨지기 쉬 운 화면이 손상에 노출되고 보호 케이스를 추가할 방법이 없다. 앞뒤에 디스플레이가 있더라도 휴대폰을 내려놓는 것만으로도 손상이 가속화될 수 있다.

선택하여 원하는 콘텐츠를 이용할 수 있다.

스마트TV는 인터넷과 TV의 결합을 바탕으로 이용자 친화적 멀티모달(Multimodal: 사람과 기계 간 통신을 위해 음성, 키보드, 펜을 이용해 정보 주고받기) 인터페이스로 화면을 제어하고, N스크린을 통해 방송형, 통신형, 방송 통신 융합형, 컴퓨터형 서비스를 제공하는 CPTN(Contents, Platform, Terminal, Network) 개념을 구현할 수 있다. 스마트TV에서는 이용자의 이용 패턴 정보를 TV에 누적하여 이용자의 특성에 알맞게 최적화시킨 '이용자 적응형' 서비스까지 제공되기 때문에 이용자 맞춤형 스마트 광고도 개발할 수 있다.

스마트TV는 초고속망 보급에 따른 웹 기술의 고도화 및 개방성 확대, 그리고 댁내 외에서의 다양한 콘텐츠 및 서비스에 대한 소비 활동이 증가하면서 등장한 IPTV, 커넥티드 TV, OTT(Over-The-Top) 서비스의 진화 버전으로 볼 수 있다. 일부 인터넷 콘텐츠에 대한 수동적 소비만을 제공했던 IPTV와 커넥티드 TV의 한계를 극복하기 위해 스마트TV는 인터넷 풀브라우징 기능을 수용함으로써 방송과 통신의 융합을 촉진하고, TV 고유의 린백(Lean- Back) 서비스는 물론 다양한 린포워드(Lean-Forward) 서비스를 함께 제공함으로써, 시청자의 능동적 소비를 유도하고 있다. 또한, 이용자의 다양한 소비 욕구를 충족시키기 위해 기존 OTT 서비스를 적극적으로 수용하고 TV 앱스토어 및 미디어 마켓을 통한 다양한 서비스 및 콘텐츠 제공을 추진하고 있다.

<기존 TV 서비스와 스마트TV와의 비교>

	케이블TV	IPTV	스마트TV
선로	TV 동축케이블	인터넷	TV 동축케이블+인터넷
제공업체	지역 케이블TV 사업자	지역 인터넷 사업자	제조사 및 지역 인터넷 사업자
수신기기	셋톱박스	셋톱박스	셋톱박스(스마트TV 내장)
서비스 형태	방송 채널 선택 (단방향 or 양방향)	VOD, 인터넷 서핑 등(양방향)	특정 앱을 통한 멀티미디어 콘텐츠 활용(양방향)
이용요금	주로 정액제, 채널 수에 따라 별도 부가	주로 정액제, 유료 콘텐츠 이용에 따라 별도 부가	유료 앱 이용에 따라 별도 부가
특징	기본 TV에 가장 근접한 서비스 형태	인터넷과 접목된 다양한 양방향 부가 서비스 가능	앱 설치/활용을 통한 탈-TV 기능 제공

다만, 스마트TV에 대한 단점도 제기되고 있다. 스마트TV는 복잡하게 융합되어 있다. 수용자, 생산자, 사업자 차원에서도 경계가 복잡하게 얽혀 있다. 콘텐츠의 다양성과 규모 면에서 정의하기에도 어려움이 있다. 또한, 스마트TV는 개별화된 서비스를 제공하기 때문에 사용자 선호와 프라이버시 노출 문제가 제기될 수 있다. 그리고 보편적인 대중 전달 매체로서 보편적 시청권의 보장이나 공영성 구현이 어렵다는 지적도 받고 있다. 기존 TV에 대한 혁신성을 보여주기 어렵고 공익성과 공공성의 가치를 구현하기 힘들기 때문이다.

전술한 스마트폰, 스마트TV 외에도 스마트패드라는 디바이스도 스마트미디어 생태계를 구성하는 중요한 구성요인이다. 가장 성공적 스마트패드라고 일컬어지는 아이패드(iPad)를 만들어 낸 애플의 스티브 잡스는 스마트패드를 '스마트폰과 노트북 사이에 위치하게 될 새로운 개념의 제품'이라고 소개하였다.

스마트패드는 터치 인터페이스를 기본으로 한다는 점에서 태블릿 PC와 동일하나 태블릿PC와는 달리 키보드는 가상키보드를 이용하고 필요시 블루투스 등을 이용한 외부 키보드를 이용할 수 있다. 크기는 9.7인치에서부터 5인치까지 다양한 사이즈의 스마트패드가 존재하며, 사이즈에 따라 편차가 있으나 기존의 태블릿PC나 노트북들에 비한다면 휴대성이 강조되고 있다. 기존에는 PC용 운영체제를 축소한 방식이었다면 스마트패드는 스마트폰 등의 모바일 OS를 확장한 방식이라고 볼 수 있다. 그에 따라 배터리 소모량이 적어져서 사용시간이 그만큼 늘게 되었다. 이러한 특징으로 인해 작고 휴대가 간편하며 터치 인터페이스를 이용해서 쉽고 편하게 사용할 수 있고 장시간 구동시킬 수 있는 스마트패드가 나타나게 된 것이다.

스마트패드와 유사한 태블릿PC의 등장은 벌써 오래되었으나, 시장에 제대로 안착하지 못한 것에 비하면 스마트패드는 나름대로 비즈니스 영역을 구축하고 있다는 평가이다. 이에 대한 이유로는 태블릿PC와의 차이점도 큰 영향을 끼쳤다. 태블릿PC는 터치패널이지만 사람의 손가락을 마치 펜같이 사용해 왔다. 정밀작업 등의 어려움이 있을 수밖에 없다. 따라서 이를 타개하기 위해 스타일러스 펜이 사용되었는데, 이는 터치패널의 장점을 오히려 축소 시키고 사용성이 떨어지는 결과를 초래했다. 이에 비해 아이패드를 필두로 하는 스마트패드는 여러 손가락을 이용한 멀티 터치를 활용하게 하여 스타일러스 펜이 없어도 손가락을 이용하여 더욱 직관적이면서 다양한 기능을 사용할 수 있게 하였다. 이러한 소위 사용자 중심의 UX를 통한 사용 편의성, 오래가는 배터리, 메모리 기반의 부팅과정 없는 즉각적인 사용, 휴대성 등의 강점으로 인해 N-스크린 시대에 적합한 매체로 스마트패드가 시장에서 큰 관심을 받고 있는 것이다.

3. 콘텐츠, 스마트콘텐츠의 개념 및 특성

'콘텐츠'란 문자, 이미지, 영상, 소리 등의 정보로 이를 제작하고 가공해서 소비자에게 전달하는 상품이라고 정의할 수 있다. 즉 우리 생활에서 사용되는 광범위한 유·무형의 정보 또는 그 내용물이다. 구체적으로 극장용 영화나 비디오 영상, 방송프로그램, 책, 신문, 음악, 게임, 그리고 우리가 매일 이용하는 인터넷의 모든 정보도 콘텐츠가 될 수 있다.

콘텐츠를 구현하는 '플랫폼'은 사전적 의미로는 '강단, 무대, 정거장' 등의 의미이지만 콘텐츠 시대를 맞아 컴퓨터 시스템을 바탕으로 하는 운영체제를 의미하는 것으로도 해석할 수 있다. 콘텐츠는 여러 플랫폼을 통해서 소비자들에게 전달되는데, 방송을 예로 든다면 방송제작의 장비, 송출 시스템의 도구가 플랫폼이 되고 방영되는 프로그램이 콘텐츠라고 할 수 있다. 콘텐츠는 본래 문서, 연설 등의 내용이나 목차, 요지를 뜻하는 말이었지만, ICT 기술이 발전하면서 그 유통경로인 플랫폼이 다변화되어 다양한 콘텐츠가 나타나게 된 것이다. 한편, 콘텐츠라는 개념을 어디에서 먼저 썼느냐에 대해서 학자마다 많은 논의가 있었는데, 대체로 1990년대 유럽에서 'Multimedia Content'라는 말을 쓴 것이 그 효시라는 의견이 많다. 이러한 표현을 국내에서 멀티미디어라는 개념을 제외하고, 콘텐츠라는 용어만 이용하면서 쓰이게 되었다는 것이다.

또한, 콘텐츠는 이렇게도 정의할 수 있다. 바로 '우리에게 텍스트 형태, 또는 시청각 형태로 표현된 미디어를 통해 전달되는 인간의 창의적인 산물로써 그 자체가 경제적이며 문화적인 가치를 가지는 것'이다. 여기서 말하는 경제적, 문화적 가치는 다음과 같이 설명할 수 있다.

- ▶ 경제적 가치: 상품 혹은 서비스로 제공되는 콘텐츠는 돈을 지급하고 구매할 수 있는 가치를 지녀야 함. 만일 영화라면 관객, 드라마라면 시청자, 음악이라면 청취자, 게임이라면 게이머가 해당하는 장르의 콘텐츠를 돈을 지급하고 구매함으로 인해서 가치를 가지게 되는 것임
- ▶ 문화석 가치 : 각 장르의 콘텐츠가 대중문화를 선도한다든지 혹은 오락적인 욕구를 만족해 준다든지 심리적 카타르시스를 제공한다든지, 최근에는 한류 문화를 세계에 알린다든지 등의 문화적인 특질도 지녀야 함

이러한 '콘텐츠'가 중심이 되는 산업이 바로 우리가 흔히 이야기 하는 '콘텐츠산업'이다. 콘텐츠산업은 영화, 게임, 드라마, 애니메이션, 음악 등의 콘텐츠를 기획/제작(스토리와 콘셉트를 창조)하고 유통(미디어 매체를 통해서 소비자, 시청자, 관객 등에게 제공), 소비(무료 혹은 유료의 콘텐츠를 이용)하는 과정과 관련된 서비스를 시행하는 산업(국내문화산업진흥기본법 2조)으로 정의할 수 있다. 실제로 영화의 기획/제작, 유통, 소비와 관계된 제반 산업은 '영화산업(예컨대, 영화제작사, 배급사, CGV와 메가박스 같은 극장 체인, 엔터테인먼트 회사, 관객, 그리고 심지어는 팝콘 회사까지 포함)'이 되는 것이다.

한편, 스마트미디어 시대를 맞아 새롭게 논의되고 있는 개념으로

서 '스마트콘텐츠'가 있다. 스마트콘텐츠는 스마트기기(스마트폰, 태블릿, 스마트TV 등)와 인터넷의 자원이 결합되어 사용자에게 편익을 제공하는 콘텐츠 서비스라고 정의된다. 혹은 ① 기존 콘텐츠를 혁신기술과 방식을 이용하여 새로운 형식과 내용으로 변화시키고, ② 새로운 전송 및 유통 방식의 변화를 통해, ③ 이용자가 콘텐츠에 접근하는 방식, 즉 새로운 소비행태를 변화시키는 방향으로 진화한 콘텐츠라고 정의하기도 한다.

스마트콘텐츠는 3R을 구현한다. 즉, 실시간(Real-time)으로 무한 정보와 인적 네트워크에 접근(Reach, 소통)하여 시공간적인 한계를 넘어선 실재감(Reality)을 경험하게 해준다. 또한, 스마트콘텐츠는 이용자의 상황(맥락, TPO)을 기반으로 이용자가 원하는 것(Needs Wants Demand)을 정확히 선별하여, 쉽고 빠르고 편리하게 제공하는 똑똑한 서비스이다. '무엇을 소비하느냐?'(What to consume)'가 중요해지고 있는 시대이다. 소비 경험의 입체적 확장, 즉 ASMD (Adaptive Source Multi Device)의 소비시대라고 정의할 수 있다. 하나의 콘텐츠를 각 단말의 특성에 맞게 최적화하여 소비하는 환경이 구축되고 있다. 예컨대, TV로 좋아하는 스포츠 중계를 보면서 스마트폰으로는 경기에 대한 실시간 분석 데이터(볼 점유율, 타율/방어율 등의 다양한 스포츠 관련 정보)를 제공 받는 방식 등의 적극적이고 새로운 경험을 추구하고 창조하는 환경이라고 할 수 있다.[64]

한편, 전 세계적으로 소셜 네트워크의 영향력이 확대되는 가운데 다양한 분야의 콘텐츠에 소셜적인 요소가 가미되는 현상이 지속될

---

64) 김원제 · 송해룡. 2015. 앞의 책. 참고

것으로 전망된다. 특히 콘텐츠 소비 과정에서 소셜 네트워크 서비스
(SNS)를 동시에 이용하거나 콘텐츠 소비(consumption)행위를 SNS
를 통해 지인과 공유하고 TV 시청 중 SNS 사용을 유도하는 경향이
보편화 되고 있다. 이를 흔히 소셜 TV라고 일컫는다. 소셜 TV는
TV(내지 방송) 콘텐츠와 소셜 미디어콘텐츠를 함께 이용해 TV 시
청 자체를 소셜한 것으로 만드는 것이며, TV를 시청하면서 시청 중
인 콘텐츠와 관련한 의견이나 감정 등을 같은 공간에 있지 않은 다
른 사람들과 소셜미디어를 통해 서로 표현하고 소통하는 매체이다.
시청자늘은 소셜미디어를 통해 자신이 시청 중인 콘텐츠에 관한 거
대한 실시간 대화에 참여하고 자신이 그런 대화의 일부가 되는 것을
배우고 있으며, 이것은 개인화된 문화나 참여적 문화의 하나로 발전
하고 있다. 이를 통해 시청자들은 TV 시청 경험을 더욱 향상하는
효과를 얻을 수 있을 뿐만 아니라, 소셜 TV 서비스가 시청자와 시
청자를 연결하고, 프로그램 제작자, 광고주, 여론 조사자들이 시청자
들과 상호 작용할 수 있는 방법을 제시하기도 한다. 결국, 소셜 TV
를 포함하여 SNS 내에서 이루어지는 콘텐츠의 소셜적 소비는 결국
소셜 네트워크 플랫폼이 콘텐츠 소비의 장이자 온라인 콘텐츠 유통
플랫폼으로 진화하고 있다는 것을 단적으로 보여주는 근거라고 할
수 있다.

시간성	동일한 콘텐츠라도 신속하게 제공
편재성	언제 어디서나 콘텐츠를 소비할 수 있는 유비쿼터스 환경 제공 (U-Screen 등)
경험성	혁신적인 기술을 이용하여 이용자의 오감과 상호작용하는 혁신적인 콘텐츠
접근성	편리하고 손쉽고 안전하게 이용 가능한 콘텐츠 소유보다는 콘텐츠에 접근할 수 있는 권리
참여성	이용자가 스스로 생성하고 제작하고 통제
상호작용성	모든 혁신이 관계 측면에서 오는 환경에서 개인 간 또는 콘텐츠 간 상호작용하는 콘텐츠 제공
연결성	스트리밍, 클라우드 컴퓨팅 등 실시간으로 콘텐츠가 항상 연결되어 업데이트되는 환경
개인화	개인의 니즈에 최적화된 맞춤형 콘텐츠 제공 나만의 것을 제공

출처: 김대호 외(2018), p. 45.

실상 스마트콘텐츠는 콘텐츠 자체가 스마트하고 가치 있는 것이라기보다는 기존 콘텐츠를 스마트하게 창조하고 분배하고 소비하도록 만드는 것이라고 정의하는 것이 적절하다. 단말기와 플랫폼과 관계없이 콘텐츠가 변환되는 수준을 넘어 각각의 환경에 최적화되고 개별화된 콘텐츠를 편리하고 신속하게 제공한다. 또한, 이용자의 이용 환경과 맥락 환경에 맞춰 제공되어야 하며 이를 위해서는 콘텐츠를 둘러싼 구현 환경과 방식이 스마트해져야 할 것이다. 콘텐츠를 스마트하게 하는 데에 가장 중요한 요소는 개발자나 제작자의 의도가 아닌 이용자의 소비행태나 잠재되어있는 이용의 니즈를 파악하는 것이다.

미래의 콘텐츠산업은 콘텐츠만을 제공해서는 수익을 내기가 어려울 것이며, 복사하기 어려운 차별화된 콘텐츠 제공 역량을 갖추어야

---

65) 김대호 외. 콘텐츠. 서울 커뮤니케이션북스. 2013. 참고.

하며, 이를 위해서는 소비자들에 대한 철저한 이해가 필요하다. 무엇보다도 콘텐츠 스마트화의 핵심은 바로 소비자들의 숨겨진 의도이다. 모든 제품 중 20%는 기존 개발자의 의도와는 전혀 다른 용도로 사용된다는 조사가 발표된 적이 있다. 제품이 어떻게 사용되어야 하는지를 생각하기보다는 이 제품을 소비자들이 어떻게 사용하는지에 대한 관찰이 필요할 것이다. 왜냐하면, 소비자는 개발자가 의도하지 않은 전혀 새로운 방법으로 콘텐츠를 이용, 소비할 수 있기 때문이다.

스마트미디어 환경의 도래에 따라 세분된 개인들의 특화된 수요 만족과 콘덴츠 생산과성에 대한 개인들의 자발적인 참여가 강조되는 구조가 소수에 의해 정형화된 콘텐츠 생산과 다수에 의한 획일적 소비를 기본 메커니즘으로 하는 올드 미디어 패러다임을 대체해가고 있다. 따라서 스마트미디어 환경은 이용자가 정보창출과정에 자발적으로 참여하고 창출된 정보를 개방적인 환경에서 상호공유하며, 이 과정에서 집단지성이 구축되고, 이렇게 구축된 다양한 콘텐츠 중 자신이 원하는 것을 선택할 수 있게 한다.

스마트미디어 환경에서 콘텐츠는 수많은 플랫폼에 떠돌아다니며 자유롭게 호환되어야 하고, 이러한 콘텐츠의 생산은 특별한 주체가 있는 것이 아니라, 내가 될 수 있고, 너도 될 수 있는 개인 생산이 주를 이룰 것으로 전망된다. 즉, 콘텐츠의 생산자이면서 동시에 유통자, 소비자가 될 수 있는 진정한 의미에서의 프로슈머(prosumer)가 확산될 것이고, 이러한 현상은 양방향성을 극대화하여 집단지성을 이끌게 된다. 개방된 콘텐츠는 개방된 플랫폼에서 자유롭게 소비된다.[66]

---

66) 심용운. 스마트생태계. 서울 커뮤니케이션북스. 2015. 참고.

4. 스마트미디어 시대와 콘텐츠 소비특성

스마트폰을 중심으로 한 스마트미디어는 정치, 사회, 문화 등 거의 모든 영역에서의 스마트 빅뱅을 만들고 있다고 해도 과언이 아니다. 예컨대, 선거 과정과 사회운동에서 스마트폰 이용자들이 주도하는 스마트 정치참여, 모바일 액티비즘이 사회변혁의 한 흐름을 생성하고 있고, 스마트미디어의 고이동성, 실시간성 등으로 인해 사회적 소통 양식이나 문화콘텐츠 소비 방식에서도 과거에는 찾아보기 힘들 정도로 다양하고 역동적인 변화가 나타나고 있다. 스마트미디어의 영향력이 우리의 삶 곳곳에 깊은 영향력을 주면서 '스마트 라이프스타일'이라는 신조어도 크게 낯설지 않게 들리고 있다.

테크놀로지는 극적으로 우리가 생활하고 일하고 커뮤니케이션하는 방식을 포함하여 세상과 상호작용하는 방식을 빠르게 변화시킨다. 소셜미디어를 통해 친구에 탭을 유지하는 것에서부터 온라인 쇼핑에 따라 매장에서 줄을 건너뛰는 것까지 기술은 지속해서 우리의 일상습관을 변화시키고 있다. 사실 면대면 상호작용은 전자적 상호작용으로 대체되고 있다. 그리고 디지털 풍경은 웨어러블과 커넥티드 자동차 기술 등 디지털 기기의 새로운 물결로 인해서 보다 혼잡해지고 있다. 미디어 산업 역시 텔레비전, 인터넷TV, 스마트폰, PC, 태블릿, 게임 콘솔을 비롯한 디지털 디바이스와 액세스 포인트의 확산 덕분에 새로운 혁명을 경험하고 있다. 디바이스와 포맷을 기준으로 한 전통적인 경계들이 무너지면서 하나의 디바이스에 국한되었던 콘텐츠가 이제는 여러 플랫폼에 걸쳐 전달될 수 있는 것이다. 하지만 그 플랫폼의 중심에 스마트폰 등 스마트미디어 기기들의 영향력을 무시할 수 없는 상황이다.

실제로 스마트폰 등 스마트미디어는 기존 대중매체의 파급력, 영향력, 대중친화력을 거의 모두 대체하고 있다. 매년 발표되는 방송통신위원회/정보통신정책연구원의 <방송 매체 이용행태조사>에서는 그러한 경향을 더욱 분명하게 확인할 수 있다. 2018년 발표된 <방송매체 이용행태조사>에서는 2015년 조사부터 TV를 제치고 일상생활의 필수 매체로 부상한 스마트폰의 중요도(57.2%)가 2017년(56.4%) 대비 증가했지만, TV의 중요도(37.3%)는 2011년부터 감소세를 보이는 것으로 나타났다. 특히, 연령이 낮을수록 스마트폰 필수 매체선택이 높게 나타났는데, 40대 이상에서 스마트폰을 필수 매체로 선택한 비율도 매년 지속해서 증가하여 스마트폰의 영향력이 고연령대로 확산 중인 것을 확인할 수 있다. 실제로 2018년 조사에서는 일상생활에서 필수 매체는 스마트폰(57.2%), TV(37.3%), PC/노트북(3.6%) 등의 순으로 스마트폰이 TV보다 상당 수준 높게 나타났다. 심지어 TV를 이용하면서도 스마트폰을 이용하는 소위 매체의 멀티유즈 경향도 보였는데, 실제로 TV 시청 중 타 매체 이용률에서 가장 높은 빈도를 보인 것은 스마트폰으로 55.2%로 압도적으로 높게나타났다. 이는 방송프로그램 시청 중 SNS, 문자/메신저, 정보검색을 위해서 스마트폰이 가장 빠르고 손쉽게 이용할 수 있는 기기이기때문이다.

미디어 이용의 대체 가설에 따르면 새로운 미디어가 등장하면 이전 미디어의 소비 시간을 대체하게 된다. 미디어를 이용할 수 있는시간은 한정되어 있기 때문에 결국 새로운 미디어를 사용하면 그만큼 기존 미디어 이용시간을 줄이게 된다는 것이다. 미디어 이용 연구 역사를 보더라도 이 가설은 대체로 지지를 받아왔다. 그러나 '스마트'함을 내세운 새로운 미디어는 시간과 공간의 장벽을 무너뜨리고 있다. 미디어를 이용할 수 없던 시간과 공간을 새롭게 만들어냄으로써 대체 가설을 무력화시킨 것이다. 정해진 파이를 나눠 먹는 것이 아니라 새로운 파이를 더 만들어내서 먹게 된 것이다. 스마트 미디어는 생산자에게도 소비자에게도 과거에는 없었던 새로운 종류의 새로운 크기의 파이를 제공하고 있다. 지하철에서 버스에서 길 위에서 사람들은 끊임없이 뉴스를 소비하고 TV 프로그램을 보고 친구들과 소통하고 있다. 이동 중일 때뿐만 아니라 음식점이나 카페, 은행, 도서관과 같은 공간 역시 개인적인 미디어 소비공간으로 변하고 있다. 공적 공간을 사적 공간화하여 개인에 따라 저마다 다른 콘텐츠를 원하는 대로 이용하고 있는 것이다. 특히, 스마트폰은 공적인 공간을 완벽하게 사유화할 수 있는 장치로 기능하고 있다. 이러한 부가적인 미디어 소비는 사적인 공간뿐만 아니라 관계적 공간으로까지 확대되었다. 카페에 함께 온 연인이 커피를 앞두고 서로 스마트폰 삼매경이 빠진다든지, 가족외식에서 고기를 굽는 아버지, 식사를 챙기는 어머니와는 별개의 공간에 있는 듯한 아들과 딸의 스마트폰에 대한 몰입(게임, 채팅, 동영상 감상 등)은 이제 낯선 모습이 아니다. 즉, 과거에는 미디어 이용이 어려웠던 시간, 공간을 뛰어넘어 원하는 콘텐츠를 무한 소비하게 됨으로써 새로운 미디어 소비의 공간과 시간이라는 새로운 파이가 새롭게 생겨난 것이다. 따라서 하나의 미디어 이용시간이 증가하면 다른 미디어 이용시간은 줄어든다는 대체 가설은 폐기될 가능성도 크다. 하나의 미디어를 이용하면서 동시에 다른 미디어를 이용하는 것이 이제는 얼마든지 가능해졌기 때문이다.

한편, 스마트미디어 시대를 사는 한국인들을 DMC미디어[67]에서는 몇 가지 세부 유형으로 분류하였는데, 이를 '한국인의 6가지 디지털 라이프스타일 유형'으로 명명하고 있다. 흔히 라이프스타일은 소비자 개인의 가치관으로 인해 나타나는 다양한 생활양식, 행동 양식, 사고 양식 등의 문화적, 심리적 차이를 구별할 수 있도록 하는 분석법으로 소비자를 이해하고 잠재적인 니즈를 파악할 수 있는 계기를 마련해 줄 수 있다. 디지털 니즈, 구매, 소비 등의 측정항목에 따른 구체적 분류는 다음과 같다.

▶ Digital Single(전체 대비 비중 11.2%): 30대, 1인 가구 계층에서 많이 나타나는 라이프스타일로, 생활의 편리함과 업무의 효율성을 증대시키기 위해 최소한의 경제적 목적으로 디지털 디바이스/미디어를 활용하는 성향이 강함. 또한, 스마트폰을 통한 금융 활동도 활발한 편임

▶ Content-holic(전체 대비 비중 17.2%) : 소셜미디어 애착 성향이 뚜렷하게 나타나며, TV와 영화 같은 동영상 콘텐츠 및 도서(e-Book)콘텐츠 등의 디지털 콘텐츠 소비가 두드러지는 라이프스타일. 디지털 디바이스/미디어의 적극적 활용으로 디지털화 지수가 가장 높음

▶ Heavy Digitalizer(전체 대비 비중 18.8%) : 디지털 라이프스타일에 대한 욕심과 애착이 매우 강한 유형으로, 디지털 디바이

---

67) 국내 디지털 광고 전문기업으로 디지털마케팅 트렌드 분야의 다양한 보고서를 발간하고 있음

스/미디어 중(重)이용자라고 할 수 있을 만큼 관심이 매우 많음. 디지털 콘텐츠 소비 및 인터넷 쇼핑 활동도 가장 활발하게 나타남. 반면, 디지털로 인해 받는 스트레스도 가장 많음

▶ Heavy Distance(전체 대비 비중 21.1%) : 40-50대에서 많이 나타나는 라이프스타일로 디지털과는 거리가 멀며, 디지털 디바이스/미디어로 인해 일상생활 패턴의 변화가 생기는 것을 기피하기 때문에 적극적으로 찾아 이용하려고 하지 않음. 디지털 음악 콘텐츠 이용은 활발한 편임

▶ Need-base(전체 대비 비중 18.1%) : 필요시에만 생활의 편리함을 위해 디지털 디바이스/미디어를 이용하는 평균적인 라이프스타일을 지닌 유형으로 특징적인 모습과 니즈가 없는 중간자적 성향을 나타냄

▶ Dynamic Potential(전체 대비 비중 13.7%) : 스마트폰을 통한 디지털 커뮤니케이션 활동에 매우 적극적이고 활발한 유형으로 이를 통한 사회적 관계구축과 유지에 관심이 많음. 또한, 디지털 얼리어답터 성향이 강하고 활용도 활발하여 향후 디지털 중심 세대로 발전할 가능성이 큼

한편, 미디어의 환경변화에 따라 세대의 특성을 구분하는 연구는 매우 다양하게 지속되어 왔는데, 아날로그 기반의 '베이비붐(Baby Boom)' 이전 세대와 태어날 때부터 디지털 미디어를 학습하면서 자라온 소위 '밀레니얼(Millennials)' 세대는 이제 친숙한 용어가 되었다. 최근에 이 밀레니얼 세대를 세분하려는 연구도 진행되고 있는데, 그중에서도 1995년 이후 출생하여 2000년 초반 정보기술(IT) 붐과

함께 유년 시절부터 디지털 미디어에 노출된 'Z세대(Generation Z)'는 아날로그에 대한 경험이 존재하지 않아 기존 세대와는 차별화된 미디어 수용 가능성을 시사하며 주목받고 있다. 이들 Z세대는 바로 최근의 스마트미디어 환경을 대변하는 대표적인 소비계층이라고 할 수 있다.

1995년 이후 출생한 'Z세대'는 유년기부터 자연스럽게 일상생활 전반에 디지털 기기들을 사용해 온 세대로, PC/모바일 디바이스 사용법을 의도적으로 학습한 이전 세대와는 상이한 미디어 이용행태를 나타내고 있다. 이들은 TV 이용률이 전 세대를 통틀어 가장 낮고, '디지털 원주민(Digital Native)'으로 불리는 'Y세대'보다도 1시간 이상 많은 시간을 스마트폰 등 모바일 기기에 투자하고 있다. Z세대는 여러 플랫폼에서 동시다발적으로 다양한 활동을 한다. 인스타그램으로는 그들이 지향하는 모습으로 꾸며 보여주고, 스냅챗으로는 그들의 현실적이고 인간미 있는 모습을 보여주려 하고, 트위터에서는 수시로 올라오는 뉴스를 접하며, 페이스북에서는 여러 방면의 정보를 모은다. 멀티플랫폼을 활용하는 것이다. TV보다는 유튜브 등의 동영상 플랫폼을 통해 콘텐츠를 향유하는 경향이 크며, 심지어는 검색서비스도 유튜브에서 활용하는 경우가 빈번하다. Z세대는 TV에서 보여주는 방송프로그램을 소비했던 과거 세대와 달리, 라이브방송에 참여하거나 직접 영상을 제작하는 등 적극적인 '크리에이터'로 나서고 있다. 이러한 측면에서 볼 때, Z세대는 기존 콘텐츠를 스마트하게 창조하고 분배하고 소비하도록 만드는 '스마트콘텐츠' 시대의 기조와 가장 적합한 세대라고 할 수 있다.

5. 스마트미디어 시대의 그늘과 과제

최근 디지털기술의 혁신, 새로운 문명의 도래로 인한 미증유의 변화가 시작되고 있다. 이는 IoT, 빅데이터, AI 등과 같은 파괴적 기술에 의한 제4차 산업혁명 시대로 대변될 수 있다. 제4차 산업혁명을 다른 말로 표현하면 초(超)스마트 사회(Society 5.0)라고 할 수 있다. 이에 일본 정부에서는 오래전부터 수렵사회, 농경사회, 공업사회, 정보사회를 거쳐 초스마트 사회가 오고 있다고 전망하고 있다. 초스마트 사회는 정보기술의 발전으로 사회 전체가 사이버공간과 물리적 공간이 융합되는 사회로 현재의 우리가 목도하고 있는 스마트혁명 시대의 확장된 버전이라고 할 수 있다. 그 핵심은 연령과 성별, 지역과 언어의 차이를 초월해 모든 사람이 질 높은 서비스를 받아 쾌적하게 살 수 있는 사회를 의미한다.

하지만, 향후 도래할 초스마트 사회가 우리에게 장밋빛 미래의 시나리오만 선사해 줄 것이라고 예단하기는 어렵다. 언제 어디서나 네트워크로 연결되고, 미디어 소비에 있어 공간과 시간의 제약이 없는, 그리고 몰입감과 실재감이 뛰어난 콘텐츠와 서비스를 향유 할 수 있는 등의 긍정적 측면의 이면에 가려진 문제점들도 지적되고 있기 때문이다.

우선, 스마트미디어 환경의 도래로 인해 해결되리라 믿었던 미디어 격차의 '해소'가 오히려 격차의 '확성'으로 바뀔 수 있다는 우려가 제기된다. 스마트미디어 환경은 디지털 네트워크에 유무선으로 다중 접근이 가능하며 상시 연결이 구현되는 초연결사회라고 할 수 있다. 이에 독립적 운영체제(OS)에 기초하여 운영되던 PC가 소멸하고 서버 컴퓨터에 리소스를 의존하는 네트워크 기반의 리모트 컴퓨팅 환경이 도래하여 연결을 통해서 정보와 자원이 공유되는 연결 의존적 현상을 낳고 있다. 이제 연결성은 스마트 사회의 유지에 있어서 필수적 요소이다. 휴대용 단말기를 통한 이동성이 시간과 공간을 재구성하면서 이를 이용하는 사람들은 삶의 효율을 높일 수 있게 되었다. 하지만 이러한 효율이 모두에게 공평하고 돌아가고 있느냐는 물음이 제기될 수 있다. 실제로 커뮤니케이션 기술에 대한 접근 여부에 따라 더욱 많은 이익과 혜택을 누리는 이들이 있는 반면, 다른 한편에서는 그로부터 소외되는 사람들이 등장하기 마련이다. 이는 단순하게 접근의 문제가 아니라 '이용'의 차이와 관련한 이차 격차로 이어질 수 있다. 스마트 환경에서 이러한 모습을 더욱 분명하게 확인할 수 있다. 특히, 스마트 환경은 단일미디어 환경이 아니고 다중 미디어 환경을 특징으로 하고 있다. 이용자가 특정한 기기와 서비스에 종속되는 것이 아니고 다양한 기기와 채널을 넘나들면서 정보, 지식, 콘텐츠를 얻고 생산하기 위해 다중적 접근을 하게 되는데, 이용자들의 접근 능력에 따라서 이용의 양적, 질적 차이가 생겨나게 된다. 또한, 네트워크의 연결을 기반으로 하는 스마트 환경에서는 정보와 지식 그리고 콘텐츠의 활용과 향유에 있어서 타인과 공유하고 확산하는 이용능력 역시 중요해지고 있다. 결국, 스마트 환경에서의 디지털 격차의 문제는 단순한 지식 격차의 문제라기보다는 사회에서 기술을 활용해서 이루어야 할 다양한 사회적 참여와 지위의 획득 문제와 연결된다. 이러한 능력들에 대해서 특히, 전통적인 정보 취약계층(고령자, 장애인, 저소득계층 등)들의 사회적 배제(social exclusion)의 문제가 더욱 심각해질 가능성이 제기되고 있다.

스마트미디어 시대의 도래로 선택의 기회는 더욱 많아지는 것 같지만 오히려 콘텐츠 소비의 선택이 더욱 어려워지는 즉, 마치 '콘텐츠 안개' 속에 있는 것처럼 이용자가 원하는 것을 과거보다 찾기가 더 어려워졌다는 콘텐츠 스모그(contents smog)현상에 대한 지적도 있다. 이미 우리는 스마트폰 등 모바일 기기의 보급, SNS 이용의 일반화 등 정보통신기술의 발달이 야기한 콘텐츠의 폭발적 증가로 콘텐츠 스모그 시대에 진입하고 있다. 너무 많은 콘텐츠가 시장에서 경쟁하고 있어 오히려 소비자들의 선택이 과거보다 더욱 어렵고 난해해질 수 있다는 의미이기도 하다. 이를 해결하는 방안으로 콘텐츠 큐레이션(curation)[68]에 대한 가치가 더욱 높아질 수 있다. 마치 박물관의 큐레이터가 전시물을 선별하듯이 소비자에게 맞춤형 콘텐츠를 제공하는 것이다. 이는 곧 상품과 콘텐츠의 과잉 속에서 헤매고 있는 햄릿 증후군[69]에 걸린 소비자들이 많아진다는 이야기이다.

또한, 스마트미디어 시대에는 중독의 문제가 더욱 심화 될 수 있다는 우려도 제기할 수 있다. 흔히 '중독'이라는 용어는 전통적으로 약물중독을 의미하는 말로 쓰여 왔으며, 생리적인 의존성과 내성, 중단할 경우 나타나는 불안과 초조 등의 금단증상에 따른 사회적, 직업적 손상이 동반된 병리 현상을 함축하는 용어로 사용되어왔다.

---

68) 큐레이션 서비스란 사용자들의 이용행태 등을 빅데이터로 분석해 취향에 맞는 콘텐츠를 추천해주는 것을 말한다. 특히 최근의 콘텐츠 큐레이션은 사용자가 특정 콘텐츠를 찾아다닐 필요가 없이 인공지능을 통해 각종 콘텐츠를 추천하기 때문에 그 플랫폼에 머무르는 시간이 많아져 매출을 높이는데 매우 중요하다.

69) 흔히 결정 장애 사회현상을 '햄릿 증후군(Hamlet Syndrome)'이라 일컫고 있다. 1989년에 처음 명명된 이 증후군은 선택의 갈림길에서 무엇을 선택할지 잘 몰라서 고통스러워하는 심리상태를 앓고 있는 사람들이 많이 늘어난 데에서 기인한 말이다. 윌리엄 셰익스피어의 희곡 <햄릿>의 주인공처럼 결정을 빨리 내리지 못하고 오랫동안 고민하는 사람들이 사회현상이라 불릴 만큼 만연해 있다.

하지만 최근에는 중독에 대한 범위가 더욱 넓어지고 있으며, 인터넷이나 스마트폰, SNS 중독 등과 같은 개념을 포함한 소위 '디지털중독(digital addiction)'이 중요하게 논의되고 있다. 보통 디지털중독이라고 하면, 일상생활을 수행하는데 곤란할 정도로 컴퓨터, 인터넷, 스마트폰 등을 과도하게 사용하는 장애를 가리키는 것으로 좀 더 분명하게는 '디지털중독 장애(digital addiction disorder)'라고 일컫는다. 다양한 플랫폼을 통해 언제, 어디서나 쉽게 콘텐츠를 향유할 수 있는 스마트미디어 환경이 도래함에 따라 이러한 중독의 문제는 더욱 심각해질 가능성이 있다. 특히, 스마트미디어에서 구현되는 게임, 영화, 방송과 같은 영상 콘텐츠들의 실재감, 몰입감, 상호작용성의 수준이 더욱 높아지면서 어린이, 청소년 등의 중독 취약계층에 대한 우려도 제기되는 것이 현실이다.

스마트미디어 시대의 특징으로 인한 개인 정보의 보호 문제, 프라이버시 침해 문제도 제기될 수 있다. 스마트미디어 시대는 다양한 정보들을 큰 제약 없이 언제 어디서나 활용하는 시대이다. 스마트미디어를 통해서 다른 사람이 제공하는 정보를 편리하게 이용하는 시대이고, 스마트미디어를 통해서 내 정보를 다른 사람들에게도 스스럼없이 제공하는 시대이다. 이는 곧 내 정보가 누구에게 흘러 들어가는지 알기 어렵다는 역설적인 상황을 초래하기도 한다. 나 혼자 알고 싶은 정보, 다른 사람에게 감추고 싶은 정보, 심지어는 스스로 인지하지 못한 내 정보가 다른 사람 사이에서 흘러 다니는 경우를 배제할 수 없다. 이는 스마트미디어가 갖는 본질적인 속성이기 때문이다. 최근 스마트TV에 대한 해킹 이슈는 이러한 스마트미디어의 개인 정보유출의 취약성에 대한 경종을 울리는 사례였다. 실제로

CIA는 2014년 영국 국내정보국(MI5)과 함께 개발한 일명 '우는 천사(영국 드라마 '닥터 후'에 등장하는 외계 종족)'라는 악성코드로 스마트TV를 해킹한 뒤 TV가 꺼진 것처럼 위장하고 일상 대화를 녹음했다. 사용자가 TV 전원을 끄더라도 빨간 불빛과 화면만 꺼지고 녹음은 계속된다. 아예 전력 연결을 끊지 않는 한 녹음을 막을 수 없는 것으로 알려졌다. 스마트TV뿐만 아니라, 스마트폰, 스마트패드 등도 모두 공격 대상이 될 수 있다. 앞으로 스마트미디어 시대에서는 편리성을 제고하는 것 못지않게 위험성을 줄이는 것 역시 중요한 과제가 될 것이다.

6. 논의 및 제언

스마트폰으로 대표되는 스마트미디어는 도구 미디어가 아니라 물, 공기와 같은 환경 미디어의 역할을 하고 있다. 이렇게 환경 미디어로서 스마트미디어가 삶의 중요한 부분이 되어가는 상황에서 새로운 수용자를 지칭하는 개념이 미래학자들을 중심으로 최근 제시되고 있다. 바로 포노사피엔스라는 용어이다. 용어 자체에서도 느낄 수 있지만, 대표적인 스마트미디어인 스마트폰과 분리하기 어려운 용어이다. 휴대폰을 뜻하는 'Phono'와 생각, 지성을 뜻하는 'Sapiens'의 합성어인 '포노사피엔스(PhonoSapiens)'란 '생각하는 사람'이라는 의미의 호모 사피엔스(Homo Sapiens)를 빗댄 말이기도 하다. 흔히, 포노사피엔스는 스마트폰과 같은 스마트미디어 없이 생활하는 것을 힘들어하는 세대, 불가능한 세대를 의미한다. 新종족인 포노사피엔스는 2015년 영국의 주간지 이코노미스트의 '스마트폰의 행성'(Planet of the phones)이라는 제하의 특집기사에서 언급되었다. 2016년 20억쯤 되는 포노사피엔스가 2020년에는 60억으로 증가하리라는 예측되고 있다. 아마도 전 세계적인 스마트폰 등 스마트미디어의 보급률의 폭발적인 증가는 이러한 수치가 허상이 아님을 보여주는 근거가 아닐 수 없다. 이들 포노사피엔스 세대는 SNS를 통한 대인관계 형성은 물론이고, 금융과 학습, 여가와 취미 생활에 이르기까지 삶의 광범위한 영역을 변화시켜 나가고 있다. 비단 개인의 삶뿐만 아니라 비즈니스 구조에도 강력한 영향력을 발휘하고 있다. 모바일 전자상거래의 유통 규모가 대형마트도 제쳐버릴 만큼 월등히 커졌으며, 주요 광고매체였던 TV나 라디오가 이젠 그 자리를 모바일에게 속속 넘겨주고 있는 것이 그 중요한 근거이다.

그러나, 포노사피엔스들이 살아갈 스마트시대를 밝은 청사진으로 포장할 수 있는 것은 아니다. 늘 기술이 추동하는 사회변화의 긍정적 이면에는 잠재적이고 치명적 리스크도 도사리고 있음을 간과해서는 안 된다. 이러한 관점에서 볼 때, 미디어기술의 발전과정에서 인간은 어떠한 선택을 해 왔는가? 그리고 어떠한 선택을 할 때 테크놀로지 발전의 긍정적 효과를 기대할 수 있을까? 라는 질문은 앞으로 진정한 의미의 스마트미디어 시대를 여는 데 있어서 중요한 과제가 될 것이다.

그동안 스마트폰을 비롯한 스마트미디어가 추동한 일상적 변화가 우리가 사회구조의 변화를 예측할 수 있는 지식을 체계화하는 것보다는 빨랐다는 것은 인정해야 할 부분이다. 이에 우리는 철학적, 사회적 고민이 부족한 상황에서 시장구조, 소비변화, 삶의 편리 등에 대한 실용적인 해답들을 먼저 제시하도록 요구받아왔다. 이제는 그에 대한 속도 조절을 해야 할 시기이다. 이 원고의 질문인 '스마트 콘텐츠는 향유 환경을 자유롭게 하는가?'에 대한 응답도 이제 체계적이고 심도 있는 연구를 통해 더욱 세밀하게 제기해야 한다. 앞서 지적한 현실문제의 탐색을 넘어서 다양한 대안 모색이 요구되는 것이다.

| 참고문헌 |

김대호 외(2013). 콘텐츠. 커뮤니케이션북스.

김동욱 외(2012). 다가온 미래 스마트 라이프. 삼인.

김동욱 외(2015). 스마트시대의 위험과 대응방안. 나남.

김병희 · 소현진 · 이희복(2015). 소셜미디어 시대의 광고. 커뮤니케이션북스.

김원제 · 송해룡(2015). 미디어콘텐츠, 창조기획과 스마트 비즈니스. 한국학술
정보.

박상철 · 이승엽(2014). 스마트TV. 커뮤니케이션북스.

방송통신위원회(2019). 2018 방송 매체 이용행태조사.

송해룡 · 조항민(2015). 디지털미디어 시대 리스크 현실과 진단. 한국학술정보.

신재용(2011. 2. 25). 의료 분야에 아이패드 등의 스마트패드 활용방안. 정보
통신산업진흥원
(http://www.itfind.or.kr/WZIN/jugidong/1484/file58313-148402.pdf).

심용운(2015). 스마트생태계. 커뮤니케이션북스.

안태근(2014). 문화콘텐츠 기획과 제작. 스토리하우스.

조항민 · 김찬원(2016). 과학기술, 첨단의 10대 리스크. 커뮤니케이션북스.

DMC미디어(2017). 2017 디지털 소비자와 디지털 라이프스타일 분석보고서.

LG경제연구원(2010). 2020 새로운 미래가 온다. 한스미디어.

제12장

미디어스포츠의 존재 양식은 어떻게 진화하고 있는가?

김원제

1. 미디어스포츠의 개념 및 속성

현대사회에서 소비 욕구는 '볼거리 가치'로 발전하고 있는데, 여기에는 미디어의 보급 확대가 결정적인 기여를 하고 있다. 스포츠는 미디어에 의해 광범위하게 노출되며 미디어 또한 이에 의해 안정적인 자금확보가 가능하다. 결국, 현대 스포츠는 미디어를 매개로 한 볼거리로서 사람들의 소비 대상으로 자리하게 되고 이는 스포츠의 산업화를 동반했다.

스포츠 문화와 미디어 문화는 서로 결합하는 모습을 보여 왔다. 미디어는 스포츠 뉴스를 중요한 저널리즘 활동으로 삼았고 스포츠는 미디어를 통해 대중과 커뮤니케이션을 한다. 이처럼 스포츠와 미디어는 서로를 필요로 하고 상호 의존적인 공생(symbiosis) 관계를 형성했다. 공생 관계는 텔레비전과의 결합에서 두드러진다. 스포츠가 텔레비전과 결합하면서 TV 스포츠 방송은 단순한 스포츠에 관한 객관적 뉴스 보도가 아니라 스포츠 그 자체가 되었고, 스포츠에 대해 텔레비전은 그 존립의 근거가 되어 버린 것이다.

신문의 스포츠면 증대, 스포츠 신문의 급속한 성장, 라디오와 TV의 즉각적인 스포츠 중계방송, 스포츠 전문잡지의 다양화, 케이블

TV의 스포츠 전문채널 등장 등은 스포츠와 미디어의 관계를 잘 보여주고 있다. 이러한 관계와 현상을 지칭하는 서술어로 '미디어스포츠(Mediasport)'라는 개념은 매우 타당한 용어가 된다.

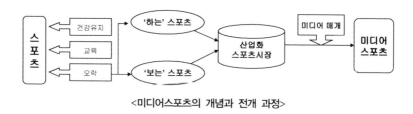

<미디어스포츠의 개념과 전개 과정>

미디어에 의한 스포츠의 매개(mediation of sport), 즉 미디어에 의해 중재된 스포츠(mediated sport) 현상을 통칭해 미디어스포츠라는 개념으로 정리된다. 이로써 미디어스포츠라는 개념은 스포츠와 다양한 미디어가 문화와 상호작용하면서 작동하는 양식으로 자리한다. 이 개념은 웨너(Wenner, 1998)가 『미디어스포츠(Mediasport)』라는 저서에서 "스포츠와 커뮤니케이션 간의 문화적 융합(fusion)의 결과"를 설명하면서 정립된 개념이다.

일반적으로 스포츠는 그 자체가 메시지를 지니고 있으며 인간 상호 간의 의사를 교환하는 체계이기 때문에 매스미디어와 관계를 유지함으로써 스포츠 팬에게 간접적으로 전달되고 있다. 미디어스포츠는 현장 경기 활동이 아닌 텔레비전, 라디오, 신문, 잡지(최근에는 인터넷) 등과 같은 미디어를 통해 간접적으로 스포츠 팬에게 전달되는 스포츠에 관한 지식과 정보 그리고 경기 진행 모습 등을 의미한다. 미디어스포츠는 현장에서 직접 스포츠 경기를 관람할 수 없는 스포츠 팬에게 간접적으로 미디어를 통해 스포츠를 즐길 수 있는 스포츠 팬의 확보와 스포츠 미디어의 구독·시청량을 증가하도록 촉진하는 역할을 수행하고 있다. 따라서 미디어를 통해 간접적으로 스포츠 팬에게 전달되는 스포츠에 관한 지식이나 정보 그리고 게임 실황 등의 모든 메시지 측면을 미디어스포츠라 정의할 수 있겠다.

결국, 미디어스포츠는 미디어를 통해 간접적으로 스포츠 팬에게 전달되는 스포츠에 관한 지식이나 정보 그리고 경기 장면 등의 모든 메시지에 관련된 것을 의미하며, 미디어와 스포츠의 결합물로 생겨난 개념이다. 즉 미디어스포츠라는 용어는 사회의 지배적인 가치와 문화를 일반 대중에게 전달하는 매스미디어가 스포츠를 중요한 콘텐츠로 다루면서 출현한 것으로 간주한다.

스포츠가 소수 엘리트 집단의 전유물이 아니라 국민 대다수 건강과 삶의 질의 중요한 부분으로 위치하는 대중 스포츠의 특징을 갖게 되면서 매스미디어와 불가분의 관계를 갖게 되었으며, 그 결과 미디어스포츠가 등장하게 되었다. 미디어스포츠의 발달은 미디어와 스포츠의 공생 관계에 따라 이루어진 것이다. 이러한 개념 인식이 중요한 이유는, 미디어스포츠가 구성해 낸 메시지는 일반 대중의 현실 속에 투영되어 실천됨으로써 스포츠 사회화와 스포츠 담론을 형성할 뿐만 아니라 그것을 실천하는 데도 많은 영향을 끼치기 때문이다.

매스미디어의 등장으로 스포츠는 19세기 아마추어 여가 참여 활동에서 19세기 후반 관람 중심의 기술과 비즈니스로 전환되었다. 올림픽의 성격 변화가 대표적인 예다. 쿠베르탱이 재현한 올림픽은 초기 10여 년간 상업적 후원 없이 순수한 아마추어 정신을 반영했다.

그러나 1차 세계대전 이후 미디어의 대중화로 올림픽이 국제적 이벤트로 자리하기 시작했고, 공공 기관의 후원 역할을 개최 도시가 떠맡다가 이내 TV 시청료와 기업 스폰서들이 재정 지원을 떠맡게 된다. 20세기 중반부터 올림픽 게임 중계권이 매매되기 시작했으며, 이로써 상업적 올림픽이 스포츠의 대세가 된다. 급기야 'TV가 중계하지 않는다면 게임을 할 수 없다(NO TV, NO GAME)'라는 상황이 초래되었다. 1991년 1월 걸프전 때 미국 프로 풋볼리그 커미셔너들이 한 말이다. 전 세계가 CNN의 뉴스에 집중하는 와중에도 부시 내통령은 병사들의 사기를 북돋우려고 전장에서도 슈퍼볼을 볼 수 있게 하라고 지시했다. 슈퍼볼 다음 날, 신문엔 전쟁이 벌어지고 있는 상황인데도 위성중계를 보며 즐거워하는 미군들의 모습이 큼지막하게 실렸다. 걸프전 종군 미국 기자는 780명이었고, 슈퍼볼 취재 기자는 무려 2,200명에 달했다. 스포츠는 TV 없인 존재할 수 없는 것이다.

1980년대까지만 해도 스포츠는 신문의 뉴스나 방송의 중계·보도 프로그램의 소재로 기능하는 정도였다. 그러다 1980년대 말이 되자 스포츠가 신문의 구독률과 방송의 시청률에 영향을 미치는 위상으로 격상되었고, 1990년대 이후 하나의 콘텐츠로 자리 잡기 시작하면서 스포츠가 재원적 가치를 갖게 되기에 이른다. 그리고 최근에는 스포츠가 새로운 비즈니스의 가능성을 제시하는 벤처 기업적 가치를 갖는 경향을 보인다.

오늘날 스포츠는 하나의 쇼로 현시화된 오락이며 인포테인먼트 (infortainment) 욕구를 사회적으로 높여 주는 콘텐츠 요인이 된다. 최근의 오락은 여러 가지 데이터가 함께하는 모습으로 급변했다. 스포츠는 데이터와 함께하는 오락의 특성이 있는 것이다. 이 부분이 바로 스포츠가 멀티미디어와 접합하는 지점이다. 최근 스포츠는 미디어·엔터테인먼트 기업 등 연예오락 산업과 수직적 통합을 이루고 있다. 이들 기업이 스포츠에 주목하는 이유는 스포츠의 콘텐츠로서 기능, 그리고 예측 가능한 시장성(시청률) 때문이다. 다른 장르보다 스포츠가 시청률 예상이 용이하며, 투자에 따른 위험부담이 적은 편이다. 따라서 스포츠야말로 가장 안전한 투자 수익이 보장되는 콘텐츠인 것이다. 이미 스포츠는 디지털 환경에서 가장 활발한 영역으로 자리 잡고 있다. 스포츠 스타 동호회, 스포츠 사이트의 급증은 스포츠가 사이버 세계에서 공동체와 비즈니스를 연결시키는 콘텐츠적 성격을 갖고 있음을 증명해 보이고 있다. 또한, 스마트미디어 환경의 진화에 따라 이동 중 영상화된 콘텐츠 소비가 증가하고 있으며, 스포츠는 가장 유력한 콘텐츠로 부상하고 있다.

오늘날 스포츠는 '일상생활의 문화'로 받아들여지는데, 그 배경에는 '미디어 매개(media mediation)'라는 기제가 작동한다. 미디어에 의한 스포츠의 매개(mediation of sport), 즉 미디어에 의해 중재된 스포츠(mediated sport)라는 개념으로 '미디어스포츠(mediasports)'라는 용어가 성립한다. 미디어스포츠는 현장 경기 활동이 아닌 TV, 라디오, 신문, 잡지, 인터넷, DMB 등과 같은 미디어를 통해 간접적으로 스포츠팬에게 전달되는 스포츠에 관한 지식과 정보 그리고 경기 진행 모습 등을 포괄한다. 이로써 미디어스포츠는 스포츠와 수용자 삶을 매개하는 커뮤니케이션 과정이자 문화적 현상으로 자리한다.

2. 디지털 스마트 환경과 미디어스포츠의 진화

디지털, 스마트 환경에서 스포츠는 어떠한 모습으로 다가오는가? 스마트미디어 환경은 우리 사회 제반 분야에 혁명적 변화를 초래하고 있는데, 미디어스포츠 분야에도 상당한 영향을 미치고 있다.

우선 디지털 방송, 위성방송, IPTV 등 스마트미디어 환경에서도 스포츠는 킬러 콘텐츠로 기능하면서 그 위용을 더해 가고 있다는 점은 고무적이다. 스포츠 전문채널이 넘쳐난다. 지상파의 자회사와 종목별 채널이 즐비하고, 인터넷 포털과 농영상 사이트, 협회와 기관의 홈페이지 등 스포츠 영상은 우리네 일상생활에 널리 퍼져있다. N스크린 환경의 부상으로 시청률이 분산되어 드라마 등 대다수 장르가 시청률을 담보하지 못하는 상황에서도 스포츠는 여전히 킬러 콘텐츠 역할을 수행한다.

스마트미디어 환경에서 스포츠는 최적의 콘텐츠로 부각되고 있다. 이는 스포츠의 사회적·경제적 위상이 지속해서 증대되고, 스마트미디어 환경에서 스포츠 콘텐츠의 상품 경쟁력이 강화됨을 의미한다. 스포츠 시청이 TV를 통해서 '단지 멀리서 보는 것'에서 실제로 '현장에 있는 것같이 느끼는 것'으로 변하여, 디지털 신기술의 수혜를 가장 잘 이용할 수 있는 미디어콘텐츠가 되는 것이다.

스마트미디어 환경에서 미디어스포츠는 스포츠 관람자의 역할과 참여자의 역할을 통합하면서 개별 수용자의 스케줄과 욕구에 맞추어 주는 맞춤형으로 변화되고 있다. 기술 발달이 좀 더 많은 프로그램화 방법을 제공하고 시청자들에게 더 많은 선택권을 부여해 준 덕분이다.

스마트미디어 환경의 진화에 따라 스포츠는 상품 가치가 높은 콘텐츠로 급부상하고 있다. 올림픽, 월드컵 등 다양한 스포츠 대회가 방송과 인터넷, 그리고 IPTV와 같은 신규 미디어를 통해 중계되면서 킬러 콘텐츠로서 범주를 확대하고 있다. 스포츠가 콘텐츠 상품적 가치를 구현해 내는 독특한 의미를 부여받고 있는 것이다.

이에 '스포츠 콘텐츠'라는 개념이 강화되면서 새로운 콘텐츠 시장을 형성해 가고 있다. 라디오와 TV의 초기 도입에서 방송 시장을 형성시킨 요인이 스포츠 프로그램이었던 것처럼, 이제 스포츠 콘텐츠는 다양한 미디어의 시장 확대와 콘텐츠 비즈니스를 결정하는 중요한 요인으로 작용하고 있다. 특히 스마트미디어 환경에서 스포츠는 최적의 콘텐츠로 부각되고 있다. 이는 스포츠의 사회적·경제적 위상이 지속해서 증대되고, 스마트미디어 환경에서 스포츠 콘텐츠의 상품 경쟁력이 강화됨을 의미한다. 스포츠 시청이 TV를 통해서 '단지 멀리서 보는 것'에서 실제로 '현장에 있는 것같이 느끼는 것'으로 변하여, 디지털 신기술의 수혜를 가장 잘 이용할 수 있는 미디어 콘텐츠가 되는 것이다. 시청자는 가상현실 기술에 의해 경기장 관객이 되기도 하고, 때론 사이버 선수가 되기도 하여 자신의 선택에 따른 능동적 연출을 하면서 즐기기도 한다.

스마트미디어 시대에 스포츠는 시간적·공간적 제약을 탈피한 스포츠이며, 스포츠에 관한 다양한 정보가 온라인에서 정리, 가공, 보급되어 가상공간에서 즐길 수 있는 스포츠로 진화한다. 이러한 상황은 새로운 가능성을 열어준다.

1) 스포츠 이벤트 중계 방식의 진화

IPTV와 위성을 통한 스포츠 콘텐츠의 다양화, 인터넷 속도의 증가, 스마트폰의 보급 등 스마트미디어 기기의 일상화는 TV 수상기를 통해 실시간으로 중계를 관람하던 스포츠 중계의 전형적 모습을 바꾸고 있다. 스포츠 채널(플랫폼)의 다양화가 이루어지고 있는바, 특히 특정 매체에 국한되지 않는 다양한 플랫폼을 통해 스포츠의 중계·보도 행위가 이루어지고 있다. 즉, 전통 매체인 지상파 시청에서 모바일 앱, 웹, IPTV 등 다양한 플랫폼으로 시청의 접섬이 넓어지고 있다. 이용자들이 원하는 시간과 공간에서 언제든 접속할 수 있는 스마트미디어는 대체재라기보다 TV와 같은 기존 미디어와 같이 사용하는 보완재의 개념으로 더욱 활발하게 쓰인다.

디지털 방송 전환과 뉴미디어의 확산 등 기술적 발달로 좀 더 선명하고 생동감 있는 중계가 가능한 상황이다. 실제로 CG, 3D, VR 등 시공의 한계를 뛰어넘는 중계 방식도 보편화하고 있다. 그뿐만 아니라 빅데이터를 활용한 방대하고 정확한 분석도 가능해지고 있다.

ESPN은 실제(real-life) 앵커와 비디오게임에 사용되는 그래픽을 합성하여 경기를 중계하는 시스템을 선보였다. 컴퓨터가 만들어 낸 가상의 풋볼 선수들로 구성된 이미지 화면에 해설자의 이미지를 합성하고, 이 화면을 통해 가정의 시청자에게 생생한 비주얼이 더해진 해설을 제공하는 방식이다. ESPN은 게임 개발 회사 EA와 함께 경기 중계에 ESPN의 해설자들과 3차원 가상 영상으로 만들어진 선수들의 생생한 상호작용을 실제인 것처럼 보이도록 하는 이 기술을 준비해 왔다.

미디어 융합이 가속하고 있는 상황에서 텔레비전 콘텐츠 또한 비디오게임과의 융합이 이루어지고 있다. ESPN이 도입하기로 한 새로운 기술은 스포츠 중계에 상호작용성(interactivity)과 유연성(flexibility)을 더하면서 텔레비전을 통해 비디오게임을 보는 듯한 느낌과 시각적 감성을 불러일으킨다.

다양한 컴퓨터 그래픽 지원은 스포츠 중계의 흥미도와 몰입도를 증가시켜 준다. 분석적·총체적 경험이 가능하기 때문이다.

2014년 브라질월드컵은 역사상 가장 디지털화되고 스마트한 축구 대회로 평가되었다. 공이 골라인을 통과하면 곧바로 주심 시계로 진동음이 전달되는 골라인 판독기를 도입하여 혹시 발생할지도 모를 오심에 대비, 프랑스 대 온두라스의 조별 경기에서 공이 골라인을 넘었는지 여부를 처음으로 판단했다. 컨트롤-4D는 14개의 고속 카메라를 사용해 골의 미세한 움직임과 동선을 잡아내며, 카메라는 초당 500장의 이미지를 촬영했다. 골 추적 알고리즘을 활용해 골라인 근처 5mm까지 측정하며, 골이 들어간 장면을 자동으로 포착한 카메라는 1초 이내에 심판이 차고 있는 시계로 '골'이라는 판독 결과를 전달한다.

VR은 스포츠 중계 분야에서 가장 주목받고 있는 기술 중 하나다. 스포츠팬이라면 누구나 선호하는 '직관(직접 관람)'에 가까운 중계 경험을 제공할 수 있기 때문이다.

인텔(Intel)은 지난 2017년 3월, 터너스포츠(Turner Sports), CBS 스포츠(CBS Sports) 등 방송사 두 곳과 파트너십을 맺고 미국 대학 농구리그(NCAA) 경기들을 VR로 중계해 왔다. 해당 중계는 '마치 매드니스 라이브 VR(March Madness Live VR)'이라는 명칭의 앱을 통해 180도 영상으로 제공되었다. 인텔은 이어 2017년 5월, 7월, 11월, 각각 북미 골프 주관단체 PGA 투어(PGA Tour)와 미국 프로야구리그(MLB), 그리고 미국 프로농구리그(NBA)와 파트너십을 맺고 해당 경기들을 VR 생중계했다. 인텔은 2018년 평창동계올림픽에서 OBS와 협력하여 개막식과 30개 경기를 생중계했다. 또한, 인텔은 2024년까지 올림픽의 공식 VR 경험 제공 파트너로서 활동할 방침이다.

출처: https://www.ncaa.com

<인텔이 제공하는 VR 앱 중계방송>

영국 방송사 BBC도 VR을 활용한 스포츠 생중계를 시도한 바 있다. 2018년 러시아 월드컵 기간 동안 33개 경기를 VR 앱으로 중계한 것이다. 하지만 해당 앱이 제공한 것은 완전한 의미의 VR 생중

계라 보긴 어렵다. 해당 앱이 VR로 구현된 가상공간에서 실제 경기 중계는 텔레비전과 같은 2D 화면으로 제공된다. 쉽게 말해, 시청자는 VR 헤드셋에서 앱을 구동시켜와 같은 가상공간을 만나게 되고, 그 안에서 대형 TV를 보는 듯한 시청 경험을 제공받게 된다. BBC가 VR의 고질적 문제인 멀미감 유발 등을 방지하기 위한 선택이었다는 분석도 있다.

미국 프로농구팀인 LA 클리퍼스는 최근 인공지능(AI) 기술 기반 스타트업인 세컨드 스펙트럼(Second Spectrum)과 제휴해, '코트 비전(CourtVision)'이라는 새로운 서비스를 출시했다. 코트 비전은 AR과 AI, 컴퓨터 비전 기술을 총체적으로 활용한 중계 서비스다. 해당 서비스는 총 3가지의 기능을 제공하는데, 각각 그 명칭은 '코치 모드(Coach Mode)', '플레이어 모드(Player Mode)', '마스코트 모드(Mascot Mode)'이다. '코치 모드'는 사용자가 시청 중인 경기 장면에 각 선수의 이름과 실시간 통계가 AR 이미지로 구현된다. 이때 통계에는 패스 성공률, 리바운드 성공률 등이 포함된다. '플레이어 모드'는 선수별로 이동 경로를 AR 애니메이션으로 표현해주고, 슛 성공률을 실시간으로 표시해 준다. '마스코트 모드'는 선수의 동작에 애니메이션으로 특수 효과를 삽입해 준다. 예를 들어, 선수가 슛을 시도하는 순간, 농구 골대에는 스파크 이미지가 등장하는 식이다.

또한, 최근에는 스포츠 중계에서도 새로운 콘텐츠 포맷들이 시도되고 있는데, 편파 중계가 대표적이다. 이는 스마트미디어의 확산으로 기존 방송 포맷에서는 볼 수 없었던 새로운 포맷이다. 캐스터, 해설자가 특정팀을 편파적으로 편을 들며, 자기가 원하는 구단을 편파적으로 응원하면서 동시에 SNS 등을 통해 실시간으로 커뮤니케이선함으로써 스포츠 중계가 엔터테인먼트, 쇼 비즈니스의 대상으로 자리하는 것이다.

2) 스포츠 콘텐츠 이용 경험의 진화

2012년 런던올림픽은 '소셜림픽(Socialympics)'으로 불리며 소셜 미디어 혁명을 견인했다.

런던올림픽 공식 홈페이지(www.london2012.com)에는 소셜림픽을 즐길 수 있도록 모바일 애플리케이션 두 가지가 소개되었다. 공식 홈페이지에 소개된 앱은 '2012 조인 인(2012 Join in)', '2012 리절트 앱(2012 Results App)'. '2012 조인 인'은 개·폐막식을 비롯, 런던을 포함한 영국 곳곳에서 일어나는 올림픽 관련 이벤트를 소개했다. '2012 리절트 앱'은 올림픽경기 결과를 실시간으로 제공했다. 또 경기 일정과 종목 세부 설명, 메달 집계, 선수 프로필도 담았으며, 특정 국가를 선택해 관련 뉴스와 정보를 따로 받아볼 수 있게 해 주었다.

소셜미디어를 활용한 스포츠 소비는 스마트미디어 확산과 비례하며 폭발적으로 증가하고 있다. 이용자들은 원하는 시간과 공간에서 언제든 접속, 대체재라기보다 TV와 같은 기존 미디어와 같이 사용하는 보완재의 개념으로 더욱 활발하게 사용하고 있다.

2012년 미국 슈퍼볼 시청 행태를 조사한 결과, TV 외에 스마트폰, 태블릿PC 등을 통해 웹사이트에 접속하거나 SNS를 이용해 본 이용자가 큰 폭으로 증가한 것으로 나타났다.

물론 스포츠는 여전히 라이브(live)의 묘미를 즐길 수 있는 프로그램이다. 각본 없는 드라마의 특성을 가진 스포츠 콘텐츠는 특히 생중계(live)로 시청하는 비중이 대단히 높은 장르인 것이다.

스마트미디어를 통한 스포츠 중계·보도가 보편화하면서 이용자의 적극적 참여가 강화되고 있다. 특히 SNS를 활용한 실시간 양방향 커뮤니케이션은 미디어, 구단, 이용자 모두에게 새로운 커뮤니케이션 행태를 제공한다. 각종 이벤트, 정보, 소식 등을 교류하는 소통의 장으로 기능하고 있다.

스포츠 팬들은 스마트폰을 이용하여 경기장의 서비스들을 더욱 효율적으로 이용할 수 있다. 미국 야구팬이라면, '야구장에서(At The Ballpark)'라는 모바일 앱으로 티켓을 바로 구매할 수 있고, GPS 기능을 이용해 구장의 위치와 이동 경로 및 주차 정보를 제공받을 수 있다. 또한, 야구장에서 진행되는 할인이나 구단 이벤트에 실시간으로 참여 가능하며, 음료수와 스낵 등을 현금이나 신용카드 없이 편리하게 주문하고 결제할 수 있다. 그뿐만 아니라 이 앱에서는 경기 하이라이트 영상과 선수들 응원가 같은 콘텐츠를 감상할 수 있고 SNS와 연동되어 경기장의 경험을 디지털화(Digital experience in game)해 공유할 수 있다. 이러한 서비스들은 팬들에게 야구장의 감동을 온라인에서도 그대로 간직할 수 있도록 도와준다.

스마트 환경은 응원 문화에 새로운 재미를 더해 준다. 올레TV는 멀티미디어 환경을 이용한 '편파 야구 중계' 서비스를 제공하고 있는데, 자신이 응원하는 팀에 유리한 중계를 하는 방송을 직접 선택할 수 있는 것이 특징이다. 스마트폰에서 IPTV까지 멀티 디바이스를 지원하기 때문에 야구팬들은 응원하는 구단을 중심으로 경기장에서부터 가정에서까지 이전과 다른 차원의 야구 경험을 얻는다.

스마트 환경에서 시청자는 가상현실 기술에 의해 경기장 관객이 되기도 하고, 때론 사이버 선수가 되기도 하여 자신의 선택에 따른 능동적 연출을 하면서 즐기게 되어 새로운 스포츠 프로그램 팬을 형성하게 된다. 3차원 영상 정보와 입체음향 그리고 냄새까지 제공해 소규모 관중이 마치 실지 경기장에서 경기를 관람하는 것 같은 느낌을 준다. 가상 스타디움(virtual stadium)·가상공간에서 자신이 실제로 스포츠를 하는 것 같은 느낌을 제공하는 사이버 스포츠 게임, 체력 진단·평가·처방을 가상공간에서 받아 거주 공간에서 수행하는 사이버 피트니스, 사이버 캐릭터에 의해 필요한 기술을 지도받는 사이버 스포츠 레슨 등도 가능하다.

열혈 스포츠 팬들은 좋아하는 팀의 소식, 스코어(score), 다양한 게임 정보를 얻고, 서로 팀과 경기에 대해 커뮤니케이션하기 위해 스마트폰·태블릿PC 등 스마트미디어에 더욱더 열정적인 경향을 보인다. 게임 스코어를 확인하기 위해서도 스마트미디어가 활발하게 활용된다.

3) 스포츠 콘텐츠 비즈니스의 기대와 과제

지상파 중심의 스포츠 채널이 온라인·모바일 채널 확대로 다변화하고 있다. 기존 스포츠 콘텐츠는 스마트미디어, SNS와 결합하여 새로운 가치를 생성하는바 수용자 피드백 활성화, 스포츠 중계·보도의 생명인 리얼타임(real-time) 강화 등의 현상이 나타났다.

다양한 스포츠 종목과 IT, 바이오 기술 등의 만남으로 스포츠 테크놀로지(ST: Sports Technology)가 확산했고, 최근엔 IT와 VR 기술을 적용해 기존 스포츠 경기를 실내에서 즐기는 체감형 스포츠가 증가하고 있다. 체감형 스포츠는 공간적·신체적 제약으로 스포츠나 체육 활동을 직접 할 수 없는 사람에게 실제 경기와 같이 체감하며 스포츠를 즐길 수 있도록 가상의 스포츠 환경을 제공하는 것을 말한다.

스포츠 산업에서 IT는 경기의 판정 및 기록뿐만 아니라, 선수에 대한 체계적이고 과학적인 훈련 데이터를 제공하여 경기력 향상 등에 크게 기여해 왔다. 일반인의 체력 측정에서부터 건강 상태 모니터링, 심박 수 체크와 운동량 계산, 체형 관리, 다이어트를 위한 운동 목표 설정 및 관리 등에 활용되고 있는데, 나이키 플러스[70]나 U 피트니스센터의 체력 관리 시스템 등이 그 예다. U 피트니스는 스포츠센터 내의 모든 운동 장비를 정교한 센서망을 통해 고객별로 운동량을 철저히 관리하는 지능형 헬스 시스템이다.

메이저리그에서는 한 시즌당 약 10테라 바이트[71]에 이르는 방대한 기록이 발생한다. 이와 같이 야구는 경기 데이터를 통계학적으로 분석해 실제 경기에 적용할 수 있는 스포츠다. 빅데이터 분석기술과 스마트기기는 팬들이 야구 통계를 손쉽게 이용하여 실제 경기에 참여하는 듯한 생동감 넘치는 경험을 제공해 준다.

빅데이터 기술을 활용한 다양한 야구 경기 예측 프로그램은 선수들의 경기 활약 데이터를 선별해 보여주고, 시뮬레이션 기능을 통해 상황별 경기 예상치를 제공한다. 치열한 수 싸움을 벌이는 투수와

---

70) 설정한 운동 목표를 측정해 관리할 수 있다. 애플과 나이키가 합작해 개발한 제품으로 목표의 절반 지점이나 종료 시점을 음성으로 알려 주고 세부 기록도 아이팟, 아이폰 화면에서 확인할 수 있다.

71) 기억 용량을 나타내는 정보량의 단위. 1테라 바이트는 1,024기가 바이트(GB)에 해당하며, 대용량 기억 장치의 단위를 나타낼 때 사용한다

타자의 승부에서 야구팬들은 스마트기기의 경기 분석 앱을 통해 두 선수의 역대 전적 데이터를 파악하고, 투수가 던질 수 있는 투구와 타자의 타구 방향을 예측할 수 있다. 또한, 팬들은 자신의 경기 분석을 실시간으로 다른 팬들과 공유하고 경기 결과 일치 여부에 따라 포인트화해 경쟁할 수 있다. 즉, 야구 경기 관람에 게이미피케이션 (Gamification) 요소가 가미됨으로써 더욱 많은 팬의 참여를 끌어내고 있다.

콘텐츠 비즈니스 차원에서 보면 스포츠 게임은 블루오션으로 자리한 지 오래다. 스포츠 게임은 게임 산업 전체에서 10% 이상의 비중을 차지한다. 야구, 축구, 테니스, 골프 등 스포츠 시뮬레이션 게임이 인기다.

IT와 VR 기술을 적용하여 경기를 실내에서 즐기는 체감형 스포츠의 대표인 골프 시뮬레이션 시스템(스크린 골프)도 관심을 끈다. 실제 골프장을 가상현실로 꾸며 실제 라운드하는 느낌을 갖게 하여 필드에서와 같은 골프의 즐거움을 저렴한 시간과 비용으로 충족시켜 주는 시스템이다. 스윙 속도와 사용 클럽에 따른 실제 비거리를 알 수 있을 뿐만 아니라 스윙 분석 데이터를 활용하면 스윙 교정 및 맞춤 클럽을 위한 자료로 활용할 수 있다.

이러한 성장의 배경에는 시뮬레이션 기술이 있다. 이 기술이 스포츠와 접목하면서 관련 분야의 성장이 촉진된 것이다. 그동안 시간・거리・비용 측면에서 제한적일 수밖에 없었던 골프에 대한 접근성을 높여, 재미있고 사실감 있게 즐길 수 있는 새로운 스포츠 문화를 낳았다.

스마트 디바이스와 모바일 콘텐츠들은 팬들이 입체적으로 야구 경기를 즐길 수 있게 해 준다. '앳 배트(At Bat)'라는 모바일 앱은 경기 중 투구 궤적 및 타구 방향 데이터를 3차원 그래픽으로 입체화해 모바일로 제공하고 있다. 마이크로소프트가 특허 등록한 스마트 안경은 렌즈 위에 그라운드 위 플레이어들의 기록 등을 증강현실을 통해 보여주는 기능을 제공할 것이다.

모바일 앱을 활용한 스포츠 소비도 활발하다. 앱스토어와 플레이마켓 등의 오픈마켓에서는 스포츠와 '건강&피트니스' 카테고리를 별도로 분류하고 있다. 주로 스포츠 카테고리에서는 경기 결과나 커뮤니티, 응원, 스포츠 레슨, 쇼핑, 예매 등의 서비스가 인기를 모으고 있다.

스포츠가 일상생활 속에 밀접하게 연관되고 하나의 문화로 진화하면서 건강 및 피트니스 관련 애플리케이션에 대한 요구도 높아지고 있다. 주로 다이어트나 요가, 스트레칭 등의 운동 관련 정보와 레슨, 칼로리 다이어리, 명상, 숙면, 신체 측정 등의 앱이 인기다.

스포츠는 더욱 미디어·팬 친화적인 형태로 진화할 것으로 기대된다. 스포츠 정보제공 애플리케이션의 인기로 연맹·구단을 중심으로 팬과의 소통을 위한 애플리케이션 제작이 증가했다. KBO는 애플리케이션 출시를 통해 실시간 문자중계, 경기장 정보 및 날씨, 일정 및 결과, 팀-선수 순위, 팀-선수 기록, 뉴스 등을 제공하고 있다. SK 와이번스, 두산 베어스, 한화 이글스, 롯데 자이언츠 등의 야구단은 각 구단 애플리케이션을 통해 실시간 스코어 정보를 제공하고 있다.

미국의 야구장에서는 팬들이 스마트폰으로 이용하는 서비스 콘텐츠 기록들을 실시간으로 수집·활용하여 맞춤화된 서비스를 제공하고 있다. 메이저리그의 야구단들은 애플의 패스북(Passbook)을 통해 디지털 야구 티켓을 판매한다. 그리고 고객의 성별, 나이, 주문 시간 대와 같은 모든 기록을 디지털화해 저장하고 활용한다. 예를 들어, 생일이나 결혼기념일 같은 특별한 날에 입장한 관객들을 파악하여 이들을 위한 경기장 이벤트를 진행하거나, 팬들의 티켓 구매 기록이나 좌석 위치를 분석하여 티켓 가격을 다양화하는 등 팬들이 경기를 효율적으로 관람할 수 있는 환경을 제공하고 있다.

한편 야구팬들은 투수와 타자 중심으로만 방송되는 야구 중계에서 벗어나 선수들의 심리상태, 더그아웃 모습, 팬들의 다양한 반응 같은 경기장의 역동적인 분위기를 감상하고 싶어 한다. 미국 텍사스 레인저스(Texas Rangers) 구단은 이와 같은 팬들의 니즈를 만족시키기 위해 구장에 IPTV를 설치하고 야구팬들이 자신이 원하는 방식으로 야구 경기를 감상할 수 있는 서비스를 제공하고 있다. 구단은 야구장에 20여 대의 카메라와 800개의 스크린을 설치하고 동일한 경기 장면을 다양한 각도에서 촬영하여 방송으로 제공하고 있다.

국내 프로야구 시장에서도 KT가 한 화면으로 여러 각도에서 촬영한 그림을 볼 수 있는 '라이브 멀티 앵글 서비스'를 도입해 큰 호응을 얻고 있다. 메이저리그의 멀티 앵글 서비스는 화면당 한 대의 카메라가 사용되지만, 올레TV에서는 5대 이상의 카메라를 연동시켜 역동적인 화면을 전달하고 있으며, 좌석 위치와 관계없이 원하는 시야각이나, 하이라이트를 직접 골라 볼 수 있는 재미를 제공한다. 투수가 투구할 때, 투수 뒤쪽의 중계화면뿐만 아니라 정면 투구 모습을 보여주고 동시에 1루 주자의 움직임을 한 화면에서 볼 수 있다.

스마트미디어 환경에서 뚜렷한 변화 중 하나는 SNS 기반 스포츠 커뮤니케이션이 활발하게 전개되고 있다는 점이다. 급기야 SNS가

스포츠 스타 파워의 측정 도구 기능을 하기도 한다. 우사인 볼트는 페이스북 친구 800만 명, 트위터 팔로어 160만 명을 자랑하며, 쑨양은 중국판 트위터 '웨이보'를 이용하는데 팔로어가 1000만 명에 이른다. 이러한 배경에서 세계 굴지의 브랜드들은 스포츠 스타의 SNS 팔로어 숫자에 지대한 관심을 보인다. 팬들과 지속적 관계를 맺을 수 있는 중요한 광고 도구로 활용하기 위함이다. 올림픽 등에서 높아진 인기와 주목도를 이후에도 계속 유지하느냐에 따라서 광고 재계약이 좌우되기도 한다. SNS 친화형 스포츠 스타의 광고계 러브콜은 끊임없이 이어지고 있는데, 우사인 볼트가 대표 사례다. 우사인 볼트는 스포츠음료 게토레이, 푸마 운동화, 휴블로 시계를 자신의 페이스북에 올리며 홍보 역할을 담당한다. 스마트미디어와 SNS를 활용한 디지털마케팅 분야에서 스포츠는 중요한 매개체로 작동한다.

모바일 애플리케이션과 스포츠 경기가 결합하면 마케팅이 가능하다. 하이네켄의 '스타 플레이어(Star player)' 앱 사례를 보자. UEFA 챔피언스리그 공식 후원사인 하이네켄에서 라이브로 경기를 보면서 경기 결과를 예측할 수 있는 앱을 출시했다. 점수 상황에 대한 예측, 플레이어의 게임 점수를 반영하는 등 전 세계 유저들과 실시간 랭킹 경쟁을 하는 경쟁 제도를 도입했다. 로고와 브랜드 이미지를 친숙하게 노출하는 광고효과를 극대화하고 있다.

SNS와 스포츠 경기 참가의 연동 마케팅도 가능하다. 나이키가 후원한 브라질 러닝 페스티벌 'Corrida SP-Rio' 사례를 보자. 상파울루에서 리우데자네이루까지 팀을 이루어 랠리를 펼치는 경기인데, 참가자들의 나이키 신발에 RFID를 부착해 레이스 도중에 '요가 매트(Like mat)'를 밟으면 페이스북 담벼락에 메시지와 비디오가 자동으로 올라가게 되어 있다. 실제로 러너들의 메시지는 약 290만 명에게 노출되는 효과를 낳았다.

새로운 미디어의 보급·확산, 첨단 테크놀로지의 개발 및 실험, 광고·마케팅 효과, 다양한 비즈니스 분야와 결합 등에서 스포츠 콘텐츠는 여전히 비즈니스 위상을 담보한다. 특히 스포츠 콘텐츠는 이종·다종 산업과 융·복합해 신규 산업 창출이 가능하다. 스포츠 산업은 미디어 및 관광, 엔터테인먼트 등의 다른 산업과 융·복합해 새로운 비즈니스 기회를 창출할 수 있다. 나이키의 융·복합을 통한 제품 발달 과정은 시사하는 바가 크다.

향후 스포츠-미디어-기업 영역은 더욱 견고히 공생할 것이며, 좀 더 경제적으로 상호 의존적, 다극적 통제 방향으로 진행될 것으로 전망된다. 결국, 콘텐츠 비즈니스 블루오션으로서 가치가 무궁무진하다 하겠다.

한편 스마트미디어 환경에서 미디어스포츠는 스포츠 관람자의 역할과 참여자의 역할을 통합하면서 개별 수용자의 스케줄과 욕구에 맞추어 주는 맞춤형으로 변화되고 있다. 기술적 발전이 좀 더 많은 프로그램화 방법을 제공하고 시청자들에게 좀 더 많은 선택권을 부여해주는 덕분이다.

인터넷에 접근 가능한 사람은 누구나 언제라도 스포츠 하이라이트, 스코어, 정보들에 접근할 수 있다. 스마트미디어 환경은 이전과는 전혀 다른 차원을 열고 있는바, 예컨대 동시방송(simulcasting)이 가능하다. 시청자는 시간 전환(time-shifting) 기술을 활용해 프로그램을 녹화하고 보고 싶을 때 언제든 반복해 시청한다. 이제 소비자들은 선호 목록을 작성할 수 있으며, 테크놀로지는 그 프로그램들을 찾아준다. 수용자는 생중계 게임이나 이벤트를 잠시 멈추어 두고, 하던 일로 돌아와 그쳤던 활동을 할 수 있다. 상호작용하는 컴퓨터 기술은 스포츠 관전의 경험을 구경꾼들과 참여자들이 각각 별개의 역할을 하나로 결합시키기 위한 잠재적 가능성을 제공한다. 결국, 스포츠의 디지털화는 상호작용성을 강화함으로써 수용자에게 좀 더 많은 선택과 기회를 제공, 능동적인 이용자 개념을 담보한다.

　그러나 한편으로 이러한 상황은 소비자이자 팬, 시청자인 우리가 스포츠에 더 큰 비용을 지급해야 함을 의미한다. 스포츠에서 무료는 없다. 엄밀히 말해 지금껏 무료였던 적은 한 번도 없었다. 따라서 선택의 문제는, 다양한 플랫폼 및 장르의 선택(즉 양적인 면)인 동시에, 유료와 무료의 선택 그리고 스포츠 콘텐츠의 선택(즉 질적인 면)까지를 요구한다. 즉, 우리가 향유하고 즐길 수 있는 스포츠 콘텐츠의 접점이 넓어지고 있지만, 이는 결과론적으로 또 다른 비용의 대가를 요구해야만 즐길 수 있는 아이러니한 상황을 만들게 되는 것이다. 문제는 능동적 가능성에 대한 대가가 스포츠 중계의 시청을 둘러싸고 또 다른 빈익빈 부익부의 문제점을 낳을 수도 있다는 것이다. 예컨대, 국민 관심 행사를 단순히 TV를 통해서 볼 수 있는 집단과 모바일 및 인터넷 매체로 더욱 다양하게 가공된 콘텐츠를 즐길 수 있는 집단 간의 갈등이 표면화될 수 있을 것이다. 큰 비용을 지급한 이용자들에게만 해당 스포츠 중계의 하이라이트, 독점 화면 등을 제공하는 것에 불만의 목소리가 제기될 가능성도 없지 않다.

　새로운 테크놀로지의 도입은 사람들의 영상 시청에 대한 보편적 시청권을 더욱 넓힐 수 있는 긍정적 역할을 할 수도 있으나, 오히려 서비스별 차별화를 부추겨 사업자나 콘텐츠 소비자들의 갈등을 촉발하는 역할을 할 가능성도 있다. 하지만 현재 시점에서 어떠한 점이 더욱 강화되고 약화될 것인지에 대한 해답을 정확하게 내놓기는 어렵다. 따라서 스마트미디어 시대를 맞이하여 미디어스포츠의 새로운 양식에 대한 면밀한 탐색이 요청되는 국면에 있다고 하겠다. 산업적이고 비즈니스적 측면에 경도된 시각이 아니라, 미디어-스포츠-인간·사회의 관계를 좀 더 과학적으로 인식하고, 그 인식 토대에서 미디어스포츠 현상에 대한 심층적 논의가 필요할 것이다.

3. 미디어스포츠의 진화

향후 미디어스포츠의 발전에 따라 미디어와 스포츠의 관계는 어떻게 될 것인가? 그리고 수용자의 모습은 어떻게 변모할 것인가?

향후 미디어와 스포츠는 상호 협력 관계를 좀 더 공고히 해야 할 것으로 기대된다. 스포츠가 발전해야 미디어의 이익도 추구할 수 있고, 미디어의 존재가 담보되어야 스포츠의 진화도 고려할 수 있기 때문이다. 인터넷을 위시한 정보 테크놀로지는 미디어와 스포츠 간 파트너십을 더 공고히 해 줄 것이다. 현재 상황을 보면 미디어 산업과 스포츠 산업이 결합하여 통합하는 양상을 보이는데, 어느 한쪽이 한쪽을 흡수하는 상황도 나타나고 있다. 따라서 향후 미디어와 스포츠는 더욱 견고하게 경제적 차원에서 통합되는 방향으로 나아가겠지만, 그 과정에서 긴장·갈등 관계가 미묘한 양상으로 전개될 것으로 전망된다.

이러한 배경에서 미디어스포츠 소비자로서 우리는 변화를 어떻게 맞이할 것인지에 대해 논의를 준비해야 한다. 점점 미디어의 힘은 확대되고 스포츠의 본래 특성은 약화된다. 미디어스포츠는 자본의 힘을 갖는다. 스포츠의 이상(ideal)을 희구하지만, 스포츠의 변용은 스포츠 자체에 있기보다 스포츠를 다루는 미디어 사회의 제 역학 관계에 있다.

거대 자본은 스포츠를 상업화함으로써 경제적 지배의 수단으로 만들었지만, '붉은악마'는 민족 정체성을 상징화함으로써 월드컵을 문화적 생성과 저항의 장으로 바꿨다. 지배와 저항이 '민족 정체성'을 중심으로 전개되었기 때문에 미디어스포츠 수용자에게 문화적 차이는 줄어들면서 동시에 수용(해석)의 다양성은 늘어나는 복합적 국면을 만들어낸다.

1) 스포츠 문명의 진화

여행, 스포츠, 게임 등 체험형 여가에 대한 사람들의 관심이 높아지고 있다. 체험하기가 번거롭고 넉넉한 시간이 필요했던 수상스키 등 체험형 스포츠들의 인기가 높아지는 것이 이를 방증한다. 최근 스포츠 향유 문화의 변화는 다음과 같은 세 가지 특징으로 설명할 수 있다.

첫째, 스포츠 향유가 자연 지향적으로 변화한다는 것이다. 전통적으로 대도시에 거주하는 사람들은 주로 학교 운동장이나 집 근처 공원 또는 체육관에서 스포츠를 즐겨왔다. 그러나 오늘날 스포츠를 위해 집에서 멀리 떨어진 자연을 찾는 사람들의 수가 현저하게 늘고 있다. 또한, 새로운 자연 스포츠 종목들이 등장하고 있는데, 패러글

라이딩, 바닷가에서 연날리기, 산악자전거 경기, 철인 삼종 경기 등은 비교적 최근에 새로 개발된 자연 스포츠 종목들이다. 이러한 스포츠를 즐기는 사람의 의식 또는 무의식 속에는 탈자연화하는 삶의 공간 속에서 잠시나마 탈피하여 자연으로 돌아가 자연과 일체 되는 경험을 원하는 의지가 담겨 있는 것으로 보인다.

둘째, '보는 스포츠'에서 '즐기는 스포츠'로, 신체 지향적 성향이 더욱 두드러진다는 것이다. 현대 산업사회의 기계화와 자동화 경향은 사회구성원에게 신체 활동의 기회를 제한하는 결과를 가져왔으며, 이로 인해 운동 부족에 시달리는 사람들이 많이 증가하고 있다. 또한, 운동 부족은 여러 의학적 연구에 따라 건강을 해치는 각종 현대병의 주요 원인으로 판명되었다. 이러한 상황에 접하여 신체 운동과 건강 간에 비례적 상관관계가 존재할 것이라는 생각이 자연스럽게 싹틀 수 있는데, 이러한 생각을 토대로 스포츠가 건강에 기여할 것이라는 기대가 가능하게 된다. 따라서 스포츠는 현대인의 의식 속에 운동 부족으로 쇠약해진 신체를 다시 건강하게 만들어주는 치유제로 각인되며, 이로 인한 스포츠의 신체 지향적 성향은 더욱 두드러지고 있다.

셋째, 스포츠 향유가 체험 지향적으로 변화한다는 것이다. 현대사회에서 체험은 점차 높은 가치를 획득하고 있다. 스포츠 역시 이러한 경향에서 벗어날 수 없다. 현대 스포츠에서 체험, 즐거움, 놀이성 등의 강조는 이러한 주장에 대한 증거다. 에로틱한 춤과 섹시한 체조의 등장, 야한 스포츠 복장, 스포츠에서 미적 측면의 강조, 스카이다이빙, 번지점프, 안전장치 없이 수행하는 암벽등반 등은 추구하는 가치가 "지금, 여기"의 체험이라는 점에서 공통점을 가진다. 안전한 미래보다는 짜릿한 이 순간을 체험하고 즐기자는 것이 이러한 스포츠의 최고 목적이다.

이제 스포츠도 경기장 관람이나 TV 시청 등의 소극적인 성격에서 체험 지향적이며 능동적인 성격으로 변하고 있다. 이종격투기와 익스트림 스포츠 그리고 e스포츠 등 다양한 체험형 스포츠의 등장이 그 증거다.

스포츠가 일상생활로 자리매김하고, 자연 지향적인 스포츠 향유 문화가 등장하면서 이러한 체험형 스포츠의 인기는 더욱 높아지고 있다. 또한, 체험·즐거움·놀이성을 강조하는 트렌드와 이를 향유하는 신세대의 등장 그리고 신체 지향적 성향의 강화는 또 다른 변화의 동인들이다. 이종격투기, 익스트림 스포츠와 같은 극한 스포츠에는 강렬한 체험이 있고, 개인적으로만 체험할 수 있는 엄청난 모험의 세계가 존재한다. 이러한 체험과 모험을 통해 자신의 능력을 스스로 증명하고자 하는 욕구가 바로 능동적인 체험형 스포츠의 성장과 진화로 이어지고 있는 것이다.

2) 스포츠, 미디어스포츠, 그리고 아비투스

스포츠는 미디어를 매개로 한 대중적 확산을 거쳐 의미의 변형 과정 또는 정교화 과정을 통해 수용자에게 의미를 형성한다. 미디어기술에 의존하지 않고는 스포츠를 즐기기가 쉽지 않다. 운동장에서 경기에 열중하면서도 득점 장면이나 심한 파울이 발생하면 경기장의 모든 관중은 전광판으로 전달되는 재연 장면을 보는 것은 이제 관습화되었다. 선수와 관중이 환희에 열광하는 모습, 그리고 부상을 당한 고통에 일그러진 선수의 얼굴 등은 TV 화면이나 전광판의 단골 소재가 된다. 여기에 진행자들은 선수 개개인, 감독의 개인사나 국가의 역사 등을 매우 감정적으로 서술하며 축구 경기를 기승전결을 갖춘 한 편의 드라마로 완성시킨다. 이로써 경기는 온갖 인간 군상의 희로애락이 표출되는 한 편의 드라마로서 현실보다 더 현실적으로 우리에게 다가온다. 그런데 미디어는 특정 스포츠를 즐기는 사람들의 의식에 잠재된 의미를 구체적인 형태로 형상화하여 하나의 서사(내러티브)로 구성해 냄으로써 광범위한 수용자에게 확산하는 역할을 담당한다. 이 과정에서 스포츠의 의미는 당대의 의제와 일치하도록 구성되는데, 우리의 경우 축구·골프·마라톤에서 극명하게 드러난다.

스포츠는 미디어와 결합해 미디어스포츠가 됨으로써 '하는 스포츠'에서 '보는 스포츠', 즉 TV 스포츠로 전환되었다. '보는 스포츠'의 발전은 스포츠 활동이 일상의 활동을 방해하지 못하도록 만드는 것으로, 스포츠를 직접 하는 과정에서 발생할 수 있는 다양한 위험 요소에서 관객을 격리하며 경기장에서 벌어지는 스포츠를 즐기며 안전하게 스포츠의 의미를 습득하게 되는 것이다. 평일 일과 시간 후나 주말·휴일 오후에 스포츠 경기가 벌어짐으로써 시청 구조도 일상 구조와 충돌하지 않도록 구성되는 등 '보는 스포츠'는 고도로 통제된다.

미디어스포츠가 변동함에 따라 수용자의 사회적 아비투스 역시 변한 것으로 이해되는데, 미디어스포츠가 존재하는 방식에 따라 미디어스포츠 수용자의 수용 행태나 정서가 달라진다는 것이다.

미디어스포츠의 변동이 진행될수록 이를 수용하는 수용자는 수동적이고 순화된 관전의 상태에서 집단적 정체성을 형성하는 것으로 이해되어왔다. 개인은 사회구조가 허용하는 심리 구조를 형성하고, 전체 사회에서 도태될지 모른다는 '불안'으로 사회가 제공하는 행동 규약을 추종하게 된다. 일종의 '내면화'인 것이다.

이러한 규약들 역시 모순되고 때에 따라 부조화스럽다. 그러나 인간은 이러한 강제와 갈등 속에서 항시 불안하다. 이러한 특수한 불안이 지배적 행동 규약을 따르게 하는, 내면화를 강화하는 기제가 되는 것으로 설명된다. 대규모 관중 동원은 이러한 논리를 증명한다.

그러나 2002년 한일월드컵 당시의 '붉은악마' 응원 문화는 집단적 정체성이 '동원의 공학'으로만 설명되는 것은 아니라는 점을 분명히 하고 있다. 덧붙여 온라인 공간을 통한 자발적 응집은 이전의 수용 논리와는 전혀 다른 모습을 보여주고 있다. 이러한 새로운 문화 현상은 '자발적 응집'으로 좀 더 긍정적인(능동적인) 참여 문화를 가능케 한다는 점을 시사한다. 따라서 스포츠를 시청하고, 열광적인 팬십을 형성하는 이유 중 하나는 다른 사람과 다르다는 사실을 증명하고자 하는 열의, 일종의 '구별 짓기'인 것이다. 붉은악마의 경험과 온라인을 통한 동호회 활동 등은 마페졸리가 주장한 신부족주의 개념을 구현해주고 있다고 하겠다.

거대 자본은 스포츠를 상업화함으로써 경제적 지배의 수단으로 만들었지만, 붉은악마는 민족 정체성을 상징화함으로써 월드컵을 문화적 생성과 저항의 장으로 바꿨다. 세계화와 지방화, 스포츠의 경제적 세계화와 문화적 세계화, 경제적 지배와 문화적 저항 등으로 말미암아 지배와 저항 간의 긴장이 고조되었다. 이에 여가활동으로서 관람 스포츠가 갖는 사회적 의미는 '지배와 저항의 변증법'이라고 할 수 있다. 지배와 저항이 '민족 정체성'을 중심으로 전개되었기 때문에 미디어스포츠 수용자에게 문화적 차이는 줄어들면서 동시에 수용(해석)의 다양성은 늘어나는 복합적 국면을 만들어낸다.

남성성의 이데올로기, 국가적 아비투스에 집중하는 미디어스포츠 공식이 최근 여성 스포츠의 외연 확대, 스포츠 선수와 관계자의 국제적 이동, 국가와 민족적 경계를 허무는 포스트모던적 하이브리드 스포츠 등장 등을 통해 변화되고 있다. 예컨대 포스트모던 하이브리드 문화로 이종격투기는 국가와 민족적 경계를 뛰어넘는다. 이종격투기는 미국과 일본의 이종격투기를 그대로 소비하는 마니아에게서도 또는 가장 흥행성이 높다는 한국과 일본의 이종격투기에서도 민족주의적 색채를 찾아보기 어렵다. 거의 모든 마니아가 국적을 초월해 각자의 영웅을 만든다. 이종격투기에서 스타는 민족적 영웅이기보다는 상징과 이미지의 공간에서 재구성되어 개인적 영웅으로 창조된다. 즉 이들은 이종격투기 안에서 포스트모던적 상표 기법의 법칙에 따라 완벽하게 움직이는 연출된 존재다. 이는 기존의 아비투스가 새롭게 재편되는 것이라 하겠다.

미디어스포츠 수용자의 모습은 속박된 수동적 수용자에서 참여적인 능동적 수용자로 전환되어왔다고 할 수 있다. 그런데 그 대가로 수용자는 비용을 지급하게 되었다. 유료 TV가 인기 스포츠 중계권을 스포츠 전문채널을 통해 독점하면서 일반 시청자가 국민적 스포츠나 이벤트를 무료로 시청하지 못하는 상황이 발생하게 된 것이다. 따라서 수용자 파워가 회복되었다고는 하나, 여전히 제한적일 수밖에 없다.

수십억 명이 관람, 시청하는 월드컵 이벤트에서 사회적 지위는 물론이고 신체적 조건조차도 아무런 의미가 없다. 경기에 이기기 위해서는 스피드와 기술, 상상력과 조직력의 결합이 필요하다. 그러나 월드컵에서 축구는 단순한 운동경기 이상의 것이다. 스포츠는 '의례화된 전투(ritualized combat)'다. 스포츠에서는 전쟁에 필적하는 국민적 열정이 뿜어져 나온다. 이 열정은 좋든 나쁘든, 관객이 자신의 팀과 자신이 속한 국가의 국민적 서사(national narrative)를 연결하는 신비한 연관 관계와 관련이 있다. 2002년 한일월드컵 개막전에서 세네갈이 과거의 식민 종주국이자 당시 세계 챔피언이었던 프랑스를 격파하자 수백만 아프리카인들은 설움을 한꺼번에 날려 버렸다.

그러나 축구 경기의 민족적 색채는, 유럽의 프로구단들이 세계의 재능 있는 축구 선수들을 거의 모두 끌어모으고 한때는 월드컵 때나 볼 수 있었던 수준 높은 경기를 이제는 위성 TV를 통해 연중 내내 보면서, 그 특색을 잃어가고 있다. 오늘날 국내 K리그의 인기는 해외 리그나 월드컵에 비하면 별로다. 축구팬들은 이제 유럽 톱 축구 리그의 TV 중계를 종교적 열정으로 시청한다. 자기 나라의 최고 선수들마저도 이제는 유럽 리그에서 볼 수 있기 때문이다.

오늘날 런던에서 열리는 아스널과 맨체스터 유나이티드의 경기에는 중남미, 서아프리카, 아랍, 북부·남부·동부 유럽, 그리고 아시아 출신 선수들이 뛴다. 이들이 끌어모으는 전 세계 TV 축구팬들은 선수들의 유니폼이나 기타 축구 관련 소품들을 만들어 파는 스포츠 기업들에게는 희소식이 아닐 수 없다. 지역적 특성이 사라져 간다.

각국 고유 경기 스타일의 융합은 선수들뿐만 아니라 감독들의 수입에 의해서도 가속되고 있다. 2006 잉글랜드 프리미어리그 상위 5개 팀의 코치는 포르투갈, 스코틀랜드, 스페인, 프랑스, 그리고 네덜란드 출신이었다. 네덜란드 출신 감독 3명이 3개 외국 대표팀을 월드컵 본선에 올려놓았고, 아프리카 팀의 대표는 대체로 프랑스나 독일 감독이 맡고 있다. 또한, 잉글랜드 대표팀의 감독은 스웨덴 사람이, 포르투갈 대표팀은 브라질 감독이 맡았다. 2002년에 이어 2006년 한국 대표팀을 이끈 감독은 네덜란드인이었다. 중간에 한국인 감독들도 있었지만, 최근의 슈틸리케 감독에 이르러서는 외국인 감독이 당연한 것처럼 여겨진다.

축구팬들을 자신의 국가 대표팀과 하나로 묶어 주는 '국민적 서사'가 진보적 또는 보수적으로 될 수도 있겠지만 이제 더 이상 '국민적 서사'는 축구 경기의 추동력이 아니다. 오늘날 축구는 수십억 달러 규모의 국제 산업이 되었다. 유럽의 돈 많은 프로구단들, 즉 일종의 초국적 기업들이 이 산업을 좌지우지하고 있으며 이들은 자신의 브랜드를 전 세계에 팔아먹고자 안간힘을 쓰고 있다.

어떤 때는 단순한 축구 경기 이상이기도 한 월드컵. 그러나 그 결과는 언제나 예측 불허였다. 승자는 언제나 조직력과 영감, 개인 기술과 팀의 협력, 실력과 순전한 행운의 절묘한 조합에 따라 결정된다. 90분간의 경기에서 현실 세계의 힘의 관계는 아무 의미가 없다. 나아가 '전투'가 아무리 치열했다 해도 경기가 끝나고 나면 월드컵의 오랜 전통에 따라 선수들은 상대에 대한 존경과 우정의 표시로 유니폼을 바꿔 입는다. 결국, 월드컵은 갈등으로 가득 찬 세계뿐만 아니라 전쟁 아닌 다른 방법에 의한 화해의 가능성까지를 포함하는 다양한 스펙트럼을 변주한다.

그리하여 스포츠는 살아있고, 살아있어야만 하는 것이다.

미디어스포츠 및 수용자의 변동 과정에서 그 방향성을 하위징아

(Huizinga)의 저서 <호모루덴스(Homo Ludens)>에서 단서를 얻을 수 있는데, '호모루덴스' 정신의 계승이 그것이다.

인간은 호모 사피엔스인 동시에 유희의 인간 호모루덴스였다. 그러나 현재 우리는 자본주의적 인간형인 '호모 스포르티부스'를 추구한다. 호모 스포르티부스에게 스포츠는 더 이상 고대의 올림피아제전처럼 '놀이'가 아니다. 상업화한 스포츠는 그 자체를 위해서 행해지지 않는다. 프로스포츠가 보여주듯이 이제 놀이는 생계를 위한 하나의 직업일 뿐이다.

IOC와 FIFA는 거대 기업으로 행동하고, 스포츠 경기는 페어플레이를 기치로 내세우지만, 돈벌이로 전락했다는 비판에서 자유롭지 못한 게 현실이다. 이에 하위징아가 주장하는 바는, 놀이에 따르고 놀이에 승복하며 놀이에 대해 제대로 이해하는 것이야말로 인간 문명을 빛나게 한다는 것이다.

현대 올림픽의 창설자인 쿠베르탱 남작의 애초 취지는 호모루덴스의 정신에 있었다. 스포츠에 참여하는 선수와 협회, 이를 전달하는 미디어 모두에 스포츠는 신명 나는 놀이가 되어야 한다. 미디어스포츠를 수용하는 '구경꾼'에게도 마찬가지다. 스포츠를 놀이로 간주하는 호모루덴스 정신의 계승 혹은 회복이 바로 미디어스포츠 수용자의 태도일 것이다.

4. 미디어스포츠의 미래

사실상 스포츠와 미디어의 결합은 순전히 상업적 동기에 기인한다고 하겠다. 그러나 이 과정에서 미디어는 스포츠의 제도화(표준화)・세계화에 기여했으며, 표준화된 이미지를 형성・전파함으로써 특정한 방식으로 수용하도록 의도적으로 수용자를 구성해 냈다.

미디어 4.0 시대로의 진화에 따라 미디어스포츠(MS) 역시 4.0 버전으로 진화하고 있다. 미디어 진화단계를 기준으로 미디어스포츠의 변동 과정, 그리고 수용자의 변화 모습을 정리하면 다음과 같다.

<미디어스포츠의 진화 맥락>

오늘날 스포츠와 미디어는 그 기능과 역할이 새롭게 변하고 있다. 스포츠 에이전트라는 제3의 섹터가 새롭게 참여했고, 스포츠 자원을 보유한 미디어, 미디어 조직을 거느린 스포츠 조직 등 미디어와 스포츠 행위자 각각이 상호 영역을 통합함에 따라 이들의 역학 구도는 상당히 미묘한 양상으로 전개되고 있다. 현재는 미디어 산업과 스포츠 산업이 결합해 통합하는 양상을 보인다. 물론 이는 공생을 위한 것이나, 어느 한쪽이 한쪽을 흡수하는 상황에까지 이르고 있다. 따

라서 향후 미디어와 스포츠는 더욱 견고히 공생할 것이며, 좀 더 경제적으로 그리고 운영의 통합이 직접적으로 예상된다고 하겠다.

이러한 전망이 가능한 이유는 미디어와 스포츠 각각의 시스템이 향후 발전을 견인할 환경 요인을 포함하고 있기 때문이다. 우선 미디어(산업) 차원에서는 디지털 미디어가 유도하는 다매체 다채널 상황이 미디어스포츠 콘텐츠의 수요 확대를 견인하는 환경이 될 것으로 기대된다. 스포츠 차원에서는 최근 여가 문화의 급속한 확산에 따라 전반적으로 여가활동으로서 스포츠 관여 활동이 확산될 것으로 기대된다. 따라서 스포츠의 여가적 활용과 미디어의 정보적 활용이 확대될 것으로 보인다.

역사적으로 스포츠는 모든 장애물과 장벽을 넘어 세계인의 언어로 세계인에게 감동을 선물하는 통합과 감동의 커뮤니케이션이 되고 있다. 이는 커뮤니케이션 테크놀로지의 속성과 스포츠의 속성이 결합한 결과다. 결국, 스포츠와 미디어는 상호보완적 활동으로 촉진되어 온 것이다. 따라서 미디어스포츠가 효율적인 방향으로 발전한다는 것은 스포츠 측면에서는 미디어의 특성을 이해하고 미디어가 제공할 수 있는 혜택을 최대한 개발함을 의미하며, 미디어의 측면에서는 스포츠 세계에서 지향하고 있는 스포츠의 본질적 요소가 상실되지 않고 발전될 수 있도록 미디어가 가지고 있는 특성과 장점을 효율적으로 투입함을 의미한다고 하겠다. 따라서 미디어와 스포츠는 상호 존재 기반이 되는 관계로 설명되는 것이다.

미디어와 스포츠의 관계는 상호 의존적이며 역동적인 과정이다. 서로가 서로에게 영향을 미치면서 하나의 흐름을 형성하게 되는데, 그 속에서 권력 관계를 형성하며 일종의 파워 게임을 진행한다. 따라서 미디어스포츠의 존재 양식 변화는 일종의 미디어-스포츠 간 권력 차이의 보존과 확대 기제에 근거한다. 즉 양자가 서로의 파워를 유지하려 하거나 확대하고자 하는 의도에서 변화를 시도한다. 그러면서도 서로의 존재를 지우는 제로섬게임의 논리를 지향하지는 않는다. 서로가 서로에게 존재 기반이 되기 때문이다.

따라서 향후 미디어스포츠의 두 행위자 '미디어와 스포츠'는 상호 협력 관계를 좀 더 공고히 해야 할 것이다. 스포츠가 발전해야 미디어의 이익도 추구할 수 있고, 미디어의 존재가 담보되어야 스포츠의 진화도 고려할 수 있기 때문이다. 예컨대 디지털 미디어의 발달은 다양한 스포츠 종목의 균형적 발전을 기대할 수 있게 해 주는데, 지금껏 소외되었던 비인기 스포츠에 대한 활성화를 가능하게 해 준다.

현재 미디어스포츠 시장은 다양한 행위자가 제로섬 논리에 의거, 서로 영역을 확대하려는 양상을 보이기도 한다. 이는 결국 어느 편에도 유익하지 않다. 서로가 서로의 존립 근거가 되기에 상대편을 극복의 대상으로 고려해서는 안 된다. 따라서 정당한 룰에 따른 협상 전략을 강구해야 할 것이다. 이 역시 페어플레이 정신이 요청된다. 정당한 룰에 의한 공정 경쟁이 바로 상호 존재와 진화의 근거가 된다. 이를 위해 무엇보다 상대편에 대한 이해가 필요하다. 각각의 분야에 대한 그 작동 메커니즘을 파악하고, 변화 흐름을 주시해야 한다. 그리고 무엇보다 테크놀로지, 인간에 대한 이해가 필요하다.

1950년대 이후 1980년대까지 이른바 아날로그 방송시대에 스포츠는 TV 경영진이 새롭게 인식해야만 하는 가장 가치 있는 상품이었다. 지급 비용이 낮은 반면 시청률은 높았기 때문이다. 동시에 몇몇 스포츠는 TV 덕분에 국제적 스포츠가 되기도 했다. 그야말로 환상의 콤비처럼 보였다. 그런데 1980년대 이후 이러한 관계에 갈등이 생겨나기 시작했다. 디지털 미디어 시대가 야기하는 변화가 그 요인이다. 물론 기존의 TV 네트워크는 케이블과 위성에서 더 큰 이익을 추구하고 있다. 그 결과 다소 복잡하고 다층적인 동맹 관계가 구축되었는데, 때로는 라이벌 미디어 간 제휴가 발생하기도 했다. 미국의 경우 모든 네트워크가 케이블에 지분을 갖고 있으며 PPV와도 연계하고 있다. 주요 스포츠가 TV의 자금을 끌어들이기 어려워짐에 따라 스스로 케이블·위성에 진입하거나 일종의 위험 공유 관계를 맺기도 한다. 스포츠 조직과 미디어 조직 간 관계가 단순히 중계권을 사고파는 것보다 복잡하게 얽혀들고 있다. 이제 시청자는 시장에서 좀 더 많은 개인적 선택을 행사할 수 있다. 시청자는 카메라 앵글과 리플레이뿐만 아니라 실제 시합까지 선택할 수 있다. 그리고 인터넷은 프로그램을 빠르고 효율적으로 접속하거나 다운로드할 수 있게 해 준다.

스포츠 분야 미디어와 콘텐츠는 지속해서 성장할 것으로 전망된다. 이른바 롱테일 법칙이 유지될 것으로 보인다. 스포츠는 여전히 매력적인 콘텐츠(킬러 콘텐츠)이며, 생활문화로서 상품화가 용이하다. 온라인·모바일과 접속이 용이한 것도 사실이다. 또한, 스포츠 이용, 소비의 능동성이 증가할 것으로 기대된다. 직접 참여하고 의견을 개진하며 양방향 커뮤니케이션을 즐기는 스포츠 향유 패러다임이 일반화되고 있기 때문이다.

이러한 상황의 결과는 권력의 균형이 네트워크에서 수용자에게로 이양되었음을 의미하는바, 기술발전이 좀 더 많은 프로그램화 방법을 제공하고 시청자에게 좀 더 많은 선택권을 부여함에 따라 권력이전은 계속될 것이다. 인터넷에 접속할 수 있는 사람은 누구나 언제라도 스포츠 하이라이트, 스코어, 정보에 접근할 수 있다. 스마트한 미디어 환경은 동시방송(simulcasting)을 가능하게 해 준다. 시청자는 시간 전환(time-shifting) 기술을 활용해 프로그램을 녹화하고 보고 싶을 때 언제든 반복해 시청한다. 미디어 테크놀로지는 시간 전환을 향상시키고 개인화하기 위해 존재한다. 이제 소비자는 선호 목록을 작성할 수 있으며, 테크놀로지는 그 프로그램을 찾아준다. 수용자는 생중계 게임이나 이벤트를 잠시 멈추어 두고, 하던 일로 돌아와 삼시 제쳐 두었던 활동을 할 수 있다. 웹 공간에서 스포츠 수용자는 서로 환상적인 게임을 하는 것처럼 진짜 아마추어 매니저가 된다. 상호작용하는 컴퓨터 기술은 스포츠 관전의 경험을 구경꾼과 참여자가 각각 별개의 역할을 하나로 결합하기 위한 잠재적 가능성을 제공한다고 하겠다. 이러한 모든 상황이 스포츠 공급자와 조직을 구속한다. 그들은 이제 소비자의 욕구를 충족하기 위해 노력해야만 한다는 것, 프로그램을 가지고 힘을 휘두르던 상황이 아니라는 것을 깨닫게 만드는 것이다. 그러나 한편으로 이러한 상황은 소비자이자 팬·시청자인 우리가 스포츠에 더 큰 비용을 지급해야 함을 의미한다. 스포츠에서 무료는 없다. 엄밀히 말해 지금껏 무료였던 적은 한 번도 없었다. 사실 유료 스포츠 채널이 등장하기 아주 오래전에 스포츠를 시청한다고 하는 행위는 거의 페이퍼뷰(PPV) 스포츠 형태였던 것이다.

주지하다시피 케이블 TV 등 유료 채널의 등장은 스포츠와 미디어 간 관계를 복잡한 지급 관계로 몰아갔다. 스포츠 이벤트는 거대 수용자를 유인할 수 있는 요인으로 간주되어 TV 스포츠 프로그램의 급격한 증가를 낳았으며 스포츠 전문채널의 등장, TV 스포츠 중계권의 급상승을 결과했다. 스포츠 채널을 소유한 거대 미디어 기업은 방송 중계권 구입에 거액을 투자하고 생중계 시청을 원하는 시청자들에게 요금을 징수하고 있다. 이로써 미디어 기업과 스포츠팀(혹은 협회)은 좀 더 많은 수익을 거두어들인다. 그러나 이러한 재정 수입이 오로지 유료 채널에서만 방영되는 스포츠를 시청할 수 없는 상황에 대한 보상을 담보하는지는 의문이다. EU나 스포츠 조직 등은 이러한 상황에 우려를 표명한 바 있다. 이러한 맥락에서 미디어 기업의 스포츠팀 소유 제한, '보편적 시청권' 제도의 도입 등이 고려되는 것이다.

이러한 상황은 특정 스포츠 종목이 미디어와 관계를 맺지 못할 경우, 도태될 수 있음을 시사한다. 미디어, 특히 카메라의 앵글과 구도에 적합하지 않은 스포츠 종목은 고사하게 되고 미디어에서 다루기에 적합한 스포츠만 살아남게 된다. 무수한 규칙의 개정, 스포츠 조직의 변화, 작전의 전환 등이 잇따를 것이다. 그리고 이러한 흐름에 동참하지 못하는 종목은 결국 주변부로 밀려나게 될 것이다. 또 미디어는 나름대로 미디어 로직에 맞는 스포츠를 창조해 낼 것이다. 이른바 '미디어 맞춤형 스포츠'의 등장이다. 2004년 슈퍼볼 하프타임에 선보였던 '란제리 볼'이 그 예다. 란제리 회사와 주관 방송사 CBS의 합작품인 이 란제리 쇼는 여성 모델들이 선정적인 속옷을 입고 풋볼 경기를 하는 것으로 초상업적 미디어 이벤트였다. 그리고 이 란제리 볼이 전송 방식으로 PPV를 택한 데서 보듯 앞으로 스포츠는 미디어에 몰입되면 될수록 유료화를 전략으로 채택하게 될 것임을 시사한다. 이는 결국 시청자의 프로그램 선택과 향유의 권리

박탈을 의미하는 것으로, 수용자의 보편적 접근권에 대한 새로운 논쟁을 불러일으킬 것이다.

인터넷을 위시한 정보 테크놀로지는 미디어와 스포츠 간 파트너십을 좀 더 공고히 하고 있다. 인터넷 테크놀로지는 쉽게 모방할 수 있는 장점이 있다. 또한, 스포츠 조직 간, 스포츠와 미디어를 서로 연계하고 의존하기 쉽게 해 준다. 동시에 경쟁자 간에 서로를 넘어서거나 일방적 관계를 더 이상 요구할 수 없는 권력균형을 공유한다.

스포츠 조직 안에서도 이와 같은 양상이 나타나고 있다. 스포츠는 기본적으로 경쟁적인 팀 간의 상호 의존적인 관계, 즉 협력을 통한 안정적 환경 구축이라는 시스템 속에 존립하는 독특한 경제 논리를 가진다.

결국, 미디어스포츠의 변동 과정에서 현재 상황이 결코 궁극적 정점은 아니다. 이전의 미디어스포츠가 그러했듯 현재의 미디어스포츠 역시 다양한 갈등을 내포하고 있기 때문에 그 방향은 통합 과정으로 진행될 것으로 예상된다. 이미 다음 단계의 긴장 관계가 조금씩 징후를 나타내고 있다. 따라서 "문명화 과정은 끝나지 않았다. 그것은 진행 중이다"[72]라는 엘리아스(Elias)의 지적은 여전히 유효한 화두로 남는다.

엘리아스가 지적하듯 장기적 안목에서 볼 때 사회는 맹목적으로, 통제되지 않은 채로 진행한다. 마치 운동경기의 진행 과정이 그러하듯 맹목적이고도 통제되지 않는 진행 과정을 인간이 이해할 수 있게 만드는 것이야말로 사회과학 연구의 과제가 아닐 수 없다. 이러한

---

72) Elias(1976), 박미애 역, 1999, p. 431.

과정에 대한 설명을 통해 복잡한 현실을 이해할 수 있게 해 줌과 동시에 향후 진행 과정에 대처할 수 있게 해 주는 데 사회과학의 과제가 있는 것이라 하겠다. 이러한 논리는 미디어스포츠의 향후 진로에 대한 해명에도 그대로 적용된다. 즉 미디어스포츠의 발전과정은 해명될 수 있지만, 그 과정이 결코 미리 주어진 어떤 의미나 목표를 갖지 않기에 미래 미디어스포츠의 이상적 모델을 제시한다는 것은 어려운 일이다. 매우 다양한 변동 가능성을 내재하고 있기에, 미디어스포츠의 향후 방향성 예측 역시 어려운 과제다. 우리는 단지 그중 한두 개를 예측할 수 있을 뿐이다. 현재 상황을 보면 미디어 산업과 스포츠 산업이 결합해 통합하는 양상을 보이는데, 어느 한쪽이 한쪽을 흡수하는 상황도 나타나고 있다. 따라서 향후 미디어와 스포츠는 더욱 견고하게 경제적 차원에서 통합되는 방향으로 예측할 수 있다. 물론 긴장·갈등 관계는 좀 더 미묘한 양상으로 전개될 것으로 전망된다.

이러한 배경에서 미디어스포츠 소비자로서 우리는 급변하는 변화를 어떻게 맞이할 것인지에 대해 논의를 준비해야 한다. 점점 미디어의 힘은 확대되고 스포츠의 본래 특성은 약화된다. 미디어스포츠는 자본의 힘을 갖는다. 스포츠의 이상(ideal)을 희구하지만, 스포츠의 변용은 스포츠 자체에 있기보다 스포츠를 다루는 미디어 사회의 제 역학 관계에 있다. 스포츠가 이상적으로 무엇인지를 고민할 필요는 없다. 그보다는 (디지털, 스마트) 미디어의 모습과 환경에 따라 스포츠가 어떻게 변하고, 미디어스포츠의 새로운 양식이 어떻게 전개될지에 대한 면밀한 탐색이 요청되는 지점에 서 있다고 하겠다.

미디어스포츠의 진전에 따라 수용자는 사회적 아비투스에서 이전보다 자율성을 강화할 수 있을 것으로 기대된다. 그러나 동시에 미디어의 힘이 확대됨에 따라 미디어가 제공하는 아비투스를 내면화할 여지 또한 적지 않다. 이에 미디어스포츠의 경제적·세계적·집단적·남성적 아비투스의 지배와 문화적·민족적(지역적)·개인적(소그룹적)·양성 평등적 아비투스의 변증이 좀 더 심화될 것으로 기대된다. 이러한 배경에서 수용자는 미디어스포츠가 제시하는 사회적 아비투스를 적극적으로 해석하는 자세가 요구된다. 수용자는 미디어스포츠가 제시하는 이미지를 단순히 수용하는 데 그치는 것이 아니라 다양한 요인의 영향을 받아 그 의미를 재구성함으로써 최종적으로 완성하는 존재다. 미디어가 만들어 낸 이미지는 강력한 힘을 발휘하지만, 수용자가 그 이미지를 아무 변형 없이 그대로 받아들이는 것은 아니기 때문이다. 미디어의 지배적인 사회적 이미지와 별도로 독자적인 의미를 완성해 내는 이런 작업이 바로 수용자의 저항인 것이다. 수용자는 '스포츠는 스포츠일 뿐'이라는 미디어의 이미지를 의식적으로 거부, 스포츠에 스포츠 이상의 의미를 적극적으로 부여함으로써 그 의미를 즐기는 존재다. 물론 수용자의 저항, 즉 독자성이 무한한 것은 아니다. 수용자의 의미 구성은 이데올로기, 규칙, 스포츠 참여자, 스포츠의 역사, 국가와 기업의 이윤 추구 등 다양한 차원의 요인에 영향받기 때문이다. 무엇보다 이데올로기와 스포츠가 일상화되어 있는 현 상황에서 수용자는 의미 구성이 이루어지는 과정에 대해 의식의 수준에서 반성적으로 사유하기 어려운 게 사실이다. 의미가 적극적으로 구성되기보다는 의식하지 못하는 사이에 소극적으로 구성될 가능성이 크기 때문이다. 따라서 미디어스포츠에 대한 수용자의 저항은 실행적 과제가 된다.

TV와 인터넷은 스포츠에 관한 영상 이미지와 내러티브를 제공하여 전 세계 대다수 사회에서 스포츠가 어떻게 작동하는가를 설명한다. 사람들이 이러한 것을 그대로 흉내 내지는 않는다 할지라도, 그들의 활동이나 경험을 평가하는 기준으로는 활용한다. 그런데 이러한 영상 및 내러티브에 결정적 영향력을 행사하는 집단이 바로 글로벌 미디어 소유자들이다.

주요 미디어 재벌은 스포츠팀, 스포츠 이벤트, 미디어, 연예 사업, 인터넷을 하나로 잇고 있다. 그 결과 스포츠는 점차 온라인 콘텐츠의 형식을 취하면서 더욱 상호작용적인 것으로 변모하고 있다. 인터넷은 다양한 판타지 리그를 통해 새로운 팬을 만들어내고, 수용자가 직접 팀원을 선발해 구성하는 비디오 팀 서비스를 제공한다. 이렇듯 스포츠가 새로운 양식으로 제공됨에 따라 스포츠 수용자는 좀 더 다양한 곳에서 좀 더 다양한 대상(팀, 코치, 선수 따위)과 간편하게 경험을 공유할 수 있게 되었다. 인터넷 중계권이라는 새로운 개념도 출현했다. 이제 수용자는 좀 더 많은 선택권을 갖게 되었다. 특히 스마트미디어 환경에서 스포츠 팬은 소비의 객체가 아닌 향유의 주체로 존재하게 된다.

그러나 스포츠에 대한 통제권은 점차 강력한 스포츠협회의 집행부 혹은 주주에게로 넘어가고 있다. 그들의 관심은 경제 및 대중문화 영역에서 그들의 위상을 강화하는 것일 뿐이다. 그 때문에 수용자의 선택권 확대는 요금 지급을 대가로 한다. 결국, 미디어스포츠의 목표는 변하지 않았다. 따라서 미디어스포츠는 앞으로도 스폰서에게 수용자를 팔고 수용자에게 제품이나 정보를 판매할 것이다. 결국, 미디어스포츠의 변동 과정은 내부 동학보다는 외부의 힘(정치

경제적 동인)과 수용자의 힘에 따라 작동한 측면이 강하다고 하겠다. 문화 생산의 장으로서 상대적 자율성이 강건하지 못한 것이다. 이에 대해 시·청취를 통해 대중의 문화적 소비가 이루어지는 미디어스포츠에서 다양한 행위자와 제도가 결합되고 국가나 경제 주체 등의 외부적 지원이나 후원이 필요한 것은 당연하다는 논리에서 자율성의 필요성을 무시하는 비판이 제기되기도 한다. 그러나 미디어스포츠에 대한 외부적 힘의 개입이 항상 대중에게 그리고 미디어스포츠 행위자의 이해와 부합하는지 확실하지 않다. 특히 국가나 경제 주체의 목적을 위해 미디어스포츠가 활용되면 외부적 이해가 미디어스포츠(와 수용자)의 이해보다 우선하게 될 수 있다. 따라서 미디어스포츠는 상대적인 자율성을 가져야만 궁극적으로 수용자를 위해 존재할 수 있게 되는 것이다.

| 참고문헌 |

김원제(2016). 미디어스포츠 사회학(개정판). 커뮤니케이션북스

김원제(2006). 스포츠 코리아. 한국학술정보.

송해룡(1993). 스포츠 커뮤니케이션론. 전예원.

송해룡(편역, 2003). 스포츠, 미디어를 만나다. 커뮤니케이션북스.

한국방송통신전파진흥원(2018. 12). 스포츠 중계 분야의 신기술 도입 사례:
    VR/AR을 중심으로. <미디어 이슈 & 트렌드>.

Elias N.(1976). The Civilizing Process. Oxford: Basil Blackwell. 박미애 역
    (1996, 1999). 문명화 과정. 서울: 한길사.

제13장

공연예술콘텐츠의 진화는 어떤 새로운 가치를 제공할 것인가?

허난영

1. 디지털 미디어 환경의 도래와 공연예술콘텐츠의 변화

　현대사회는 빠르게 변화하고 있다. 사회 전반의 패러다임은 인공지능, 사물인터넷, 빅데이터, 모바일 등 첨단 정보통신기술이 기존 산업과 융합되거나 3D 프린팅, 로봇공학, 생명공학, 나노기술 등 여러 분야의 새로운 기술과 결합하면서 새롭게 전환되고 있다. 디지털 미디어 환경 또한 제4차 산업혁명을 예고하며 인간의 잠재력을 확장하고 있다. 이러한 전환의 시대에 콘텐츠산업은 새로운 기술과 융합되며 급격한 변화를 겪고 있을 뿐만 아니라, 공연예술 환경에도 커다란 영향을 주고 있다. 공연예술콘텐츠는 이제 새로운 방식의 제작·향유·유통구조를 창출하게 된다. 다양한 분야에서 발전과 변화의 속도가 가속화되면서 더 이상 공연예술콘텐츠의 제작·향유·유통 방식을 시공간의 제한성이라는 속성으로 묶어두기 어려워졌다. 기존 공연예술콘텐츠의 정형화된 영역과 범위, 그리고 한정된 제작 방식들은 그 한계를 뛰어넘는 질적 전환을 모색하게 된다. 무대라는 제한된 공간 내에서 소수에 의해 제작되고 향유되던 공연예술콘텐츠는 디지털 미디어를 통해 언제 어디서나 공유할 수 있는 콘텐츠로 전환되고 있다.

이러한 변화의 흐름에 맞춰 공공 공연장은 고유의 특성이 무엇인가에 대한 고민과 더불어 사회 시스템과의 수평적 연결구조를 어떻게 만들어낼 것인가에 대한 논의가 필요하다. 1970~90년대에 걸쳐 공연예술콘텐츠는 제한적인 환경에서 제작·유통되었다. 이때까지 인터넷에 의한 기술의 발전은 공연예술콘텐츠 분야에 크게 영향을 미치지 못하였다. 1980년대는 공연예술이 국가 주도로 형성되고, 전문 예술가들에 의해 예술작품이 제작된 시기이다. 소비와 유통의 개념, 문화적 향유와 삶의 질에 대한 논의는 거의 이루어지지 않았다. 이때까지 공연예술콘텐츠는 고정되고 제한된 형태의 예술 행위로 예술가의 창의적 활동영역으로 이해되었다. 세종문화회관과 국립극장은 전문 예술가들의 실연 공간으로 간주하였다. 산업사회의 변화가 공연예술콘텐츠의 변화에 큰 영향을 주지는 못했다. 1990년대는 공연예술이 문화산업으로 성장하며 대중예술과 순수예술로 구별되어 변화를 보이기 시작했다. 이 시기 대중예술은 문화산업의 성장과 함께 문화콘텐츠로서의 가능성을 드러내기 시작한다. 순수예술은 공공 공연장을 중심으로 전문 예술가들의 우월적 지위를 확보하는 방향으로 전개되었다. 예술의전당, 한국예술종합학교 등의 설립은 그들의 지위를 오히려 강화하는 것처럼 보였다. 2000년대 들어서면서 공연예술콘텐츠의 수요와 공급이 시장 경제에 편입되고, 국내 공공 공연장이 지방정부 중심으로 기하급수적으로 설립되었다. 공공 공연장의 확대는 공연예술콘텐츠의 양적 규모를 확대하는 계기를 마련하였다. 이때부터 공연예술콘텐츠의 제작·향유·유통구조는 기술·산업 영역과 결합하여 새로운 영역으로 확장하며 근본적인 변화를 시도하였다. 문화산업의 성장은 공연예술콘텐츠를 원천 콘텐츠로써 그 가치를 강조하기 시작하였다. '소비-제조-유통-서비스'에 이르는 전 과정이 디지털 미디어로 연결되는 사회 시스템으로 전환하는 시기에, 공연예술콘텐츠는 창의적 원천 콘텐츠로서 디지털 미디어의 핵심 기술과 융합적 결합을 시도하기 시작하였다. 당시 삼성경제연구소(2003)에서는 <산업화에 접어든 공연예술>에서 협의의 공연시장이 1995년 이후 매년 16% 성장하여 2002년에는 1,400억 원으로 성장하고, 광의의 시장 규모는 약 4,000~4,500억 원이라고 추정하였다. 공연예술콘텐츠는 다른 영역에 비해 변화의 속도가 더디게 나타났으나, 콘텐츠산업과의 결합 사슬을 형성하며 빠르게 성장하였다. 공연예술콘텐츠는 창작자 중심에서 향유자 중심으로, 경제성 중심에서 가치 중심으로, 소수 전문가 중심에서 다수 대중으로 전환하기 시작하였다. 질적 전환의 중심에는 디지털 미디어 환경을 기반으로 하는 새로운 기술의 발전이 밀접한 관련성을 가지고 있다. 놀라운 속도로 디지털기술이 발달하면서 대중은 새로운 방식으로 콘텐츠를 향유하고, 원 소스 멀티유즈(One Source-Multi Use) 특징을 활용한 대형 콘텐츠 복합기업이 등장하였다. 공연예술콘텐츠는 콘텐츠산업에서 핵심 콘텐츠로 부각되었다.

디지털 미디어 환경은 고전적인 공연예술 제작·유통 방식으로는 예측하기 어려웠던 새로운 문화 환경을 조성하였다. 예술경영지원센터(2007)는 「예술의 산업적 발전 방안 연구」에서 예술과 기술(Art & Technology)의 소통 기반 콘텐츠 프로젝트 지원과 공연예술과 기술을 연계한 프로그램 개발의 중요성을 거론하였다. 문화관광연구원(2012)은 「문화예술과 콘텐츠산업의 효율적 연계 방안」을 통하여 창의적인 문화예술은 디지털 미디어에 의존적인 문화콘텐츠의 질을 결정짓는 원천 콘텐츠로서 기능한다고 파악하고, 그 역할의 중요성을 강조하였다. 제4차 산업혁명이 사회경제 시스템의 큰 변화를 예고하듯이, 제4차 산업혁명은 공연예술콘텐츠에 있어 '기술과 예술'의 융합이라는 새로운 논의를 촉발하였다. 공연예술콘텐츠의 진화 속도는 기술의 혁신적인 발전에 따라 더욱 가속화될 것으로 예상된다. 공연예술콘텐츠는 인간의 문화 활동과 직결되며, 인간의 삶에서 물질적 가치보다 일상적 삶의 질을 중시하는 가치를 내포하고 있다. 일반적으로 인간 사회는 공연예술콘텐츠를 제작하고 향유하는 과정에서 그들의 일상적 삶이 더욱 풍요로워진다는 점을 강조한다. 공연예술콘텐츠는 새로운 기술을 활용한 창의적 융합콘텐츠로 성장하며 사회적 협업 체계를 구축하고 있다. 또한, 기술과 예술이 결합된 창의적 융합 공연예술콘텐츠로서 공공 공연장을 매개로 하여 가치적 의미를 확장하고 있다. 한편 예술·과학교육기관 등과 협업하여 예술과 과학, 문화와 기술을 융합하는 공연예술콘텐츠를 개발하며, 공적 지원을 통해 융합콘텐츠 기반 환경을 조성하고 있다. 또한, 네이버TV, 카카오TV 등의 디지털 미디어 매체들은 공연예술콘텐츠 제작자와 협업하여 새로운 플랫폼으로서 변화를 시도하고 있다. 그 과정에서 1인 미디어로서 유튜브가 공연예술콘텐츠의 창작자이자 유통의 주체로 부상하기도 한다. 그러나 사회경제 시스템의 본질적 전환에 앞서 공연예술콘텐츠 생태계의 변화는 인간의 본질적 가치에 대한 과도기 단계로서 혼란을 야기하기도 한다. 제4차 산업혁명 기술들이 인간의 문화적 삶을 만드는 데 중요한 가치와 역할을 어떻게 제시하는지, 서로 어떠한 방식으로 연결되어야 하는지에 대한 이해의 틀이 필요하다. 공연예술콘텐츠 전문가들은 가상현실(VR), 증강현실(AR), 로보틱스, 인공지능, 사물인터넷 등 중요한 주제를 중심으로 논의를 진행하며, 이런 기술이 공연예술콘텐츠에 어떠한 영향을 주며 새로운 환경을 만들어 낼 것인지 고민한다.

제4차 산업혁명은 공연예술콘텐츠의 제작·향유·유통을 둘러싼 문화적 이해관계자들의 질적 전환을 시도한다. 공연예술콘텐츠는 고정화된 무대를 탈피하여 탈 정형화된 새로운 형식을 만들어낸다. 대중이 제작환경에 참여할 수 있고, 창작자가 유통 환경을 새롭게 창출하기도 한다. 기술과 예술을 기반으로 융합형 공연예술콘텐츠의 제작·유통구조는 기존과 다른 방식으로 디지털 플랫폼을 구축하며 새로운 환경으로 진입하고 있다. 과거에는 전통적인 공연 제작 요소들에 의한 무대 실연이 중심이었다면, 이제는 새로운 기술과의 융합으로 새로운 형식의 입체화된 무대 형태를 보여주고 있다. 무대 세트에 영상기법을 도입한 입체무대는 4D 무대로 진화하고, 더 나아가 디지털기술과 예술의 융합으로 가상현실(VR)과 증강현실(AR)을 공연무대로 실제화하고 있다. 더 이상 무대 제작이 무대 세트 개념으로 한정되거나 고정되지 않는다. 이는 공연예술콘텐츠 제작방식의 근본적 변화를 의미한다. 공연예술콘텐츠는 디지털 미디어 환경을 기반으로 한 제4차 산업혁명과 함께 근본적인 전환의 계기를 마련하고 있다. 공연예술콘텐츠는 새로운 기술들과 융합하여 새로운 형식으로 어느 시기보다 빠르게 진화하면서 재창조되고 있다. 공연예술콘텐츠는 다른 산업과의 융합적 결합을 확대하고, 제작과 향유, 유통구조를 확장하여 문화적 접근성을 넓혀가고 있다. 이를 바탕으로 공연예술콘텐츠는 인간의 일상적 삶의 질을 높이기 위하여 사회경제 영역의 연결성을 더욱 강화하고 있다. 문화적 가치를 추구하는 인간의 삶 속에 정서적 감동을 경험할 수 있게 하는 콘텐츠로서 진화하고 있다.

2. 공연예술콘텐츠 진화의 양상 및 사례

디지털 미디어 환경의 변화와 함께 공연예술콘텐츠도 다양한 형태로 변화하고 있다. 공연예술콘텐츠는 시공간적 제한성에서 벗어날 가능성이 커지고 있으며, 대중은 전 세계의 공연예술을 편하게 접근할 수 있는 환경을 경험하게 된다. 구텐베르크 금속활자 인쇄술이 당시 사회적 특권계층만 공유하던 지식이 대중에게 전달되는 정보 확산의 혁명을 이루었듯이, 디지털 미디어 환경은 문화적 특권계층 중심으로 전개되던 공연예술을 사회 전반으로 확산시키는 계기가 되었다. 공연예술콘텐츠와 관련한 지식 정보는 양뿐만 아니라 질적인 측면에도 전환의 시기를 맞이한다. 공연예술콘텐츠는 사회경제 시스템과 유기적으로 결합하여 예술 장르 간의 융합, 예술과 산업의 융합, 예술과 기술의 융합 등을 시도한다. 공연예술은 콘텐츠산업의 원천 콘텐츠로 작동하여 성과 중심의 콘텐츠산업에서 가치 중심의 콘텐츠산업으로 전환하는 데 중요한 역할을 수행하게 된다. 콘텐츠산업은 새로운 기술 도입에 의한 양적 성장에 이어 지속 가능한 질적 성장을 위하여 콘텐츠의 가치에 대한 사회적 논의를 촉발한다. 콘텐츠산업은 가치적 측면에서 공연예술이 콘텐츠의 질을 결정하는 핵심적인 요소로 작용할 것으로 예측된다. 콘텐츠산업은 공연예술을 창의적 원천 콘텐츠로서 중요시하며 그 가치를 최대한 높이고자 한다. 3D, VR(가상현실), AR(증강현실), 홀로그램 등의 새로운 기술과 융합한 공연예술콘텐츠는 콘텐츠산업 환경에 큰 영향을 주고 있다. 창의적인 공연예술콘텐츠는 탈경계, 탈장르, 새로운 무대, 새로운 공간, 새로운 형식으로 진화하게 된다.

1) 장르 간 경계를 파괴하고 새로운 형식에 도전

2000년대 유행한 댄스 뮤지컬은 파격적 구조와 장르적 파괴로 공연예술계에 상상력과 '새로움'에 대한 시도를 보여주었다. 수잔 스트로먼(Susan P. Stroman)[73]의 <콘텐츠>는 기존 뮤지컬 작품의 구조와 달리 '에피소드 1, 2, 3'으로 구성하고 있다. 춤으로 대화를 하고, 줄거리를 구성하며, 메시지를 전달한다. 노래 대신 춤으로만 진행되는 형식을 뮤지컬이라고 말할 수 있느냐는 논란을 일으키며 새로운 형식을 만들어냈다. 형식에 대한 고정관념을 뛰어넘어 새로운 장르로 진화하는 장르 간 경계의 파괴는 현재 진행형이다. 세븐 핑거스(The 7 Fingers)[74]의 <보스 드림즈>는 회화와 연극 그리고 서커스를 결합하여 공중에 떠 있는 퍼포먼스를 구현한다. <보스 드림즈>는 한 손으로 무게를 지탱하는 핸드 밸런싱 등의 기법으로 사람의 신체를 초현실적인 이미지로 표현한다. 블루 스크린 기법으로 촬영한 애니메이션 속 아크로바틱 아티스트들이 무대 위에 실제로 등장하는 연출기법은 히에로니무스 보스의 초현실적인 회화와 서커스를 자연스

---

73) 무용수 겸 안무가 출신이자 유명 여성 연출자로 안무가로 네 번의 토니상을 받았고, <프로듀서>로 브로드웨이 연출가로 데뷔하여 연출부문과 안무부문을 동시 수상한 바 있다.

74) 캐나다를 대표하는 서커스 그룹 '태양의 서커스' 소속이었던 7명의 아티스트가 모여 새롭게 창단한 서커스 그룹이다.

럽게 연결한다. 서커스와 보스의 그림 <쾌락의 정원>, 그리고 연극적 요소의 절묘한 조합이 멀티미디어 서커스 연극으로 완성되었다. 국악인이며 공연예술가인 이자람의 판소리 <억척가>는 판소리와 창, 그리고 현대의 음악적 요소와 연극이 결합하여 소리극으로 재구성되었다. <억척가>는 브레이트(Bert Brecht)의 희곡 <사천의 선인>을 전통적인 판소리 다섯 마당 소리와 현대의 음악적 요소와 결합하여 새로운 형식을 창출하였다. 마기 마랭(Maguy Marin)[75]의 누벨당스 (Nouvell Danse) <총성>은 현대무용과 연극의 상호 유기적 결합을 통하여 형성된 무용극이다. 프랑스의 누벨당스, 즉 새로운 무용을 선도한 마기 마랭은 작품에 영화와 문학을 연계하고, 말이나 대사를 활용한다. 마기 마랭은 문학적 요소와 음악으로 춤과 연극을 결합하여 기존 관념을 뛰어넘는 새로운 형식을 만들고 있다. 공연예술콘텐츠의 장르적 파괴는 더 이상 새로운 제작형식이 아니다. 특히 새로운 기술은 공연예술콘텐츠의 장르적 결합뿐 아니라 전시, 영화, 과학 등의 영역과 결합하여 융복합형 공연예술콘텐츠 제작형식을 창출하고 있다.

2) 새로운 기술과 융합하여 가상의 세계를 현재화

전통적인 공연 제작방식에 새로운 기술이 융합하여 실제와 가상의 세계가 하나의 세계로 구현된다. 새로운 기술의 도입은 공연예술콘텐츠의 표현 방식을 확장하고 현실의 무대를 더욱 풍성하게 만든

---

75) 프랑스 출신의 무용수이자 안무가. 모리스 베자르(Maurice Bejart)의 무드라(Mudra)에서 무용을 배웠고, 연극에 대한 이해를 바탕으로 새로운 춤 형식에 실험적인 연출기법을 도입하였다.

다. 제4차 산업혁명의 새로운 기술은 현실 공간을 확대하고 공연무대를 입체화하였다. 기존 무대 제작의 개념에서 벗어나서 새로운 방식의 무대 제작이 구현된다. 전통음악 연주가인 김덕수는 사물놀이 <죽은 나무 꽃피우기>를 통해 4D 그래픽 이미지를 실시간으로 다양하게 무대화함으로써 시공간적 요소를 입체화하였다. 춤꾼 국수호와 명창 안숙선의 홀로그램 출연은 가상현실을 실제의 무대로 재현하였다. 뮤지컬 <안나 카레리나>는 기존의 고정된 무대와 다른 개념의 제작방식을 보여준다. 사실적인 영상들을 실물인 샹들리에, 눈송이, 교각 등과 합성하여 통합된 무대 장면이 빠르게 선환될 수 있게 하였다. 미디어아트를 스크린으로 무대화한 타악기의 공연 실황은 리드미컬한 현장감을 증폭시킨다. 공연무대를 확장하는 방식에서 기술과 예술의 결합을 쉽게 찾아볼 수 있다.

웨인 맥그리거(Wayne McGregor)[76]의 <아토모스>는 과학기술을 활용하여 무용의 외연을 확장했다고 평가받는다. 맥그리거는 케임브리지대학 뇌과학실험실 등과 꾸준히 협업하면서 첨단기술의 힘을 빌려 인간의 움직임에 영향을 미치는 기제를 탐구한다. <아토모스>는 인간의 '몸' 그리고 사물과 육체를 구성하는 최소 단위인 '원자'까지 접근한다. 맥그리거는 무용수의 몸에 센서를 부착하여 움직임과 생체정보를 기록했으며, 과학자들은 이를 토대로 인공기능을 갖춘 '가상의 몸'을 탄생시켰다. 맥그리거는 새롭게 탄생한 '가상의 몸'이 어떻게 반응하고 다른 몸과 어떻게 상호 작용하는지 분석하여

---

76) 영국 현대무용을 대표하는 안무가이며, 컴퍼니 웨인 맥그리거 예술감독. 최근에는 <해리 포터와 불의 잔>, <레전드 오브 타잔>, <신비한 동물 사전>의 움직임을 연출하기도 하였다.

인간의 움직임을 무대에 구현한다. 강렬한 이미지의 3D 그래픽 영상으로 구현된 무대는 관객들에게 원자처럼 세밀한 무용수들의 움직임을 전달한다. 영상과 조명, 음악과 함께 가상의 움직임으로 표현된 무용은 관객들에게 공감각적 입체감을 제공한다.

　생동감과 입체감을 극대화한 홀로그램 영상은 대형 뮤지컬에서 종종 활용된다. 뮤지컬 <벤허>의 전차경주 장면에서는 실제 크기의 말 모형이 무대 위를 달리는 장면을 홀로그램 영상으로 사실감 있게 표현한다. 빠르게 지나가는 원형 경기장의 홀로그램 영상은 모형 말과 어우러져 생동감을 극대화한다. 뮤지컬 <나폴레옹>의 워털루 전투 장면도 홀로그램 기술을 통하여 전투 신의 입체감을 살렸다. 아직은 제작비용 측면에서 홀로그램 영상 활용에 어려움이 있으나, 일반적으로 무대 제작의 완결성을 높이고 있다고 평가된다. 홀로그램 기술은 현존하지 않는 배우를 무대에 등장시키기도 한다. <김광석 홀로그램 콘서트>는 아무도 없는 무대에 입체영상으로 실제 김광석이 있는 것처럼 무대를 구현한다. 관객들은 김광석이 실제로 무대에서 공연하는 듯한 착각을 하게 된다. 차세대 디지털 기술인 홀로그램은, 존재하지 않는 배우와 가수들을 과거로부터 무대 위의 현실 세계로 소환한다. 2014년 빌보드 뮤직 어워드에서 홀로그램으로 마이클 잭슨을 등장시켰다. 홀로그램은 무대와 관객 사이에 투명 스크린이나 얇은 막을 설치하고 그 위에 영상을 쏘는 형태로 무대에 배우의 모습이 마치 떠 있는 것처럼 보이는 첨단기술이다. 홀로그램 기술은 최근 가상현실(VR)과 증강현실(AR) 등 실감형 콘텐츠가 부각되면서 그 활용도가 높아지고 있다. 현재 현장형 기술 개발을 통하여 실시간 인터렉티브 홀로그램 미디어아트 무대의 연출을 가능하게 하는 연구도 진행되고 있다. 공연예술콘텐츠는 새로운 기술과 결합하여 또 다른 제작방식으로 진화하고 있다. 제4차 산업혁명은 공연예술콘텐츠의 시공간적 제한성을 해체한다. 그러나 공연예술콘텐츠의 해체과정은 창작의 복제 가능성을 만든다. 디지털기술의 복제 가능성은 공연예술콘텐츠의 복제와 창작에 대한 제작자의 고민과 상존하게 된다.

2012년부터 영국예술위원회(Arts Council England)는 'Digital R&D Fund for the Arts', 캐나다예술위원회(Canada Council for the Arts)는 2017년부터 'Digital Strategy Found'라는 이름으로 새로운 기술을 활용한 공연예술콘텐츠 제작을 지원하고 있다. 한국문화예술위원회에서도 2018년 1월 18일에 개최한 '4IR 공연예술 컨퍼런스(4IR Performing Arts Conference)'를 시작으로 디지털기술을 활용한 가상공간과 공연예술콘텐츠 융복합 프로젝트에 관한 연구를 본격화하였다. 한국문화예술위원회는 '융복합 무대기술을 활용한 공연예술 ART & Technology 지원사업'을 통해 융복합 무대기술을 활용한 공연예술콘텐츠를 지원하였다. 이정연 댄스프로젝트의 <Lucid dream>은 가상과 현실 공간을 혼합한 관객체험형 무용공연으로서, 홀로그램 4면 맵핑과 LED 조명을 활용한 공간을 통해 입체적인 공연예술콘텐츠를 제공한다. 극단 서울공장의 <동주: 찰나와 억겁>은 윤동주의 시적 상상력이 관객들과 시청각적으로 교감을 이뤄낼 수 있는 인터렉티브 무대 환경을 조성한다. 원종국의 <i Remember>는 학습된 인공지능이 생성하는 새로운 Audio-Visual의 형식으로 기억의 층위를 구성한다. 디지털기술을 활용한 입체화된 공간은 기존 공연예술콘텐츠의 무대 개념을 뛰어넘어 관객들에게 실감형 체험을 제공한다. 현실처럼 생생한 가상현실, 현실을 확장한 증강현실은 공연예술 콘텐츠를 정교하게 구성하여 정서적 몰입감을 증폭시킨다. 공연예술 콘텐츠의 현재성에 가상 이미지를 겹치는 홀로그램, 증강현실(AR) 기술은 무대 공간을 확장하여 감동적 체험을 넓힌다.

3) 다른 산업과의 융합을 통해 새로운 산업모델 창출

공연예술콘텐츠의 변화는 자유롭게 시도된다. 영상산업과 융합하여 제작형식 및 유통구조가 전혀 다른 시스템을 생성하였다. 시공간적 접근성의 제약, 높은 관람비용, 이해하기 어렵다는 고정관념 등 공연예술과 대중 사이에 존재하는 장벽을 제거하고 향유의 기회를 확대하는 새로운 산업모델이 개발되고 있다. 공연예술콘텐츠 실황중계는 제3의 영역에 시공간의 제한성을 탈피하는 대표적인 사례다. 주로 유럽과 미국에서 공연예술, 특히 오페라·발레·클래식 등 고급예술을 실황 영상으로 제작하여 유통한다. 국내에서는 뉴욕 메트로폴리탄 오페라의 최신작을 '메트 온 스크린'으로 메가박스에서 2009년부터 상영하고 있다. 국립극장은 2014년 처음으로 영국 국립극장의 대표작품을 전 세계에 실황중계 하는 'NT(National Theatre) Live' 콘텐츠를 확보하여 상영하고 있다. 국립극장은 <워 호스>, <코리올라누스>, <리어왕>, <프랑켄슈타인> 등 영국 국립극장의 대표작품을 낮은 공연가격으로 국립극장 레퍼토리 시즌에 포함한다. 공연예술콘텐츠 실황중계는 배우들의 표정과 움직임을 디지털 고화질 스크린으로 섬세하게 표현하며, 공연과정에서 관람하기 어려운 장면들을 제공한다. 국내 공공 공연장에서 해외 공연예술콘텐츠를 유통하는 첫 사례로서, 공공 공연장을 매개로 하는 콘텐츠산업의 확장성을 보여주고 있다. 예술의 전당은 뉴욕 메트로폴리탄 오페라단의 'The Met: Live in HD'를 모델로 하여 2014년부터 '콘텐츠 영상화 사업(SAC on Screen)'을 추진하였다. 초기 예술의 전당은 공연예술 콘텐츠를 제작하고 이를 케이블 채널 예술 TV 아르떼가 촬영하여 CJ파워캐스트가 영화관으로 실황중계 하는 시도를 하였다. 그러나 예술의 전당은 제작인력과 비용 및 기술적인 문제 등으로 인하여 실황중계 한 공연예술콘텐츠를 지역 공공 공연장에 유통하는 방향으로 전환하였다. 세종문화회관은 2017년 '영상으로 만나는 파리오페라&발레' 프로그램을 기획하여 진행한 바 있다. 국내 공공 공연장에서 디지털 영상과 고화질 음향으로 제작된 공연예술콘텐츠를 실황중계 하는 사례는 늘어날 전망이다.

세계 3대 오페라로 손꼽히는 뉴욕 메트로폴리탄 오페라단은 흥행성과 작품성이 인정된 작품을 공연 실황으로 제작하여 'The Met: Live in HD'를 전 세계에 배급하며 주목을 받았다. 뉴욕 메트로폴리탄 오페라단장 피터 겔프(Peter Gelb)[77]는 오페라가 영화관의 핵심 콘텐츠로서 대안이 될 수 있을 것이라 확신하며 새로운 산업모델을 개발하였다. 국내 영화관 메가박스는 코엑스, 센트럴점 등 10곳이 넘는 상영관에서 'The Met: Live in HD'를 상영하고 있다. 메가박스는 오페라 공연 티켓 가격 대비 상당히 낮은 가격으로 공연예술콘텐츠를 제공한다. 메가박스는 '뉴욕 메트로폴리탄 오페라 시즌 2018'에서

---

77) 2006년 8월 취임한 피터 겔프 총감독은 2006년 말부터 미국과 영국, 캐나다의 영화관 수백 곳에서 '요술 피리'와 '세비야의 이발사' 등 6개 작품의 공연 실황을 실시간으로 중계하고 다른 100여 편의 공연은 인터넷으로 생중계할 계획이라고 밝힌 바 있다.

쥘 마스네(Jules Massenet)[78]<신데렐라>, 지아코모 푸치니(Giacomo Puccini)[79]의 <토스카>, 빈첸초 벨리니(Vincenzo Bellini)[80]의 <노르마> 등 15개 작품을 시즌패키지로 구성하였다. 메가박스는 'The Met: Live in HD'에서 세계적인 연출가가 영화화한 필름 오페라 명작을 선정하여 새로운 공연예술콘텐츠를 개발하고 있다. '필름 오페라'는 공연예술콘텐츠 '오페라'를 영화적 촬영기법으로 제작하여 새로운 형식으로 선보이고 있다. 푸치니의 걸작 <라보엠> 앙코르 상영에 이어 오페라의 고전 명작 <리골레토>와 <라 트라비아타>를 통해 루치아노 파바로티(Luciano Pavarotti)와 플라시도 도밍고(Plácido Domingo)의 전성기 모습을 새로운 공연예술콘텐츠로 제공하여 일반 대중에게 정서적 감동을 전달한다. 롯데시네마는 2018년 영국 로열 오페라 하우스에서 제작한 로열 오페라와 발레를 실황중계 하였다. 롯데카드는 2015년 문화마케팅 브랜드 론칭 차원에서 'MOOV Masterpieces'를 시리즈로 기획하여, 영국 국립오페라단의 2014/2015 시즌 공연 실황 영상을 롯데시네마에서 매월 상영하였다. 2018년 롯데시네마는 영국 로열 오페라 하우스의 조르주 비제(Georges Bizet)[81]의 <카르멘>, 주세퍼 베르디(Giuseppe, Verdi)[82]의 <맥베스>, 발레 <이상한 나라의 앨리스>, <호두까기 인형>, <백조의 호수> 등 10개 작품을 한 달 동안 상영했다. 롯데카드는 2015년 'MOOV

---

78) 프랑스 오페라 작곡가로 <마농>, <베르테르>, <타이스> 등이 대표적이다.

79) 이탈리아의 작곡가이며, <라보엠>, <토스카>, <나비부인> 등이 유명하다.

80) 이탈리아의 작곡가로 <노르마>, <청교도>가 대표적이다.

81) 프랑스 작곡가로 <카르멘>, <아를의 여인>과 <진주잡이>가 대표적이다.

82) 이탈리아 대표적인 오페라 작곡가로, 26곡의 오페라 대작과 명작을 남겨 이탈리아 오페라의 위업을 완성했다. 대표작에 <리골레토>, <라 트라비아타>, <아이다>, <오셀로> 등이 있다.

Masterpieces'에서 사업을 확장하여 2018년 '오페라 인 시네마'로 상영관과 상영일정, 작품 범위를 점점 넓혀가고 있다. 롯데카드는 유명 해외 아티스트를 초청하는 현대카드의 '슈퍼시리즈'와 차별화하여 좀 더 낮은 가격으로 해외 공연예술콘텐츠를 스크린에 담고 있다. 2010년 이후 공연예술콘텐츠는 영상산업과 결합하여 실황중계 방식으로 확산하고 있다. 공연의 실황중계는 공연예술콘텐츠를 대중에게 낮은 관람료로 제공하여 문화적 접근성을 넓혔다는 긍정적 평가를 받고 있다. 향후 공연예술콘텐츠의 확장 경로에 따라, 공연예술콘텐츠 제작·유통과정에 영상산업의 전문인력과 투자자본의 규모가 확대될 것으로 예측된다.

공연예술콘텐츠의 진화과정은 때로는 한정된 무대라는 공간을 벗어나서 재구성되기도 하고, 때로는 무대라는 제한된 공간에서 표현형식을 변형하기도 한다. 2017년부터 공연되기 시작한 '필름콘서트'는 공연예술콘텐츠의 변형된 형식으로 영화산업, 게임 산업과 결합하였다. '필름콘서트'는 영화를 스크린으로 보는 동시에 영화 사운드트랙을 무대 위 오케스트라의 라이브로 연주한다. 2018년 롯데콘서트홀에서 공연된 <스타워즈 인 콘서트—새로운 희망>은 스타워즈의 오래된 팬들을 클래식 관객으로 확장하였다고 평가받는다. 공연장의 음향구조는 오케스트라 연주를 통해 스타워즈 특유의 웅장함을 충분히 전달하며, 초대형 스크린은 선명하고 생동감 있는 영상을 전달한다. 필름콘서트 <애니메이션 OST 어벤저스 페스티벌>은 미국을 대표하는 애니메이션 제작사 DC 코믹스와 마블 코믹스의 <배트맨>, <슈퍼맨>, <아이언맨>, <스파이더맨> 등 슈퍼히어로 영화 테마곡, 일본 대표 애니메이션 제작사 지브리 스튜디오의 <하울의 움

직이는 성>, <센과 치히로의 행방불명>, <이웃집 토토로>의 음악·영상 콘텐츠를 60인조 오케스트라 연주로 전환함으로써 공연예술콘텐츠로서의 가치를 높이고 있다. 디즈니 애니메이션 주제곡을 대형 스크린으로 특별 제작한 애니메이션 영상으로 재구성한 클래식 공연도 있다. 디즈니 공식 라이선스 프로덕션인 '디즈니 인 콘서트'는 디즈니 콘서트 싱어즈가 별도로 구성되어 있다. 현재 진행되는 대부분의 '필름콘서트'는 미국의 DC 코믹스와 마블 코믹스, 지브리 스튜디오, 디즈니 등 해외 제작사 라이선스를 가지고 있다. 국내 영화산업이 자체 라이선스를 확보하기 위해서는 영화 자체의 콘텐츠 파워뿐만 아니라 영상·음악 콘텐츠 부분에서 공연예술콘텐츠와의 유기적 결합 가능성에 대한 사전 준비가 필요하다.

　서로 다른 영역으로 인식되던 '게임'과 '클래식'이 기존 관념을 깨고 새로운 관객과 영역을 창출하는 사례도 있다. 국내 게임 산업에서 메이플스토리는 15년간 꾸준히 라이브 서비스를 지속하며 많은 사용자를 보유하고 있는 게임이다. 2018년 5월 넥슨은 예술의 전당에서 단일 게임 타이틀 음원으로만 구성된 첫 오케스트라 공연 <게임 속의 오케스트라—메이플스토리>를 개최하였다. 당시 공연 티켓이 15분 만에 매진될 정도의 관심을 받으며, 공연예술과 게임 산업이 결합한 <게임콘서트>의 성장 가능성을 보여주었다. 2018년 10월 여의도 KBS홀에서는 스퀘어에닉스와 디즈니가 합작 개발한 킹덤 하츠 시리즈의 오케스트라 콘서트 '킹덤 하츠 오케스트라 월드 투어 콘서트'가 개최되었다. 일본에서는 이미 1989년과 2002년에 도쿄에서 파이널 판타지 콘서트를 개최한 바 있다. 2003년 독일 라이프치히에서도 '심포닉 게임 음악 콘서트'를 개최하여 흥행과 비평에 긍정적인 평가를 받았다. 공연예술콘텐츠는 단일한 형식으로 만들어진 콘텐츠에 비해 음악과 텍스트, 영상 등 멀티미디어적 요소들과의 결합 가능성이 크다. 공연예술콘텐츠는 문학, 음악, 회화, 게임, 영화 등 여러 형식의 콘텐츠와 결합하여 상대적으로 풍부한 표현력을 구현할 수 있다는 점에서 빠르게 융·복합적 구조로 진화하고 있다.

4) 디지털 미디어와 결합하여 새로운 플랫폼으로 자유롭게 이동

기술의 급격한 발전은 인터넷과 모바일을 통해 연결된 커뮤니케이션 사회를 더욱 긴밀하게 작동시키고 있다. 디지털 커뮤니케이션은 삶의 중요한 한 부분으로 자리 잡기 시작하였으며, 일상적인 사회생활을 유지하는 중요한 수단이 되고 있다. 공연예술콘텐츠는 인간 삶의 다양한 영역과 직결되어 있으며, 인간의 삶에 적극적으로 반응한다. 모든 사물과 사람이 네트워크로 연결되는 사회에서 공연예술콘텐츠는 고정화된 플랫폼에 머무르지 않고, 유동성을 지닌 디지털 플랫폼으로 자유롭게 이동하며 사회적 연결망을 형성한다. 인간의 문화적 생활에서 매우 중요한 감성 커뮤니케이션도 역시 디지털 미디어를 통해 이루어진다. 공연예술콘텐츠는 디지털 플랫폼을 통해 다양한 산업, 학문, 사회, 세대 등과 쉽게 연결될 수 있다.

공공 공연장이 유일한 플랫폼으로 고정화된 시기에는 유형의 공간인 공연장에서만 공연예술콘텐츠가 유통되었다. 그러나 네트워크 환경이 보편화되면서 공연예술콘텐츠가 IT와 미디어 중심의 디지털 플랫폼으로 확장되면서 혁신적이고 효율적인 이동성을 확보하게 된다. 이미 대중공연은 네이버 뮤직 라이브 온에어를 통하여 웹과 모바일에서 '디지털 실시간 콘서트'가 이루어지고 있다. 공연장을 직접 찾아가야 공연을 관람할 수 있던 시기는 지나가고 있다. 연극, 뮤지컬, 클래식 등의 무대공연이 집에서 혹은 이동 중에 손쉽게 감상할 수 있는 환경이 마련되고 있다. 공연예술콘텐츠의 생중계 서비스는 네이버가 2015년 시작한 동영상 생중계 서비스 '브이(V) 라이브'를 계기로 확대되었다. 2016년 10월 네이버TV의 '브이 클래식' 채널은 그해 11월 쇼팽콩쿠르 우승자 피아니스트 조성진의 앨범 발매를 기념한 쇼케이스를 생중계하였으며, <조성진 앨범 발매 기념 쇼케이스> 생중계는 브이 앱과 동영상 스트리밍 서비스 네이버TV 캐스트를 통해 무려 8만여 명이 감상하는 기록을 세웠다. 국내 클래식계는 디지털 플랫폼에 새로운 시선으로 다가가기 시작하면서 '내 손안의 작은 공연장'으로서 적극적으로 활용하였다. 현장의 분위기와 자연 음향을 전달하는 현장감에는 제한적이지만, 지방 혹은 해외에서 공연장을 방문하기 어려운 관객들에게 실황중계는 공연을 관람하는 경험을 제공한다는 의미가 있다. 서울시교향악단의 인기 레퍼토리인 베토벤 교향곡 <합창>이 네이버 동영상 생중계 '브이 라이브'을 통하여 중계되었다. 한국문화예술위원회는 2017년 '공연예술 창작 산실 지원사업'에 선정된 공연 중 6개 작품을 네이버TV 캐스트와 '브이 라이브'를 통해 전막 생중계를 시작하였다. 네이버TV는 뮤지컬 <레드북> 공연 실황 전막을 온라인을 통해 생중계하여 기술적 지원 가능성과 관객 확보 가능성에 대한 접근을 시도하여 긍정적 효과를 도출하였다. 라이브 공연과 온라인 생중계 관람이 상호 경쟁적 관계라기보다 상호보완적 관계로 설정되고 있다. 뮤지컬 <레드북>의 경우 포털 네이버와의 협업으로 공연 실황중계 이후 예매율이 높아졌다는 의견이 지배적이다. 대중은 공연예술콘텐츠를 웹과 모바일에서 편하게 즐길 수 있는 보편화된 디지털 플랫폼을 통해 쉽게 접근할 수 있게 되었다.

디지털 미디어 환경은 공연예술콘텐츠의 플랫폼을 여러 형태로 제공한다. 공연예술콘텐츠는 디지털 플랫폼을 자유롭게 이동하며 대중의 문화적 접근성을 확대하고 있다. 디지털 미디어와 결합한 온라인 플랫폼은 공연예술콘텐츠를 언제 어디서나 접근할 수 있도록 한다. 디지털 플랫폼은 관람객이 공연장에서 느낄 수 생생한 현장의 감동과 차별화된 감동을 대중에게 전달할 것으로 예측된다. 디지털 기술은 공연예술콘텐츠에 새로운 플랫폼을 제공하고 있다. 공연예술콘텐츠는 공간적 제한성을 탈피하고 빠른 속도로 자유롭게 디지털 미디어 세계로의 이동이 가능해졌다. 해외에서는 이미 베를린 필하모닉 오케스트라 정기 연주회를 실황중계 하는 '디지털 콘서트홀'이 운영되고 있으며, 잘츠부르크 페스티벌은 온라인 기반의 스트리밍 업체 메디치 TV와 계약을 맺고 화제작들을 방영하고 있다. 2018년 시즌 라인업인 리하르트 슈트라우스(Richard Georg Strauss)[83]의 <살로메>, 표트르 일리치 차이콥스키[84](Pyotr Ilich Tchaikovsky)의 <스페이드의 여왕>은 이미 실시간 이용이 가능해졌다. 바그너 악극을 전문으로 하는 독일 '바이로이트 페스티벌'도 바이에른 방송국 산하 비알 클래식(BR-KLASSIK)을 기반으로 독일권 내에서만 스트리밍 서비스를 개시하였다. 뮌헨의 바이에른 슈타츠오퍼는 자체 플랫폼인

---

83) 독일 후기낭만파의 마지막을 대표하는 작곡가로 <살로메> 등의 오페라와 <돈 후안> 등의 교향시 등을 남겼다.

84) 러시아의 작곡가로 <백조의 호수>, <잠자는 숲속의 미녀>, <호두까기 인형> 등 대표적인 발레 작품과 더불어 <스페이스 여왕>과 <예브게니 오네긴> 등이 있다.

슈타츠오퍼 TV를 통해 2018년 여름 최고의 화제작인 요나스 카우프만(Jonas Kaufmann)[85) 주연의 <파르지팔>을 온라인으로 방영하였다. 이와 같이 공연예술콘텐츠는 디지털 플랫폼으로 본격적으로 진입하고 있다.

현재 공공 공연장에서 제작되는 공연예술콘텐츠는 SNS 라이브와 유튜브, 페이스북, 네이버TV, 블로그와 UCC 동영상 등의 디지털 미디어 매체를 통하여 '현재성'과 더불어 '지속성'을 확보하고 있다. 시간적·공간적 접근성뿐만 아니라 경제적 접근성을 확장하고 있다. 공공 공연장으로 한정되던 공연예술콘텐츠는 디지털 플랫폼으로 자유롭게 이동하며 새로운 형태의 콘텐츠로 재생산되고 있다. 공공 공연장은 디지털 플랫폼과의 상호 연결을 통하여 공연예술콘텐츠의 핵심 플랫폼으로 작용한다. 공공 공연장은, 대중의 자발적 참여와 소통을 활성화하여 공연예술을 실연하는 무대에서 공연예술콘텐츠를 제작·유통하는 핵심 플랫폼으로 재배치되고 있다. '인간의 일상적 삶을 어떻게 풍요롭게 할 것인가'라는 문화적 공유가치를 창출하는 공공 공연장의 사회적 역할은 디지털 플랫폼과의 상호작용을 통하여 더욱 중요해질 것으로 기대된다. 디지털 플랫폼을 통한 공연예술콘텐츠 가치는 더욱 높아질 것으로 예상된다. 넷플릭스와 아마존 등 인터넷 동영상 플랫폼 시장이 급성장하면서 공연예술콘텐츠에 대한 수요도 커지고 있다. 디지털 플랫폼에 의한 전달이 기존 공연예술콘텐츠의 유통 시장을 크게 변화시키고 있다는 점에서 주목을 받고 있다. 따라서 공연예술콘텐츠가 디지털 플랫폼과의 상호작용에

---

85) 독일 뮌헨 출신의 테너 가수로 2010년과 2013년, 독일 에효 클라식(Echo Klassik) '올해의 성악가'로 선정된 인물이기도 하다.

서 무대공연의 '현장성'을 기술적으로 어떻게 보완할 것인지, 저작
권 문제를 제도적으로 어떻게 보완할 것인지에 대한 논의가 필요하
다. 디지털 플랫폼이 다양해지고 사용자가 콘텐츠를 제작하는 환경
이 조성되면서 디지털 콘텐츠를 어디까지 보호할 것인지에 대한 가
이드라인이 필요하다.

3. AI(인공지능)와 공연예술콘텐츠

인간과 AI(인공지능)인 알파고의 바둑 대결은 인간의 고유한 영역
으로 여겨지던 창작 활동에 대한 기존의 신념을 변화시켰다. 창작자
들은 AI(인공지능)가 독자적으로 소설을 쓰고, 노래하며, 작곡하고,
무대에서 공연을 안무하는 등 여러 분야의 예술 활동이 가능할 수도
있다는 사실에 새로운 의미를 부여한다. 그들은 인간과 AI(인공지
능)의 관계성을 어떻게 설정할 것인가를 고민하며, 예술과 기계의
상호 협력 가능성을 제시한다. 무엇보다도 지난 몇 년 동안 창작자
들은 공연예술 분야에서 정부나 공공 기관의 제도적 지원으로 AI(인
공지능) 기술을 활용한 공연예술콘텐츠를 개발해왔다. 2017년 한국
콘텐츠진흥원과 SM엔터테인먼트는 분야별 아티스트와 AI가 협업한
프로젝트를 소개하였다. 작곡·작사가 가능한 AI 뮤직큐스를 개발하
여 새로운 음악의 생성 모델을 제시하였다. 또한, AI와 음악프로듀
서·비주얼 아티스트가 협업하여 만든 뮤직비디오와 인공지능 DJ의
공연도 선보였다. 더욱 고도화된 AI(인공지능)는 감성을 담아내는
로봇으로 진화하면서 무대공연으로 결합영역을 확장하고 있다.

제4차 산업혁명을 둘러싼 기술혁신은 공연예술콘텐츠의 제작과 유통뿐만 아니라 창작 활동에 필요한 환경적 토대도 변화시키고 있다. 안드로이드 연극 <사요나라>와 로봇 연극 <일하는 나>는 오사카 대학에서 '로봇 연극 프로젝트'의 일환으로 제작되었다. 극작가 겸 연출가 히라타 오리자(HIRATA Oriza)[86]는 인공지능 로봇 권위자인 이시구로 히로시(Ishiguro Hiroshi)[87]와 함께 2008년부터 '로봇 연극 프로젝트'를 개발하기 시작하였다. 연극 <사요나라>는 일본 각 지역뿐 아니라 해외에서도 공연되었으며, 2013년에 국내에서도 화제를 모았다. 연극 <사요나라>는 로봇과 인간을 정의하는 기존 이미지의 고정관념을 깨고, 연극과 과학의 융합에 있어서 임계점을 제시해주는 대표적인 연극이다. 이 획기적인 단편극에서는 이시구로 연구소에서 개발한 인간 여성 모습의 로봇 '제미노이드 F'와 한 인간 배우가 연기를 펼친다. 죽어가는 소녀와 그녀에게 시를 읽어주는 로봇을 통하여 "삶과 죽음이 인간과 로봇에게 어떤 의미를 지니는가"라는 인간 본질의 문제를 던진다. 이 작품은 '죽어가는 사람에게 계속해서 시를 읽어주는 로봇'이라는 설정으로 예술과 기계의 흥미로운 융합을 보여준다. 이 작품에서 가장 인간적인 존재는 아이러니하게도 로봇인 '제미노이드 F'이다. 창작자들은 '제미노이드 F'를 통해 점점 인간성이 상실되는 현실을 되돌아본다. 또 다른 연극 <일하는 나>는 로봇과 인간이 공존하는 시대를 배경으로 인간의 노동에 대

---

86) 오사카대학 커뮤니케이션·디자인센터 교수이며, 대학 시절에는 한국 연세대학교에서 교환학생으로 공부하기도 했다. 극단 세이네단을 만들어 연극 활동에 참여하며, 로봇 연극 창작에도 힘을 쏟는 등 새로운 창작의 영역을 개척하고 있다.
87) 오사카대학 공과대학원 교수이며, 인간처럼 말하고, 인간과 대화를 나눌 수 있는 휴머노이드 (인간형 로봇) 개발을 위한 연구를 한다.

한 철학적 질문을 던진다. 인간 부부와 일하는 로봇이 함께 생활하는 미래사회에서 일하기 위해 만들어진 로봇이 더 이상 일할 수 없는 상황을 설정하여 인간에게 있어 '일한다'라는 것이 어떤 의미인지를 생각하게 한다. 로봇의 개발자인 히로시 이시구로 교수는 안드로이드가 인간의 거울이라고 말한다. 그는 제4차 산업혁명 시대에 오히려 '인간이란 무엇인가?', '우리가 인간을 인간답다고 인지하는 것은 어떠한 근거에 기초한 것인가'라는 문제의 답을 찾고자 한다.

스페인 출신 공연 제작자 블랑카 리(Blanca Li)[88]의 <로봇>은 2013년 프랑스 몽펠리에서 초연된 이래, 전 세계 60개 도시에서 무대에 올려졌으며, 국내에는 2017년 소개되었다. 블랑카 리의 <로봇>은 '과연 인간만이 예술적 아름다움을 표현할 수 있는가?'라는 질문을 던지고 있다. 로봇과 인간이 한 무대에 올라 음악에 맞춰 춤을 추는 <로봇>은, 8명의 인간 무용수들이 음성과 영상인식, 언어학습 능력 등을 탑재한 휴머노이드(인간형 로봇)인 나오(Nao) 등 7대의 로봇 무용수와 함께 등장한다. 최첨단 기술과 로봇공학이 무대 위에서 공연예술과 어떻게 결합할 수 있는지, 어떠한 표현양식으로 공연예술콘텐츠가 될 수 있는지를 보여주고 있다. 로봇처럼 움직이는 인간, 인간처럼 춤추는 로봇의 모습을 통해 인간의 예술적 행위에 대한 본질적인 문제를 던지고 있다. 대만 출신의 무용수이자 공연 제작자 황이(Huang Yi)[89]는 <황이&쿠카(Huang Yi & KUKA)>를 통해 무

---

88) 유수의 무용단에서 수석 무용수, 안무가, 감독을 역임하며 거장의 반열에 오른 블랑카 리는 수천 회의 현대무용공연 외에도 2004년 150명의 힙합 댄서들과 제작한 영화를 시작으로 자신의 쇼를 제작하는 과정을 담은 다큐멘터리 필름을 포함해 5편의 장편영화를 감독하기도 했다.

89) 소프트웨어 프로그래머, 안무가, 무용수의 역할을 수행하며 연속적이며 기계적인 동작과 멀티미디어 요소를 결합하여 공연예술을 구성하고 있다.

용수와 산업용 기계 팔 로봇 '쿠카'의 상호 정서적 교감을 무대에서 표현한다. 매일 같은 움직임만을 반복하는 기계적인 일상을 보냈던 산업용 기계 팔 로봇 '쿠카'는 안무가 황이를 만나 무대 위에서 창의적이고 생동감 있는 로봇으로 재탄생한다. '쿠카'의 변화과정을 통해서 인간의 무료한 일상적 삶에 대한 문제의식과 함께 창의적 활동이 왜 필요한가에 대한 해답을 찾고자 한다. <황이&쿠카>는 2013년 오스트리아 '아르스 일렉트로니카 페스티벌' 예술축제에 참여하여 새로운 공연예술 형식으로 평가받았다. 2017년 한국콘텐츠진흥원이 '예술과 기술의 융복합 콘텐츠'로 선정하여 국내에 소개하였다. 2018년 9월 스웨덴 안무가 프레드릭 벤키 리트만(Fredrik Benke Rydman)은 스톡홀름에서 900kg 산업용 ABB 로봇 IRB 6620을 새로운 무용 파트너로 하는 공연예술콘텐츠를 제작하였다. 이 콘텐츠는 기술, 자동화 및 AI(인공지능)에 따른 인간의 역할 변화와 인간과 로봇 사이에 가능한 협업 형태를 표현한다. 프레드릭 벤키 리트만과 함께 무대에 오른 ABB 로봇은 자동차 생산 공장과 같은 중공업 분야에서 상용되는 모델로, 공장 작업자와 긴밀한 상호작용이 요구되는 복잡한 조립공정을 담당하는 대형 로봇이다. 인간과 로봇 사이의 사용자 인터페이스(human-robot interface)를 통하여 정보와 동작을 교환한다. 또한, 음성·시각·촉각을 통해 서로의 정보를 예술적 행위로 교감한다. 프레드릭 벤키 리트만은 마치 다른 무용수를 대하듯 ABB 로봇을 대하며, 다른 무용수와 교류하는 것과 유사한 방식으로 ABB 로봇과 교류한다. 2018년 국내에서는 로봇 성악가 '에버'를 출연시킨 융·복합 오페라 <완벽한 로봇 디바, 에버>를 제작하였다. 로봇 성악가 '에버'는 인간과 흡사한 휴머노이드 로봇으로, 12가지

표정으로 인간의 감정을 표현하며 오페라 아리아를 들려준다.

로봇과 인간은 치열한 경연을 통해 가장 인간적인 모습을 찾아가고 있다. 로봇기술이 진화하면서 인간처럼 정교한 움직임이 가능해지고 있다. 정교해지는 안드로이드형 로봇은 무대공연의 배우로서 진짜 배우들과 연기를 한다. 인간보다 더 인간다운 인조인간을 소재로 한 영화 <블레이드 러너>나 <AI>같이 가장 인간다운 존재를 표현하는 공연예술콘텐츠가 개발되고 있다. AI(인공지능)와 융합한 공연예술콘텐츠를 제작하는 창작자들은 기술의 발전이 인간을 얼마나 더 행복하게 해줄 수 있을까 하는 근원적인 질문으로부터 출발하고 있다. 인간과 기계의 조화와 대립을 어떠한 관점에서 예술적 언어로 표현할 것인가는 융복합 공연예술콘텐츠에서 중요한 문제가 될 것이다.

제4차 산업혁명 시대의 기술발전은 인간과 인간의 관계, 인간과 로봇의 관계에 대한 패러다임을 전환시키고 있다. 영역을 넘나드는 예술과 기술의 융합은 미래의 성장 동력이자 다종다양한 분야의 상상력, 창조성의 원동력이다. 공연예술콘텐츠는 새로운 패러다임에 따라 융복합형 콘텐츠로 진화하게 된다. 또한, 기술과 예술의 융합은 시대를 반영하며 새로운 공연예술 환경으로 바뀌고 있다. 궁극적 의미에서 인간과 기술의 경계가 사라지는 융합사회를 의미한다. AI(인공지능)가 공연예술콘텐츠와 결합하는 환경은 미래가 아닌 현실이 되고 있다. 인공지능을 탑재한 로봇을 활용한 공연예술콘텐츠는 로봇이 일반화될 미래사회에 대한 성찰을 보여준다. 인공지능이 탑재된 산업형 로봇, 인간형 로봇, 안드로이드 인조인간 등 인간과 로봇의 경계를 구분할 수 없을 정도의 현장감과 정서적 몰입감을 제공하는 공연예술콘텐츠는 확대될 전망이다. 이러한 공연예술 환경은 대중에게 능동적 참여와 감동적 몰입을 통해 전혀 새로운 체험과 메시지를 제공할 것이다. 공연예술콘텐츠는 새로운 기술과의 융합을 통하여 인간과 인간의 관계성, 인간의 존재 자체에 대한 중요성을 강조하게 된다. 융복합 공연예술콘텐츠의 중심에는 인간의 창의성이 위치할 것이다. 기술이 기존 질서의 파괴를 가져오기도 하지만 새로운 세계를 만들어내기도 하듯이, 기술과의 융합을 통한 공연예술콘텐츠의 진화는 또 다른 미래를 예고한다.

4. 공연예술콘텐츠의 가치와 공공 공연장

제4차 산업혁명 시대의 기술발전은 공연예술의 전통적 장르 개념을 바꾸고, 창작의 개념도 뛰어넘고 있다. 새로운 기술은 공연예술의 전통적인 제작·유통 방식뿐만 아니라 소통의 방식도 변화시키고 있다. 전통적으로 공연예술콘텐츠는 무대 위에서만 존재하다가 사라지는 현재성을 담고 있다. 공연장이라는 공간적 제약과 공연시간이라는 시간적 제약, 그리고 제작상의 여러 가지 제약 때문에 그대로의 재현은 불가능한 예술이다. 이러한 공연예술의 속성은 지금까지 고유의 특성으로 이해되었다. 그러나 디지털 미디어 환경에 의해 고유의 특성이 해체되고, 새로운 가치를 창출하는 원천 콘텐츠로의 질적 전환이 이루어진다.

공공 공연장은 원천 콘텐츠를 제작·유통하는 플랫폼으로 매우 중요한 역할을 수행하게 된다. 공연예술콘텐츠는 공공 공연장을 매개로 제작·유통되며, 자유롭게 디지털 플랫폼으로 이동하게 된다. 공공 공연장은 디지털 플랫폼과 자유로운 상호 연결을 통하여 고품격의 공연예술콘텐츠를 전달하는 중심부에 위치하게 된다. 공공 공연장은 디지털 플랫폼과의 편리한 이동성을 바탕으로 표현 방식을 자유롭게 채택하게 된다. 무엇보다 공연예술콘텐츠는 새로운 기술과의 융합으로 언제 어디서나 자유롭게 접근할 수 있는 환경을 마련하였다. 디지털 플랫폼이 디지털세계의 상호연결성을 아우르는 개념으로 확장되듯이, 공공 공연장도 전통적인 무대 공간에서 공연예술콘텐츠 생태계를 통합하는 핵심 플랫폼으로 진화한다. 공공 공연장에서 제작되는 공연예술콘텐츠는 유튜브, 네이버TV, 페이스북, 트위터 등 동영상 기반 디지털 플랫폼에서 실시간으로 상호 연결하며 수많은 사람과 감동적 체험을 공유한다. 공공 공연장에서 인터넷과 스마트폰, 태블릿PC 등의 디지털 미디어 활용을 통한 공연예술콘텐츠의 제작·유통이 상당한 정도로 일반화되었다. 페이스북과 유튜브, 인스타그램 등 SNS를 활용한 공연예술콘텐츠의 확산이 빠르게 진행되고 있다. 공공 공연장은 창작자와의 협업으로 새로운 기술과 융합한 공연예술콘텐츠를 제작한다. 다가오는 미래사회에서 공공 공연장은 가상현실(VR), 증강현실(AR), 홀로그램 등 새로운 기술과 융합한 플랫폼으로 개인의 체험을 입체적으로 확장할 것으로 전망된다. 가상현실과 증강현실은 지금까지 존재하지 않았던 새로운 공간을 창조하고 있다. 나아가 새로운 산업과 예술, 가치를 창출하며, 대중에게 감동적 몰입을 제공할 것으로 전망된다. 그리고 공공 공연장은 모든 관계성, 즉 인간과 인간, 인간과 예술, 기술과 예술의 상호연결성 중심에 위치하게 된다.

제4차 산업혁명 시대에 공공 공연장은 공연예술콘텐츠의 가치를 창출하는 데 중요한 요소로 작용한다. 공공 공연장은 디지털 미디어 매체와 결합하여 고품격의 공연예술콘텐츠가 일반 대중에게 손쉽게 다가갈 수 있는 환경을 조성하며, 가상·증강현실과의 융합현실을 통하여 입체적인 감동을 제공할 수 있게 된다. 공공 공연장은 기술과 예술을 융합하여 창의적인 공연예술콘텐츠를 제작하고, 시대변화에 따른 인간의 상호 관계성에 대한 가치를 창출하는 플랫폼으로 진화할 것이다. 무엇보다 공공 공연장과 공연예술의 공공재적 속성은 '인간의 일상적 삶을 풍요롭게 하기 위한 문화적 공유'라는 핵심 가치를 강조하게 된다. 디지털 미디어 환경에서 공공 공연장은 다수에 의한 개방적인 콘텐츠 제작과 대중이 편하게 공유할 수 있는 순환형 생태계로 변화하게 된다. 공공 공연장은 제4차 산업혁명 시대에 '인간의 본질'에 대한 사유의 플랫폼으로 부각된다. 미래사회는 시간, 공간, 지식, 관계가 확장됨에 따라 새로운 가능성이 형성되거나 핵심 가치가 변화하는 모습이 보이고, 특히 인간 중심적 가치의 중요성이 커질 것이다. 공공 공연장이 디지털 미디어 매체와 결합하여 자유롭고 자발적으로 접근할 수 있는 개방형 플랫폼, 기술과 예술을 융합한 새로운 형식의 공연예술콘텐츠를 제작하는 핵심 플랫폼으로 확장되면서 기술의 융합에서 가치의 융합으로 진화하고 있다. 대중은 자발적 참여를 통해 고품격의 공연예술콘텐츠를 플랫폼에 결집하고, 콘텐츠의 가치를 공유한다. 공공 공연장은 다른 플랫폼들과 상호 연결할 수 있는 선순환형 플랫폼으로 작동하며 공연예술콘텐츠의 유연성과 변형 가능성을 지속해서 시도한다. 공공 공연장은 공연예술콘텐츠의 경계를 파괴하고, 공연예술콘텐츠가 새로운 기술과 창의적으로 융합 가능한 환경을 조성한다. 공공 공연장에 대하여 인간의 일상적인 삶을 풍요롭게 하기 위한 문화적 공유가치를 미래사회의 새로운 가치와 융합하는 가치 플랫폼으로서의 접근이 필요하다.

향후 공공 공연장은 공연예술콘텐츠의 가치를 능동적으로 확장하고 더욱 인간 중심의 가치를 창출해야 한다. 공공 공연장의 유통구조는 경제적 접근에서 가치적 접근으로, 소수 전문가에서 대중에게로 확장하며 핵심 플랫폼으로 발전한다. 따라서 공공 공연장은 공연예술콘텐츠의 가치를 확대하는 과정에서 사회적 역할에 대한 새로운 변화를 시도해야 한다. 디지털 미디어 환경에서 공공 공연장은 공연예술콘텐츠의 문화적 공유가치를 실현하는 지속 가능한 역할이 요구된다. 공연예술콘텐츠는 경제적 수익을 위한 도구적 관점이 아닌 인간의 삶의 가치를 실현하는 관점으로 확장하기 위해 공공 공연장과 가치적 상호 결합이 필수적이다. 공연예술콘텐츠는 제4차 산업혁명을 기반으로 하는 콘텐츠로 진화하여 현실과 가상현실의 경계가 사라지는 융합현실을 표현하게 된다. 공공 공연장은 감성적 체험을 기반으로 하는 깊이 있는 감동을 전달하는 핵심 플랫폼으로 진화하게 된다. 공공 공연장은 디지털 플랫폼과의 상호작용을 전제로 하는 개방성을 담보하지 않는다면, 일부 사람들만이 즐기는 폐쇄적 공간으로서 그 의미가 점점 축소될 수밖에 없다. 공공 공연장에서 공연예술콘텐츠의 제작·유통과정에 나타난 큰 변화들은 사람들에게 더욱 편리하고, 더욱 쉽게 접근할 수 있는 환경을 만들어준다. 그리고 시공간의 제약 없이 새로운 기술로 현실감 있는 예술적 체험을 가능하게 한다. 무엇보다 경제적 제약으로부터 자유로워질 수 있는 환경을 제공한다.

공공 공연장은 문화적 균형감과 포용적인 관점에서 공연예술콘텐츠의 공유가치를 실현하는 핵심 플랫폼으로서, 그 조정자 역할이 중요해지고 있다. 인간 삶의 영역에 공연예술이 함께 흡수되고 삶의 가치를 높이기 위해서는 공연예술콘텐츠와 인간 삶의 여러 영역이 긴밀하게 연결되어야 한다. 그러기 위해서는 공공 공연장은 적극적으로 인간의 일상적인 삶 속으로 침투하여 그들과 유기적인 관계를 유지하며 공연예술콘텐츠를 공유하고 그들의 참여를 끌어내야 한다. 새로운 기술 그 자체는 가치 중립적이지만, 이것이 어떤 목적으로 접근하는가에 따라 그 가치는 다르게 나타난다. 인간에 대한 본질적인 가치와 의미를 도외시하고 소수 특정 집단의 이익에 따라 활용될 경우 공연예술콘텐츠의 가치는 희석화되고 과거 속에 머무르게 된다. 공공 공연장은 제4차 산업혁명을 기반으로 하는 새로운 기술과의 융합과정을 통해 공연예술콘텐츠의 가치를 인간의 일상적인 삶과 상호 작용해야 한다. 공공 공연장은 인간과 로봇의 공존이라는 환경에서도 인간 중심의 성찰을 전제로 공연예술콘텐츠를 제작해야 한다.

아서 단토(Arthur Danto)[90]와 장 보드리야르(Jean Baudrillad)[91] 등에 의해 "죽었다"라고 표현되었던 예술이 최근 새로운 변화를 시도하고 있다. 새로운 기술, 새로운 플랫폼과의 결합, 서로 다른 형식의 융합으로 폐쇄적 구도를 벗어나고 있다. 공연예술콘텐츠는 다양한 관심, 욕구, 이해, 가치관을 가지고 있는 인간의 삶을 표현하고,

---

90) 미국의 미술비평가이면서 철학자이며, 대표 저서로 <예술의 종말 이후>가 있다.

91) 프랑스의 철학자·사회학자. 대중과 대중문화, 미디어와 소비사회 이론으로 유명하며, 모사된 이미지가 현실을 대체한다는 시뮬라시옹(Simulation) 이론을 주장한다.

조화롭게 실현하고, 예술적 감동을 상호 공유하는 가치적 영역이다. 공공 공연장은 물리적이고 체험적인 플랫폼이면서 공연예술의 실현 공간이고, 디지털 미디어 매체들과 상호 작용하는 가치 플랫폼으로 그 역할이 강조된다. 그 안에서 구현되는 공연예술콘텐츠는 새로운 형식과 새로운 기술에 복합적이고 융합적인 방식으로 결합하면서 열린 구조의 또 다른 미래를 창출할 것이다.

5. 논의와 제언

새로운 기술의 발전은 공연예술콘텐츠를 둘러싼 인간과 예술의 관계, 예술과 기계의 관계, 그리고 더 나아가 인간과 인간의 관계를 근본적으로 변화시키고 있다. 독자적 장르로 표현되던 공연예술콘텐츠는 춤, 연극, 음악, 텍스트, 영상 등 다양한 장르들과 복합적으로 결합하여 새로운 형식을 만들고 있다. 공연예술콘텐츠의 장르적 결합은 이제 더는 새로운 제작형식이 아니다. 공연예술은 디지털 미디어적 요소들과 장르적 결합뿐 아니라 전시, 영화, 과학, 게임 등의 영역과 결합하여 융복합형 공연예술콘텐츠를 시도하고 있다. 공연예술콘텐츠는 탈장르적 형식을 뛰어넘어 새로운 기술을 기반으로 더욱 풍부한 표현력을 구현한다. 새로운 기술을 활용한 가상공간은 제한적인 무대를 입체적 공간으로 전환 시키고 있다. 홀로그램 기술은 세상에서 사라진 배우와 가수들을 무대에 다시 소환하고 있다. AI(인공지능)를 탑재한 로봇과 함께하는 공연예술콘텐츠는 더 이상 미래가 아닌 현실이 되고 있다. 이러한 공연예술 환경은 일반 대중에게 새로운 방식의 감동적 체험과 창작 활동을 제공한다.

공연예술콘텐츠는 근본적으로 인간과 인간 사이의 관계성, 인간의 존재적 가치에 대한 의제를 담고 있다. 공연예술콘텐츠는 인간의 창의성을 전제로 하며, 인간의 일상적 삶을 풍요롭게 만들기 위한 문화적 공유가치를 내포한다. 기술이 기존 질서를 파괴하고 새로운 세계를 만들어내듯이, 새로운 기술과의 융합을 통한 공연예술콘텐츠의 진화는 또 다른 콘텐츠를 예고한다. 그러나 새로운 기술과의 융합이 더 나은 환경이 펼쳐질 것이라는 막연한 환상과 기대만을 가져서는 안 된다. 오히려 이러한 믿음은 공연예술콘텐츠의 핵심 가치를 놓칠 수 있다. 새로운 기술에 의한 인간 미학의 영역을 확장한다는 낙관론이 있는 반면, 기술이 공연예술을 잠식하여 예술적 가치를 저하시킬 수 있다는 비판론도 존재한다. 제4차 산업혁명에 의한 사회현상의 변화를 바라보는 시각은 다양하게 존재하며, 기술과 예술의 융합적 구조에 대한 접근 또한 여러 시각에서 해석되고 있다. 서로 상이한 시각은 발전적 대안을 마련하려는 노력의 과정으로 이해되며, 인간의 일상적 삶을 문화적으로 풍요롭게 하기 위한 과정으로 접근될 수 있다. 인공지능 로봇을 활용한 공연예술콘텐츠는 AI(인공지능)가 일반화될 미래사회에 대한 성찰을 보여준다는 측면에서 유의미하다. 기술과 예술의 융합 현상을 어떻게 바라볼 것인가에 대한 근본적인 질문이 필요하다.

첫째, '과연 기계가 인간을 대신할 수 있는가?'라는 근본적 질문은 '과연 작품의 완성도에 의한 인간의 정서적 감동을 전달할 수 있는가?'라는 물음으로 귀결된다.

공연예술콘텐츠에 대한 가치적 접근을 근원적으로 어디서부터 시작해야 할지를 고민해야 한다. 새로운 기술과 공연예술콘텐츠의 결합은 인간의 창의성을 높이기 위한 과정이다. 그리고 인간의 일상적인 삶을 풍요롭게 하기 위한 과정으로 풍부한 현장감과 정서적 몰입감을 전달하기 위한 콘텐츠로 존재하게 된다. 인간을 대체하는 그 무엇이 아닌, 인간의 일상적 삶을 풍족하게 하기 위해 AI(인공지능), VR(가상현실), AR(증강현실) 등의 새로운 기술과 융합이 이루어지는 것이다. 인간이 기계와 대립하는 것이 아니라 상호 협력이 필요하듯이, 공연예술콘텐츠도 기계와의 융합과정을 통하여 가장 인간다운 감동적 몰입감을 전달하는 것이다. 공연예술콘텐츠를 제작하는 창작자들은 새로운 기술을 인간이 더 행복해지는 기제로 활용하기 위해 항상 고민하게 된다. 이러한 과정에서 어떠한 예술적 언어로 표현할 것인가의 중심에는 인간의 창의성이 자리 잡게 된다. 공연예술콘텐츠의 '현장성'을 기술적으로 보완하는 과정은 문화적 공유가치를 실현하는 과정으로 접근해야 한다. 제4차 산업혁명 시대에 AI(인공지능) 분야가 창조적인 예술의 영역에 어떤 영향을 줄 것인가 하는 것은 중요한 의미를 지니고 있다. 만약 AI(인공지능)가 인간의 협력 없이 독자적으로 공연예술콘텐츠를 만든다면, 기계 문명에서 나타나는 새로운 차원의 예술 행위가 될 것이다. 그러나 'AI(인공지능)가 만들어낸 공연예술콘텐츠를 인간의 창의적 예술영역으로 받아들일 것인가?' 하는 문제는 오로지 인간의 몫이다. 그것을 창작의 영역으로 해석할 것이냐는 가치적 판단은 인간에 의해서 결정된다. 이 문제는 인간의 존재적 가치를 어떻게 담아낼 것이냐는 근원적 질문과 함께 지속해서 논의되어야 할 것이다.

둘째, 공연예술콘텐츠의 진화는 '복제와 창작의 영역에 대한 생태계를 어떻게 조성해야 할 것인가?'에 주목해야 한다.

공연예술콘텐츠의 복제작용은 '현재성' 개념과 연관성을 가지고 있다. 공연예술콘텐츠는 디지털 미디어 매체와의 결합으로 자유로운 이동성을 확보하게 되면서 현재적 구조에서 탈피하게 되었다. 기술적으로 이용 가능한 디지털 플랫폼들은 공공 공연장을 핵심 플랫폼으로 하여 상호 협력작용을 통해 확장성을 높이고 있다. 플랫폼 간의 자유로운 이동은 공연예술콘텐츠의 복제를 편리하게 한다. 새로운 기술발전은 공연예술콘텐츠의 시공간적 확장과 경제적 접근 확대라는 긍정적 의미를 제공하는 반면, 디지털 콘텐츠의 불법복제로 인한 저작권 침해라는 문제를 발생시킨다. 디지털 미디어 환경에서 공연예술 창작자들의 예술적 행위를 보호하기 위해서는 공공 공연장의 역할이 중요해진다. 더불어 창작의 영역에 대한 제도적 보호가 필요하게 된다. 공연예술콘텐츠는 제4차 산업혁명의 시대에 새로운 기술과의 융합을 통하여 플랫폼과 플랫폼을 자유롭게 이동하고, 자유롭게 공유하고, 새로운 플랫폼에서 새로운 콘텐츠를 재생산할 수 있는 선순환적인 가치로서의 접근이 필요하다. 이를 위해 공연예술콘텐츠의 공유가치를 확장하기 위한 생태계가 조성되어야 하며, 창작자들이 새로운 기술을 활용한 공연예술콘텐츠를 보호할 수 있도록 제도적 기반이 마련되어야 한다. 제4차 산업혁명 시대에 새로운 형식으로 진화하는 공연예술콘텐츠의 불법복제를 방지하고 창작의 영역을 보호하는 저작권에 대한 제도적 보완이 필요하다. 공공 공연장은 최초 제작 과정에서 다양한 이해관계자와 협력하여 창작자의 제도적 보호장치들을 적정수위에서 조정하고 설계해야 한다. 공연예술콘텐츠의 문화적 공유가치 개념을 중심에 두는 것은 불법복제 규제 전반의 논의에서 출발점이 어떻게 설정되어야 하는가에 대한 현실적 함의를 가진다.

셋째, 제4차 산업혁명 시대에 공공 공연장은 또 다른 소통의 영역으로 진화되어야 한다. 이를 위해서는 공연예술콘텐츠의 개방성, 참여의 확장성, 그리고 상호 진정성이 필요하다.

한국문화예술위원회는 '공연예술 창작의 한계를 기술로 확장 시키는 새로운 시도'에서 <공연예술 창작 확장 프로젝트 쇼케이스>(2017. 2. 28.)를 통해 융복합 공연예술콘텐츠를 선보였다. 그리고 융복합 무대기술을 활용한 공연예술 ART & Technology 지원사업을 추진하였다. 서울문화재단은 2017년 12월에 '기술혁신시대의 예술' 국제 심포지엄을 통해 새로운 기술에 적응하고 활용할 수 있는 환경을 논의하였다. 2018년 11월에 한국문화예술교육진흥원과 국립현대미술관은 '과학기술과 예술, 그리고 창조적 문화예술교육공간을 위한 <오픈 토크>'(이하 '오픈 토크') 토론회를 통해 제4차 산업혁명 시대의 예술과 기술, 문화예술교육의 가능성과 미래의 문화예술 공간에 대해 짚어보고, 나아가야 할 방향성을 모색하였다. 2018년 11월 문화체육관광부, 예술경영지원센터는 '해커톤(Hack-A-Thon): 정해진 시간 동안 팀을 짜서 쉬지 않고 아이디어를 만들고 구현하는 개발 경진대회'를 개최하였다. 이 토론회에서 제4차 산업혁명 시대에 변화하는 문화예술 분야 생태계를 선도해나갈 창의적인 아이디어를 발굴하고자 하였다. 제4차 산업혁명 시대를 화두로 하여 공공 기관 및 문화예술단체들은 새로운 기술과 융합을 논의하고 있다. 이러한 논의가 구체적으로 실현되는 공간은 공공 공연장이다. 공공 공연장은 공적 기관, 예술가, 소비자, 제작자, 디지털 미디어 매체 등의 문화적 이해관계자와 문화적 소통을 통하여 참여, 공유, 개방이라는 가치를 창출하는 소통공간으로써 그 역할이 중요해질 것이다. 공공 공연장은 인간의 창의적 작업을 통하여 공연예술콘텐츠를 개발하여 인간의 일상적 삶을 풍요롭게 하기 위한 문화적 공유가치를 실현하게 된다. 공연예술콘텐츠의 기획, 제작, 유통 단계에서 인간의 융합적인 창의성은 중요한 요소가 되고 있다.

인간과 테크놀로지가 융합하는 제4차 산업혁명의 시대에 공연예술과 테크놀로지의 융합은 새로운 가능성을 제공하고 있다. 예술은 예측하기 어려운 분야 중의 하나로서 미래사회로 갈수록 이런 특징은 더욱 심화될 것이다. 기술과 사회의 변화에 따라 음악, 미술, 무용 등 공연예술의 각 분야는 협동예술, 융합예술을 형성하며 다양한 작업 환경을 만들어 나갈 것이다. 공연예술은 미적 감각, 풍부한 창의력 및 표현력을 담아내고 있는 콘텐츠이다. 테크놀로지가 과거 어느 때보다 기존의 패러다임을 빠르게 변화시키고 있는 이때, 공연예술콘텐츠가 그 변화의 흐름 속에서 어떠한 가치를 담아내야 할 것인지는 매우 중요하다. 미래 플랫폼의 열쇠는 인간에게 있다. 느끼고 교감하고 공유하는 인간, 이러한 인간에게 감성적 감동을 전달하는 공연예술콘텐츠는 다가오는 미래사회에서 공유가치를 창출하는 핵심적 요소가 될 것이다.

┃ 참고문헌 ┃

김원제·송해룡(2015). 미디어콘텐츠, 창조기획과 스마트 비즈니스. 한국학술
    정보.
송해룡(2009). 미디어 2.0과 콘텐츠생태계 패러다임. 성균관대학교 출판부.
송해룡(2010). 미디어 비즈니스 시장과 생태계. 성균관대학교 출판부.
송해룡·김원제(2007). 디지털미디어 길라잡이. 한국학술정보.
이기현 외(2010). 디지털 융합시대 콘텐츠산업 미래정책 연구. 한국콘텐츠진
    흥원 연구보고서.
허난영(2015). 공공 공연징 예술콘텐츠의 융합적 구조. 한국콘텐츠학회.
허난영(2018). 공공 공연장 문화 자본의 분배적 유형에 대한 연구. 성균관대학
    교 박사학위 논문.
박영숙·제롬 글렌(2017). 세계미래보고서 2030-2050. 교보문고

제14장

100세 시대, 시니어를 위한 콘텐츠는 존재하는가?

최부헌 · 김원제

1. 백세 시대의 도래, 실버 코리아

대한민국은 '고령사회'다. 2017년 65세 이상 인구가 14%를 넘어 국제기준(UN)으로 '고령사회'가 되었다. 'Aged Society' 즉, '이미 늙어버린 사회'가 도래한 것이다.

초고령사회(Super-Aged Society). 전체 인구에서 65세 이상 인구가 차지하는 비중이 20%를 넘어선 사회를 의미한다. 10년 뒤엔 우리나라가 그렇게 된다는 전망이다. 압축적 근대화에 이어 '압축적 고령화'인 것이다. 전체 인구 대비 65세 인구가 7%를 넘어 '고령화 사회'에 진입한 게 2000년이다. 이후 17년 만에 고령사회에 '진입'했다. 초고령사회로 진입하는 한국의 당면과제이자 키워드는 바로 '실버 코리아'이다.

유엔은 한 사회의 인구 중 노인 인구의 비율이 7%를 넘으면 고령화 사회(Aging Society), 14%를 넘으면 고령사회(Aged society), 20%를 넘으면 초고령사회(Super-aged society)로 명명하고 있다. 2009년 UN은 <세계 인구 고령화> 보고서에서 평균수명이 80세를 넘는 국가가 2000년에는 6개국뿐이었지만 2020년엔 31개국에 이를 것이라고 예상하며 이를 '호모 헌드레드 시대'라고 이름 붙였다. 세계 대부분 지역에서 의학 발전과 생활 수준 향상, 출산율 저하 등의 이유로 인해서 평균수명이 늘어나면서 인구 노령화가 빠르게 진행 중이다. 2020년이면 60세 이상의 노인 인구가 5살 이하 어린이 인구를 추월할 것으로 보고된다. 2050년엔 유럽과 미국 등 거의 모든 선진국은 물론 중국과 인도네시아 등 현재의 개발도상국 상당수를 포함한 나라들의 전체 인구에서 60세 이상이 차지하는 비중이 30% 초과 예상된다.

최근 우리나라 남녀의 기대수명이 일본 등 세계 장수국가를 제치고 세계 최고에 오른다는 결과가 나왔다. 세계보건기구(WHO)와 영국 런던 임페리얼 칼리지(Imperial College London) 보건대학 연구진이 경제협력개발기구(OECD) 35개국을 대상으로 2030년 출생자 평균 기대수명에 관한 조사연구 결과다. 결과는 국제의학학술지 <랜싯>(Lancet) 2017년 2월호에 실렸다. 보고서에 따르면 2030년 태어날 한국 여성과 남성의 평균 기대수명은 각각 90.8세와 84.1세다. 2010년 태어난 우리나라 여성의 기대수명은 84세로 1위인 일본에 2년 뒤졌지만 지금 추세대로 기대수명 증가 폭이 이어진다면 2030년에는 91세로 단연 1위로 올라선다는 말이다. 여성보다는 못하지만, 남성의 기대수명도 2010년 77세(19위)에서 꽤 늘어나 2030년에는 84세로 호주, 스위스 등과 함께 1위 그룹을 형성할 것으로 보인다.

이렇게 기대수명의 증가로 생애주기에서 노년기가 차지하는 비율이 증가함에 따라 국민 개개인은 '교육-직업 활동-퇴직'이라는 기존의 '3단계 삶'을 인생 이모작, 삼모작 등 '다단계 삶'으로 전환해야 하는 도전에 직면하고 있다.

최근 베이비붐 세대(1955년~1963년생)가 정년을 맞이하면서 아직 65세가 되지 않은 사람들이 일손을 놓거나 괜찮은 일자리에서 배제되고 있다. 이렇게 '젊은 노인'들이 늘어나면서 노인 문제는 더욱 심화되는 상황이다. 갈수록 심해지는 사회 양극화 그리고 수명은 늘어나고 있지만, 그에 대한 준비는 제대로 되어 있지 않았기 때문에 고단한 삶에 지쳐 스스로 목숨을 끊는 경우도 증가하고 있다. 이는 연금도 부족하고 일자리도 구하지 못하는 노인들이 결국 하루 끼니를 걱정해야 하는 빈곤층으로 전락하고 전통적 가족 단위의 붕괴에서 비롯된 고립감이 더해지기 때문에 종국에는 극단적인 선택을 하는 것으로 이해된다.

나라가 늙어가니 여기저기 삐걱거리고 아픈 곳이 드러나고 있다. 길어진 수명만큼 쓸쓸한 사회현실이 긴 탄식을 자아낸다. 바로 최근 한국사회에서 '노인 빈곤'의 상징처럼 떠올려지는 존재인 '폐지 줍는 노인'이 그것이다. 경로당, 요양원, 빈곤, 우울증, 고독사, 탑골공원, 폐지 줍기, 무료 급식, 노숙, 다단계 사기, 태극기 집회… 최근 우리 시대 노인상을 대표하는 키워드들이다. 부정적인 단어들로 점철된다.

불행히도 작금의 한국사회에서 노인의 삶은 불안정하다. 절반에 가까운 노인이 중위소득(전체 가구의 소득 기준 50%에 해당하는 가구의 소득)의 절반이 안 되는 소득으로 가난하게 살고 있다. 육체적으로 연약해지고 심리적으로 위축된다. 사회로부터도 빠르게 고립되고 있다. 한국의 노인 자살률은 경제협력개발기구(OECD) 회원국 평균보다 3배 높다. 과거 노인에 대한 봉양은 가정과 자녀에 의해 이뤄졌다. 그러나 요즘은 요양병원에서 홀로 생을 마치는 이들이 점점 늘고 있다.

이래저래 대한민국 노인들은 서럽다. 소외당하고, 무시당하고, 퇴물 취급되기 일쑤다. 그래서 분노한다. 65세 이상 노인 인구가 올해 전체의 14%를 돌파해 고령사회가 되었지만, 노인 홀대는 갈수록 늘고 있다. 이들을 끌어안으려는 노력조차 줄고 있다. '연령차별'의 시대다.

나이가 들어 늙은 사람. 노인이라는 말 자체는 '늙은이'란 뜻으로 긍정적인 표현은 아니다. 낡고 해졌다는 뜻이기 때문이다. 대한민국 기준에서는 노인복지법상 '만 65세'를 그 기준으로 잡아놓았다. 그러나 정작 당사자들은 70세가 넘어도 노인(老人)이라는 말을 듣는 것이 썩 내키지 않는다. '어르신', '시니어', '실버'라는 말로 완곡하게 말하는 경우가 많다. 속되게 표현할 때는 '노인네', '노친네' 등의 말을 쓴다.

그런데 인구 고령화는 거대한 시니어 시장, 시니어 산업의 창출을 잉태하고 있다. 시니어 산업이라고 하는 새로운 시장을 열고 있는 것이다. 이에 우리는 인구 고령화를 위기가 아닌 기회로 활용해야 한다. 고령화 시대에 적합한 한국형 상품과 서비스로 비즈니스 기회를 확대해야 한다. 시니어의 다양한 욕구를 파악, 환경을 고려한 세분된 접근방식이 요구된다. 장수가 사회의 위험이 아닌 경제성장의 원동력이 되는 '성장형 장수사회'가 될 것임을 자각해야 한다.

시니어 비즈니스 1.0에서 시니어 비즈니스 2.0으로 진화해야 한다. 즉, 고령층을 의료, 복지대상으로만 규정한 양적 접근에서 라이프, 소비자 개념으로 뉴 시니어를 정의하는 질적 접근으로의 패러다임 전환이 시급하게 요구된다. 고전적인 복지 정책만으로 실버 리스크를 해결할 수는 없다. 민간 영역에서 실버 경제 개념으로 접근, 골드 서비스를 기획하고 그랜드 비즈니스를 전개해야만 한다.

시니어 산업은 단순히 시니어만을 위한 것이 아니다. 고령화는 사회 전반의 구조 전환을 요구한다. 선진국 일부는 도시 전체를 고령 친화형으로 바꾸는 중이다. 건물 등 시설은 물론, 교통, 주거환경 등 도시 전반에 손을 대는 작업이다.

한편, 노년 인구는 폭발적으로 증가하는데 정작 노인을 위한 콘텐츠는 없는 상황이다. 다양한 미디어 플랫폼에서 콘텐츠가 넘쳐나는 시대이지만, 영화나 드라마, 혹은 출판에 이르기까지 노인을 위한 콘텐츠가 별로 많지 않다. 급속도로 고령화되고 있는 대한민국에서 노년을 위한 실버콘텐츠의 생산이 등한시되고 있다. 정작 세상은 노인들로 차고 넘치는데 노년을 위한 바람직한 가이드들이 없다는 것은 모순이다. 이 문제를 해결하지 않는다면 우리 사회는 곧 엄청난 사회적 문제에 직면하게 될 것이다.

2. 시니어 리스크 이슈, 현재 그리고 미래과제

인간은 나이가 들어감에 따라 신체약화와 사회적 위치의 변화에 따른 불안감을 느낀다. 2016년 보건사회연구원에서 발간한 <한국사회의 사회 심리적 불안의 원인분석과 대응방안>에 따르면, 전체적인 노인 삶의 수준은 가장 불안한 상태인 10점을 기준으로 5.6점을 기록하였으며, 특히 신체적 건강과 노후준비에 대한 불안감은 각각 6.47점과 6.38점으로 나타나 평균적인 삶의 수준을 뛰어넘는 높은 불안을 보이고 있다. 이와 같이 노화에 따른 불안은 단순한 개념이 아니라 노인의 삶에 있어 실제로 부정적인 영향을 미치는 현상이기 때문에 이에 대한 시급한 개입이 필요한 상황이다.

노화 불안은 노화 과정에서 발생하는 불안과 늙어감에 대한 두려움으로 정의된다. 모든 사람은 노화를 피할 수 없기에 이로 인한 불안은 비단 노인뿐만 아니라 모든 세대에게 해당되는 문제이다. 그러나 현재 신체적, 사회적 약화를 실제로 겪고 있는 노인 세대가 타 세대보다 노화 불안에 있어 보다 절실하고 취약하며, 이로 인해 노년기 삶에 있어 만족도가 떨어지고 노년기에 대해서 더욱 부정적으로 인식하게 되는 경향이 있다. 노년기의 노화 불안은 죽음에 대한 두려움보다 더 큰 괴로움을 초래할 수도 있는 심각한 문제라 할 수 있다. 노화 불안은 인구 사회학적 변인, 건강 상태, 질병 상태, 일상생활 기능장애, 경제적 안정, 자아존중감, 종교, 사회적 지지와 같은 다양한 요인들과 관련되어 있다.

통계청의 <2017 사회조사결과>는 우리 사회 실버 세대가 처한 상황을 적나라하게 보여준다. 조사결과 우리 국민의 노후를 위한 사회적 관심사는 '소득지원(38.9%)'과 '요양 보호 서비스(28.5%)', '취업 지원(22.3%)' 순으로, 경제/신체적 분야에 관심이 있는 것으로 나타났다. 모든 연령대에서 '노후 소득지원'에 대한 관심이 가장 많았고, 다음으로 40세 미만은 '노후 취업 지원'이 많지만, 40대 이상은 '요양 보호 서비스'가 더 많았다. 19세 이상 우리나라 국민의 58.6%는 '취미 활동'을 하며 노후를 보내고 싶어 하는 것으로 나타났다. '취미 활동' 다음으로 30세 이상은 모두 '소득창출 활동'이 많고, 19~29세는 '학습 및 자아계발 활동'이 많았으며, '자원봉사 활동'은 40대와 50대, '종교 활동'은 60세 이상 연령층에서 상대적으로 비율이 높게 나타났다. 연령이 높아질수록 사회적 관계망은 좁아지는 것으로 나타났다. 연령이 높아질수록 남에게 도움을 받을 수 있다고 응답한 비율은 점점 감소하고 사람 수도 줄어드는 것으로 나타났다. 지난 1년 동안 동창회, 취미 활동 등의 각종 단체에 참가하여 활동한 사람은 49.7%로 2년 전(48.9%)보다 0.8%p 증가했다. 연령이 높아질수록 단체 참여율은 계속 증가하여 50대의 참여율(60.0%)이 가장 높고, 60세 이상은 다시 감소하는 모습을 보였다. 단체 활동 참여자 중 '친목 및 사교 단체'에 참여한 사람은 78.2%로 가장 많았고, 다음은 '취미, 스포츠 및 여가활동 단체(43.6%)', '종교단체(28.2%)' 순이었다. 여가 시간 활용에 대하여 '만족'하는 사람의 비율은 27.2%로 2년 전보다 1.2%p 증가하였으며, '불만족'은 26.2%로 나타났다. 여가생활에 만족하지 못하는 이유는 대부분 '경제적 부담(54.2%)'과 '시간 부족(24.4%)'이었다. 연령이 높을수록 여가 활용에 불만족하는 비율은 증가했다.

노화 불안 문제는 이해하기 어려울 만큼 격분하고 폭력을 휘두르며 끊임없이 갖가지 문제를 일으키는 소위 '폭주 노인'에 대한 우려를 낳고 있다. 최근 분노한 노인들의 강력범죄가 사회적 문제로 대두되고 있다. 신체는 젊고 건강하지만, 사회적으로 은퇴가 앞당겨지면서 주변과의 관계 소원과 경제적 빈곤에 직면한 노인들이 분노를 물리적으로 표출하게 된 것. 이를 두고 앞서 고령사회에 진입한 일본에선 '폭주 노인'이란 단어로 이들의 존재를 규정하고 있다. 가출소녀를 유인해서 자택에 감금하고 성추행을 계속해 온 불량노인들, 이불 터는 소리가 시끄럽다고 이웃집 주부를 총으로 살해한 노인, 동네 술집에서 말다툼을 벌이다가 상대를 총으로 쏴 죽이고 스스로 목숨을 끊은 할아버지, 장시간 책을 읽는다고 주의를 주는 편의점 점원을 전기톱으로 위협한 노인 등은 일본에서 실제로 뉴스로 보도되었던 충격적인 사례들이다.

실제로 국내에서도 노인이 저지른 범죄는 이미 심각한 사회문제가 되고 있다. 한국경찰학회의 '범죄 및 경찰학술대회' 발표 자료에 따르면 만 61세 이상 노인범죄가 2012년 12만 5,012건에서 2015년 17만 904건으로 40% 가까이 증가 추세를 보였다. 대검찰청이 발간한 '2017 범죄분석'에 따르면 고령 범죄자의 범행동기는 '부주의'와 '우발적'이 전체 사유 중 가장 높은 것으로 나타났다. 노인범죄가 갈수록 흉포화됨에 따라 노인 수형자도 꾸준히 증가하는 추세다. 법무부가 지난해 발표한 '교정시설 수용현황'에 따르면 전국 교정·수용시설에 수감된 만 60세 이상 수용자는 2013년 2350명에서 2017년 4243명으로 2배 가까이 증가했다.

은퇴 시기가 빨라짐에 따라 사회적 지위에 대한 박탈감과 기초연금과 같은 사회보장제도 빈약에 따른 빈곤이 겹치며 쌓인 고독과 분노가 범죄로 표출되는 것이라는 게 전문가들의 분석이다. 노인의 폭력은 고독과 소외, 고립감, 그리고 현대사회 부적응을 내지르는 마지막 절규일 수 있다. 노인들이 여생을 편하게 보낼 수 있도록 사회안전망을 구축하고, 노인들이 소외감을 느끼지 않도록 다양한 사회적 네트워크 구축을 필요로 하는 등의 대응방안이 요구된다고 하겠다.

노인을 바라보는 우리의 어두운 시선을 변화시킬 필요도 있다. 고령화가 진행되면서 세대 간 경제·정치·사회적 이해관계가 날이 갈수록 매섭게 충돌한다. 인터넷 공간에선 노인을 경멸하는 언어가 쏟아진다. 노인에 대한 부정적 시선은 나이 드는 것에 대한 혐오로까지 이어진다. 이것이 노인들의 분노와 폭주로도 이어질 수 있다는 우려를 하게 한다. 2018년 발표된 국가인권위원회의 <노인 인권 종합보고서>에서는 청년 56.6%가 '노인 일자리 증가 때문에 청년 일자리 감소가 우려된다'라고 응답했다. '노인 복지 확대로 청년층 부담 증가가 우려된다'라고 답한 청년 비율은 77.1%에 달했다. 노인에 대한 반감이 차별을 낳고, 결국 노인 인권 악화와 노년 혐오로 이어질 가능성이 크다. 노년 혐오에 대한 사회적 분위기를 시급하게 바꿀 필요가 있다.

3. 뉴 실버, 액티브 스마트 실버의 부상

1) 액티브 시니어의 차별적 특성

한국의 전후 베이비붐 세대가 고령화 시대의 새로운 소비계층인 '뉴 시니어(New Senior)'로 부상하고 있는데, 이들 베이비붐 세대는 여유 있는 자산을 기반으로 적극적인 소비 활동을 한다는 점에서 종전 실버 세대와는 구별된다.

신세대 고령 인구라 할 수 있는 뉴 시니어는 삶의 과정 동안 문화적, 경제적으로 급속한 발전을 목도한 세대라는 점에서 기존의 노년과는 구분된다. 이들은 해외 대중문화가 유입되고 한국의 대중문화가 질과 다양성 측면에서 급격히 진화하였던 1960~1970년대에 유·청년 시절을 보냈다. 젊음과 창의성, 그리고 문화적 감수성을 중요시한다. 청·장년기에는 눈부신 경제 발전의 주역으로 활약하여 특유의 성취감과 자긍심을 갖고 있다. 최근 은퇴 시기를 맞으며 여유를 되찾은 뉴 시니어는 젊은 시절의 감성을 되찾고 싶어 하는 한편, 은퇴와 자녀의 독립 등으로 인해 불안감도 또한 느끼고 있다.

이러한 특성에 기초하여 뉴 시니어의 소비 동기를 ① 젊음, ② 향수(鄕愁), ③ 자아라는 3가지 키워드로 요약할 수 있다. 실제 연령보다 젊어지려는 '다운에이징(down-aging)'이 주요 소비 트렌드로 부상하면서 기존 시니어용 상품보다 10세 이상 젊은 감각으로 공략한 상품이 어필하고 있으며, 공연·연극·영화·방송 분야에서는 뉴 시니어가 주요 관객층으로 부상하였다. 향수를 자극하는 1960~1970년대 문화 아이콘과 전통적 가치로 무장한 콘텐츠가 증기하고 있다. 뉴 시니어를 대상으로 한 문화강좌와 온라인시니어 커뮤니티 같은 자아실현형 서비스도 늘어나고 있다.

중년과 노년 사이의 과도기인 50대 뉴 시니어는 그 자체로 하나의 시장이며, 기존 고령 인구에 대한 통념을 깨는 세대교체의 선두 주자이다. 뉴 시니어를 주력 시장으로 인식하고, 뉴 시니어의 니즈를 대변하는 키워드인 '젊음·향수·자아'를 이해해야 한다. 이를 토대로 시장 변화에 대응하고, 실버산업의 미래에 대해 고민해야 한다.

이렇게 2010년 베이비붐 세대의 본격적인 은퇴와 함께 적극적이고 능동적인 삶을 추구하는 액티브 시니어의 부상으로 실버 소비자 특성이 과거와는 다르게 변화하고 있다. 액티브 시니어는 미래 실버 시장의 트렌드를 이끌어 정보, 여가, 금융 시장 중심으로 실버산업의 성장을 주도할 것으로 예상된다. 액티브 시니어는 독립적이고 적극적인 성향으로, 경제력을 바탕으로 여가생활 등 의미 있는 가치소비로 노년기 정체성과 삶의 목적을 추구한다.

과거의 실버 세대는 변화를 원치 않고, 한정된 취미 생활을 하며 의존적인 삶을 사는 세대인 반면, 액티브 시니어 등으로 대변되는 뉴 실버 세대는 적극적으로 변화를 추구하고, 다양한 취미 생활을 즐기며 독립적으로 자신의 삶을 개척하는 세대이다.

뉴 실버 세대는 전쟁 후 출산율이 높을 때 태어난 1차 베이비붐 세대와 2차 베이비붐 세대로서 2020년 이후에는 뉴 실버 세대로 이동하여 종래 성장동력원에서 소비 중심층으로 변경될 전망이다. 1차 베이비붐 세대와 2차 베이비붐 세대가 다양한 차이점이 있겠지만 1차 베이비붐 세대에 비해 2차 베이비붐 세대는 1990년대의 컴퓨터 및 인터넷 문화, 2000년대의 모바일 문화, 2010년 이후의 스마트폰과 SNS 문화 등을 실제 적극적으로 활용하면서 성장해온 세대라는 점에서 스마트 실버 세대로 명명할 수 있다. 건강, 경제적인 안정, 사회적 관계 지속, 재미있는 여가에 대한 니즈가 높아 액티브 시니어 시장 확대를 위해 Care와 Connectivity 가치를 제공하는 것이 중요하다. 세계적으로 노인복지정책이 Health Care 중심에서 Active Aging으로 변화 중인데, 우리나라는 여전히 케어 서비스 대상자 관리 중심의 고비용·저효율의 구조에 머무르고 있는 상황이다.

뉴 시니어로 대변되는 베이비붐 세대를 포함하여 새롭게 부상하고 있는 '액티브 시니어' 개념을 이해할 필요가 있다. 시니어 계층도 규모가 늘어나면서 새로운 분류가 필요하다. 베이비붐 세대를 동일 집단화해서는 안 된다는 의미이다.

액티브 시니어(Active Senior)는 '건강하고 활동적인'을 의미하는 액티브(Active)와 '연장자'를 의미하는 시니어(Senior)가 합쳐진 신조어이다. 액티브 시니어는 기존 시니어 계층과 다른 '뉴 시니어'로서 시니어 비즈니스의 핵심 소비 주체 역할을 할 것으로 기대된다. 사고방식·체력·라이프스타일 등 다양한 측면에서 젊고 활동적인 경향을 보이며, 청춘을 가능한 오랫동안 즐기고자 하는 뉴 시니어의 니즈에 맞춰 젊은 세대를 대상으로 한 제품·서비스도 일부 포함된 보다 폭넓은 사업영역으로 변화시킨다.

세계적으로 급속한 인구 고령화 현상과 개인의 노화에 따른 변화에 대한 대응, 그리고 베이비붐 세대로 대표되는 새로운 수요로 인해서 고령화 시대에 맞는 새로운 시장의 출현이 예측되고 있다.

새롭게 부상하고 있고 뉴 시니어로 대변되는 새로운 고령자의 욕구는 아직까지 그들의 소비행태에 맞지 않는 '충족되지 않은 니즈(unmet needs)'이다. 현재의 고령화는 저출산과 생활 수준의 향상으로 모두가 예상한 결과지만, 이렇게 오랫동안 살 수 있는 환경으로 변한 것은 아직 한 번도 경험하지 못한 사회현상이다. 따라서 고령자 계층이 하나의 소비 권력으로 전체 소비의 중심이 되어 본 역사가 없기 때문에 고령자 계층의 니즈를 정확하게 파악하고 있지 못하는 현상이 발생하고 있으며, 어떠한 상품과 서비스가 새롭게 부상하고 있는 집단에 맞는지도 명료하지 않은 측면이 있는 것이 사실이다. 이로 인해 고령자 계층과 인구 집단의 변화로 인해 발생하는 현상을 어떻게 이해하느냐에 따라 새로운 시니어 비즈니스로서의 블루오션의 규모가 결정될 것으로 예상된다.

액티브 시니어들은 자녀 세대에 의존해 노후생활을 준비해오던 기존 시니어와는 다르게 점차 취미와 소비를 즐기는 독립적 소비 주체로 변화하고 있다. 고소득기반의 경제적으로 안정된 소비 여력을 갖추고 있고 자신을 위해 소비한다는 점에서 특징을 갖는다. 건강하고 아름답게 늙기 위한 '웰 에이징(well-aging)'을 추구한다.

시니어 비즈니스는 또한, '마이크로 시장의 연합체'라고 할 수 있다. 시니어의 특성과 세부 타깃 그룹에 따라 다양한 수요가 있음에도 지금까지 시니어 계층을 하나의 단일한 집단으로 보는 인식이 강하게 작용하였다. 하지만 시니어 계층은 학력·직업·소득수준·가족관계·건강 수준 등이 상이한 무수히 많은 작은 집단으로 세분화(segmentation)할 수 있는 집합체이다. 그만큼 시니어 계층을 제대로 이해하고 맞춤형 상품과 서비스를 제공하기 어렵다는 의미일 수 있다. 따라서 시니어에 대한 이해와 니즈를 정확하게 파악하지 못한다면 시니어 비즈니스 시장에서 기대한 성과를 얻기는 쉽지 않을 것이다.

그렇다면 노령화 사회에 뉴 실버 세대나 액티브 시니어가 증가하고 있는 요즘, 이들의 문화를 반영하는 핵심 가치는 소비와 주체성, 혹은 독립성으로 요약할 수 있다. 특히 노인 관련 음악, 연극, 영화 등 실버콘텐츠 분야 소비가 늘고 있는 건 여가 문화와 라이프스타일과 관련이 있을 것이다. 문화 소비층으로 등장한 액티브 시니어들은 영화, 연극, 뮤지컬, 음반, 게임 등을 두루 소비하고 향유한다. 이들은 세련된 라이프스타일을 추구하고, 스포츠 등 야외 활동도 젊은 세대만큼 활발하게 즐긴다. 고령화 사회의 도래와 함께 여가 기회 확대, 문화 소비 증가가 같이 이루어져, 두터워지고 있는 노인층이 이들의 주체가 되고 있다.

생일에 찍은 사진을 트위터 친구들과 공유하는 이른바 노인 세대의 등장, 이들을 '실버 서퍼(silver surfer, 인터넷을 즐기는 노인)'라고 부르고 IT 기업들에게는 새로운 성장 동력이 되고 있다. 실제로 미국, 영국, 일본 등의 스타트업 (신생 벤처기업)이 60세 이상 돈 많은 베이비부머를 겨냥해 다양한 애플리케이션, 전용기기 등을 앞다 퉈 개발하고 있는 상황이다. 이는 기존 청소년층과 같은 충성고객뿐만 아니라 노인층이 게임과 IT 소비의 주요한 고객으로 떠오르고 있다는 의미이다.

2) 성공적 노화의 중요성

과거 노화는 '생물학적인 나이 듦' 정도로 이해되어 왔으나, 최근 새로운 노년 세대들이 등장하면서 노화에 대한 새로운 시각이 등장하고 있다. 즉, 삶에 대한 적극적 참여를 통해 구현되는 '성공적 노화(successful aging)'에 대한 관심이 증가하고 있다.

1980년대 이후 미국을 중심으로 성공적 노화에 관한 연구가 이루어지고 서구 국가들에서는 성공적 노화 모델이 개발되었으며, 2000년대 이후 국내에서도 관심이 증가하고 있다. 일반적으로 성공적 노화는 노년 인구의 건강 상태, 사회관계망, 심리적 특성, 신체적이고 인지적인 기능, 생산적 활동 등 5가지 영역에서 평가된다. 따라서 성공적 노화란 질병과 장애를 피하고, 높은 수준의 인지적이고 신체적인 기능을 유지하며 활기찬 인간관계 및 생산적 활동을 통해 삶에 대한 적극적 참여를 유지하는 것으로 정의할 수 있다.

우리나라의 노인빈곤율이 50% 가까이에서 회복되지 못하고 있는 상황에서 가난한 노인의 증가나 독거 노인의 증가, 치매 등으로 인한 돌봄 비용의 증가와 같은 사회문제가 매우 심각해질 가능성이 크다. 이와 관련하여 노인이 맺고 있는 사회적인 관계가 많을수록 신체기능과 인지기능, 정서적 기능, 사망위험 감소에 긍정적 영향을 준다는 분석결과가 제시되고 있다. 또한, 노인의 여가 등에 대한 학습활동이 치매 예방이나 자녀와의 관계 및 정신건강에 긍정적 효과를 준다는 연구결과들에 근거해 볼 때, 노인의 사회참여 및 여가활동 활성화가 고령사회에서의 사회문제 해결과 비용 절감 등을 위해서는 효과적인 방안이 될 수 있음을 시사한다.

인간은 생물학적 존재이지만 심리적, 사회적 존재이므로 노화 과정을 적어도 세 가지 측면에서 종합적으로 이해하는 것이 바람직하지만 시간의 경과와 생물학적 노화에 치중하여 노화 과정을 이해하는 경향이 일반적이다.

시간의 경과에 따른 생물학적 노화도 개인 간, 그리고 같은 개인이라도 신체 기관과 기능에 따라 차이가 있고, 심리적 및 사회적 측면의 노화는 생물학적 기능이나 능력의 저하와 일치하지 않는 경우가 많다. 그리고 생물학적 노화에 관한 연구가 충분하지 않을뿐더러 심리적 및 사회적 노화에 관한 연구도 상당히 미진하기 때문에 연령 증가에 따른 생물학적, 심리적 및 사회적 기능 저하는 많은 경우 사실과 다른 편견에 의해 부정적으로 이해되고 판단되는 것이다.

고령화 사회를 이해하고 판단하는 데 있어 노화와 노인에 대한 부정적 편견, 사회적 부담과 관련된 과장된 주장과 미래사회에 대한 불안이 작용하여 고령화 사회를 부정적으로 부각시키고 있다. 향후 인류사회가 고령화 사회로 나아가는 것은 불가피하기 때문에 고령화 사회를 부정적으로 바라보고 고령화 사회를 두려워하는 것은 별로 바람직하지 못한 태도이다. 고령화 사회에 대한 부정적 시각은 노화 과정과 노인의 능력에 대한 편견, 비과학적 상식과 편향된 가치관을 전제로 하고 있기 때문이다. 전 생애 과정을 통한 인간 성장과 발달 가능성, 의학과 과학발전에 의한 건강한 장수 현상의 보편화, 생산기술 발전 가능성을 생각하면 고령화 사회로의 발전은 당연한 결과이며 인류사회 발전의 위대한 승리라 할 수 있다.

이와 관련하여, 생애 과정 관점(life course perspective)은 노화는 생애주기에서 역동적인 과정이라는 관점에서 인생 주기를 통한 노인의 다양한 역할과 역할의 변화를 긍정적으로 설명하고 있다. 시간의 경과에 따라 생물학적인 존재인 인간은 궁극적으로는 노화로 사망하지만, 인류사회 발전으로 개인의 노화 과정은 크게 지연될 수도 있고, 기능적으로 불가역석 퇴화만 하는 것이 아니라 유지, 회복 또는 향상될 수도 있다는 것이 과학적 연구를 통해서 서서히 검증되고 있다. 고령화 사회는 80세의 평균수명을 넘어 100세까지 생존이 가능하고 고령에도 능력 발휘가 가능한 사회가 될 수 있다. 그러므로 우리는 인생 60~70년을 전제로 한 전통적 사회제도의 틀에서 완전히 벗어난 새로운 사회의 틀을 만들어가야 할 것이고 그러한 새로운 사회는 충분히 가능한 인류사회의 새로운 도전이 될 수 있을 것이다.

노인이라는 존재와 노년의 의미에 대해서 프랑스의 여류작가이며 철학자인 시몬 드 보부아르(Simone de Beauvoir)는 그녀의 책 <노년>에서 이렇게 적고 있다. "부끄러운 비밀, 금기시된 주제를 넘어 당당히 사유해야 할 사회적 화두로 자리 잡았다. 노년에는 스스로 싸우고, 권리를 지키며, 누구든 의지하려 하지 않고 마지막 숨을 가두기까지 스스로 통제하려 할 때만 존중받을 것이다."

나이 듦의 의미와 그 위대함은 노인의 독립적인 주체의식과 같이 가는 것이다. 새로운 실버 세대는 안티 에이징과 웰빙을 넘어 웰 에이징을 추구한다. 외면적 변화(검버섯, 주름살 등)와 각종 퇴행성 질환에 대한 공포에서 비롯된 노화 기피증을 극복하고, 육체와 정신의 젊음을 유지하며, 좀 더 건강하고 오래 살아가는 방법들을 알고 싶어 하는 경향이 강하다는 것이다.

'인생 2막', '인생 2모작'은 100세 시대에 있어서 필수요소가 될 것이다. 그 새로운 시대가 도래했음에도 불구하고, 과거와 같이 노인들을 손 내밀고 악쓰고 떼쓰는 만년 복지대상자로 전락하거나 전락시키는 구조는, 당사자에겐 사회적 재난이자 재정적으로는 국가적 불행이다.

'노인이 행복해야 국가가 성숙한다. 노인이 건강해야 국가가 안정된다.' 이것이 바로 100세 시대의 표어이다. 노후는 마땅히 존엄하고 거룩해야 하는 것이다.

4. 실버콘텐츠 개념 및 동향

적극적이고 능동적인 삶을 추구하는 액티브 시니어의 부상으로 스마트 실버 계층이 부상하고 있다. 이러한 액티브 시니어들의 심리적 불안, 정서적 불안, 사회적 소외감 등을 해소하고, 정신적 건강과 삶의 활력을 북돋우기 위해서는 사회적 서비스가 요구되는데, 소위 실버 힐링 콘텐츠가 그것이다. 실버 힐링 콘텐츠는 실버 세대의 정신과 육체를 건강하게 유지하고, 웰 에이징(well-aging)을 실현할 수 있도록 도와주는 유무형의 뉴 에이징(new-aging) 콘텐츠를 의미한다.

실버 세대의 정서적 불안감과 사회적 소외감 등을 해소하고, 정신적 건강과 삶의 활력을 북돋우기 위해서는 노인들이 쉽게 이용할 수 있는 음악과 춤, 그리고 오락성이 가미된 종합적이며 기능적 콘텐츠가 필요하다. 기능적 콘텐츠를 통해서 활동적인 여가 시간 활용, 가족 간의 세대 차이를 극복하고, 노인들의 정신적·육체적 건강까지 유지 가능하다.

실버콘텐츠는 고령화 사회에서의 적응, 노년준비, 세대통합, 가족 기능 변화, 지식정보화사회에로의 적응, 자산관리서비스 및 금융상품, 고령 친화 제품 및 서비스 구입 등과 관련하여 향후 광범위하게 요구되며 생산될 것으로 전망된다. 특히, 노인들의 고독감 극복과 봉사의 즐거움 제공, 노인 정보화 교육, 문화 및 생활 정보, 취업 및 사회봉사 정보 등과 관련하여 노인과 관련이 있는 공공 및 민간자원에 대한 콘텐츠개발이 긴요하며 필요한 실정이다.

1) 방송

방송통신위원회의 방송 매체 이용행태조사결과(2017)에 따르면, 우리나라 60대 이상 국민의 85%는 하루도 거르지 않고 TV를 시청하고 있으며, 이 비율은 20대 이하의 약 2배에 달한다. 또한, 60대는 77.4%, 70대는 93.4%가 TV가 일상생활에서 필수적인 매체라고 응답하였고, 지상파와 종합편성채널 시청을 선호하는 것으로 나타났다.

노인들이 TV를 좋아하는 것은 노년기의 신체적·경제적·사회적 환경과 관련이 깊다. 첫째, TV는 인쇄물이나 라디오와 달리 시청각을 동시에 사용하기 때문에 감각기관의 쇠퇴를 겪고 있는 노인들이 쉽게 다가갈 수 있다. 둘째, 연금 수입 등이 보장된다 하더라도 대다수 노인은 제한된 수입에 의존하기 때문에 저렴하거나 무료인 TV는 강한 경쟁력을 갖는다. 셋째, 노인들은 TV를 시청할 수 있는 충분한 여가 시간이 있다. 넷째, 자발적으로 사회적 활동에서 은퇴한 노인들은 미디어 이용이 늘어나지 않지만, 은퇴를 원하지 않았는데 퇴직하게 된 노인들은 잃어버린 활동의 대체물로 미디어를 대한다. 그래서 은퇴한 노인과 독거 노인들은 직업이 있거나 배우자가 있는 노인들보다 일일 TV 시청 시간이 더 길다. 결국, 20대들이 인터넷 기반의 뉴미디어들을 통해 콘텐츠를 소비하고 있는 동안, TV 시청자들의 고령화가 진행 중인 것이다. 이에 따라 방송프로그램도 시니어층을 대상으로 하는 프로그램이 많이 제작되고 있다.

2018년 인기와 화제를 모으고 있는 프로그램인 SBS <미운 오리 새끼>에도 시니어가 직접 등장한다. 결혼하지 않은 자식을 둔 스타들의 어머니가 주인공이다. 어머니들의 시원한 입담에 많은 시청자가 공감하며, 이례적으로 스타가 아닌 이 프로그램에 출연 중인 어머니들에게 2017년 SBS연예대상이 돌아가기도 했다. KBS에서도 묵묵히 상위의 시청률을 유지하고 있는 프로그램은 모두 시니어들이 즐겨보는 장수 프로그램이다. KBS1의 <전국노래자랑>은 1980년부터 방송되어 40년 가까이 인기를 이어오고 있다. 1927년생으로 90세를 넘긴 진행자 '송해'가 없었더라면 이러한 인기는 불가능했을 것이다. 고령에도 그의 열정적이고 건강한 진행은 고령의 시청자들에게는 빼놓을 수 없는 재미와 감동을 선사하고 있다. KBS1 <6시 내 고향>과 <가요무대>도 시니어 시청자들의 꾸준한 사랑을 받고 있는 인기 프로그램이다. <6시 내 고향>은 고향에 대한 향수와 더불어 생활 정보들을 담고 있다. <가요무대>는 10대 시청자들을 위한 가요프로그램들 속에서 시니어들이 듣고 싶고, 보고 싶은 가수들이 출현해 고령 시청자층의 니즈를 충족시키고 있다. 토요일 오전에 방송되는 <시니어 토크쇼 황금 연못>은 토크를 통해서 시니어들의 개성과 진솔함을 엿볼 수 있는 프로그램으로 세대 간의 갈등을 해소하기 위해 기획되어 10% 안팎의 비교적 높은 시청률을 보이고 있다.

지상파뿐만 아니라 종합편성채널과 케이블 채널의 인기 프로그램들도 시니어 시청자들을 확보한 프로그램들이 인기다. tvN <꽃보다 할배>를 기점으로 '시니어 예능'이 본격적으로 등장하고 있으며, 젊은이의 전유물로 알려진 힙합 대결을 주제로 한 JTBC <힙합의 민족>에서는 여성 시니어들이 힙합 초보인 멘티로 등장해 '할미넴(할머니와 미국의 힙합 가수 에미넴의 합성)'이라는 신조어가 등장했다. 그 밖에도 종합편성채널인 MBN의 <나는 자연인이다>도 자연으로 돌아가고 싶어 하는 현대인들의 욕구를 대리 충족해주며 시니어들의 사랑을 받고 있다. EBS의 <다문화 고부 열전>은 타국에서 시집 온 며느리와 시어머니 간의 갈등을 다루며 화해하는 프로로 시니어들의 호응을 얻고 있다. 1970~80년대 영화와 드라마를 오가며 지금의 아이돌과 같은 인기를 누린 시니어 배우들이 예능 프로그램에 출연, 맹활약하고 있다. 박정수, 김용건, 이미숙 등 시니어 배우들이 출연하는 MBN <오늘도 배우다>와 박정수, 김보연, 박준금과 호흡을 맞추는 tvN의 <할리우드에서 아침을>에서 다양한 경험과 노하우를 바탕으로 참신한 매력을 발산하며 큰 관심을 끌었다. 연예계 중장년 남편들의 일과 육아 그리고 아이 탓에 포기했던 다양한 놀이를 통해 중장년의 공감을 불러일으키는 MBC <궁민남편>은 40~50대 남성 시청자들에게 큰 지지를 받고 있다. 그리고 황혼기에 접어든 변희봉, 노주현, 설운도 등이 출연하여 손녀뻘 어린이와의 스토리를 만들어가는 tvN <나이거참>도 호평을 받고 있다.

이러한 시니어 예능들은 시니어와 젊은 층 간 교감을 만들어내려는 시도가 두드러진다. 이들 프로그램은 예능적 요소를 활용해 독거노인, 노인 빈곤 등 노인에 대한 부정적인 편견을 깨고, 시니어 세대에 대한 긍정적인 이미지를 더한다. 방송에서 감초 역할만 했던 시니어 배우들이 주변인이 아닌 중심으로 편입되고 있다. 예능이나 드라마에서 항상 조연으로 치부되던 중년, 노년 세대들이 주인공으로 활약이 두드러진다. 시니어들의 여행, 패션 등에 관한 관심이 높아지고 있음을 반영한다. 하지만 흥행요인을 갖춘 프로그램들은 시니어들을 위한 프로그램이 아닌, 시니어들을 활용한 젊은 세대를 위한 콘텐츠들이 많은 게 현실이다. 시니어들이 진정 즐길 수 있는 콘텐츠가 필요한 상황이다.

TV와 함께 라디오도 시니어들에게는 친근한 매체이다. 노화로 인한 질병이나 장애로 인해 거동이 자유롭지 못한 노인들의 경우에도 쉽게 다가갈 수 있기 때문이다. 국내 라디오의 경우 시니어 대상 프로그램들은 주로 새벽 4시에서 6시에 방송되고 있다. 새벽잠이 없는 시니어들의 특성을 반영한 것이라 할 수 있지만, 보편적인 생활을 고려해봤을 때 편성 시간이 아쉬운 부분이다. 현재 KBS1 라디오의 <행복한 시니어>는 새벽 4시부터 5시에 편성되어 있다. SBS 러브 FM <유영미의 마음은 언제나 청춘>은 새벽 5시부터 6시 사이에 방송된다. 그 밖에 낮 시간대에 방송되는 MBC 표준FM <지금은 라디오 시대>, <싱글벙글 쇼> 등이 중장년층의 청취율이 높게 나타나고 있다. 하지만, 현재 노인 라디오 프로그램의 대상 청취자 연령을 60대 이상으로 간주하는 경향이 높다. 청취 대상을 50대까지 연령층을 내려 더욱 다양한 프로그램을 시도해 볼 필요가 있다.

2) 영화, 음악, 공연

그동안 국내의 시니어를 대상 혹은 주제로 한 시니어 영화는 노인의 성적인 문제를 다룸으로써 관객의 말초적인 감성을 자극하거나, 손자 또는 동물과의 사랑을 다룬 것들이 주류를 이루었다. <죽어도 좋아>(2002)에서 시작된 실버 세대와 '성' 관련 영화는 <은교>(2012)와 <야관문>(2013), <죽지 않아>(2013) 등이 있다. 손자나 동물과의 사랑 애기는 <집으로>(2002), <워낭소리>(2008) 등이 대표적이다. 그만큼 시니어 영화에 대한 영화계 전반의 상상력의 빈곤함이 느껴진다. 그러나 최근에는 이러한 주제의 편협함과 안일한 상상력 빈곤에서 탈피하여 실버 세대들이 영화를 이끌어 가고, 실버 세대들의 이야기를 담아내려는 진정한 의미의 시니어 영화들이 제작되고 있는 추세이다.

현재 대중음악의 주류는 소위 '아이돌'이 점령하고 있다. 실제로 음악을 즐겨듣는 주 소비계층인 10~20대들은 주로 아이돌의 음악을 CD나 디지털 음원으로 구매하는 것이 일상화되어 있다. 최근에는 스트리밍으로 듣는 것도 일반화되어 음악콘텐츠를 소유한다는 개념이 희미해지고 있다. 이렇게 아이돌 음악이 득세하고 있는 상황에서 시니어들은 연령과 취향에 따라 즐기는 음악콘텐츠가 다양한데 비해 실제로 즐길 수 있는 음악콘텐츠는 매우 부족한 상황이다. 이에 과거의 추억을 상기시킬 수 있는 나훈아, 조용필, 세시봉 등의 공연이 시니어들에게 매우 높은 인기를 끌고 있다. 클래식, 국악 공연도 특정 마니아 관객층을 구성하고 있으며, 더 많은 관객을 위해 변화를 거듭하고 있다.

문화 공연계는 액티브 시니어 중에서도 특히, 문화생활에 아낌없이 투자하는 도회적이고 세련된 할머니인 '어반 그래니(urban granny)'에 주목하고 있다. 이들은 또래 지인들과 모여 브런치를 즐긴 뒤 영화나 공연을 함께 보며 멋진 하루를 보내는 것을 선호한다. 액티브 시니어들이 큰손으로 등장하면서 강력한 시니어 티켓 파워를 보여주고 있다.

기업에서도 시니어들을 위한 문화공간 창출에 힘을 쏟고 있다. 삼익악기 문화재단은 시니어를 위한 누림 공간을 창출, 올드팝 콘서트를 개최하고 있다. 이곳에서 주최하는 '올디스 콘서트'는 시니어들을 위한 음악 감상회 공연이다. 대한민국 1호 DJ '3시의 다이얼 최동욱'이 진행하며 보유한 수많은 팝 음악 중 숨은 명곡을 소개하고 관객들이 직접 리퀘스트 방식으로 신청한 곡들을 즉석에서 해설과 더불어 들려주어 60~80년대 추억을 떠올리며 공연을 즐길 수 있다.

3) 신문, 잡지 출판

신문의 열독률은 연령이 높아질수록 높게 나타난다. 한국언론진흥재단이 발표한 <2017 언론수용자의식조사>에 따르면, 연령대별 종이신문 열독률은 50대와 60대 이상이 각각 22.4%를 차지해 20대(4.7%), 30대(11.0%), 40대(20.1%)와 비교하여 가장 높게 나타났다. 50대 이상의 독자들은 일간신문을 가장 정확한 매체로 여기며, 신문 읽는 것이 습관화되어 있다. 그래서 그들은 새로운 정보를 신문을 통해 얻는 경향이 높다.

2000년대 들어 노인 인구가 증가함에 따라 신문사들도 노인이나 베이비붐 세대가 원하는 정보를 모아 특집기사나 섹션을 마련하는 등 적극적으로 대응하고 있다. '섹션 앙코르 새로운 인생', '멋진 인생, 새로운 인생', '비바! 노년 시대'와 같은 제목으로 시니어들의 욕구를 충족시키고자 하는 것이다.

나아가 노인을 대상으로 하는 시니어신문들도 등장했다. 국내에서는 <시니어 타임스>, <백세 시대>, <실버 넷 뉴스>, <시니어신문>, <효도 실버 신문> 등의 종이신문과 온라인신문들이 속속 창간되었다. 대부분의 노인 신문은 각 지역의 구청이나 지역노인종합복지관 등의 후원으로 발행되고 있으며, 노인들이 직접 취재하고 기사를 작성하는 시니어기자단들이 활동하는 경우도 많다.

한편 노인들을 대상으로 하는 실버 전용잡지도 있다. 여행, 건강, 의학, 음식 등 시니어들의 관심 분야를 한데 모아 잡지를 창간한 경우다. 이러한 잡지들은 대부분 소식지의 형태를 많이 띠고 있는데, 각 노인복지회관에서 발행하는 소식지들이 해당된다. 최근에는 경제신문 이투데이에서 시니어 전용잡지 <브라보 마이 라이프>를 창간하기도 했다. 하지만 대부분의 실버 신문이나 잡지 등이 창간 1~2년을 넘기지 못하고 폐간하는 경우가 많다. 지금의 실버 계층이 매우 다양한 개성과 취미와 니즈를 가졌지만, 노인 전용 신문과 잡지 등은 이를 충족하지 못하고 있기 때문이다.

출판계도 마찬가지이다. 실버 출판에는 실버 문제를 전반적으로 다룬 도서, 노년 소설, 노년 준비서, 노후생활 안내서, 자서전 및 회고록, 생활 실용서나 처세서 중 노년을 포함시킨 도서들이 이에 해당한다. 하지만 국내에서 출판되는 대부분의 실버 도서들은 실버 세대를 위한 도서라기보다는 전반적으로 실버 세대를 대비하기 위한 준비서 등이 많은 상황이다. 따라서 소비층이 시니어들이라기보다는 시니어를 대비한 40대 이하의 독자들이 대부분이다. 진정 시니어들이 공감하고 정보를 얻을 수 있는 출판물이 아쉬운 상황이다.

진정 시니어들을 위한 출판물은 내용도 중요하지만, 동시에 고령화에 따른 신체적 조건을 배려할 수 있도록 형태에도 변화가 필요하다. 즉 실버 세대를 고려하여 책의 판형을 키우거나, 글씨를 키우는 등 출판업계의 변화가 요구되며, 장시간 책을 읽기 힘들거나 문해 능력이 부족한 노인을 위해 오디오 북에 대한 장려가 필요하다. 이를 위해 미국이나 영국 등에서는 나이가 들어 눈이 침침해진 베이비붐 세대를 위해 기존의 책의 판형을 키운 책들을 선보였다. 영국의 펭귄 그룹을 비롯하여 사이먼&슈스터, 할리퀸, 랜덤하우스 등의 대형 서점들도 크기를 키운 서적들을 잇달아 내놓았다. 이들은 기존 베스트셀러 중에 몇몇 책들을 크기를 키워 재출판한 것으로, 시니어 독자들을 배려한 것이다.

시니어들의 직접적인 출판도 주목할 만하다. 방문객 199만 명을 자랑하는 93세 노모를 모시는 65세 파워블로거 정성기 씨의 <나는 매일 엄마와 밥을 먹는다>는 치매에 걸린 노모에게 요리를 해주는 이야기를 통해 독자들에게 잔잔한 감동을 주고 있다.

4) 여가 문화

나이 듦에 따라 여가 참여가 점차 감소하면서 적극적인 여가에서 소극적인 여가로, 옥외활동에서 실내활동으로 전환되고, 여가활동에 있어 새로움을 추구하는 경향이 감소하는 등 여가 행동의 변화가 나타나게 된다.

노년기 여가활동은 성공적 노화 수준과 관련이 있으며, 신체적 건강증진, 우울 수준 완화, 자살 생각 감소 등 노인의 삶에 긍정적인 영향을 미치는 것으로 보고된다. 특히, 젊은 시절 여가 경험이 부족한 우리나라 노인들은 노년기가 되어 우울함이나 답답함 등 부정적 상황을 극복하기 위해 여가활동의 필요성을 느끼게 되며, 여가활동을 통해 즐거움, 건강관리, 친목 도모 등의 활력을 찾고, 삶의 성취감, 의미, 역할을 찾게 된다.

이렇듯 노년기의 여가활동은 노후의 삶의 만족이나 신체 및 정신적 건강에 지대한 영향을 미치고 있으나, 실제 노인들의 여가 시간은 주로 TV 시청으로 대표되며, 노년을 대상으로 한 시니어 전용 콘텐츠로 IPTV 방송인 올레TV, Btv, U+TV는 50대 이상 고객에 특화된 취미·여행·영화 프로그램을 선보이거나 자체적으로 시니어 전용 콘텐츠를 개발하면서 향후 늘어나는 시니어 세대 고객 확보를 위한 다양한 시니어 콘텐츠 제작에 집중하고 있다. LG유플러스는 건강에서 취미, 여행까지 50대 이상 세대가 필요한 정보를 한곳에 모은 미디어 서비스 'U+tv 브라보 라이프'를 출시했으며 KT의 올레tv는 시니어 고객 맞춤형 콘텐츠인 '청바지(청춘은 바로 지금부터)' 특별관을 통해 5,000편의 VOD를 제공하며, SK브로드밴드의 Btv 역시 '비바 시니어 존'을 만들고 경제경영을 비롯한 특화 콘텐츠를 제공하고 있다.

이러한 TV 시청 외에 시니어들은 집 주변이나 공원을 산책하는 등 소극적이고 개별적인 여가생활을 향유한다. 이러한 현상은 생애 누적적인 여가 경험의 부족, 여가활동을 위한 경제적 제약, 노인을 위한 여가 인프라 부족 등의 요인들이 복합적으로 작용한 결과라 할 수 있다. 이로 인해 우리나라 노인의 여가활동은 시간 소비적이고 오락 사교적인 여가활동, 즉, 생산적이기보다는 소비적인 여가활동의 특성을 보이는 것으로 보고되고 있다. 실제로 노인이 이용할 수 있는 여가시설은 공공의 지원을 받아 운영되는 경로당, 노인복지관, 주민센터, 청소년수련관, 지방문화원 등과 민간에서 영리를 목적으로 운영되는 피트니스 센터나 문화센터 등이 있다. 대부분의 여가시설은 연령이나 세대 구분 없이 이용 가능하지만, 여가 취약계층인 노인 세대를 위한 노인여가복지시설이 노인복지법에 근거하여 운영되고 있다.

문화체육관광부의 <2016 국민 여가활동 조사>에 따르면, 노인의 평일 여가 시간은 50대 이하의 여가 시간이 약 2.9시간인데 비해 60대는 3.6시간, 70대 이상은 4.7시간으로, 70대 이상은 평일에 50대 이하보다 약 2시간이 많은 여가 시간을 보낸다. 여가 시간에 대해 30대는 45.3%가 여가 시간이 충분하다고 평가하고 있는 데 비해 60대는 68.7%, 70대 이상은 85%가 여가 시간이 충분하다고 평가하고 있다. 노인의 여가 활용방법을 살펴보면, 대부분의 여가를 TV나 DVD 시청, 산책, 목욕 등 소극적인 휴식 활동으로 보내고, 휴식 활동 외에 취미, 문화, 체육, 사회 활동 등 적극적 활동에 참여하는 비율은 15.6%(70대 이상)에 불과하다. 지속적이고 반복적인 여가활동 참여율도 50대 이하 성인 연령층은 약 50%인데 비해 60대는 41.3%, 70대 이상은 31.9%로 낮다. 이는 다른 연령층이 스포츠, 문화예술, 취미, 관광 등 적극적인 여가활동에 지속적·반복적 태도로 참여하고 있는 것과 대조된다. 즉 우리나라 노년층은 다른 연령층에 비해 충분한 여가 시간이 주어지지만 다양한 여가활동이나 사회참여는 이루어지지 못하고 있다. 여가생활에 만족하지 못한 이유에 대해 청장년층은 '시간 부족'과 '경제적 부담'이 대부분이지만, 60대 이상의 경우 '경제적 부담' 이유가 가장 높고 '이전 경험 부족/할 줄 아는 것이 없어서', '시간 부족', '여가 정보 및 프로그램 부족', '여가를 함께 즐길 사람이 없어서' 등으로 다양한 이유를 제시하고 있다.

인류의 평균수명이 증가함에 따라 은퇴 이후의 삶이 길어지고 있다. 따라서 은퇴 이후 늘어난 여가 시간을 어떻게 활용할 것인지는 고령층의 주 관심 사항이다. 이에 따라 취미, 관광 등 고령층을 대상으로 한 여가 산업이 성장하고 있다. 미국에서는 풍요로운 여가를 위하여 취미 및 여가에 많은 관심을 보이는 고령자를 의미하는 '적극적 노화(positive aging)', '창조적 노화(creative aging)' 등에 대한 논의가 진행되면서 은퇴 후 많은 여가 시간을 활용하기 위한 '시니어 복합문화공간'이 많이 만들어졌고, 이를 이용하는 고령층의 비율도 증가하고 있다.

은퇴 이후 시니어들은 시간적 여유가 많고, 문화, 취미 등에 보다 적극적으로 참여하고자 한다. 건강관리뿐만 아니라, 즐길 수 있는 재밌는 요소를 지닌 취미 활동을 하는 사례가 많아지고 있다. 특히 자신의 재능을 뒤늦게 계발하여 제2의 인생을 사는 시니어들이 속속 나오고 있다. 시니어 모델로 활동하는 부산 중구 남포동의 패셔니스타 여동기 씨는 40년 경력의 전문재단사로 연륜과 최신 트렌드를 모두 아우르는 근사한 댄디 시니어의 표상으로 주목받고 있으며,

27년간 순대 국밥집을 하던 김칠두 씨는 현재 가장 주목받는 시니어 모델로 해외까지 활동영역을 높여 나갈 계획이다. 이러한 성공적인 시니어 모델뿐만 아니라 건강과 취미라는 두 마리 토끼를 잡기 위해 전문 모델 아카데미에도 시니어전문반이 생길 정도이다.

그러나 아직 국내에서는 시니어가 즐길 수 있는 여가 문화 및 콘텐츠의 절대적 수가 부족하며, 다양성도 확보되지 못한 상태이다. 한편, 스마트폰을 능숙하게 다루고, SNS를 활용하는 시니어들이 많아짐에 따라, 자신의 취미 활동을 SNS로 공유하고 온라인으로 정보를 교환하는 행위도 활발해지고 있다.

5) 인터넷, 모바일

스마트폰이 급속하게 보급되면서 5060 세대의 인터넷 이용률이 2030 세대에 육박하게 됐다. 70세 이상을 뺀 모든 연령층에서 85%가 넘는 이용률을 기록해 세대 간 인터넷 정보격차도 사라지는 추세다. 과학기술정보통신부와 한국인터넷진흥원이 24일 발표한 '2018 인터넷 이용실태 조사결과'에 따르면 50대의 인터넷 이용률은 2008년 48.9%에서 2018년 98.7%로, 60대 인터넷 이용률은 2008년 19.0%에서 2018년 88.8%로 각각 증가했다. 5060 세대의 인터넷 이용률이 10년 사이 큰 폭으로 늘어나면서 70세 이상(38.6%)을 제외한 모든 연령층에서 85% 이상의 이용률을 기록했다.

미디어의 발전에 따라 실버 세대를 위한 놀이문화도 다양하게 변화되어 가고 있다. 실버 세대들이 즐기던 전통적인 놀이 형식과 방식에서 벗어나 디지털 미디어 형태로 콘텐츠가 새롭게 변화되어 가고 있다. 특히 디지털기술의 발전과 스마트폰의 대중화는 디지털/스마트 매체 중심의 실버 게임콘텐츠를 확산시키고 있다. 이러한 실버 게임콘텐츠는 크게 매체 유형, 기능, 형식으로 나누어 살펴볼 수 있다. 매체의 유형은 콘솔, 키오스크, 스마트 디바이스 및 공간으로 구분할 수 있는데, 최근 다른 매체보다 스마트 디바이스를 중심으로 하는 실버 게임콘텐츠의 제작이 활발하게 이루어지고 있다.

스마트 디바이스를 기반으로 하는 실버 게임콘텐츠는 주로 인지력 향상, 치매 예방, 정서적 불안 완화, 스트레스 완화 등을 목적으로 콘텐츠들이 주로 제작되고 있다. 마지막으로 공간을 기반으로 하는 실버 게임콘텐츠가 있다. 공간 기반 실버 게임콘텐츠는 다양한 실버 게임콘텐츠를 하나의 공간에 집약시켜 실버 세대들이 편리하게 다양한 게임을 즐길 수 있도록 유도한다. 특히 이 공간에 배치된 실버 게임콘텐츠들은 신체적 건강과 정신적 건강을 증진시킬 수 있는 내용들로 구성되어 있다. 눈여겨볼 점은 실버 세대가 RFID 카드를 등록하여 자신의 상태를 체크할 수 있으며, 그 상황에 적합한 실버 게임콘텐츠를 사용하여 신체적이고 정신적인 상태를 자신들이 지속해서 관리할 수 있다는 점에서 유용하다고 할 수 있다.

이처럼 국내의 실버 게임콘텐츠는 주로 게임과 헬스케어가 결합된 형식으로 실버 세대들에게 제공되고 있다. 게임형식을 주로 차용하고 있는 실버 게임콘텐츠는 실버 세대의 유희적 경험을 통해 기억력의 감퇴 예방과 향상 그리고 치매를 예방할 수 있는 게임콘텐츠로 제작된다. 이러한 실버콘텐츠는 기억력을 증진시키기 위한 게임, 치매를 예방할 수 있는 게임, 정서적 불안을 진정시킬 수 있는 우울증 진단 및 그에 맞는 심리적 이완을 제공하는 음악 추천 서비스, 스트레스 완화 애플리케이션 등이 있다.

노년기에는 특히 건강(건강문제, 안전한 약 처방과 복용), 재정(경제문제, 보험, 가격 확인), 법(법적 문제, 유언장, 신탁) 등의 전문 정보가 필요하게 된다. 다행히 온라인을 통해서 정보의 접근이 쉬워지고 있으며, 커뮤니티가 활성화되어 있어 노년기에 겪을 수 있는 사회적 단절에서도 벗어날 수 있는 기회가 많아지고 있다. 더불어, 멀리 떨어져 있는 가족과 친구들과 소통하고 채팅, 블로그, 페이스북 등을 통해 온라인에서 커뮤니케이션 활동도 가능해지고 있다. 시니어들은 온라인을 통한 첨단정보와 생활 정보를 중시하며, 동시에 오락적, 동반자적 역할과 일을 할 때 도움을 받고 사이버 거래를 하는 것도 기대한다.

인터넷, 스마트폰과 같은 정보통신기술의 보급과 이용은 노인들의 일상생활과 삶의 만족도는 물론 성공적 노화 경험에도 긍정적 영향을 미칠 수 있다. 인터넷과 같은 정보통신기술의 이용은 다른 사람들과의 교류와 의사소통의 확대, 사회 활동 참여 기회의 확대 등을 통하여 역할상실, 사회적 소외와 같은 노년기 문제를 극복하고 노인들의 삶의 질을 증진할 수 있는 유용한 수단이 될 수 있다. 정보통신기술의 잠재력과 이용에 따른 긍정적 효과는 다른 계층에 비해 특히 경제적인 빈곤, 건강문제, 역할상실, 고독 등과 같은 사회경제적, 심리적 문제를 경험할 개연성이 큰 노인들의 경우에 더욱 클 것으로 기대된다.

정보화의 빠른 진전으로 인해서 노인의 일상생활 편의 증진뿐만 아니라 사회 활동 참여, 건강 등과 같은 노년기 삶의 질 향상 측면에서 스마트폰과 같은 정보통신기술의 잠재적 영향력과 그 중요성이 대단히 커지고 있다. 따라서 스마트폰과 같은 정보통신기술의 파급 효과와 잠재성에 주목하여 학문적, 실천적 측면에서 스마트폰 이용이 노인의 사회 활동 참여나 삶의 만족도에 미치는 영향에 관한 관심을 지속해서 가져야 할 것이다.

사용자 간의 자유로운 의사소통과 정보 공유, 그리고 인맥 확대 등을 통해 사회적 관계를 생성하고 강화해주는 온라인 플랫폼인 SNS는 특히 스마트폰 시대에 접어들면서 모든 이들의 중요한 소통 수단이 되고 있다. 페이스북이나 인스타그램은 더 이상 젊은 세대만의 전유물이 아니며, 중장년층의 SNS 이용 역시도 점차 활발해지는 추세이다.

시니어들의 스마트폰 이용과 SNS 이용률이 증가함에 따라, 유튜브, 인스타그램 등에서도 시니어 SNS 인플루언서(흔히 SNS상에서 영향력이 있거나 양질의 콘텐츠를 생성하는 유저를 인플루언서라고 일컬음)들이 두드러진 활동을 보이고 있다. 이들 시니어는 패션, 뷰티 등 다양한 분야에서 자신들의 개성과 자신감을 SNS를 통해서 뽐내고 있다. 유튜버 스타로 활동하고 있는 박막례 할머니는 그 인기에 힘입어 광고에까지 출연하는 등 활발한 활동을 하고 있으며 각 분야에서 시니어 유튜버들의 활약이 돋보이고 있다.

제4차 산업혁명 시대에 접어들면서 하이 테크놀로지와 접목된 실버콘텐츠 영역이 새롭게 부상하고 있다. 사물인터넷, 로봇, 인공지능, 증강 및 가상현실 등을 활용해 실버콘텐츠를 기획하고 있다.

5. 실버콘텐츠 비즈니스 블루오션 전략

시니어들이 고령화로 인해 이전에 겪어보지 못했던 삶을 살아가게 되면서 생애 설계를 새로이 해야 하는 생애주기 측면에서 실버콘텐츠의 역할이 중요한 상황이다. 콘텐츠를 실생활에서 체험하고 확대할 수 있는 구체적인 방법에 대한 고민도 필요하겠다. 즉, 시니어가 콘텐츠 이용에 대한 자기 동기화되고 자발적인 선택이 가능할 수 있도록 환경 조성이 요구되는 것이다.

시니어에게 있어 콘텐츠는 무엇보다도 건강한 삶을 유지할 수 있는 동기적인 역할이 강조될 필요가 있다. 콘텐츠 향유 활동에 적극적으로 참여하고 여가적인 다양한 활동을 즐기기 위해서는 고령자의 신체적인 조건과 연령에 기반을 둔 건강 상태가 중요하다. 따라서 늘어난 수명 동안 건강하게 살기 위해 콘텐츠가 기여할 수 있는 방향에서 접근되어야 할 것이다.

시니어의 삶에서 행복하고 즐겁고 만족스러운 경험을 줄 수 있는 역할이 콘텐츠 영역에서 제공될 필요가 있다. 바로 '재미' 콘셉트가 중요하다. 실버 세대가 자신이 원하는 여가 문화 활동에 참여할 수 있는 기회가 다양하게 주어지고, 이를 쉽게 접근함으로써, 재미있고 만족스러운 경험을 얻게 된다면, 결국 행복한 삶을 유지할 수 있기 때문이다.

시니어에게 있어 콘텐츠는 사회와 소통할 수 있는 수단이 되어야 한다. 시니어의 소외문제나 사회적인 단절문제, 그리고 세대 간 불통의 문제들을 해결할 수 있는 방법으로 콘텐츠 체험(향유) 경험과 여가활동 참여가 유용하다는 사실에 주목해야 한다. 이에 콘텐츠의

'치유 및 관계'의 역할이 충분히 고려되어야 한다.

실버콘텐츠 비즈니스 기획을 위해서는 혁신 기회를 찾는 것이 중요하다. 도처에 숨겨진 가능성으로부터 비즈니스 기회를 어떻게 성공적으로 찾아낼 것인가에 대한 것이다. 실버콘텐츠 블루오션 전략이 요구되는데, 이는 가치혁신 전략으로써 비약적 가치창출에 의한 무한시장의 개척을 제안하는 것이다. 실버콘텐츠 블루오션은 알려져 있지 않은 시장, 즉 현재 존재하지 않아서 경쟁으로 더럽혀지지 않은 모든 영역을 말한다. 시장 수요는 경쟁으로 얻어지는 것이 아니라 창조로 얻어진다. 이곳에는 높은 수익과 빠른 성장을 가능케 하는 커다란 기회가 존재한다. 게임의 법칙이 아직 정해지지 않았기 때문에 경쟁은 무의미하다. 즉, 블루오션은 높은 수익과 무한한 성장이 존재하는 강력한 시장을 의미하는 것이다.

실버콘텐츠 블루오션을 창조하기 위해서는 실버콘텐츠산업의 영역을 새롭게 포지셔닝할 필요가 있다. 무분별한 따라 하기식의 벤치마킹에서 벗어나 차별화되고 독창적인 가치를 구성하는 새로운 비즈니스 모델을 구축해야 하는 것이다. 이를 통해 실버콘텐츠산업의 블루오션을 개척하고 그 실행전략을 도출해야 할 필요가 있다.

지금 실버콘텐츠산업은 새로운 환경 앞에 서 있다. 블루오션이 펼쳐지고 있다. 실버콘텐츠산업의 지속적인 성장을 유지하기 위해서는 블루오션 전략의 도입을 통해 고객가치를 기반으로 하는 새로운 시장창출에 집중해야 한다. 실버콘텐츠, 만들어내는 것이 능사는 아니다. (새로운) 가치를 창조해내는 것이 중요하다. 블루오션의 창출은 정적인 성취과정이 아니라, 역동적인 프로세스이다. 항상 트렌드를 예의주시하고 소비자를 관찰해야 한다. 작은 변화에도 민감하게 반응하여 기민하게 대응하는 '잠수함의 토끼'가 되어야 할 것이다.

일상생활에 실용적으로 적용되는 생활밀착형, 실용적 콘텐츠이어야 한다. 시간 때우기의 단순한 흥미, 오락이 아닌 의미(가치)를 포함한 것이어야 한다. 예능에 정보를 결합하여 재미와 감동 두 마리 토끼를 잡는 인포테인먼트 콘셉트는 블루오션이다. 실생활에 부가가치를 더하는 스마트 실버콘텐츠(생활밀착형)여야 한다. 실버 이용자의 상황(콘텍스트)을 기반으로 원하는 것을 정확히 선별하여, 쉽고 빠르고 편리하게 제공하는 똑똑한 실버콘텐츠여야 한다는 것이다. 결국, 블루오션이 되기 위해 실버콘텐츠는 개인 그리고 일상에 의미를 제공하는 가치 있는 것이어야 한다. 새롭거나 혹은 잊고 있었던 것을 깨닫게 해주는 그런 것이어야 한다. 삶에 자양분을 제공해 주고 새로운 삶의 방식을 지지하는 것이어야 한다는 것이다. 현재 그리고 앞으로 블루오션이 될 실버콘텐츠 콘셉트는 이처럼 익숙하면서도 새로운 의미를 던져주는 창조적 기획으로 가능할 것이다. 발상의 전환이 그 어느 때보다 필요한 시점이다.

┃참고문헌┃

김원제·조항민·최현주·최부헌·송해룡(2018). 시니어 비즈니스 블루오션. 한국학술정보.

김원제·송해룡(2015). 미디어콘텐츠, 창조기획과 스마트 비즈니스. 한국학술정보.

송해룡(2003). 디지털미디어 서비스 그리고 콘텐츠. 다락방.

송해룡·김원제(2007). 디지털미디어 길라잡이. 한국학술정보.

한국언론진흥재단(2018). 2017 언론수용자의식조사.

한국인터넷진흥원(2018). 2017 인터넷이용실태조사.

Beauvoir, Somone de. (La)Vieillesse.; 홍상희, 박혜영 역(2002). 노년, 나이 듦의 의미와 그 위대함. 책세상.

United Nations (1983). Vienna International Plan of Action on Aging. New York.

United Nations (1991). United Nations Principles for Older Persons.

United Nations (2002). Madrid International Plan of Action on Ageing.

United Nations (2004). Policy Responses to Population Decline and Ageing.

United Nations (2005). Living Arrangements of Older Persons Around the World.

United Nations (2009). World Population Ageing 2009. New York.

United Nations (2015). World Population Prospects: The 2015 Revision.

World Health Organization (WHO, 2012). Active Ageing: A Policy Framework.

송해룡

성균관대학교 미디어커뮤니케이션학과 교수
국무총리 직속 국민안전안심위원회 위원
한국방송학회장, 성균관대 문화융합대학원장 역임

김원제

(주)유플러스연구소 연구소장(대표이사)
성균관대 문화융합대학원 겸임교수

조항민

성균관대 학부대학, 문화융합대학원 겸임교수

김찬원

성균관대 문화융합대학원 겸임교수

이윤경

성균관대 학부대학 초빙교수

최현주

원자력안전위원회 소통연구원

권영성

동아대 미디어커뮤니케이션학과 조교수

허난영

(재)세종문화회관 공연기획팀장
성균관대 문화융합대학원 겸임교수

이용준

대진대학교 미디어커뮤니케이션학과 교수
(사)한국잡지학회 회장

최부헌

호원아트홀 운영대표
호원대학교 공연미디어학부 겸임교수

고두희

성균관대 대학원 박사수료

미디어콘텐츠 4.0

4.0시대 커뮤니케이션, 미디어 그리고 콘텐츠 문명 성찰

초판인쇄 2019년 6월 7일
초판발행 2019년 6월 7일

지은이 송해룡・김원제・조항민・김찬원・이윤경・최현주
　　　　권영성・허난영・이용준・최부헌・고두희 지음
펴낸이 채종준
펴낸곳 한국학술정보㈜
주소 경기도 파주시 회동길 230(문발동)
전화 031) 908-3181(대표)
팩스 031) 908-3189
홈페이지 http://ebook.kstudy.com
전자우편 출판사업부 publish@kstudy.com
등록 제일산-115호(2000. 6. 19)

ISBN 978-89-268-8846-9 03320